科学史译丛

人的堕落与科学的基础

〔澳〕彼得·哈里森(Peter Harrison) 著

张卜天 译

Peter Harrison
THE FALL OF MAN AND THE FOUNDATIONS OF SCIENCE

This translation is published by arrangement with Cambridge University Press 2007. This is a Simplified-Chinese translation of the following title published by Cambridge University Press:

THE FALL OF MAN AND THE FOUNDATIONS OF SCIENCE, 9780521117296
© Peter Harrison 2007
This Simplified-Chinese translation for the People's Republic of China (excluding Hong Kong, Macau and Taiwan) is published by arrangement with the Press Syndicate of the University of Cambridge, Cambridge, United Kingdom.
此版本根据剑桥大学出版社版本译出。

© The Commercial Press, Ltd., 2021

This Simplified-Chinese translation is authorized for sale in the People's Republic of China (excluding Hong Kong, Macau and Taiwan) only. Unauthorized export of this Simplified-Chinese translation is a violation of the Copyright Act. No part of this publication may be reproduced or distributed by any means, or stored in a database or retrieval system, without the prior written permission of Cambridge University Press and The Commercial Press, Ltd.

Copies of this book sold without a Cambridge University Press sticker on the cover are unauthorized and illegal.
本书封面贴有 Cambridge University Press 防伪标签,无标签者不得销售。

《科学史译丛》总序

　　现代科学的兴起堪称世界现代史上最重大的事件,对人类现代文明的塑造起着极为关键的作用,许多新观念的产生都与科学变革有着直接关系。可以说,后世建立的一切人文社会学科都蕴含着一种基本动机:要么迎合科学,要么对抗科学。在不少人眼中,科学已然成为历史的中心,是最独特、最重要的人类成就,是人类进步的唯一体现。不深入了解科学的发展,就很难看清楚人类思想发展的契机和原动力。对中国而言,现代科学的传入乃是数千年未有之大变局的中枢,它打破了中国传统学术的基本框架,彻底改变了中国思想文化的面貌,极大地冲击了中国的政治、经济、文化和社会生活,导致了中华文明全方位的重构。如今,科学作为一种新的"意识形态"和"世界观",业已融入中国人的主流文化血脉。

　　科学首先是一个西方概念,脱胎于西方文明这一母体。通过科学来认识西方文明的特质、思索人类的未来,是我们这个时代的迫切需要,也是科学史研究最重要的意义。明末以降,西学东渐,西方科技著作陆续被译成汉语。20 世纪 80 年代以来,更有一批西方传统科学哲学著作陆续得到译介。然而在此过程中,一个关键环节始终阙如,那就是对西方科学之起源的深入理解和反思。应该说直到 20 世纪末,中国学者才开始有意识地在西方文明的背景下研究科学的孕育和发展过程,着手系统译介早已蔚为大观的西方科学思想史著作。时至今日,在科学史这个重要领域,中国的学术研究依然严重滞后,以致间接制约了其他相关学术领域的发展。长期以来,我们对作为西方文化组成部分的科学缺乏深入认识,对科学的看法过于简单粗陋,比如至今仍然意识不到基督教神学对现代科学的兴起产生了莫大的推动作用,误以为科学从一开始就在寻找客观"自然规律",等等。此外,科学史在国家学科分类体系中从属于理学,也导致这门学科难以起到沟通科学与人文的作用。

有鉴于此,在整个 20 世纪于西学传播厥功至伟的商务印书馆决定推出《科学史译丛》,继续深化这场虽已持续数百年但还远未结束的西学东渐运动。西方科学史著作汗牛充栋,限于编者对科学史价值的理解,本译丛的著作遴选会侧重于以下几个方面:

一、将科学现象置于西方文明的大背景中,从思想史和观念史角度切入,探讨人、神和自然的关系变迁背后折射出的世界观转变以及现代世界观的形成,着力揭示科学所植根的哲学、宗教及文化等思想渊源。

二、注重科学与人类终极意义和道德价值的关系。在现代以前,对人生意义和价值的思考很少脱离对宇宙本性的理解,但后来科学领域与道德、宗教领域逐渐分离。研究这种分离过程如何发生,必将启发对当代各种问题的思考。

三、注重对科学技术和现代工业文明的反思和批判。在西方历史上,科学技术绝非只受到赞美和弘扬,对其弊端的认识和警惕其实一直贯穿西方思想发展进程始终。中国对这一深厚的批判传统仍不甚了解，它对当代中国的意义也毋庸讳言。

四、注重西方神秘学（esotericism）传统。这个鱼龙混杂的领域类似于中国的术数或玄学，包含魔法、巫术、炼金术、占星学、灵知主义、赫尔墨斯主义及其他许多内容，中国人对它十分陌生。事实上，神秘学传统可谓西方思想文化中足以与"理性"、"信仰"三足鼎立的重要传统，与科学尤其是技术传统有密切的关系。不了解神秘学传统，我们对西方科学、技术、宗教、文学、艺术等的理解就无法真正深入。

五、借西方科学史研究来促进对中国文化的理解和反思。从某种角度来说，中国的科学"思想史"研究才刚刚开始，中国"科"、"技"背后的"术"、"道"层面值得深究。在什么意义上能在中国语境下谈论和使用"科学"、"技术"、"宗教"、"自然"等一系列来自西方的概念，都是亟待界定和深思的论题。只有本着"求异存同"而非"求同存异"的精神来比较中西方的科技与文明，才能更好地认识中西方各自的特质。

在科技文明主宰一切的当代世界，人们常常悲叹人文精神的丧失。然而，口号式地呼吁人文、空洞地强调精神的重要性显得苍白无力。若非基于理解，简单地推崇或拒斥均属无益，真正需要的是深远的思考和探索。回到西方文明的母体，正本清源地揭示西方科学技术的孕育和发展过程，是中国学术研究的必由之路。愿本译丛能为此目标贡献一份力量。

张卜天
2016年4月8日

我们渴望真理，在内心中却只觅得不确定性。……这种渴望被留给我们，部分是为了惩罚我们，部分是为了让我们觉察自己是从哪里堕落的。

——布莱斯·帕斯卡(Blaise Pascal)，《思想录》(*Pensées*)，§401

缩　写

ANF *The Ante-Nicene Fathers*, 9 vols. (Edinburgh, 1990)
AT *Œuvres de Descartes*, ed. Charles Adam and Paul Tannery, 13 vols. (Paris, 1897—1913)
BJHS British Journal for the History of Science
CHLMP *The Cambridge History of Later Medieval Philosophy*, ed. Norman Kretzmann, Anthony Kenny, and Jan Pinborg (Cambridge, 1982)
CHMP *The Cambridge History of Later Greek and Early Medieval Philosophy*, ed. A. H. Armstrong (Cambridge, 1970)
CHRP *The Cambridge History of Renaissance Philosophy*, ed. Charles B. Schmitt and Quentin Skinner (Cambridge, 1988)
CSM *The Philosophical Writings of Descartes*, tr. John Cottingham, Robert Stoothoff, and Dugald Murdoch, 2vols. (Cambridge, 1985)
FaCh Fathers of the Church, Washington DC, 1932—
JHI Journal of the History of Ideas
LW *Luther's Works*, ed. Jaroslav Pelikan and Helmut Lehmann, 55 vols. (Philadelphia, 1957)
NPNF I *Nicene and Post-Nicene Fathers*, *Series I*, ed. Philip Schaff and Henry Wace, 14 vols. (Peabody, MA, 1994)
NPNF II *Nicene and Post-Nicene Fathers*, *Series II*, ed. Philip Schaff and Henry Wace, 14 vols. (Peabody, MA, 1994)
PG *Patrologiae cursus completus*, Series Graeca, ed. Jacques-Paul Migne, 162 vols. (Paris, 1857—1912)
PL *Patrologiae cursus completus*, Series Latina, ed. Jacques-Paul Migne, 217

vols. (Paris, 1844—1905)
SCG Thomas Aquinas, *Summa contra gentiles*, tr. English Dominican Fathers (New York, 1924)
ST Thomas Aquinas, *Summa theologiae*, Blackfriars edn, (London, 1964—1976)

目　　录

导言 …………………………………………………………… 1

第一章　亚当的广博知识 ………………………………… 22
　　第一节　伊甸园中的科学 ……………………………… 24
　　第二节　堕入无知 ……………………………………… 28
　　第三节　承袭错误 ……………………………………… 37
　　第四节　世俗知识和神光 ……………………………… 45
　　第五节　为亚里士多德施洗 …………………………… 55

第二章　奥古斯丁的复兴 ………………………………… 70
　　第一节　路德和堕落的哲学家 ………………………… 73
　　第二节　堕落与怀疑 …………………………………… 80
　　第三节　奥古斯丁 ……………………………………… 89
　　第四节　怀疑论假说 …………………………………… 99

第三章　在堕落的世界中寻求确定性 …………………… 120
　　第一节　天界之光的遗迹 ……………………………… 126
　　第二节　数学确定性 …………………………………… 139
　　第三节　亚当、摩西、赫尔墨斯、所罗门 …………… 145
　　第四节　灵感、经验和实验 …………………………… 170

第四章　废黜偶像 ………………………………………… 189
　　第一节　自我认识和科学 ……………………………… 191
　　第二节　心灵的统治 …………………………………… 212
　　第三节　堕落的身体 …………………………………… 222
　　第四节　智识上的偶像崇拜 …………………………… 235

第五章　学术的复兴·· 253
　　第一节　"知识就必增长"······································ 256
　　第二节　扭转巴别塔·· 260
　　第三节　所罗门宫·· 270
　　第四节　理性的限度·· 294
　　第五节　抛弃人论·· 317
结语··· 332

参考书目·· 351
索引·· 402
译后记·· 419

导　言

　　他天生就是哲学家，从他为万物命名就足以看出这一点：他能看到本质本身，解读各种形式及其各自的属性；他能从本原中看出潜藏的后果，从原因中看出未来的结果；其理智几乎可以洞见偶然的未来，其猜测甚至可以上升为确定的预言；在堕落之前，除了罪，他无所不知，或至少是止步于那个概念，而没有尝试罪所带来的痛苦……我们的无知源于我们最初的存在，而且始终具有那些天生的弱点。我承认，很难把思想和想象提升到具有在那个清白的时代与我们的本性相伴随的那些理智上的完美性。①

　　1662 年 11 月的一个周日清晨，在伦敦圣保罗大教堂的一次布道中，罗伯特·索思（Robert South）对亚当的能力做出了上述热情洋溢的评价。索思被广泛视为他那个时代最具天赋的布道者。他对亚当哲学才能的描述极为生动，但就其实质内容而言并无特异之处。自基督教时代伊始，教父作家们就对我们的第一位父亲亚当

---

① Robert South, 'Man was made in God's Image', *Sermons Preached upon Several Occasions* (Oxford, 1679), pp. 127, 128.

那独特的理智能力、广博的知识以及堕落时遭受的巨大损失发表了评论。这些想法在中世纪得到了进一步阐述,在现代早期则变得司空见惯。对于17世纪新学问的许多拥护者而言,亚当的广博知识乃是衡量其自身志向的准绳。弗朗西斯·培根(Francis Bacon)哲学改革计划的动机是试图确定,人的心灵"能否借助于某种手段恢复到其最初的完美状态,或者如果不能,能否变得比现在更好"。①1662年,即索思发表上述布道的那一年,培根的思想继承者创建了皇家学会。该学会的辩护者托马斯·斯普拉特(Thomas Sprat)同样宣称,学会的目标是重新获得亚当曾经拥有的知识。②

必须指出,并非所有人都怀有这些乐观的期望。索思本人虽然钦佩和赞叹亚当起初的广博知识,但却严重怀疑它们能否在当代得到恢复。他可能是在严厉指责那些怀有这种傲慢野心的人。1669年,他以牛津大学演说官员的身份主持了谢尔登剧院(Sheldonian Theatre)的开幕典礼。在那次长篇演讲中,索思指出,初创的皇家学会的会员们"只会赞美跳蚤、虱子和他们自己",这无疑使谢尔登剧院的建筑师克里斯托弗·雷恩(Christopher Wren)等在场的皇家学会会员们大为尴尬。索思之所以对皇家学会的行动计划持保留意见,是因为他怀疑亚当的知识能在多大程度上在现代得到重建,并且担心这些计划会与一种名誉扫地的清教乌托邦主义联系起来。事实上,索思布道的一个重要主题就是亚当获得知

---

① Francis Bacon, *The Great Instauration*, in *The Works of Francis Bacon*, ed. James Spedding, Robert Ellis, and Douglas Heath, 14 vols. (London, 1857—1874), iv, 7.

② Thomas Sprat, *History of the Royal Society of London* (London, 1667), pp. 349f. 皇家学会曾于1660年非正式地开会,但1662年7月15日才正式组建。

识的轻而易举与其后代遇到的困难之间的巨大差异:"学习尚非义务,守夜并无必要;理性之光无需蜡烛的帮助。"然而,由于亚当的堕落,情况已经非常不同:"堕落的人劳碌得来的注定要被火焚烧,注定要在深渊中寻求真理,耗费时间,损害健康,消磨时日,得来的却是极不可靠的可怜结论。"① 根据这种更为冷静的说法,重新获得亚当的知识绝非易事。不过,无论索思与皇家学会的会员们之间有什么分歧,各方都认为,试图为知识的进展规划正确道路的人需要重视亚当和他的罪所导致的后果。

对于西方人来说,堕落叙事一直有着特殊的吸引力。它最近曾被称为"最出色的人论神话""最基本的神话"和"西方文化的核心神话"。② 在 17 世纪,该神话具有一种特殊的重要性。此时,《圣经》逐渐具有了至高的权威地位,影响了关于国家的本质、个人权利、私有财产、教育、国际主权、土著民族的地位、工作和休闲、农业和园艺、人类学和道德心理学等诸多领域的讨论。在所有这些领域,亚当的故事都占据着重要位置。根据历史学家克里斯托弗·希尔(Christopher Hill)的说法:"堕落乃是 17 世纪关于国家和法律的性质以及私有财产的正当性、社会不平等和妇女从属地位等争论的核心所在。"③ 在加尔文主义对原罪教义的理解占主导地位的英格兰尤其如此。可以毫不夸张地说,原罪教义主导了神学议程,

---

① South, *Sermons*, pp. 127f.

② Paul Ricoeur, *The Symbolism of Evil* (Boston, 1967), p. 281; T. Otten, *After Innocence: Visions of the Fall in Modern Literature* (Pittsburgh, 1982); Philip Almond, *Adam and Eve in Seventeenth-Century Thought* (Cambridge, 1999), p. 1.

③ Christopher Hill, 'Sin and Society', *The Collected Essays of Christopher Hill*, 3 vols. (Amherst, 1986), II, 117—140 (125).

成为更广泛的社会思想讨论中一个至关重要的参考点。①

本书主要试图阐明,堕落神话以何种方式影响了关于知识基础的讨论以及新兴自然科学的方法论发展。本书的前半部分致力于提出一般理据,后半部分则聚焦于17世纪英格兰实验科学这个更具体的例子。由更一般的讨论可以看出,16、17世纪促进知识发展的竞争性策略之间的差异,在很大程度上可以通过对堕落及其对人类心灵影响的不同评价来解释。16世纪的宗教动荡引发了现代早期所特有的对堕落和原罪的重新关注。这些事件不仅加剧了对传统知识来源的信任危机,而且伴随着一种奥古斯丁主义人论(Augustinian anthropology)的复兴,这种人论强调人性的败坏和理智的局限性。我们将考察这一发展的四个方面。

首先,现代早期对原罪的关注意味着,在认识论领域,错误常常被等同于原罪。人往往会把错误的主张当成真的,这种倾向被归因于亚当的堕落。诸如此类的考虑解释了为什么17世纪的哲学家往往会专注于错误及其预防,他们常常认为,避免错误不仅是知识的必要条件,而且也是充分条件。② 认为亚当拥有完美的哲学,这种传统意味着,人的心灵最初是为了认识真理而设计的。如果能够识别和消除堕落所导致的那些障碍,心灵本身就会重获真

---

① Christopher Hill, 'Sin and Society', *The Collected Essays of Christopher Hill*, 3 vols. (Amherst, 1986), II, p. 132; W. M. Spellman, *John Locke and the Problem of Depravity* (Oxford, 1988), pp. 8, 9; William Poole, *Milton and the Idea of the Fall* (Cambridge, 2005), pp. 4f., 21—39.

② 关于避免错误作为真理的充分条件,参见 Thomas Lennon 为 Nicolas Malebranche, *The Search after Truth*, tr. and ed. Thomas Lennon and Paul Olscamp (Cambridge, 1997)所写的导言, p. xii.

理,或至少是更有能力获得真理。众所周知,弗朗西斯·培根认为有可能通过科学来恢复或至少是弥补堕落所导致的知识损失。① 他强调清除心灵中因亚当的背叛而导致的那些缺陷。他称自己的目标是"真正结束和终止错误"。他认为,只有从知识中"排出毒蛇注入的毒液",才能实现这个目标。② 17 世纪后期,参与建立和管理皇家学会的一些人制定了类似的策略。皇家学会的一位颇具影响力的早期会员约瑟夫·格兰维尔(Joseph Glanvill)解释说,在能够彻底解释无知的原因之前,我们无法将知识置于确定的基础上:"因此,除了我对理智上的无能所给出的一般理由——堕落——之外,还应作一种更特殊的解释:因为了解我们无知的原因是很高级的知识。"③甚至连皇家学会实验方法的反对者们也采用了这种做法。既反对英格兰实验主义(experimentalism)又反对笛卡尔学说的亚里士多德主义者约翰·萨金特(John Sergeant)在其《科学方法》(*Method to Science*,1696)中指出,即使连最伟大的思想者"也没能做出正确的推理,因此达不到真正的知识,而拥有真正的知识乃是他们的自然完美性④(Natural Perfection)"。所提出的解决方案再次包含着对错误的原始起因的分析:"因此,我们的第

---

① Bacon, *Novum Organum* ii. lii (*Works* iv, 247—248). Cf. *Valerius Terminus* (*Works* iii, 222).

② Bacon, *Great Instauration*, (*Works* iv, 20—21).

③ Joseph Glanvill, *The Vanity of Dogmatizing, or, Confidence in opinions manifested in a discourse of the shortness and uncertainty of our knowledge, and its causes; with some reflexions on peripateticism, and an apology for philosophy* (London, 1661), p. 63; cf. *Scepsis Scientifica, or, Confest ignorance, the way to science* (London, 1665), p. 48.

④ 这里萨金特是在陈述亚里士多德《形而上学》开篇的名言:"求知是人的天性"。也就是说,作为理性存在,人的自然目的或自然完美性就是知识。因此"自然完美性"(或自然目标、自然倾向)就是拥有可靠的知识。——译者注

一项研究应当是,人的本性如何渐渐失去了执行其首要操作或从事正确推理的能力。"①

这种对错误及其原因的专注绝非英格兰哲学家所独有,尽管是他们最关注亚当的历史。笛卡尔为知识建立新基础的计划的一个重要特征就是"研究我们错误的起源和原因,并学会防范错误"。② 虽然笛卡尔这里并没有提到堕落——事实上他通常会在与神圣史有关的问题上保持沉默——但他的同国人却并未保持缄默。尼古拉·马勒伯朗士(Nicolas Malebranche)《真理的追寻》(*Search after Truth*,1674年—1675年)的副标题是:"如何处理人的心灵的本性以及如何用它来避免科学中的错误"。马勒伯朗士进而解释道,这需要对"如何理解我们的第一位父亲在其原初状态下的能力和激情中的秩序,以及他因为罪而遭受的变化和无序"进行具体研究。③ 布莱斯·帕斯卡更是谴责笛卡尔没有足够认真地对待堕落。倘若认真对待了,笛卡尔也许就不会如此自信地谈论获得确定的知识。帕斯卡承认,"如果人从未堕落,清白的他将自信地享有真理和幸福"。但现在的情况截然不同:"我们察觉到一种真理的意象,除了虚假之外一无所有,既无法彻底无知,也无法获得确定的知识;显然,我们曾经拥有某种程度的完美性,却不幸由之堕落。"④

---

① John Sergeant, *The Method to Science* (London, 1696), Preface, sig. a1v—a2r.
② Descartes, *Principles of Philosophy* i, §31, CSM i, 203—204. 同样重要的是,斯宾诺莎对笛卡尔和培根的一个主要批评就是,"他们从未把握错误的真正原因"。Letter to Henry Oldenburg, September 1661, *The Collected Works of Spinoza*, ed. and tr. Edwin Curley (Princeton, 1985) i, 167.
③ Malebranche, *Search after Truth*, i. 5 (p. 19).
④ Blaise Pascal, *Pensées*, L 131, tr. A. J. Krailsheimer (London, 1966), p. 65. Cf. L 45, L 199, L 401.

所有这些对原罪和错误的关注最终都旨在确定知识的可能性条件，更具体地说，是确定哪些东西可以被认识，以及通过什么方法来认识。皇家学会的实验负责人罗伯特·胡克(Robert Hooke)在《显微图谱》(*Micrographia*，1665 年)的序言中宣称："每一个人，无论其败坏是天生的、与生俱来的和承袭的，还是源于其成长和与他人的交往，都很容易陷入各种错误。……这些都是人在运用理性过程中的危险，要想对此做出补救，只有从真正的、机械的、实验的哲学出发。"① 胡克的说法简洁地概括了 17 世纪知识推进建议的积极方面。既已确认心灵因为亚当的堕落而遭受的特定损失，就可以论证如何通过所建议的程序来最成功地予以补救。"机械的、实验的哲学"虽然是本书的一个主要关注点，但它并非用来解决堕落心灵所固有的无能的唯一方案。尽管人们对理智的局限性和克服其缺陷的必要性已经达成普遍共识，但纠正这些缺陷的方案却大相径庭。被赋予优先地位的知识来源——无论是理性和天赋原则，感官、观察和实验，还是经由《圣经》或个人灵感而得到的神的启示——都与对原罪的特定影响的分析密切相关。类似的考虑也适用于各种知识被认为具有的确定性。

于是，本书论点的第二个方面是，现代早期知识问题的各种解决方案都与评价亚当的原始过犯究竟导致人类在身体和认知上遭到哪些破坏密切相关。例如，如果认为堕落导致激情胜过了理性，那么对亚当知识的恢复将通过重新建立对激情的控制，从而使理性再次发挥其固有功能来实现；如果堕落导致亚当的感官变得迟

---

① Robert Hooke, *Micrographia* (London, 1665), Preface.

钝,那么这种缺陷或许可以用人工仪器来克服,这些人工仪器能使人的感官在一定程度上恢复其原始的敏锐性;如果堕落改变了自然本身,使其运作变得不那么明显和容易理解,那就需要采用干预性的研究技巧来使曾经清晰易懂的内容变得明显。此外,对堕落严重程度的不同估计还引发了对完全恢复亚当知识的前景的不同评价。关于能否建立一种完备而确定的科学,认为堕落是一个相对次要的事件的人,通常要比认为堕落是一场十足的灾难的人乐观得多。我们将会看到,现代早期知识问题的解决方案,无论是实验的、思辨的还是启示的,都贯穿着对于堕落的本质和严重性的不同理解。如果用我们更熟悉(但从历史上看更成问题)的术语来表达,那么"唯理论"和"经验论"的拥护者所走的路线在很大程度上都与一种背后的神学人论相关联。笛卡尔曾经信誓旦旦地宣称,理性的"自然之光"(natural light)可以为一种完备而确定的科学提供基础,这预设了即使在堕落的人那里,自然之光和神的形象也是持久存在的。而那些认为堕落已经抹去了神的形象并且几乎熄灭了自然之光的人则强烈反对这一点。根据后者的看法,如果知识是可能的,那么通过试验和对自然的检验可以将知识费力地积累起来,但这种朴素的知识并未参透事物的本质,至多是或然的(probable)而不是确定的。这种温和的怀疑论正是常常与弗朗西斯·培根和罗伯特·波义耳(Robert Boyle)等人相联系的实验进路的典型特征。

这一论点的第三个要素涉及现代早期关于堕落的这些讨论的宗教背景及其对知识的影响。使人的状况及其固有的易错性(fallibility)重新引起人们兴趣的一个事件是新教改革以及与之相伴随的奥古斯丁主义思想的复兴。宗教改革家对人的堕落的关注(起初是在一种特殊的称义观的语境下阐明的)还将为接下来两个世纪的认识论争论制定议程。一般说来,受路德和加尔文的人论影响的人会采取经验论和实验哲学所特有的温和怀疑论立场,而对人性持更正面看法的人则更倾向于主张人类理性的可靠性、先验知识的可能性以及科学的可完善性。因此,17 世纪哲学家所提供的方法论规定在某种程度上反映了他们效忠的教派。比如,天主教徒笛卡尔持一种相对乐观的托马斯主义人性观,用他自己的话说,他渴望获得"人类能够认识的关于万物的完美知识"。① 而在一种加尔文主义环境中成长起来的弗朗西斯·培根则认为,知识只能小心翼翼地逐渐积累。正如约翰·洛克(John Locke)后来所说,科学是众多平常人的工作,最终只是"判断和意见,而不是知识和确定性"。② 诚然,这些教派关联远非绝对,这部分是因为出现了一种新教经院主义,它回到了那种乐观的托马斯主义/亚里士多德主义知识观和人性观,部分是因为现代早期的天主教见证了它自身的奥古斯丁主义复兴,这最明显地表现在对布莱斯·帕斯卡和安托万·阿尔诺(Antoine Arnauld)产生了深刻影响的冉森主义(Jansenist)运动。但尽管如此,特定思想家在神学人论领域所持的信念与他们在科学领域所作的方法论规定之间仍然可以建立起重要联系。

最后,从上一点可以直接推出,17 世纪主要哲学方案的轨迹在某种程度上都可以理解为对奥古斯丁主义不同方面的发展。虽

---

① Descartes, *Principles*, CSM i, 179.
② John Locke, *Essay concerning Human Understanding* iv. xii. 10, ed. A. C. Fraser, 2 vols. (New York, 1959), ii, 349.

然奥古斯丁对现代早期哲学的影响早已被法语学者视为理所当然,但英语学者现在越来越意识到奥古斯丁思想的诸方面对于这一时期的重要性。① 通常的哲学史版本认为,现代哲学主要关注认识论,与此相一致,奥古斯丁的知识理论一直是首要的关注焦点。相应地,奥古斯丁被认为对于笛卡尔和马勒伯朗士的理性主义认识论产生了最大的影响。我无意否认这种研究思路的意义,但我将追溯奥古斯丁在现代早期产生影响的另一条途径,即他对人性的看法和原罪教义。虽然这与他的认识论观点并非无关,但正如我已经指出的,奥古斯丁对堕落和原罪的理解将在与笛卡尔主义者完全不同的研究传统中发挥至关重要的作用。我认为,实验进路深深地得益于奥古斯丁对堕落所导致的人类知识局限性的看法,因此也可以说,归纳的实验主义与奥古斯丁主义传统有一种承袭关系。正如新教和现代早期的天主教可以被非常合法地视为奥古斯丁的继承者,17世纪哲学的两个主要流派也是如此。

  本书所阐述的主张是对现代哲学和科学的起源以及一般意义

---

  ① Etienne Gilson, 'The Future of Augustinian Metaphysics', in *A Monument to St. Augustine* (London, 1934); Jean Laporte, *Le coeur et la raison selon Pascal* (Paris, 1950); Jean Delumeau, *Le Péchéet la peur: La culpabilisationen Occident XIIIe— XVIIIe siècles* (Paris, 1983); G. B. Matthews, *Thought's Ego in Augustine and Descartes* (Ithaca, 1992); 'Post-medieval Augustinianism', in Eleonore Stump and Norman Kretzmann (eds.), *The Cambridge Companion to Augustine* (Cambridge, 2001), pp. 267—279; Stephen Menn, *Descartes and Augustine* (Cambridge, 1998); Zbigniew Janowski, *Cartesian Theodicy* (Dordrecht, 2000); Michael Moriarty, *Early Modern French Thought* (Oxford, 2003), pp. 41—49 and passim. Louis-Paul Du Vaucel, 'Observations sur la philosophie de Descartes', in E. J. Dijksterhuis (ed.), *Descartes et le Cartésianisme Hollandais* (Paris, 1950), pp. 113—130; Michael Hanby, *Augustine and Modernity* (London, 2003), esp. pp. 134—177.

上现代性之开端的一些常见看法的重大挑战。这里,我们不妨预先指出该论点与一些标准立场之间的关系。在最一般的层面上,本书试图质疑这样一种想法,即包括自然哲学在内的现代早期哲学,主要关注的是方法问题和认识论本身。而我将指出,首要的关注焦点其实是人性(最宽泛意义上的"人论"),认识论关切虽然无疑是存在的,但却从属于它。[1] 这与一种流传甚广的观点形成了鲜明对比,这种观点认为,17世纪专注于知识的基础,并且用从形而上学到认识论的转变来刻画从中世纪到现代的转变。根据这种论述,笛卡尔提出了一个怀疑论难题,然后用他自己激进的基础主义解决了这个难题,从而开创了现代。按照由此设定的议程,英国经验论者对笛卡尔的唯理论提出反驳,然后留待伊曼努尔·康德(或者可能是黑格尔,这取决于一个人的哲学偏好)提供对知识问题的最终解决方案。例如,这种版本的现代哲学史可见于库诺·菲舍尔(Kuno Fischer,1824—1907)的极富影响的著作。[2] 菲舍尔将笛卡尔的《第一哲学沉思集》(*Meditations*)牢固地确立为现代性的奠基性文献,并认为现代哲学的典型特征就是唯理论者与经验论者之间的分裂,这种分裂被伊曼努尔·康德的批判哲学所弥合。

---

[1] 威廉·狄尔泰(Wilhelm Dilthey)在19世纪末指出,现代性的到来可以被刻画为从形而上学转向人论。'Die Funktion der Anthropologie in der Kultur des 16. und 17. Jahrhunderts', in *Weltanschauung und Analyse des Menschen seit Renaissance und Reformation. Wilhelm Diltheys Gesammelte Schriften* II (Leipzig, 1914).

[2] Kuno Fischer, *Metaphysik oder Wissenschaftslehre* (Stuttgart, 1852); *Geschichte der neueren Philosophie*, 6 vols. (Mannheim, 1860). 参见 Knud Haakonssen, 'The History of Early Modern Philosophy: The Construction of a Useful Past', in C. Condren, S. Gaukroger and I. Hunter (eds.), *The Philosopher in Early Modern Europe: The Nature of a Contested Identity* (Cambridge, 2006).

许多现代哲学导论仍然遵循着这一思路,本科生通常会经由《第一哲学沉思集》被引入这门学科。与这种被普遍接受的观点密不可分的一种看法是,现代的认识论方案本质上是世俗的,代表着理性对信仰的支配地位,并且为接下来的启蒙时代确立了条件。于是,笛卡尔依靠神作为其基础方案的保证常常被斥为某种粉饰,旨在安抚潜在的与基督教会有关的批评者。诚然,笛卡尔的确避免提及包括原罪教义在内的基督教启示真理,并且直言自己不愿参与"神学"讨论。然而在这个方面,他完全不具有典型性,因此总体而言并不是17世纪哲学的良好范例。在17世纪,几乎所有知识讨论都会联系知识提到罪的问题。事实上,也许令人惊讶的是,17世纪的知识讨论与经院哲学的差别并不在于其世俗性,而在于往往比中世纪的经院哲学讨论更明确地依赖于启示神学的帮助。因此,正如我们将会看到的,17世纪对经院哲学的一项常见反驳就是,经院哲学本质上是"异教的"。

该论点的一个变体与本书的论点更为接近,那就是,新教改革通过挑战传统权威而酿成了一场思想危机,这一挑战扩展到了对何为真信仰的标准加以评判,从而使知识问题显得特别尖锐。与宗教改革同时,古代怀疑论被重新发现,这使知识问题变得更加严重,它用大量论证表明,没有什么东西能被确定地知道。① 米歇尔·德·

---

① L. Floridi, 'The Diffusion of Sextus Empiricus's works in the Renaissance', *JHI* 56 (1995), 63—85; and 'The Rediscovery of Ancient Scepticism in Modern Times', in M. Burnyeat (ed.), *The Skeptical Tradition* (Berkeley, 1983), pp. 225—251; Charles B. Schmitt, *Cicero Scepticus: A Study of the Influence of the 'Academica' in the Renaissance* (The Hague, 1972).

蒙田(Michel de Montaigne)在这些古代学派思想的复兴过程中扮演了重要角色，他的《为雷蒙·塞邦辩护》(Apology for Raymond Sebonde)手法娴熟地讲述了埃利亚的皮浪(Pyrrho of Elis)的怀疑论论证，蒙田及其追随者共同使怀疑论成为17世纪的一种哲学时尚。事实证明，怀疑论论证对反宗教改革是有用的，因为可以用它们来反驳新教主张的教义确定性。此外，怀疑论提供的标准对策——面对我们的无知，最好是直接遵从自己国家的习俗和传统——不利于采用新的宗教观点（比如新教徒的那些观点）。笛卡尔同样是关键人物。17世纪初浓厚的怀疑论氛围为笛卡尔的《第一哲学沉思集》提供了出发点，该书以一种激进的怀疑论开始，最后则以清晰分明的观念成功地消除了所有怀疑，从而为知识提供了不容置疑的基础。理查德·波普金(Richard Popkin)最强调怀疑论在现代早期哲学中所起的作用，他认为，蒙田的《为雷蒙·塞邦辩护》是"孕育现代思想的子宫，因为它促使人们要么试图反驳新的皮浪主义，要么设法与之和平共处"。① 笛卡尔所提供的正是

---

① Richard H. Popkin, *The History of Scepticism from Erasmus to Spinoza* (Berkeley, 1979), p. 54. 参见 Ernst Cassirer, *Das Erkenntnisproblem in der Philosophie und Wissenschaft der neueren Zeit*, 2 vols. (Berlin, 1906—1907), i, 162, 181。波普金的著作有三个相继扩充的版本，最早的是 *The History of Scepticism from Erasmus to Descartes* (Van Gorcum, 1960)，最后的是 *The History of Scepticism from Savonarola to Bayle* (Oxford, 2003)。另见 Popkin's 'Scepticism and Modernity' in T. Sorell (ed.), *The Rise of Modern Philosophy: The Tension between the New and Traditional Philosophies from Machiavelli to Leibniz* (Oxford, 1993), pp. 15—32; 'Theories of Knowledge', in CHRP, pp. 668—684. 对这一重要论题的讨论或发展，参见 Richard A. Watsonand James E. Force, (eds.), *The High Road to Pyrrhonism* (San Diego, 1980); R. Popkin and Arjo Vanderjagt (eds.), *Scepticism and Irreligion in the Seventeenth and Eighteenth Centuries* (Leiden, 1993); José Maia Neto, 'Academic Skepticism

这样一种反驳,由此开创了现代哲学的时代。

这种论点令人信服,而且很有影响力。我自己的观点是,虽然"怀疑论危机"的想法有一定道理,但这场危机不仅源于宗教改革家对传统权威的挑战和古代怀疑论的复兴,而且源于对一种强调堕落及其认识论后果的奥古斯丁主义人论的重新强调。这在英格兰尤其如此,尽管各种版本的奥古斯丁主义在欧洲大陆也得到了强有力的支持。诚然,怀疑论和奥古斯丁主义人论都会导致对人类知识可靠性的怀疑,但它们提供了截然不同的对策。在怀疑者看来,我们的无知并非源于一场由人的不服从所引发的巨大灾难,而是人性所固有的,因此需要平静地加以接受。于是,我们不应试图纠正心灵的运作(这些运作当然是有限的),而应接受不可避免的事物,悬搁判断,保持内心的宁静。① 而在那些把我们目前的无知状态归因于堕落的人看来,亚当的形象具有双重意义:一方面,堕落为人的苦难和易错性提供了一种解释;另一方面,亚当在堕落之前的完美性,包括他那广博的知识,都被认为象征着未被实现的

(接上页) in Early Modern Philosophy, *JHI* 58 (1997), 199—220; Brendan Dooley, *The Social History of Skepticism*; *Experience and Doubt in Early Modern Culture* (Baltimore,1999); Petr Lom, *The Limits of Doubt*; *The Moral and Political Implications of Skepticism* (Albany, NY, 2001); Gianni Paganini (ed.), *The Return of Scepticism from Hobbes and Descartes to Bayle* (Dordrecht, 2003); Richard Popkin and José Maria Neto (eds.), *Skepticism in Renaissance and Post-Renaissance Thought*; *New Interpretations* (Amherst, NY, 2003); Charles Larmore, 'Scepticism', in Daniel Garber and Michael Ayers (eds.), *The Cambridge History of Seventeenth-Century Philosophy*, 2 vols. (Cambridge, 1998), ii, 1145—1192; Michael Ayers, 'Popkin's Revised Scepticism', *BJHS* 12 (2004), 319—332.

① 比如皮浪主义怀疑论者的目标是悬搁判断(*epoche*),从而引向不动心(*ataraxia*)的状态。

人类潜能,这个满怀希望的向前看的要素未见于古往今来的所有怀疑论表述。此外,怀疑论的对策与哲学家作为沉思生活倡导者的古典理想是一致的。认真看待堕落的真实性的人,则往往希望扭转或部分扭转其不幸后果,而这需要行动的生活,充满热情地参与到社会领域和自然领域中去。第二章还会进一步讨论波普金的论点。

让我们转到关于宗教与科学(特别是实验科学)之起源的更具体的理论。有一种由来已久的观点认为,神学的唯意志论(voluntarism)与经验自然研究方法的出现之间存在着关联。根据这一论点的大多数版本,中世纪晚期出现了一种神学的唯意志论,主张神的意志是完全自由的。新教改革家接受了这种观点,并且促进了它在现代的传播。该论点说,根据唯意志论的看法,神在创世时不受任何在先的理性考虑的约束,因此人的心灵无法单凭理性先验地认识到神将在世界中实现何种特定的秩序,而是必须诉诸经验研究。① 虽然这种立场并非没有价值,而且对现代自然定律概

---

① M. B. Foster,'The Christian Doctrine of Creation and the Rise of Modern Natural Science', *Mind* 43 (1934), 446—468; Francis Oakley,'Christian Theology and the Newtonian Science:The Rise of the Concept of Laws of Nature', *Church History* 30 (1961), 433—457; J. E. McGuire,'Boyle's Conception of Nature', *JHI* 33 (1972), 523—542; Eugene Klaaren, *Religious Origins of Modern Science* (Grand Rapids, 1977); Peter Heimann,'Voluntarism and Immanence:Conceptions of Nature in Eighteenth-century Thought', *JHI* 39 (1978), 271—283; Betty Jo Teeter Dobbs, *The Janus Faces of Genius:The Role of Alchemy in Newton's Thought* (Cambridge, 1991); Margaret Osler, *Divine Will and the Mechanical Philosophy:Gassendi and Descartes on Contingency and Necessity in the Created World* (Cambridge, 1994); Henry Guerlac, 'Theological Voluntarism and Biological Analogies in Newton's Physical Thought', *JHI* 44 (1983), 219—229. 另见 Amos Funkenstein, *Theology and the Scientific Imagination* (Princeton, 1986), ch. 3; John Henry, 'Henry More versus Robert Boyle', in Sarah

念的起源提供了一种貌似合理的解释,但它有一些缺陷,尤其是,笛卡尔是一个激进的唯意志论者。① 如果我的分析是正确的,那么对于发展出一种实验方法具有重要意义的与其说是神能以他选择的任何方式为自然赋予秩序,不如说是堕落使人神分离,并且败坏了人的心灵。此外,自然本身已经堕落,偏离了神的原初计划,变得不大可理解了。因此,经验进路和实验进路成为必需并非因为神的意志原则上不可预测。毋宁说,实验自然哲学的不便和局限性乃是意识到人类堕落状况的不可避免的后果。如果说人的心灵无法理解神是如何指导自然运作的,那么这并非因为神的非理性,而是因为人的心灵的局限性。

另一条重要的论证线索指向了清教千禧年主义(millenarianism)的重要性,特别是在17世纪英格兰自然哲学的背景下。但凡

(接上页) Hutton (ed.), *Henry More (1614—87): Tercentenary Essays* (Dordrecht, 1990), pp. 55—76; James E. Force and Richard H. Popkin, *Essays on the Context, Nature, and Influence of Isaac Newton's Theology* (Dordrecht, 1990); Antoni Malet, 'Isaac Barrow on the Mathematization of Nature: Theological Voluntarism and the Rise of Geometrical Optics', *JHI* 58 (1997), 265—287; Margaret Osler, 'Fortune, Fate, and Divination: Gassendi's Voluntarist Theology and the Baptism of Epicureanism', in Margaret Osler (ed.), *Atoms, Pneuma, and Tranquillity: Epicurean and Stoic Themes in European Thought* (Cambridge, 1991), 'The Intellectual Sources of Robert Boyle's Philosophy of Nature', in Richard Ashcroft, Richard Kroll, and Perez Zagorin (eds.), *Philosophy, Science, and Religion, 1640—1700* (Cambridge, 1991); 'Divine Will and Mathematical Truths: Gassendi and Descartes on the Status of Eternal Truths', in R. Ariew and M. Grene (eds.), *Descartes and his Contemporaries* (Chicago, 1995), pp. 145—158。

① 更明确的批评参见 Peter Harrison, 'Voluntarism and Early Modern Science', *History of Science* 40 (2002), 63—89; 'Was Newton a Voluntarist?', in James E. Force and Sarah Hutton (eds.), *Newton and Newtonianism: New Studies* (Dordrecht, 2004), pp. 39—64。

试图回答神学如何影响了英格兰实验科学的发展的历史学家，都绕不开查尔斯·韦伯斯特（Charles Webster）那部内容广博的权威著作《伟大的复兴》(*Great Instauration*，1975年，2002年)。①由于本书有很大一部分内容讨论的是亚当科学及其复兴的前景，所以它与这部之前的著作有重要关系。韦伯斯特认为，英格兰科学发展的一个非常重要的时期是1640年到1660年，当时清教的千禧年主义为一系列革命性的科学计划提供了启发。这种千禧年主义部分受到了这样一种前景的激励，即有可能使人类恢复亚当在伊甸园中曾经享有的完美性（包括他那广博的科学知识），从而为千禧年的降临确立必要前提。随着1660年的王政复辟，这种看法的激进方面招致了反感，但它的一些重要内容被皇家学会和皇家医师学院所接受。我的论点并不是对韦伯斯特论点的质疑，而是预先假定了他所提出的许多基本论点，并尝试将它们置于更广泛的背景中，无论在时间上还是地理上。它既非强调革命时期的科学与王政复辟时期的科学之间的不连续性，亦非强调清教主义科学与其他教派的科学之间的不连续性，而是试图表明如何通过对堕落的不同评价来理解它们的差异，以及堕落之前的状况在多大程度上能在现世得到恢复。此外，韦伯斯特主要是在清教千禧年主义的背景下来处理堕落主题的，而本书的重点则是堕落对神学人论的含意。②第四章将会进一步讨论这些议题。

由于本书的一个主要关注点是实验主义在英格兰背景下的发

---

① Charles Webster, *The Great Instauration: Science, Medicine, and Reform, 1626—1660* (London, 1975); 2nd edn (Bern, 2002).

② 关于韦伯斯特的重点，参见 *Great Instauration* (1975), p. xvi.

展,所以现代早期科学史领域的另一部经典著作的一些主题也是相关的。在《利维坦与空气泵》(Leviathan and the Air Pump,1985年)中,史蒂文·夏平(Steven Shapin)和西蒙·谢弗(Simon Schaffer)提出了一些基本问题:为了达到科学真理为何要做实验,以及为何实验渐渐被认为要优于其他认识方式。① 他们正确地指出,现代历史学家常常会忽视这些问题,因为像科学这样的当代文化活动的预设很少被认为是成问题的。与夏平和谢弗最初写作时相比,现在的情况已经有所改观,但历史学家所置身的文化仍然认为实验的优点似乎是不言而喻的。从现在的角度来看,很难理解弗朗西斯·培根和罗伯特·波义耳等人的新实验进路在17世纪为何备受争议以及那样违反直觉。我们也很容易忽视针对它所提出的反驳的力度。对"实验哲学"的主要反对意见是,它算不上真正的知识,因为它无法确定现象的原因,并且未能达到真正的科学所要求的确定性,真正科学的目标乃是逻辑学或几何学中的那种证明。我将提出,这种新的"或然论的(probabilistic)、易错的(fallibilistic)人类自然知识观"(夏平和谢弗认为这使实验主义者的进路有别于其他)受到了神学上重新强调堕落的人类心灵的固有弱点的启发。② 出于同样的理由,实验纲领的许多反对者对于人的能力怀有更为乐观的看法,他们保留了一种更为传统的亚里士多

---

① Steven Shapin and Simon Schaffer, *Leviathan and the Air Pump: Hobbes, Boyle, and the Experimental Life* (Princeton, 1985), p. 1.

② Ibid., p. 23. 关于对或然性的这种新的强调,参见 Barbara Shapiro, *Probability and Certainty in Seventeenth Century England* (Princeton, 1983), ch. 2; Ian Hacking, *The Emergence of Probability* (Cambridge, 1975), chs. 3—5。

德主义进路的要素,即强调有可能达到数学上的确定性。我们越是能够进入17世纪的文化环境去重新体验实验进路的奇特性,神学人论在这些不同立场中所起的作用就变得越明显。

夏平和谢弗的另一个相关论点是,知识问题与17世纪的社会秩序问题之间存在着密切关系。我想指出,这其中的一个原因是,无知和不合群(unsociability)都被列为堕落所导致的更严重后果。我们将会看到,那些主张特定政治安排的人通常会援引亚当行使的原始统治权来支持自己的观点。此外,国家的强制权力被证明是必要的恶,旨在遏制有罪国民那些攻击性的自私冲动。类似地,特定自然哲学纲领的方法论限制——实验方法也许是最好的例子——被认为是给堕落的心灵施加了必要的外部约束,如果放任不管,堕落的心灵根本无法积累任何有用的自然知识。

最后,本书的《圣经》要素也是对我之前讨论《圣经》与科学的兴起那本书①的扩展。从本质上讲,那本书表明,人们在16世纪开始以一种字面的历史意义来解读《圣经》之书,这对自然之书的诠释方式产生了重大影响。中世纪对《圣经》的寓意解读假定了一个其中的物体象征着灵性真理的自然世界。寓意的消亡及其被一种字面的历史进路所取代,要求重新安排自然秩序,自然世界的可理解性不再被认为属于象征含义。之前那本书主要关注转向《圣经》字面意义的后果,而本书则着眼于这种字面转向的一个后

---

① Peter Harrison, *The Bible, Protestantism and the Rise of Natural Science* (Cambridge, 1998).[已有中译本:《圣经、新教与自然科学的兴起》,张卜天译,商务印书馆,2019年。——译者注]

果——对亚当堕落（现在几乎完全被理解成一种历史叙事而非寓意）的解释如何影响了神学人论和现代早期科学。

关于本书的结构还要作些说明。第一章描述了关于亚当堕落故事的《圣经》诠释、教父诠释和中世纪诠释以及原罪教义的发展。它并不旨在作为一部关于堕落的"单元观念"（unit idea）的历史，而是为了提供背景，否则就很难理解现代早期的不同人所提出的论点。① 第二章讨论了新教改革家的人论、他们对经院亚里士多德主义的拒斥，以及对奥古斯丁原罪立场的重新审视，此外还讨论了怀疑论的复兴和天主教对奥古斯丁主义的复兴。第三章则以简要的例子说明了宗教改革的人论如何以种种方式影响了16世纪自然哲学的发展——菲利普·梅兰希顿（Philipp Melanchthon）及其对"自然之光"学说的修正，后来被开普勒所采纳；朗贝尔·达诺（Lambert Daneau）等人试图将自然哲学建立在《圣经》权威的基础上；"狂热派"（enthusiastic）②建议依靠个人灵感来认识自然。这一章并未完整罗列持这些不同立场的人，而是为各种可能的观点提供了例子。最后两章的主要目标则是在英格兰的背景下确定堕落在实验科学谱系中的重要性。第四章的主题是17世纪英格兰的"人论转向"，以及弗朗西斯·培根提出的自然哲学的复兴如

---

① 这里并不适合讨论各种类型的思想史的相对优劣。不过，一个相关的考虑是，17世纪的思想家们缺乏剑桥学派思想史家的老于世故，认为神学教义的确有一个编年史。关于这些历史编纂问题的最新讨论，以及对"堕落"观念进行编年处理的具体理由，参见 John Patrick Diggins, 'Arthur O. Lovejoy and the Challenge of Intellectual History', *JHI* 67 (2006), 181—209。无论如何，读者可以自己判断这种编年方法是否有助于理解后来的发展，并构成连贯的历史叙述的一部分。

② "enthusiasm"源自希腊词"enthousiasmos"，字面意思是"被神占据"。——译者注

何被构想为恢复因堕落而失去的知识。最后一章将这个故事延续到 17 世纪中后期,考察了英格兰实验主义者尤其是皇家学会会员的方法论规定如何受到了堕落叙事的影响。这里,实验哲学的发展与一种对原罪的特殊理解密切相关。这一章的最后两节讨论了波义耳、洛克和牛顿,表明堕落叙事如何在对科学实践的辩护中渐渐遭到遗忘,给人留下的印象是,实验显然是正确的科学研究方式。最后是结语和参考书目。

第一章　亚当的广博知识

　　神用土所造成的野地各样走兽,和空中各样飞鸟都带到那人面前,看他叫甚么。那人怎样叫各样的活物,那就是它的名字。那人便给一切牲畜和空中飞鸟、野地走兽都起了名。

——《创世记》2:19—20

　　他们的发明在被充分知晓之前可能不会轶失,根据亚当的预言,世界将在此一时间被火的力量摧毁,在彼一时间被汹涌的洪水摧毁,因此他们造了两根柱子:一根砖柱,一根石柱;并将其发现铭刻在两根柱子上,万一砖柱被洪水摧毁,石柱可以留下来,向人类展示这些发现;并且告诉他们,他们还立了一根砖柱。

——约瑟夫斯,《犹太古事记》
(The Antiquities of the Jews) I.2

　　创造天地的神在创造亚当之初,赋予了他关于自然万物的知识(后来成功地传给了诺亚及其后代:因为他能依照各自的本性给所有活物命名)。因此他无疑也知道草木果实之用,无论作为食物还是药物,是拿来使用还是为了愉悦。亚当可能会运用这种知识,神给他植了个园子供他生活。

——约翰·帕金森(John Parkinson),
《地上的乐园》(Paradisi in Sole,1629 年),"致读者的信"

第一章 亚当的广博知识

耶鲁大学拜内克图书馆（Beinecke Library）六层高的玻璃书塔中藏有一份据说是世界上最古老书籍的写本。从它预兆不祥的标签"Osborn MS fa.7"以及作为"占星术书籍"的平凡描述，几乎看不出其中包含着怎样的内容。① 然而，一打开柔软的牛皮纸包装，整洁的草体笔迹便展现在读者眼前。这些文字揭示了这部作品的真正意义，它声称记录了起初神托付给亚当的一本秘密知识之书。因此，该作品是第一部百科全书（实际上是人类历史上第一本书）的副本，其内容包括各种治疗方法，关于日月星辰、植物世界的力量、宝石、鱼、家禽、野兽的知识，以及占星术预测的秘密。图书的编目者大概认为最后一类最能体现这部奇特作品的实质。它的写本非常罕见，但并非唯一。其他副本藏于大英图书馆，其中一些可以追溯到17世纪。② 虽然现存版本之间存在着差异，但所有版本都声称包含着神最初赋予亚当的知识。

这些写本都是《天使拉结尔之书》（*Sepher Raziel*）的各个版本，它以天使拉结尔而得名，传统上认为，拉结尔是神与亚当的中介。其中一些写本表明，这些古老的知识是亚当在短暂逗留伊甸园期间被赐予的；另一些写本则表明，亚当被逐出伊甸园之后不久，或者后来经过很长时间的忏悔（明确的持续时间是 130 年），拉结尔向他传授了这种秘密智慧。对于前一种情况，这本书可能是传说中亚当智慧的来源；对于后一种情况，则可能是对失去知识的

---

① Beinecke Rare Books Library, Osborn MS fa.7.
② British Library MSS Sloane 3826,3846,3847; MS Additional 15299. 现在还有一个现代英译本——*Sepher Rezial Hemelach*: *The Book of the Angel Rezial*, tr. Steve Savedow (Weiser, 2000), 译自 1710 年在阿姆斯特丹出版的希伯来文版。

慰藉。无论如何,据说这种原始知识已成为古代先贤智慧的来源。其中一个版本讲述了诺亚如何将这部大书置于一箱金子中,并把它带到了方舟上。诺亚下船后,该书作为圣经先祖和先知的一部教科书被代代相传。所罗门那被大肆吹嘘的智慧便归功于他对该书内容的了解。事实上,拜内克写本声称,除了最初与神的沟通,它还包含有所罗门的希伯来文注释。

这些写本以及原书的真正起源其实要平凡得多。最有可能的是,它们源自12世纪的一部犹太教卡巴拉主义(cabbalistic)作品集,尽管该文本所基于的口头传统可能要早得多。不仅如此,《天使拉结尔之书》的内容必定会让现代读者感到失望,因为它看起来更像是古怪地汇集了炼金术和占星术的一些观察报告,而不是以《不列颠百科全书》那样的权威方式呈现的关于世界真理古老而真实的记录。然而,这些文献的持久意义在于见证了一种悠久的西方传统,认为亚当拥有神所赋予的关于自然世界的广博知识。在16、17世纪的某些地方,这些写本仍然被认为是可信的,这表明亚当智慧的传统是多么强大和普遍。

第一节 伊甸园中的科学

在犹太教和基督教的正典中,几乎找不到关于亚当聪颖程度或学问范围的明确信息,关于堕落之后亚当知识的丧失殆尽也着墨不多。然而,某些说法为后来的释经传统奠定了基础。《创世记》告诉我们,人是按照神的形象造的,人有权统治其他活物。后来之所以能为一种原始科学进行辩护,最重要的理由是,亚当曾为所有动物命了名,传统上认为,这意味着亚当已经拥有了对它们本性的认识。① 预言性的《以西结书》记载了伊甸园的第一位居民如何"智慧充足,全然美丽",他佩戴各样宝石,无忧无虑,能"在发光如火的石中行走"。在犹太智慧文学中,据说亚当是由一个人格化的"智慧"创造出来的,他守护着亚当,并使亚当有能力统治万物。②

这些零散的文献似乎为构建一种关于亚当伟大知识的颇具影响的传统提供了有些脆弱的基础。然而,后世的诠释者都以反映其自身神学哲学利益的方式对这些文本做了注解。此外,由于《创世记》在许多让好奇读者感兴趣的问题上未置一词——比如亚当、夏娃在园子里待了多久才堕落,伊甸园里是否有性交,亚当和夏娃被逐出伊甸园之后命运如何,其子孙在哪里找到了伴侣,等等——后人发展出各种传统,以填补《圣经》叙事中的这些空白,其中许多传统后来被归入非正典著作。

公元 1 世纪,弗拉维乌斯·约瑟夫斯(Flavius Josephus,37—约 100)对第一个家族的早期历史作了颇具影响的记述。关于梅察达(Masada)陷落的一个同时代的记述便归功于这位犹太历史学家的著作《犹太战争》(*The Jewish Wars*)。在后来的《犹太古事记》中,约瑟夫斯记述了从创世到罗马占领巴勒斯坦的犹太人历

---

① Gen. 1:26,28;2:19.
② Ezek. 28:13—15;Wisdom 10:1—2. Cf. II Enoch 31;Job 15:7—8. 参见 Clement of Rome, *Homilies* iii,28;Anthony Burgesse, *The Doctrine of Original Sin:Asserted and Vindicated against the Old and New Adversaries Thereof* (London,1658), p.406。

史。在这本书中,他详细叙述了亚伯被哥哥该隐杀害之后,亚当和夏娃所生的第三个儿子塞特如何为后人保留了第一代人的知识。根据这一叙述,亚当曾预言世界会被水和火毁灭。有先见之明的塞特造了一根砖柱和一根石柱,上面刻有古代知识传统,以便使其躲过即将发生的灾难。这些柱子本质上是第一部百科全书。根据约瑟夫斯的说法,其中一根柱子在公元1世纪依然存在,而且可以在埃及的土地上看到。①

约瑟夫斯的历史在另一个事件版本中得到了证实,这些事件出现在被称为《摩西启示录》(Apocalypse of Moses)和《亚当夏娃的生活》(Vita Adae et Evae)的伪经著作中。② 这些相关作品可能是在公元1世纪和3世纪之间创作的,它们记述了第一对夫妇及其后代被逐出伊甸园之后的历史。这些故事的主角仍然是塞特,他着手寻找能够减轻其父亲病痛的"仁慈之油"(Oil of Mercy)——一种香膏,类似于后来炼金术士所寻找的传说中的炼金药。在把父母所知的"秘密"或"奥秘"传给子孙后代方面,同样是塞特起着核心作用。夏娃临终之前把塞特和他的三十位兄弟、三十位姐妹召来,让他们制作"由石头和黏土制成的台子",在上面记下"你们从我们这里看到和听到的一切"。石头会躲过水对大地的

---

① Josephus,*Antiquities* i.70—71. Cf. Michael Glycas,*Annales* 228—233 (Basel,1572). "Siriad"之地究竟在哪里尚未确定。根据它的拼法,一些人认为是亚述,另一些人认为是埃及。

② 关于这些著作的背景,参见 Michael Stone, *The Literature of Adam and Eve* (Atlanta,1992)。参见 John Levison, *Portraits of Adam in Early Judaism:From Sirach to 2 Baruch* (Sheffield,1988)。另见 *The Gospel of Nicodemus* ii.3。

破坏,黏土将不会被火烧毁。于是,我们被告知,"塞特做了台子"。① 这些故事在中世纪和现代早期广为流传。② 事实上,在世界各地的历史中,塞特直到19世纪都被视为将亚当知识传给后代的媒介。③

在评价亚当的能力和堕落所造成的损失时,这些对人类早期历史的犹太记述相对克制。后来基督教对这一事件的解读,特别是那些受柏拉图主义哲学影响的解读,与之有重大差异。亚当在堕落之前的完美性以及堕落所带来的悲剧程度被放大。教父们引入的原罪观念,即亚当的罪被传给他的子孙,进一步强调了亚当的

---

① *Vitae Adae et Evae* xxix. 1—3;xlix—li,*The Apocrypha and Pseudepigrapha of the Old Testament*,ed. R. H. Charles,2 vols. (Oxford,1977),ii,140,152f. 另见 Johannes Tromp,'Cain and Abel in the Greek and Armenian/Georgian Recensions of the *Life of Adam and Eve*',in Gary Anderson,Michael Stone,and Johannes Tromp (eds.),*Literature on Adam and Eve* (Leiden,2000),p. 287;Louis Ginzberg,*The Legends of the Jews*,tr. Henrietta Szold,7 vols. (Philadelphia,1937—1966) i,93f.。关于亚当的知识,参见 D. A. Bertrand,'Adam prophète',in *Figures de l'Ancien Testament chez les Pères*,ed. P. Maraval,Cahiers de Biblia patristica 2 (Strasbourg,1989),pp. 61—81。

② Theodore Ziolkowski,*The Sin of Knowledge: Ancient Themes and Modern Variations* (Princeton,2000),pp. 11f.;Walter Stephens,'*Livres de Haulte gresse*: Bibliographic Myth from Rabelais to Du Bartas',*MLN* 120,Supplement (2005),60—83.

③ 例如参见 J. A. Wylie,*History of the Scottish Nation*,3 vols. (Edinburgh,1886),i,ch. 6。还有一些古代文献为亚当的知识提供了不同轨迹。据说神秘人物以诺(Enoch)在大洪水之前写了三本书,诺亚就是从这里获得了教导。2 Enoch 33,Jubilees,4:17—26;cf. I Enoch 8:1—4. 参见 Pieter van Der Horst,*Japheth in the Tents of Shem: Studies on Jewish Hellenism in Antiquity* (Leuven,2002),pp. 139—158。撒马利亚编年史 *The Book of Asatir*〔以 *The Asatir: The Samaritan Book of the "Secrets of Moses"* (London,1927)出版〕重复了这种说法。参见 Michael Stone,*Selected Studies in Pseudepigrapha and Apocrypha with Special Reference to the Armenian Tradition* (Leiden,1991),pp. 220f.。

有罪和人类状况的贫困。就这样,柏拉图主义和基督教对《创世记》的新解读共同造就了一种更具负面意味的人论,它前所未有地强调与堕落相伴随的道德和知识上的损失。

第二节　堕入无知

从原始的完美性中堕落,这一观念并非犹太教—基督教传统所独有。柏拉图主义哲学提到了"堕落"和需要恢复失去的知识。柏拉图曾提出,人的灵魂在前世的无身体状态下拥有对"形式"或"理念"的直接认识,卑贱的物质事物仅仅是对永恒实在的苍白反映。根据柏拉图的说法,当精神性的灵魂降生于物质身体时,这种理想知识遭到"遗忘"。人的灵魂降生于肉体牢狱所导致的迷乱会持续整个一生,不过爱智之人能够摆脱物质世界的干扰,逐渐重新导向存在于形式领域的普遍真理。①

柏拉图在《政治家篇》(*Statesman*)中讲述的黄金时代神话强化了关于人类易于犯错的这些观念,在黄金时代,人在神的直接统治下过着田园般的生活。当一场像亚当夏娃的堕落那样的"巨大危机"突然加剧了物理世界的变化时,这个时代结束了:人变得软弱无助,遭到曾经驯服的野兽的蹂躏,地球不再能为人自发地提供食物。在这个混乱无序的世界中,人类只有通过神的知识馈赠才能幸存下来。火是普罗米修斯的馈赠,手艺是赫菲斯托斯(Hephaestus)的馈赠,农业知识则来自其他神。柏拉图解释说:

---

① Plato, *Phaedo* 73—77; *Phaedrus* 249, *Statesman* 273b.

"自从神不再守护人类，一切有助于人类生活的东西都来自于这些馈赠。"①虽然这些说法与《圣经》中的堕落记述远非精确相似，但这些相似之处已经足以将这个柏拉图神话的关键要素纳入犹太教—基督教传统。对于历代的基督教思想家来说，它们也提供了某种程度的独立证据，证明了《圣经》中关于人类起源以及实用知识的神圣起源的记述。

到了基督教时代，神秘的柏拉图主义哲学家普罗提诺（Plotinus，约204—270）明确谈到了堕落和原始形象的失去。普罗提诺写道，必须通过"获得神的样式"来摆脱我们目前状况的恶——这种方案将被教父所采用。② 此外，这种柏拉图式的堕落与认识论问题直接相关，我们目前对感官和感觉知识的依恋被直接归因于这种堕落。在普罗提诺看来，整个感官领域都是堕落的领域。③ 因此他说，伊壁鸠鲁派和斯多亚派的以经验为导向的哲学是在一个堕落的世界里所能指望的事业的典型，因为他们都过分依赖于从感官获得的知识。④ 而在犹太人的文献中，原始知识的丧失是在人类历史中发生的，而且只与堕落间接相关。它并非缘于降生在物质身体中所导致的人类心灵的彻底败坏，而是缘于历史的偶然事件——大洪水的破坏和巴别塔的语言变乱。正是这些历史事件而不是一场宇宙性的灾难切断了与原始知识来源的联系。

---

① Plato, *Statesman* 272d—274d, *Collected Dialogues*, ed. Edith Hamilton and Huntington Cairns (New York, 1961), p. 1039.
② Plotinus, *Enneads* i. i. 12; i. ii. 1; iv. iii. 12. Cf. Origen, *De principiis* iii. vii. 1.
③ Plotinus, *Enneads* vi. vii. 5.
④ Plotinus, *Enneads* vi. 另见 Menn, *Descartes and Augustine*, p. 371。

没有证据表明普罗提诺熟悉犹太教或基督教的堕落观念,不过根据一个古老的传说,他的老师阿莫尼乌斯·萨卡斯(Ammonius Saccas)是基督徒。① 当然,普罗提诺的《九章集》(Enneads)并未明确提到《创世记》的叙事。但其他人,尤其是亚历山大的作家犹太人斐洛(Philo Judaeus,约前20—约50),已经试图将人类堕落的两种传统结合起来。和公元1世纪的一些亚历山大的思想家一样,斐洛在观点上兼收并蓄,试图将犹太教与希腊哲学的要素融合在一起。为此,他用一种强大的寓意诠释方法对《旧约》文本做了解释,声称在创世叙事中亚当代表理性,夏娃代表感官。起初,理性与感官协调一致,这使亚当获得了一种无与伦比的哲学优越性:

> 初民们因为获得了巨大的身体而身材伟岸,他们也必定获得了更为精确的感官,更卓越的是,获得了以哲学方式考察和聆听事物的能力。一些人也许不无道理地认为,他们的眼睛能够看到天上的那些本性、本质和运作,耳朵能够听懂各种声音和语言。②

这些超人的能力显示于这样一幕:神把动物带到亚当面前,让他命名(《创世记》2:19)。柏拉图讨论语言起源的《克拉底鲁篇》(Cratylus)对于塑造斐洛的解经方法以及随后的释经传统无疑至

---

① Eusebius, *Ecclesiastical History* vi. 9. 关于对这种传统的怀疑,参见 R. T. Wallis, *Neoplatonism* (New York, 1972), p. 38。

② Philo of Alexandria, *Questions and Answers on Genesis*, i. 32, *The Works of Philo*, tr. C. D. Younge (Peabody, 1992), pp. 797f.

关重要。① 这篇对话确定,"最初名称的赋予者也知晓他所命名的事物","一种超人的能力赋予事物以最初的名称,由此给出的名称必然是它们的真名"。后来,名称的赋予者被认为是"一个受启示的存在或神"。② 结合亚当为动物命名的一幕,由柏拉图关于命名的论点可以得出这样一个结论:名称的赋予者亚当拥有关于所有活物之真正本质的认识。斐洛所得出的正是这个结论:在为动物指定"自然名称"时,亚当表明自己是"一个拥有智慧和卓越知识的人"。③ 在西方,直到19世纪,后来几乎所有对这段经文的解读都会提到亚当那异乎寻常的自然知识。现代早期对普遍语言方案的着迷,以及相信凭借一种自然语言能够确立真科学和真宗教,同样受到了《创世记》这段经文的启发。

虽然斐洛指出,亚当和夏娃可能已经享受到了优越感觉器官的好处,但他仍然信奉一种认为理性高于感官的柏拉图主义。与此同时,他对感觉知识的必要性态度矛盾,有时会说心灵完全依赖于感官,没有感官便不完整。但在论述堕落时,他似乎又完全是柏拉图主义的。他所确立的释经传统同样保持到现代早期,他解释说,应当把亚当理解成理性的心灵,把夏娃理解成感官。他指出,正如亚当需要夏娃作为良伴,因此心灵也需要感官。④ 然而在其

---

① J. Dillon, 'Philo Judaeus and the Cratylus.', *Liverpool Classic Monthly* 3 (1978),37—42. 对于斐洛和瓦罗而言,阿斯卡隆的安提奥库斯(Antiochus of Ascalon)也许是这些思想更直接的来源。参见 P. Boyancé, 'Etymologie et théologie chez Varron', *Revue des Etudes Latines* 53 (1975),99—115。

② Plato,*Cratylus* 438a—438c,*Collected Dialogues*,p. 472.

③ Philo,*Questions and Answers on Genesis* i. 20 (*Works*,p. 795);Cf. *On the Creation* lii,148 (*Works*,p. 21).

④ "在人那里,心灵占据着男人的等级,感觉占据着女人的等级。"Philo,*De Opificio Mundi* lix. 165 (*Works*,p. 23).

他地方,他又将女性的感官与理性对立起来,将其视为无知和错误的来源:"理性部分属于男性,承袭自理智和理性;而非理性部分则属于女性,它也是外在感官的用武之地。"① 女性还被等同于激情。"但激情本质上是女性的,"他说,"我们必须学会摆脱激情,表明我们更偏爱良好性情的男性特质。"② 如果说理性与欺骗性的感官对立,那么行动(action)则与激情(passion)③对立。在每一组对立中,男性原则都被等同于理想特征:"因为正如男人见于行动,女人见于行动的承受者,所以心灵也见于行动,而外在感官,和女人一样,其显著特征是遭受或成为行动的承受者。"④ 由于这种想象中的认知弱点,女人乃是蛇的明显行骗目标。女人自身心灵能力的反常结构也因此成为人类的永恒命运。从此以后,理性将屈从于感官、激情和快乐。⑤

斐洛对《创世记》第一章的释经的一些核心特征对后来犹太教和基督教的释经产生了深刻影响。犹太教神学在赞美亚当方面变得过于夸张,据说亚当展现出完美的身体和心灵。一些作者赋予亚当以巨大的体形,甚至认为他可能充满了整个世界。⑥ 一般认为,亚当的智力与他的身材相匹配。因此,第一个人也几乎无所不

---

① Philo, *De specialibus legibus* I, xxxvii (*Works*, p. 553).
② Philo, *Quod deterius potiori insidiari soleat* ix (*Works*, p. 115).
③ "action"的字面意思是"主动"或"作用","passion"的字面意思则是"承受""被动"或"受动"。——译者注
④ Philo, *Legum allegoriae* ii, xi (*Works*, p. 42). 这种分析得到了"*pascho*"词源含义——"被作用"——的支持。
⑤ Philo, *De opificio mundi*, lix (*Works*, p. 23). Cf. *Legum allegoriae* II, v; *Quaestiones et solutiones in Genesin* I.
⑥ *Leviticus Rabba* 18.

第一章 亚当的广博知识

知,其视觉可以同时涵盖整个地球(如果他和整个地球一样大,这听起来可能就不那么异乎寻常了)。① 亚当的知识不仅延伸到自然世界,而且还延伸到偶然的历史事件,因为在受造那一刻,神向他揭示了世世代代的人及其行为。亚当还是人类技艺特别是书写技艺的创始人。②

在《新约》中,亚当受到的关注相对较少。为了论证女性应当保持沉默而且不对男性行使权力,圣保罗指出,亚当是先造的,与夏娃不同,他未受蛇的欺骗。③ 然而,在保罗的另一部著作中(这部著作将在后来关于原罪的讨论中具有无与伦比的权威性),亚当成为基督的一个"预型"(type)。预表论(typology)是基督教作家用来为《旧约》中的人物赋予基督教意义的一种方法。正如斐洛借助于寓意使《旧约》的各种主题与希腊哲学的各个方面相一致,基督教作家也借助于非字面解读给《旧约》中的叙事赋予当代意义。在这种情况下,据说罪和死正是经由亚当而进入世界的。这与基督的救赎相平行,通过救赎,生命与拯救被普遍赋予所有人:"亚当……是即将到来的主的一个预型……正如一个人的违逆使许多人成为罪人,一个人的顺从也会使许多人成为义人。"④结合其他经文,这可以理解成亚当的罪给他的所有后代赋

---

① 例如参见 Ginzberg, *Legends*, i, 59; v, 79; Williams, *The Ideas of the Fall and of Original Sin* (London, 1927), pp. 71f.; F. Weber, *System der Altsynagogalen Palästinischen Theologie* (Leipzig, 1880), pp. 214f.。然而,在某些灵知主义著作中,亚当是一个失去理智的巨大怪物。例如参见 Hippolytus, *Philosophumena* 5.2。

② Ginzberg, *Legends*, i, 61f.

③ 1 Tim. 2:13.

④ Rom. 5:14, 19.

予了个人的罪,人生下来就已经带有罪的污名。① 当然,这是奥古斯丁所作的极具影响的解释。圣保罗的其他段落暗示了罪的认识论后果。他指出,"不义阻挡了真理","故意不认识神"。结果,"他们的思念变为虚妄,无知的心就昏暗了"。他补充说,"自称为聪明,反成了愚拙"。②

教父们的著作受到了斐洛和圣保罗思想的影响。亚当为动物命名证明了他的伟大智慧,这一传统在教父文献中流传甚广。③ 比如尼萨的格里高利(Gregory of Nyssa,约330—约395)写道:"理智能力尽管最初由神所造,此后观照现实时则自行发挥作用……它的认识中不可能有混乱。"亚当"给每一个事物附上某个语词标记来表示其含义",就清楚地表明了这一点。④ 然而,亚当失去对自己理性力量的控制时,便失去了为动物命名的能力和对它们的自然统治。在一些教父看来,堕落已经使自然等级关系发生了戏剧性反转。亚当在一个无比巨大的层次上反叛了神。这种反叛反映在新造的世界中,动物变得狂野,不再承认亚当的权威。甚至连地球本身也变得贫瘠,不再提供丰盛的食物。在心理层面,

---

① Gen. 3;Ps. 51:5.

② Rom. 1:18—22.

③ 例如参见 Clement of Rome, *Homilies* 3.18;Clement of Alexandria, *Stromata* 1.21;Origen, *De principiis* i,3.7;Tertullian, *Adversus Marcionem* 11, *De Virginibus velandis* 4;Jerome, *Gen.* 2.21. Cf. Aquinas, *Quaestiones disputatae de veritate* 18,4; Suarez, *De opere sex dierum* iii. ix. 14. 关于为动物命名的后来传统,参见 *A Dictionary of Biblical Tradition in English Literature*, ed. David L. Geoffrey (Grand Rapids, 1992), p.537。

④ Gregory of Nyssa, *Answer to Eunomius' Second Book* (NPNF ii,v,290). Cf. Origen, *Contra Celsum* v,43.

第一章 亚当的广博知识

亚当的激情反叛其理性,导致他失去了自制力,并且丧失了曾经使他对昔日臣民进行命名和统治的那种广博知识。金口约翰(John Chrysostom)在公元 4 世纪写道:"人在抛弃了理性的统治,猛烈攻击神所设计的国度,并且屈从于所有激情时,便不再只是一个动物,而且是一种张牙舞爪的混杂怪物。"① 严格实践自我统治的禁欲规训暗示了亚当曾经享有的统治权,这可见于圣徒与野兽的联系——哲罗姆(Jerome)和他的狮子、圣赫勒努斯(Helenus)和鳄鱼、圣马卡留斯(Macarius)和鬣狗、圣科伦巴(Columba)和孚日山脉的野兽。② 13 世纪的方济各会修士波纳文图拉(Bonaventure)赞美阿西西的方济各(Francis of Assisi)的虔诚,说他的道德权威"力量如此显著,以至于制服了凶猛的野兽,驯服了狂野,训练了温顺,而且使反抗堕落人类的野兽变得顺从"。③ 弗朗西斯·培根在 17 世纪要求恢复亚当"在其最初的受造状态中"曾经享有的"统治和权能"时,所诉诸的正是这样一种自我统治和心灵纯洁的类似形象。在将知识与力量等同起来时,培根指出,"他只要能用真名召

---

① Chrysostom, *Homilies on the Gospel of St John* ii (NPNF i, xiv, 7). Cf. *Homilies on Genesis* viii. 14, ix. 7. 关于这些联想及其在中世纪和现代早期的化身,参见 Peter Harrison, 'Reading the Passions: The Fall, the Passions, and Dominion over Nature', in S. Gaukroger (ed.), *The Soft Underbelly of Reason: The Passions in the Seventeenth Century* (London, 1998), pp. 49—78。

② Helen Waddell, *Beasts and Saints* (London, 1949), pp. 25—29; David Bell, *Wholly Animals: A Book of Beastly Tales* (Kalamazoo, 1992), p. 17; Joyce Salisbury, *The Beast Within: Animals in the Middle Ages* (London, 1994), pp. 168f.

③ Bonaventure, *The Life of St Francis*, in *Bonaventure: The Soul's Journey into God, The Tree of Life and The Life of St Francis*, tr. Ewert Cousins (London, 1978), p. 261.

唤这些造物,就将再次统治它们"。①

如果说教父们将堕落视为激情对理性的反叛,那么这一事件也可以与灵魂囚禁于肉体中联系起来。有些教父甚至接受一种对堕落的柏拉图主义解释,将人的苦难归咎于堕入人的身体。亚历山大的神学家和圣经评注家奥利金(Origen,约185—约254)据说曾经受教于普罗提诺的老师,认为所有灵魂在受造时是平等的,但某些灵魂因为滥用其自由选择而堕入了人的身体。② 堕落与身体的联系在《创世记》的叙事中得到了某种支持,因为亚当和夏娃被逐出伊甸园之后,第一次被神用"皮子"包裹起来(《创世记》3：21)。③ 继柏拉图之后,奥利金将人的堕落比作一个曾经精通几何学或医学等技艺或科学的人后来陷入了完全的无知。④ 奥古斯丁对堕落似乎也持这样一种观点,认为一个事先存在的灵魂堕入了一个肉体。⑤

---

① Bacon,*Valerius Terminus* (*Works* iii,220).
② Origen,*De principiis* i. vii. 3,i. viii. 2.
③ 例如参见 Philo,*Quaestiones in Genesin* i. 4;Ginzberg,*Legends of the Jews*,v,93。希伯来原文可以理解成"皮肤的包裹"或"为皮肤包裹"。罗马的克莱门(Clement of Rome)将意识到堕落之后的赤身裸体解释为意识到知识被剥夺了。*Epistle to Diognetus*,xii. 在16世纪,剑桥柏拉图主义者亨利•摩尔重述了这种解读,*Conjectura Cabbalistica. Or, a Conjectural Essay of Interpreting the Mind of Moses* (London, 1653),pp. 50f.。
④ Origen,*De principiis* i. iv. 1.
⑤ R. J. O'Connell,'The Plotinian Fall of the Soul in St. Augustine',*Traditio* 19 (1963),1—35;R. Penaskovic,'The Fall of the Soul in Saint Augustine:A *Quaestio Disputata*',*Augustinian Studies* 17 (1986),135—45;R. Teske,'St. Augustine's view of the Original Human Condition in *De Genesi contraManichaeos*',*Augustinian Studies* 22 (1991),141—155.

与堕落相联系的还有感觉知识的开端。蛇曾向夏娃许诺,她吃了知识树上的果子,眼睛就会睁开。于是,由于亚当和夏娃的过犯,"两人的眼睛就开了"(《创世记》3:5—7)。奥利金认为这意味着感官知觉始于原罪。在此之前,我们的初始父母一直闭着眼睛,这样就会专注于用灵魂的眼睛去觉知。这样一来,人堕落之后的"肉体感官"和"尘世之眼"便与理性灵魂的内在光芒形成了鲜明对比。① 其中一些观点危险地接近于一种质疑物质和身体价值的灵知主义(gnosticism),事实上,奥利金的许多思想后来都在公元553年的第二次君士坦丁堡大公会议上遭到谴责。然而,虽然犹太教—基督教的创世教义断言了物质领域(包括人的身体)的正面价值,但柏拉图主义的残余影响依然很大。柏拉图声称,灵魂囚禁于肉体导致了我们目前的无知,这种观点自始至终贯穿于基督教对堕落及其认识论后果的理解。与之相关的观点,即依靠不值得信赖的感觉知识乃是堕落的结果,也将长期存在于西方。

第三节　承袭错误

在西方基督教中,亚当夏娃从最初的完美中堕落的观念总是与原罪教义联系在一起。然而,原罪教义在基督教西方发展得相对较晚,直到公元5世纪才获得最终形式。即使如此,后来的教会

---

① Origen, *Contra Celsum* vii. 39; *Homily on Numbers* xvii. 3. Cf. Philo, *Quaestiones in Genesin* i. 39. 关于这些主题,参见 C. P. Bammel, 'Adam in Origen', in Rowan Williams (ed.), *The Making of Orthodoxy: Essays in Honour of Henry Chadwick* (Cambridge, 1989), pp. 62—93。

会议也要缓和其最初表述的严厉性。直到16世纪,加尔文仍然认为,"除了奥古斯丁,所有古代神学家都对这个主题感到异常困惑、摇摆不定、矛盾重重,从他们的作品中无法获得确定性"。① 这样说也许有所夸张,而且显示加尔文意在恢复更为严厉的奥古斯丁版本的原罪教义,但最早的教父以及后来的希腊正教传统往往都对亚当的过犯及其对后代的影响采取一种相对温和的看法。②

里昂的伊里奈乌(Irenaeus of Lyons,约130—约202)曾指出,亚当和夏娃堕落时处于本质上清白的状态,其失足更多是因为不成熟,而不是有意不服从。③ 在这方面,亚当象征着人类,虽然在幼儿期陷入了错误和罪,但却保持着道德成熟的能力。另一些早期的基督教作家也表达了类似的观点,部分是为了反驳灵知派

---

① Calvin, *Institutes* ii. ii. 4 (Beveridge, i, 226); cf. *Institutes* ii. i. 5.

② Jacques Liébaert, 'La Tradition Patristique jusqu'au Ve siècle', in *La Culpabilité fondamentale: Péché originel et anthropologie moderne* (Lille, 1975), pp. 35—43; Gerald Bray, 'Original Sin in Patristic Thought', *Churchman* 108 (1994), 1—37; David Weaver, 'From Paul to Augustine: Romans 5:12 in Early Christian Exegesis', *St Vladimir's Theological Quarterly* 27 (1983), 187—206; Henri Rondet, 'Lepéché originel dans la tradition: Tertullien, Clément, Origène', *Bulletin de Littérature Ecclésiastique* 67 (1966), 115—148; Julius Gross, *Entstehungsgeschichte des Erbsndendogmas: Von der Bibel bis Augustinus* (Munich, 1960), 69—255; Christina Gschwandtner, 'Threads of Fallenness according to the Fathers of the First Four Centuries', *European Explorations in Christian Holiness* 2 (2001), 19—40; F. R. Tennant, *The Sources of the Doctrine of the Fall and Original Sin* (New York, 1903), pp. 273—345.

③ Irenaeus, *Adversus haereses* iv. xxxviii—xxxix, ii. xxii. 关于伊里奈乌的立场,参见 John Hick, *Evil and the God of Love* (London, 1985), pp. 211—215; Chadwick, *The Early Church*, pp. 80f.; Henri Rondet, *Original Sin: The Patristic and Theological Background*, tr. C. Finegan (New York, 1972), pp. 37f.。关于它在现代早期的影响,参见 Poole, *Milton and the Fall*, pp. 16f.。

那种甚为悲观的人论。① 基于圣保罗的权威,大多数人都认为罪的状态是承袭的,不过亚历山大的克雷芒(Clement of Alexandria,? —约220)和纳西昂的格里高利(Gregory Nazianzus,329—389)提出,人类状况的普遍缺陷是社会习得的。② 但无论认为罪性源于天性还是培养,一般认为,需要对人的堕落状况感到惋惜,而不是过分的自我谴责。

至于堕落之后人的认知能力的失去,则常常表现为"神的形象"(image of God)的某种失去或损毁,而"神的形象"被认为正是人的独特性所在(《创世记》1:26f.)。虽然对"神的形象"的理解各有不同(有时会与"神的样式"(likeness of God)进行对比),但除了道德和理性的能力,神的形象被认为还包括与神关联的能力。③ 伊里奈乌指出,人堕落后已经失去了神的形象和神的样式。④ 迦太基护教士德尔图良(Tertullian,约160—约225)也说,撒旦已经颠覆了神的形象,并且完全"改变了人的本性"。⑤ 在亚历山大主教阿塔纳修(Athanasius,298—373)看来,神的形象因堕落而逐渐消失,从而开启了一个持续的败坏过程:"照着神的形象造的理性人正在消失,神的作品正在解体。"⑥

---

① Theophilus, *To Autolycus* ii. xxv; Methodius, *Banquet of the Ten Virgins* iii. 5; Origen, *Commentary on John* xiii. 37; Gregory Nazianzus, *Oration* 45. 7—8.

② Romans 5:12—21; Gregory Nazianzus, *Oration* 45. 8. 关于克雷芒的观点,参见 Williams, *Ideas of the Fall*, p. 206。

③ "神说:'我们要照着我们的形象,按着我们的样式造人,使他们管理……'"《创世记》1:26.

④ Irenaeus, *Adversus haereses* iii. xviii. 1.

⑤ Tertullian, *De spectaculis* ii (ANF iii, 80).

⑥ Athanasius, *De Incarnatione verbi dei* vi. i (NPNF ii, iv, 39).

然而,没有人认为神的形象已经彻底被毁。毕竟,倘若神的形象已经完全失去,人就会变得与野兽无异。针对自己先前的说法,即神的形象和神的样式皆因亚当的罪而失去,伊里奈乌做出了限定。他指出,虽然神的样式已经失去,但神的形象依然存在。① 根据这种理解,人存在的目的就在于逐渐重新获得神的样式,正是神的形象的潜在能力才使这项任务成为可能。奥利金也指出:"起初,通过高贵的神的形象,他被赋予了达于完美的可能性"。完美的神的样式"最终将通过完成必要的事功"来达到。② 后来的希腊教父也表达了类似的观点。③

斯多亚派关于一种无处不在的"逻各斯"或"理性"的概念也在这些讨论中发挥了作用。斐洛已将斯多亚派的这个概念与希伯来的"神的形象"概念联系起来,许多早期的基督教作家也纷纷效仿。④ 殉道者尤斯丁(Justin Martyr)谈到了寓于所有人心中的"理性种子"(*logos spermatikos*)。这种神的灵光(spark)使那些高

---

① Irenaeus, *Adversus haereses* v. vi. 1. Cf. Cyprian, *Treatises* ix. 5; Clement of Alexandria, *Stromata* ii. 22. 关于样式与形象之间的区别,参见 Hick, *Evil and the God of Love*, pp. 217—221。

② Origen, *De principiis* iii. vii. 1 (ANF iv, 345).《创世记》中使用这两个截然不同的术语更有可能是因为希伯来语的一种典型的平行结构,而不是因为打算表达两种截然不同的相似性。

③ 例如参见 Gregory of Nyssa, *On Virginity* xii; *On the Making of Man* xviii. 8; Gregory Nazianzus, *On his Father's Silence* xvi. 8, xvi. 15; *Against the Arians* 33. 12.

④ W. Kelber, *Die Logoslehre von Heraklit bis Origines*, 2nd edn (Stuttgart, 1958), pp. 92—132; C. Colpe, 'Von der Logoslehre des Philon zu der des Clemens von Alexandrien', in *Kerygma und Logos*, ed. A. M. Ritter (Göttingen, 1979), pp. 68—88; S. V. McCasland, '"The Image of God" according to Paul', *Journal of Biblical Literature* 69 (1950), 363—5.

贵的异教徒得以探究宇宙的理性秩序,并且对基督教的真理有所预感。① 尽管德尔图良有着与异教哲学家势不两立的名声,但他相信有一种原始的道德"法则"已经传给了亚当和夏娃。这种自然法为各国的道德准则提供了基础,从而解释了异教徒当中的高尚和良善。② 奥利金还援引了一种普遍自然法的概念,并以典型的斯多亚派方式将它与国家的成文法进行对比。他指出,基督徒有义务遵守一种更高的自然法,因此可以合法地抵制对参与偶像崇拜行为的法律强制。这预示着后来通过诉诸自然法为公民的不服从作辩护。③

因此,早期教父常常不大愿意把亚当的原始能力提得太高,在评价堕落造成的损害时也同样谨慎。然而到了公元 4 世纪,拉丁教父越来越倾向于强调亚当在伊甸园中神话般的完美性,并且极力夸大他那悲剧性的损失。此时,描述这一原始灾难的术语也发生了重大变化。堕落首先不再被理解为"剥夺"(deprivatio),即失去了某种好的东西,而是逐渐被解释成"败坏"(depravatio)——一

---

① Justin Martyr, ii *Apology* viii, xiii. Cf. Origen, *Contra Celsum* v. 34. 关于教父对异教思想的看法,参见 Jaroslav Pelikan, *The Emergence of the Catholic Tradition* (100—600) (Chicago, 1971), pp. 27—41; Henry Chadwick, *Early Christian Thought and the Classical Tradition: Studies in Justin, Clement, and Origen* (New York, 1966)。

② Tertullian, *Answer to the Jews* ii; *De Corona* vi; Cf. *De anima* ii. 德尔图良诉诸保罗的观点,即"没有律法的外邦人,顺着本性行律法上的事"(《罗马书》2:14)。米兰的安布罗斯持有后来的奥古斯丁主义立场,认为"不服从使自然法的特权遭到破坏和废除"。*Epistolarum classis* ii, 73.5 (PL 16, 1306)。

③ Origen, *Contra Celsum* v. 37 (ANF iv, 559f.). 参见 *Origen: Contra Celsum*, ed. Henry Chadwick (Cambridge, 1953), p. 7。关于奥利金和教父论自然法,参见 W. A. Banner, 'Origen and the Tradition of Natural Law Concepts', *Dumbarton Oaks Papers* 8 (1954), 51—92。

种不近情理的败坏。① 这种强调人类状况的败坏及其巨大损失的倾向通常与希波的奥古斯丁(354—430)的教导相联系。创造了"原罪"(*peccatum originis*)一词的奥古斯丁坚持认为,人性因堕落而"受伤、受害、受损、被毁"。② 这种无能(incapacity)被传给了亚当的所有后代。因此,我们并非因为自己的行为而成为罪人,而是我们的所有行为都源于我们与生俱来的有罪状况。③ 在奥古斯丁的神学中,个体灵魂不可能通过功德而得到救赎(meriting redemption),因为完全的拯救主动权在于一个至高无上的预定得救的神的在先恩典。

这种奥古斯丁主义立场之所以显得严厉,部分原因在于,他的学说是在一种神学争论的氛围中形成的。爱尔兰修士佩拉纠(Pelagius)反对奥古斯丁关于人类道德无能的一些更极端的说法,拉开了基督教思想史上一场极为著名的论战的序幕。④ 佩拉纠认为,奥古斯丁坚持个人的公义与拯救无关,这是放纵和取消个人道德责任的表现。佩拉纠也不认同奥古斯丁所坚称的所有人天生就处于罪的状态。从奥古斯丁的角度来看,佩拉纠似乎在支持一种关

---

① Hick, *Evil and the God of Love*, p. 213.
② Augustine, *De natura et gratia* 62.53 (NPNF i, v, 442).
③ Augustine, *City of God*, books 11—14; *Enchiridion* xxv—xxvii, xlv. 关于这种立场与东方教父立场的差异,参见 P. Papageorgiou, 'Chrysostom and Augustine on the Sin of Adam and its Consequences', *St Vladimir's Theological Quarterly* 39 (1995), 361—378。
④ 对这场争论的简要论述,参见 Friedrick Loofs, 'Pelagius und der pelagianische Streit', in *Realencyklopädie für protestantische Theologie and Kirche*, ed. Albert Hauck, 3rd edn, 22 vols. (Leipzig, 1896—1908), xv, 747—774; G. Bonner, 'Augustine and Pelagianism', *Augustinian Studies* 23 (1992), 33—52; 24 (1993), 27—47.

于人的可完善性的学说，认为每个人都有能力不借助神的恩典而在今生实现清白的完美状态。亚当的罪仅仅归到他自己身上，并没有传给他的后代。因此，佩拉纠可能会得到当时东方神学家的支持。① 然而在西方教会中，至少在一段时间内，奥古斯丁的观点占了上风。

至于堕落世界中的知识，奥古斯丁强调，亚当的失足不仅是道德上的损失，还使人类陷入了无法补救的认识上的混乱。由于原罪，个人不仅习惯性地做出错误的道德选择，而且始终把错误当作真理。因此，每个人注定要在永远无知的状态下生活。奥古斯丁写道，"我们生于无知、困境和必死"是符合神的意愿的，"因为第一对夫妇犯罪时陷入了错误、困境和死亡"。奥古斯丁写道，神乐见"我们从第一对夫妇那里得到无知、困境和必死，因为他们犯罪时陷入了错误、困苦和死亡"。他进而指出，每一个有罪的灵魂都会受到两种惩罚——"无知和困境"。② 无知状况与堕落之间的这种联系可能与普罗提诺的柏拉图主义堕落观有关。③ 奥古斯丁还借鉴了斐洛曾经使用的性别意象：激情和欲望是心灵的女性方面，按照业已规定的事物秩序，须由男性的理性来支配。④ 由于理性（亚

---

① Pelikan, *Emergence of the Catholic Tradition*, p. 316.

② Augustine, *De Libero Arbitrio* iii. xx. 55. 阿奎那将清单扩大到四个——无知、恶意、软弱、色欲：st 1a2ae. 61, 2; st 1a2ae. 85, 3。

③ O'Connell, 'The Plotinian Fall of the Soul'.

④ Augustine, *Confessions* xiii. 32 (Chadwick tr., p. 302). 但奥古斯丁并未因此而贬低女性的智力："在心灵力量上，她拥有平等的理智能力，但身体的性别使她服从于男性的性别。"另见 *The Trinity* xii. iv13; Ambrose of Milan, *Paradiso* 2. 11. 关于亚历山大教父们的看法，参见 Sarah Petersen, 'The Fall and Misogyny in Justin and Clement of Alexandria', in D. Foster and P. Mozjes (eds.), *Society and Original Sin* (New York, 1985), pp. 37—51.

当)对感官(夏娃)的错误服从导致了堕落,所以在正确的生活方式中,"作为男性部分高居其上的理性"必须不断控制感官冲动,约束由欲望主导的行为。我们习惯性地依赖于感官乃是我们堕落状况的一个标志。①

讨论堕落时,奥古斯丁部分意在表明,人类状况的苦难不应归咎于造物主。无知和错误并不是神亲手促成的人的自然状况:"误把假的东西当成真的,以至于不得已地犯错……并非神所确立的人的本性,而是对人的审判带来的苦难后果。"②因此,神对人犯错误的内在倾向不负任何责任。像这样把错误归咎于人的意志的迷失方向,是对恶的问题所作的更全面回应的一部分。奥古斯丁的一项持久的神学成就是,面对现世的恶,为神的善做出强有力的辩护。奥古斯丁的神正论或"自由意志辩护"仍然是对恶的问题的两种标准哲学回应之一。③它虽然借鉴了新柏拉图主义哲学的某些特征,但却是对柏拉图主义观念(即恶是一种形而上学的必然)和摩尼教二元论观念(即宇宙的善恶力量进行争斗)的强有力反驳。根据奥古斯丁的"自由意志辩护",世界的恶可归因于(首先是天使、然后是亚当的)自由意志的滥用。正如奥古斯丁所说,"恶的意志是

---

① Augustine, *The Trinity* xii. iv. 13 (Mackenna tr., p. 356). Augustine, *Letters* 55, v. 8 (NPNF i, i, 306). Cf. Athanasius, *Against the Heathen* i. iii. 2. 一些中世纪思想家也认为,我们受制于不完美的感觉知识是堕落的结果。参见 Richard of St Victor, *Benjamin major* 2. 4, 2. 17 (PL 196, 82cd)。奥弗涅的威廉(William of Auvergne)的看法参见 Steven P. Marrone, *William of Auvergne and Robert Grosseteste* (Princeton, 1983), pp. 67f.。

② Augustine, *De Libero Arbitrio* iii. xviii. 52. Cf. *Enchiridion* xxiv; Plotinus, *Enneads* ii. ix.

③ 权威论述见 Hick, *Evil and the God of Love*, part ii.

所有恶的起因"。① 在个人(他们以自己的行为重复了亚当的有罪选择)那里,理智的错误缘于意志的错误,特别是,意志从更高的精神上的善转向了更低的物质上的善。然而,意志自由被认为是一种内在的善,它超出了滥用意志自由所导致的恶。简而言之,罪的可能性是拥有自由意志所付出的代价。到了 17 世纪,笛卡尔和马勒伯朗士将会利用奥古斯丁自由意志辩护的不同特征来分析心灵的种种错误,并解释为什么人的易于犯错并非与神的善相违背。②

第四节 世俗知识和神光

如果对奥古斯丁来说,堕落解释了人类的犯错倾向,那么堕落也解释了对于感官领域"低贱事物"的一种不健康的痴迷。在奥古斯丁的体系中,堕落的人类不仅注定永远无知,他们寻求自然知识的动机也被罪所污染。因此,看似无辜的求知成为一种有罪的好奇心,这种好奇心本身则是在堕落的世界中玷污所有人类活动的邪情私欲的表现。"好奇心"现在被看成那种最早出现在伊甸园、后来又感染了希腊自然哲学家研究的理智恶习。

奥古斯丁的神学先辈们已经对哲学和科学知识的价值表达了保留意见,他们想知道那些致力于哲学探索的人的动机是否完全

---

① Augustine, *De Libero Arbitrio* iii. xvii. 48. Cf. *Enchiridion* xxiii; *On Nature and Grace* iii. iii.

② Descartes, *Meditations*(CSM ii, 58); *Principles of Philosophy*(CSM i, 203f.). Malebranche, *Search after Truth* ii. i. 5 (pp. 122f.); *Elucidations* vii. x—xii (pp. 583f.). 对笛卡尔立场的概述参见 Janowski, *Cartesian Theodicy*。

纯粹。当然,他们承认像苏格拉底和柏拉图那样的高贵异教徒的个人虔诚和哲学敏锐。第一位基督教护教士殉道者尤斯丁(约100—163)甚至说,"即使是苏格拉底,也对基督有部分程度的认识"。亚历山大的克雷芒认为,一如摩西律法之于犹太人,希腊哲学就像一位导师,使希腊人信了基督。哲学是"神学的婢女",是"对信仰者的一种预备性训练"。奥利金也说,希腊哲学是"基督教的辅助"。① 然而,基督教思想与异教思想的这些偶然合流常常被归因于希腊人对《旧约》的剽窃。具有讽刺意味的是,剽窃论题本身并非完全原创,因为它最初曾为居住在亚历山大的犹太护教士们所利用。帕尼亚斯的阿里斯托布鲁斯(Aristobulus of Paneas,活跃于公元前 160 年)认为,希腊哲学中有很大一部分来源于希伯来圣经。② 斐洛和约瑟夫斯随后接受了这个想法,而基督教作家又按照自己的目的对它作了调整。③ 比如尤斯丁和克雷芒认为,柏拉图影响深远的创世记述《蒂迈欧篇》曾经受到《创世记》的启发,奥利金则认为,柏拉图的《斐德罗篇》(*Phaedrus*)同样是衍生的。④ 拉丁作家也赞同这一论点,尽管热情程度可能不同。德尔

---

① Justin, ii *Apology* 10 (ANF i, 191); Clement of Alexandria, *Stromata* i. v (ANF ii, 305); cf. *Stromata* i. xix—xx; *The Instructor* i. xi. ; Origen, *Letter to Gregory* i (ANF x, 295).

② Eusebius, *Praeparatio Evangelica* 13.12; Clement, *Stromata* i. xxii. 关于阿里斯托布鲁斯,参见 E. Schrer, *The History of the Jewish People in the Age of Jesus Christ*, tr. G. Vermes et al. (Edinburgh, 1986), pp. 579—587。

③ Philo, *Quod omnis probis liber sit* 8.57; Josephus, *Against Apion* ii. 37.257. 关于剽窃论题,参见 Pelikan, *Emergence of the Catholic Tradition*, pp. 33—36。

④ Justin, *I Apology* 59; Clement of Alexandria, *Protrepicus* vi; cf. *Stromata* i. xxv; Origen, *Contra Celsum*, vi. 19.

第一章 亚当的广博知识

图良认为希腊哲学家也许熟知犹太教圣经,而北非的米努西乌斯·费利克斯(Minucius Felix)则认为,关于地球末日大火的异教观念恰恰证明了犹太教—基督教先知们的原创性和先见之明。①

但即使是对异教作者的这些有限认可,也主要延伸到他们的神学和道德哲学。研究自然世界的著作并没有得到同样热情的对待。借助于《创世记》的叙事、《旧约》智慧文学带有厌世色彩的怀疑论,以及圣保罗针对忙于"这世上的所谓智慧"所作的警告,一些教父作者指出,认识自然对基督徒没有什么用处。而且,科学探索往往更多是出于傲慢和非法的好奇心,而不是对真理的真正渴望。② 虽然某些异教成就令人钦佩(即使不是完全原创),但在大多数情况下,对自然知识的不懈追求被认为只会导致"虚荣"和积累"无用的"意见。③ 到了公元4、5世纪,人们开始把好奇心正式看成一种理智恶习。好奇心的独特之处在于其对象和潜在动机,它所针对的乃是那些超出了人的能力或者被禁止的、"世间的"或无用的知识。就动机而言,激励它的则是傲慢、虚荣或者渴望像神一样。同样是奥古斯丁将这些不同线索组织在一起。在《忏悔录》

---

① Tertullian, *Ad nationes* ii. ii. 5; Minucius Felix, *Octavius* 34. 1—4.

② 例如参见 Gen. 3:1—7; Eccl. 1:18,12:12, and passim; Esdras 4:23,13:52; Ecclesiasticus,3:21—3;1 Cor. 1:19—27;2:1f.,8.1;Col. 2:8;1 Tim. 6:20;2 Tim. 3:13—16. 典型的教父评论和中世纪评论参见 Ambrose, *Hexameron* 1.7,1.9,1.24;Gregory,*Moralia in Iob* 27. 1; Gregory [attr.], *Dialogorum Gregorii Papae Libri Quatuor* 2, preface 1; Bernard of Clairvaux, *Epistola* 190, *In Die Pentecostes* 3. 5, and *In Solemnitate Apostolorum Petri et Pauli*, 1.3.

③ Tertullian, *De anima* ii; Basil, *Hexaemeron* i. 8—11; Peter Chrysologus, *Collectio Sermonum* 11; Jerome, *Commentarius in Epistolam ad Ephesios* 4. 17; John Cassian, *Colationes* xiv. xvi.

中,他明确阐述了好奇心的现象学,认为它从思想上表现了那种自堕落以来损害人性的普遍欲望:"肉体之欲在于从一切感官享受中获得的快感。……除了肉体的欲望,我们的灵魂中还有一种贪欲,它虽然以肉体的感官为中介,但目的并不在于肉体的快感,而在于通过肉体获得的知觉。"奥古斯丁因此给好奇心提供了一个谱系,将它列入第一等的罪,并将它与原始父母的罪行联系起来。好奇心不过是一种经由心灵而非身体折射出来的原始贪欲罢了——奥古斯丁生动地称它为"目欲"(concupiscentia oculorum),即眼睛的欲望。由于这种欲望代表着某种比身体更高贵的东西的败坏,所以它尤为可鄙。最糟糕的是,好奇心与最大最重的罪——傲慢有关。① 因此,对奥古斯丁而言,心灵的堕落不仅意味着人类的科学遭到彻底损害,而且意味着对自然知识的追求本身,特别是追求对感官世界的认识,同样体现了人性的败坏。正是受一种好奇心的驱使,人才去品尝知识树的果子,从而导致了堕落,后来一切获取知识的尝试都在不同程度上重复了那最初的罪。因此,最好是不去理会自然哲学。"没有必要像希腊人所说的'自然学家'(physici)那样去探究事物的本质……甚至连他们自诩的发现也常常是纯粹的猜测,而不是确定的知识。"②

---

① Augustine,*Confessions* x. xxxv;*Sermons* 313a (*Works*,iii/9,92).关于与傲慢的联系,参见 *De moribus Ecclesiae Catholicae et de moribus Manichaeorum* 1. 21. 38;*De agone Christiano* 4. 4;*The Trinity* xii. 9;*City of God* xiv. 28;*Supra Genesi contra Manichaeos* ii. 18. 27。

② Augustine,*Enchiridion* ix (NPNF i,iii,239f.);cf. *Confessions* iv. iii. 3—v. iv. 7;*The Trinity* iv. iv.

然而，即使对奥古斯丁来说，"世俗智慧"也有一席之地。例如，数学和天文学知识帮助他摆脱了昔日信奉的摩尼教的宇宙论幻想。自然志（natural history）的各个方面也得到了认可，因为用他自己的话说，这门学科"可以解决《圣经》的疑难"。① 历史、机械技艺和辩证法也有自己的用处，这同样主要与释经有关。当然，新柏拉图主义哲学得到了谨慎的认可，因为它代表着异教哲学中所有好东西的精华。② 考虑到新柏拉图主义对于将奥古斯丁从物质主义的形而上学承诺中解放出来发挥了关键作用，这种挥之不去的喜好并不让人惊讶。然而，异教作者的有限成就并非因为他们自己的能力，而是因为神的善良和仁慈。诚然，人性已经败坏，但在逐出伊甸园之后，堕落的人仍然留有某些"禀赋"："神从来没有从败坏和堕落的人性中收回自己的仁慈和善良，从而剥夺人的多产、快活和健康，他的心灵和身体，感官和理性，还有食物、营养和生长。"③ 此外，被奥古斯丁与人的理性联系起来的神的形象并未完全摧毁，而是被削弱了。因此，神的形象的某个部分仍然存在，

---

① Augustine, *Confessions* v. iii. 3—v. vi. 10; *Christian Doctrine* ii. 16. 24, ii. 29. 45. 关于奥古斯丁的思想中自然志与寓意诠释的联系，参见 Harrison, *Bible and the Rise of Science*, esp. pp. 23—33。

② Augustine, *Christian Doctrine* ii. 40. 60; chs. xxviii—xxxi; cf. *City of God* viii. 5, viii. 10. 关于奥古斯丁对自然知识态度的正面特征，参见 David C. Lindberg, 'The Medieval Church Encounters the Classical Tradition', in David C. Lindberg and Ronald L. Numbers (eds.), *When Science and Christianity Meet* (Chicago, 2003), pp. 7—32。另见 K. Pollmann and M. Vessey (eds.), *Augustine and the Disciplines: From Cassiciacum to Confessions* (Oxford, 2005)。

③ Augustine, *De nuptiis et concupiscentia* ii. ix (NPNF i, v, 291).

因为人拥有"借以认识神的理性心灵"。①

这些"禀赋"的保留使奥古斯丁有信心去反驳怀疑论。认为人不可能获得知识,那就走得太过了。虽然怀疑论有助于消除异教哲学家的傲慢,但它也可能附带地损害基督教信仰。奥古斯丁早些时候曾短暂迷恋过摩尼教,此后一度转向了学园派的怀疑论。意味深长的是,他皈依基督教后撰写的第一部作品就是《驳学园派》(Against the Academics)。在更成熟的作品《论三位一体》(The Trinity)中,他再次试图反驳怀疑论者的主张,并且概述了一些不容置疑的命题:

> 让我们把通过身体感官认识的关于事物的所有思考放在一边,将注意力集中在所有人都确定地知道的东西上。……然而,肯定没有人怀疑自己活着、记忆、理解、意愿、思考、认识和判断。至少,如果他怀疑,他就活着;如果他怀疑,他就记得自己为何怀疑;如果他怀疑,他就明白自己正在怀疑;如果他怀疑,他就有意愿要确定;如果他怀疑,他就在思考;如果他怀疑,他就知道自己还不知道;如果他怀疑,他就判定自己不应匆忙地同意。你可以怀疑其他任何东西,但不应对这些东西产生怀疑;如果它们是不确定的,你将无法怀疑任何东西。②

---

① Augustine, *Reply to Faustus the Manichean* xxv. 2 (NPNF i, iv, 318). Cf. *City of God* xxii, 24; *De spiritu et littera* 28. 49. 这种让步代表着早先受普罗克洛斯思想影响的一种更严厉观点的缓和,即神的形象在堕落时被摧毁了。参见 *Retractions* 2. 24. 成熟的奥古斯丁断言,神的"样式"已经失去,但神的形象还在。*The Trinity* xiv. xvi. 22.

② Augustine, *The Trinity* x. ii. 14, in *The Works of Saint Augustine*, ed. John Rotelle, 20 vols. (New York, 1991—), i/5, 296f.

这段话的笛卡尔味道非常明显,奥古斯丁的其他作品中也有一些类似的内容。最引人注目的也许是《上帝之城》(The City of God)中的命题——"如果我被欺骗,那么我存在"(Si fallor sum),它与笛卡尔的"我思故我在"(cogito ergo sum)有明显的相似之处。① 然而现在,重要的是要知道,奥古斯丁的主要关切并不是为知识建立不容置疑的基础,而是指出神的形象的遗迹以何种方式仍然存在于堕落的人的心灵中。奥古斯丁在这里的立场是,通过内省,心灵可以确定地发现存在着三种基本的心理活动——记忆、理解和意愿。它们是对三位一体的神的光明形象的黯淡反映。② 于是,神的形象在堕落之后依然存在,假如心灵能够忽视物质世界的感觉形象,就能在自身之内发现神的形象。

奥古斯丁还认为,受造世界就像人的灵魂一样,带有其创造者形象的遗迹,即使在堕落造成混乱之后仍然隐约可见。虽然世界在堕落之后本应陷入彻底混乱,但神的原始计划的数学样式得以保留。③ 奥古斯丁在这个问题上的想法受到了次经《智慧篇》中一句经文的启发,这句经文说,"你处置这一切,原有一定的尺度、数

---

① Augustine, *City of God* xi. 26.
② Augustine, *The Trinity* x. iii.
③ 有一次讨论"亚当的堕落所造成的伤害"时,奥古斯丁指出:"他也没有把堕落的造物所应获得的全部还给每个人。"相反,他以尺度、数目和重量来安排万事万物,不允许任何人遭受任何不该遭受的恶,尽管每个人所遭受的痛苦并没有整个造物所应得的那么多。"*Answer to the Pelagians* iii (*Unfinished Answer to Julian*) ii, 87 (*Works* i/25, 199).

目和重量"(11:21)。① 因此,三位一体的样式在人的灵魂和物质世界中反复出现。在某些地方,奥古斯丁提出,正是——心灵和世界中的——这些神的遗迹之间的对应使知识成为可能。因此,"记忆中包含着关于数目和尺寸的无数原理和法则,它们都不是通过身体的感知觉而印在记忆上的"。② 正因为人的心灵和物质秩序中都留有神的遗迹,人才能认识天地万物的神圣起源。③

但最后必须指出,倘若没有神的直接帮助,人就不可能知道任何东西。奥古斯丁解释说,

> 事实上,人性初造时是完美无缺、没有任何罪的;但由亚当而生的每个人的人性现在需要医治,因为它是不健全的。毫无疑问,它在制作、生活、感官、理智中仍然拥有的所有优良品质,都来自至高的神,它的创造者和制作者。但这个缺陷……使所有那些天然的良善变得暗弱,因此它需要光照和治疗。④

---

① Augustine, *The Trinity* xi. iv. 关于奥古斯丁对他最喜欢的这句话的其他使用,参见 *The Literal Meaning of Genesis* iv, 3, 7—12; *Confessions* v. iv. 7; *Answer to an Enemy of the Law and the Prophets* i, 6, 8; *Free Will*, iii, 12, 35. 另见 W. Bierwaltes, 'Augustins Interpretation von Sapientia 11, 21', *Revue des études augustiniennes* 15 (1969), 51—61; A.-M. La Bonnardière, *Biblia augustiniana. Le livre de la sagesse* (Paris, 1970), 90—98.

② Augustine, *Confessions* x. xii. 9 (Chadwick, p. 190).

③ "我们所敬拜的主,我们的神,在圣经中的某个地方用言语得到赞美,你处置这一切,原有一定的尺度、数目和重量(《智慧篇》11:21)。此外,使徒明确教导我们,要借着我们对所造之物的了解来领悟神的不可见之物,借着那些明显的事物来找到隐藏的事物。这样从各个方面追问造物,它便以自己的显现来回答,仿佛用声音回答说,神是它的设计者和建造者。" Augustine, 'On the Plagues of Egypt' (410), *Sermons* 8.1 (*Works* iii/1, 240).

④ Augustine, *On Nature and Grace* 3. iii (NPNF i, v, 122).

第一章 亚当的广博知识

奥古斯丁这里提到需要光照和治疗,指的是亚当的后代完全依赖于神的恩典,不仅是为了得救(治疗),也是为了知识(光照)。奥古斯丁认为,人的所有道德行为都需要神的恩典,其认识论推论是,所有认知行为同样需要神的直接活动。利用从普罗提诺那里借鉴的一个扩展的视觉隐喻,奥古斯丁指出,心灵就像眼睛,只有当其观念被神光(divine light)照亮时,心灵才能看见:"因为灵魂的感官仿佛是心灵的眼睛;但科学的所有确定的东西就像被太阳照亮从而可以被看见的东西,比如地球和地上的东西;而神本身则是照亮者。"① 于是,心灵因其对神的依赖而是"被照亮的光"(lumen luminatum),而不是"照亮的光"(lumen illuminans)。②

如果观念的照亮需要神的直接活动,那么灵魂的视觉能力在一定程度上取决于灵魂自身的纯洁和清晰。对奥古斯丁而言,这意味着某些知识只有对一个"涤除了身体的所有污点,远离尘世并且清除了凡俗欲望的心灵"才有可能。③ 信、望、爱的禀赋能够"治愈"承袭罪的心灵,使之看到神。④ 但也正因如此,只有当人的心灵参与了真理的来源即神时,真实而确定的知识(scientia)才成为可能。这就要求摆脱不稳定的、堕落的感官领域,摒弃

---

① Augustine, *Soliloquies* i. 12 (NPNF i, vii, 541). Cf. *Confessions* iv. xv. 25; *De magistro* 12. 40; *Sermons* 88. 6. Cf. Plotinus, *Enneads* ii. iv. 5; ii. ix. 3.

② Augustine, *Tractates on John* xiv. i. 关于奥古斯丁对各种"光"的讨论,参见 *De Gen. ad lit. Imperf.* v, 20—25。这个隐喻也反映了奥古斯丁的视觉理论,根据这种理论,虽然光是从我们的眼睛发出的,但它不足以构成视觉,还需要一个更强大的外部光源来补充。参见 David C. Lindberg, *Theories of Vision from Al-Kindi to Kepler* (Chicago, 1976), pp. 89f.。

③ Augustine, *Soliloquies* i. 12 (NPNF i, vii, 541).

④ Augustine, *Soliloquies* i. 13 (NPNF i, vii, 541).

好奇心的恶习,重新依靠"内在的眼睛",而不是依靠败坏和正在败坏的"外在的眼睛"。①

整体来看,奥古斯丁的著作显示出一种对于自然世界和人性的根深蒂固的矛盾心理。这其中有一部分直接来源于影响其神学观点的柏拉图主义,但很大程度上也是因为他的许多作品都是在争论的气氛中写成的。如果说在与佩拉纠的争论中,他似乎贬低了人的状况,那么在对付二元论的摩尼教时,他认为有必要坚称,人有身体本身是好的。于是,尽管奥古斯丁主义思想在整个中世纪和现代影响极大,但可以预料,他的遗产会带有其思想中某些明显不一致的痕迹。他关于神的恩典之必要性的正面断言载于公元529年第二次奥朗日会议的法规中,但他关于人性的一些更负面的观点在会议上并未得到支持。② 神的光照论成为占主导地位的中世纪认知理论,被13世纪的方济各会修士所接受,并以修改的形式留存于马勒伯朗士和贝克莱的现代早期认识论中。③ 但正如我们会看到的,托马斯·阿奎那将这一理论自然化了。奥古斯丁关于人

---

① Augustine, *Sermons* 88.6 (*Works* iii/3, 423).
② 'The Council of Orange', in John Leith (ed.), *Creeds of the Churches* (Atlanta, 1962), 38—45. 这次会议并未认可"双重预定论"。
③ 关于光照概念在中世纪的命运,参见 Lindberg, *Theories of Vision*, pp. 87—103; Joseph Owens, 'Faith, Ideas, Illumination and Experience', in CHLMP, pp. 440—459; Steven Marrone, *The Light of Thy Countenance: Science and Knowledge of God in the Thirteenth Century* (Leiden, 2001); Robert Pasnau, 'Henry of Ghent and the Twilight of Divine Illumination', *Review of Metaphysics* 49 (1995), 49—75. 关于奥古斯丁的光的隐喻,参见 R. A. Markus, 'Augustine, Reason, and Illumination', in CHMP, pp. 362—373; F.-J. Thonnard, 'La notion de lumière en philosophie augustinienne', *Recherches Augustiniennes*, 1962, pp. 124—175; Simon Oliver, *Philosophy, God and Motion* (London, 2005), ch. 3.

的堕落状况以及神的恩典的充分必要性的断言,被新教改革家以及在较小的程度上被17世纪的冉森派(Jansenists)所恢复和详述。他关于罗马教会和圣礼的权威性的教导被现代早期的天主教徒所接受,并且被用来反驳宗教改革家。最后,奥古斯丁用来反驳怀疑论的论证被笛卡尔所重复,并以"我思"的形式成为其认识论的基础。

中世纪思想的下一项重大发展是将亚里士多德的文本重新引入西方。从12世纪开始,新翻译的亚里士多德著作将会表达一种不同的哲学传统,这种传统将对西方思想产生深远的影响。亚里士多德的思想带来了一种更为正面的人论,断言了感觉世界的首要性,在阿奎那那里则出现了一种援引自然之光而不是神光的认知理论。这些发展不可避免会使人们对于奥古斯丁答复得有些暧昧的问题给出新的回答:堕落之后人的感觉能力和认知能力怎样了?在多大程度上可以依靠这些能力来准确地认识世界?认识自然有什么价值?

第五节 为亚里士多德施洗

1285年,后来成为坎特伯雷大主教的英格兰方济各会修士约翰·佩卡姆(John Pecham,约1224—1292)写信给一位朋友,谈到了他对哲学神学(philosophical theology)最近趋势的关切。他写道:"就哲学研究可以服务于神学的奥秘而言,我并不反对哲学研究,但我的确不赞成那些不敬的语言创新,在过去20年里,它们被引至神学深处,对哲学真理和教父不利,教父们的立场遭到公开鄙夷和蔑视。"佩卡姆指出,由此引发的"冗长争论正竭力削弱和摧毁奥古斯丁关于永恒规则和永恒之光的教导"。① 这里谈到的总体趋势是,亚里士多德主义哲学在大学中兴起,并且被一些神学家热情地接受。在拉丁西方,除了波埃修(Boethius,480—524)在大约6个世纪之前偶然翻译过两部逻辑论著,亚里士多德的著作在12世纪之前一直不为人知。没过多久,所有这一切都将改变。由于学术和编辑方面的巨大努力,到了13世纪末,几乎所有亚里士多德的著作都被译成了拉丁文,其中大部分译自希腊文抄本。② 如今,这些古老的著作不仅广泛流传,而且被大学中的许多人热情接受。到了1255年,亚里士多德的哲学著作已经纳入巴黎艺学院(Faculty of Arts)的课程。③ 将亚里士多德引入中世纪西方是一个重大事件,它引发了基督教思想的革命,托马斯·阿奎那(约1225—1274)对亚里士多德主义哲学和基督教神学的精湛综合便是其典型例证。

然而,正如佩卡姆书信中的关切所表明的那样,新的神学综合之路并不平坦。在佩卡姆对阿奎那的神学创新表达焦虑之前,教会当局已经采取行动控制了亚里士多德主义学说的蔓延。1210年和1215年,巴黎两次颁布了禁止讲授亚里士多德自然哲学著作的命令,这些禁令在欧洲其他地方也有不同程度的实施。然而到了13世纪中叶,这些禁令似乎已被抛在脑后,对于未来的艺学教师而言,亚里士多德的著作是必须研读的。④ 13世纪70年代,争

---

① 引自 Etienne Gilson, *History of Christian Philosophy in the Middle Ages* (New York, 1955), p. 359。

② Bernard Dod, 'Aristoteles Latinus', CHLMP, pp. 45—79。

③ H. Denifle and A. Chatelain, *Chartularium Universitatis Parisiensis*, 4 vols. (Delalain, 1889—1897), i, 277—279。

④ Ibid., 70, 78f.; Dod, 'Aristoteles Latinus', CHLMP, p. 71。

第一章 亚当的广博知识

论再次出现。1277年,巴黎主教斯蒂芬·唐皮耶(Stephen Tempier)谴责了神学和自然哲学中的219条论题,其中许多都与亚里士多德的学说有关。① 此外,佩卡姆本人的保留意见基本上代表了他所在修会的看法。13世纪其他著名的方济各会修士,比如波纳文图拉(1221—1274)和黑尔斯的亚历山大(Alexander of Hales),都赞同佩卡姆的观点,支持更为传统的奥古斯丁主义学说,反对有可能取而代之的亚里士多德的新观念。从佩卡姆的信中可以看出,争论的一个核心议题与奥古斯丁对"永恒之光"和"永恒规则"的看法有关。佩卡姆等方济各会修士继续持一种援引神的光照的认识论,而阿奎那则从亚里士多德那里得知,获取知识是一个无需超自然干预的世俗过程。此外,在亚里士多德和阿奎那看来,知识始于感官,而在奥古斯丁主义传统中,感官一直与人类的堕落状况相联系。

因此,阿奎那在解决如何获得知识这个基本问题时坚持认为,人的心灵拥有一种"自然之光",可以在没有"成圣的恩典"(sanctifying grace)或"附加于本性的任何习性禀赋"的情况下使知识成为可能。② 虽然阿奎那暗示他的观点与长期存在的奥古斯丁主义传统并不矛盾,但毫无疑问,正如他的方济各会对手们乐于指出

---

① Denifle and Chatelain, *Chartularium*, i, 543—55; Edward Grant, 'The Condemnation of 1277, God's Absolute Power, and Physical Thought in the Late Middle Ages', *Viator* 10 (1979), 211—244.

② Aquinas, ST 1a2ae. 109, 1. Cf. *Expositio super librum Boethii De Trinitate* 1.1. 阿奎那解释说,认知行为的确依赖于神,因为每一个自然事件都依赖神作为第一推动者。ST 1a. 79, 4. 阿奎那也承认,我们自然的"理智之光"分有了包含在永恒形式中的非受造的光。ST 1a. 84, 5. 关于阿奎那对"自然之光"的理解的经典文章是 J. Guillet, 'La "lumière intellectuelle" d'après S. Thomas', *Archives d'histoire doctrinale et littéraire du moyen âge* 2 (1927), 79—88。

的,这等于拒斥了奥古斯丁的光照论。① 阿奎那与奥古斯丁的不同之处还体现在,阿奎那认为,我们获得知识的固有能力——我们的"自然之光"——并没有受到堕落的损害。他解释说,清白状态下的亚当曾经拥有"自然禀赋"和"超自然禀赋"。② 堕落只导致"超自然禀赋"丧失了。至关重要的是,理性是存留下来的自然禀赋之一。事实上,对阿奎那来说,理性是最重要的自然禀赋。他解释说,"自然理性之光因为属于理性灵魂的本质,所以永远不会从灵魂中失去"。它是"不可能"消亡的。③ 因此阿奎那认为,只要是人,理性就不可能脱离人的灵魂。如果用更明确的神学方式来表达,阿奎那会说,自然的理性之光不过是寓居的神的形象或样式罢了:"理性之光……是神赋予我们的。它是寓居于我们之中的非受造真理的样式。"④

阿奎那关于自然禀赋与超自然禀赋的区分反映了他更著名的自然与恩典的二分。后一区分是从奥古斯丁那里继承下来的,但阿奎那赋予了它一种新的形而上学意义。在某种程度上,阿奎那的观念以一种新的自然秩序观为前提,一些学者称之为"12 世纪

---

① Owens,'Faith,Ideas,Illumination and Experience';Pasnau,'Twilight of Divine Illumination'.

② Aquinas,ST 1a.95,1.

③ Aquinas,ST 2a2ae.15,1;*Disputed Questions on Truth* vol. ii,q. 16,a. 3 Body (p. 312). Cf. SCG i. 7 (English Dominican Fathers tr. ,p. 14).

④ Aquinas,*De veritate* 11. 1c. 阿奎那的确承认,"有时候,由于受到较低能力的阻碍,它无法行使其固有行为"。但他的总体立场是,理智能力并没有因为罪而被"改变",而只是受到"阻碍"。ST 2a2ae.15,1. 此外,受到更严重损害的是理性的道德运作:"由于罪,理性尤其在道德决定方面变得迟钝了。"Aquinas,ST 1a2ae.85,3. 对奥古斯丁来说,理智能力是"败坏和堕落的"。*On Nature and Grace* 21. xix;77. lxiv.

自然的发现"。① 感官世界不再像在柏拉图主义—奥古斯丁主义传统中那样被视为一个更高精神领域的模糊而劣等的摹本。现在它被赋予了自身的可理解性，变得再次可以作经验研究。阿奎那关于自然禀赋与超自然禀赋之间的区分预设了一个独立自然领域的存在。人的理性属于自然领域，不受堕落所引起的超自然损失的影响。同样重要的是，它保留了在自然领域和道德领域辨别可理解性的能力。正如阿奎那所说，人仍然"完全拥有自然的理性之光"。② 而奥古斯丁则认为，整个自然更直接地依赖于神的意志。即使是自然世界最规则的运作也被视为持续的奇迹。③ 同样，人的心灵也是神持续干预的对象。

虽然阿奎那关于堕落之后人的理性仍然保持完整的信念代表着与奥古斯丁主义立场的背离，但它与基本上未受神学思想影响的亚里士多德主义认识论是一致的。这位希腊哲学家曾在《形而上学》的开篇著名地宣称："人天生渴望求知。"④阿奎那也认为，我们对知识的渴望是自然的，这进一步符合了亚里士多德的观点，即

---

① 参见 Marie-Dominique Chenu, *Nature, Man and Society in the Twelfth Century* (Chicago, 1968), pp. 4—18; Richard Dales, 'A Twelfth-Century Concept of Natural Order', *Viator* 9 (1978), 179—192; G. B. Ladner, 'Erneuerung', in *Reallexikon für Antike und Christentum*, ed. Ernst Dassmann, 18 vols. (Stuttgart, 1950—), 6, 246—247; G. Post, 'The Naturalness of Society and State', in G. Post (ed.), *Studies in Medieval Legal Thought* (Princeton, 1964), pp. 494—561; Harrison, *Bible and the Rise of Science*, pp. 34—43。

② Aquinas, ST 1a2ae. 68, 2. 这种自然之光变暗是可能的，但这是由于放纵而非先天缺陷引起的。ST 2a2ae. 142, 4; ST 2a2ae. 180, 2。

③ Augustine, *City of God* x. 12。

④ Aristotle, *Metaphysics* 980a (*Works*, p. 1552). 阿奎那在 ST 1a. 12, 1; ST 1a2ae 3, 6; ST 2a2ae. 90, 3 中引用了亚里士多德。

这种渴望不可能是徒劳的。阿奎那断言,对人类认知能力的安排可以满足我们对知识的渴望。因此,我们朝着感觉对象的导向以及随后获得的知识有助于我们自然的善(natural good)。① 正如亚里士多德所指出的,理智的自然的善不过是真理罢了,因此有理由认为,我们的感觉能力和理智能力都得到了恰当的安排,以产生真正的知识。② 毫不奇怪,阿奎那确信我们的知识总体上是可靠的,他得出结论说,所有科学知识(omnia scientia)都是善的,"因为任何事物的善都属于万物追求和渴望的那种存在的完满;人本身通过知识达到存在的完满"。③ 简而言之,阿奎那的结论是,我们自然地导向感觉世界并不像奥古斯丁所认为的那样暗示着我们的堕落状态,而是神所规定的自然事态。之所以表现出对自然世界的兴趣,并非缘于导向较低自然秩序的应受谴责的好奇心,而是缘于朝着物质上的好处的自然倾向。④

因此,虽然阿奎那对奥古斯丁的教导表达了敬意,但他对人类知识的看法与这位教父的教导有很大不同。阿奎那不仅用自然之光取代了奥古斯丁的神光,而且更倾向于强调自然与超自然的区

---

① Aquinas, *Sententia super Metaphysicam* i. i. 3—4. But cf. ST 1a2ae. 3, 6.

② Aristotle, *Nicomachean Ethics* vi, 1139a; Aquinas, ST 1a. 94, 4; J. Jenkins, 'Aquinas on the Veracity of the Intellect', *The Journal of Philosophy* 88 (1991), 623—632; Norman Kretzmann, 'Infallibility, Error, Ignorance', *Canadian Journal of Philosophy*, supplementary vol. 17 (1992).

③ Aquinas, *Sententia super De Anima* i. i. 3, *Aristotle's De Anima and the Commentary of St. Thomas Aquinas*, tr. Kenelm Foster and Silvester Humphries (New Haven, 1965), p. 45.

④ 尽管如此,阿奎那仍然认为好奇心是一种缺点,他在《神学大全》中用一个完整的问题来讨论它。(ST 2a2ae. 167).

分，并把一种不见于奥古斯丁的独立性和完善性赋予了自然禀赋。认识到有一个"中立的"哲学领域用共同的理性工具来处理自然，对于阿奎那从总体上正面接受异教哲学特别是亚里士多德是不可或缺的。① 如果说波纳文图拉曾经抱怨，诸多世俗哲学的水与《圣经》的酒混合在一起，致使"它已经从酒变成了水"，那么阿奎那则坚持认为，将亚里士多德的哲学引入神学就是将水变成酒。② 虽然阿奎那也承认，"人因过度执着于可见之物而陷入了罪"，但他仍然反对奥古斯丁的结论，即投身于可见领域是不可取的。相反，他认为罪的补救方法与罪的原因有类似之处，因此神在可见领域创造的美好事物可以用来帮助人类的救赎过程。③ 知识是对神所赋予的一种自然倾向的实现。毕竟，理性是神的形象。这与如下立场形成了鲜明对比，根据这种立场，我们朝着感觉对象的倾向缘于堕落所导致的我们能力的败坏。因此，按照托马斯主义观点，即使凭借减弱的理性能力，人的心灵也能发现一系列真理——关于神、神的造物、人的灵魂以及自然法的道德准则。④ 整个自然神学事业都基于

---

① 关于奥古斯丁和阿奎那在这个问题上的分歧的讨论，参见 Arm and Maurer's introduction to *Faith, Reason, and Theology* (Toronto, 1987), pp. xv—xvii。

② Bonaventure, *Collations on the Six Days*, in *The Works of Bonaventure*, tr. J. de Vinck (Patterson, NJ, 1960—1970), v, 291; Aquinas, *Super Boethii De Trinitate* 2.3. 关于这个隐喻，参见 J. F. Quinn, *The Historical Constitution of St. Bonaventure's Philosophy* (Toronto, 1973), pp. 814f.。

③ Aquinas, SCG iv. 56 (p. 219).

④ Aquinas, ST 1a2ae. 91. 从奥古斯丁的角度来看，用拉尔夫·麦金纳尼(Ralph McInerny)的话说，这种对"自然法"的谈论让人联想起"一种几乎佩拉纠式的漫不经心"。Ralph McInerny, 'Ethics', in Norman Kretzmann and Eleonore Stump (eds.), *The Cambridge Companion to Aquinas* (Cambridge, 1993), pp. 196—216 (p. 213).

对人的理智的自然能力的这种乐观看法。此外,正是在这个基础上,异教哲学家关于自然世界的教导才是基督教思想家原则上可以接受的,没有理由怀疑运用自然而普遍的理性原则所产生的学问。

虽然阿奎那对基督教与亚里士多德主义思想的综合是一项非凡的成就,并且为13、14世纪的许多神学讨论奠定了基础,但它绝不是对亚里士多德主义哲学所引出议题的唯一解决方案。阿奎那从奥古斯丁关于原罪和堕落的坚定立场的退避也没有被普遍接受。方济各会的一些思想家自认为是奥古斯丁主义传统的守护者,坚持在认识论层面讨论堕落问题。甚至在阿奎那着手将亚里士多德主义思想纳入基督教神学之前,牛津的哲学家和神学家罗伯特·格罗斯泰斯特(Robert Grosseteste,1175—1253)就已经对亚里士多德的作品表现出类似的热情,尽管他对奥古斯丁主义思想的更加忠诚使这种热情有所消减。比如在对亚里士多德《后分析篇》的评注中,格罗斯泰斯特仍然试图为神的光照找到一席之地,并确认堕落对人的理智活动的具体影响。他坚称,人的理智在最初的完美状态下可以不借助感官而获得完整的知识。然而在堕落的情况下,更高的心灵能力陷入了沉睡。感官现在发挥着将心灵从受身体诱导的沉睡中唤醒的功能,事实上,最能完成这项任务的正是重复的感觉经验。因此,虽然亚里士多德正确地断言,知识必须从感官开始,但他没有意识到,这种依赖性乃是堕落的结果,而不是朝着物质事物的自然导向。① 在这个事物框架内,之所以

---

① James McEvoy, *The Philosophy of Robert Grosseteste* (Oxford, 1982), pp. 329—335; Oliver, *Philosophy, God and Motion*, p. 66.

需要重复的"经验"(*experimentum*),并不是为了提供一些例子,使人可以用现代的归纳方式归纳出推论,而是为了使理性迟来地认识到那些可以通过对理智的光照而获得的普遍观念。因此,格罗斯泰斯特对"经验"的强调并不像某些人认为的那样,使他有资格称为实验方法的伟大先驱。用他自己的话说,"我们不是在感觉中认识,毋宁说,我们认识共相乃是缘于感觉。这种知识经由感官而来,但并非来自感官"。① 正如罗伯特·萨瑟恩(Robert Southern)用一个恰当的类比所解释的,在格罗斯泰斯特看来,使用感官就像盲人使用盲杖。盲杖并非盲人能够行走的原因,但没有盲杖就无法行走。② 这一立场并不必然构成对亚里士多德主义认识论的批评,但它的确限制了"科学"(*scientia*)在其中运作的领域,使"科学"的级别低于神的光照所带来的"智慧"(*sapientia*)。堕落的人的盲目性使他无法知道任何有终极意义的东西,除非首先被所有真理之源照亮。③

阿奎那的同时代人波纳文图拉也指出,自然植入我们的认知能力"被罪所扭曲"。在其最著名的神秘主义著作《心向上帝的旅

---

① Grosseteste, *Commentarius in Posterior Analyticorum Libros*, i. 18. 205—207 (p. 269), quoted by R. Southern, *Robert Grosseteste: The Growth of an English Mind in Medieval Europe* (Oxford, 1986), p. 165. 关于格罗斯泰斯特作为实验家的先驱,参见 Alastair Crombie, *Robert Grosseteste and the Origins of Experimental Science 1100—1700* (Oxford, 1971). Cf. B. Eastwood, 'Medieval Empiricism: the Case of Robert Grosseteste's *Optics*', *Speculum* 43 (1968), 306—321; McEvoy, *Philosophy of Grosseteste*, pp. 206—211。

② Southern, *Robert Grosseteste*, p. 165.

③ 格罗斯泰斯特最著名的学生罗吉尔·培根也强调罪在削弱人类知识方面的作用。*The Opus Majus of Roger Bacon*, tr. Robert Burke, 2 vols. (Whitefish, MT, 2002), i, 4, 14.

程》(*Itinerarium mentis in Deum*)中,波纳文图拉指出,亚当的堕落在于屈身俯就次要的善(lesser goods),这个初始行为使他的所有后代陷入了原罪。这位天使博士也随同奥古斯丁断言,对亚当的继承现在以两种方式表现出来:"心灵的无知,以及肉体的贪欲"。要想纠正这种无知并获得智慧,首先要承认罪的存在,然后通过规训自然能力来涤罪。正如波纳文图拉所说,希望走沉思之路的人"必须首先消除扭曲天性的罪,然后规训……自然能力"。①虽然有些评论家指出,笛卡尔的《第一哲学沉思集》与这种中世纪的沉思传统不无相似之处,但可以证明,这种程序在某些重要方面也类似于弗朗西斯·培根和实验哲学家所采取的策略。② 实验哲

---

① Bonaventure, *Mystical opuscula*, in Works i,11,12.
② 例如参见 Pierre Mesnard,'L'Arbre de la sagesse', *Descartes*, *Cahiers de Royaumont*, *Philosophy* ii (Paris,1957),366—89, and discussion,350—359; L. J. Beck, *The Metaphysics of Descartes: A Study of the Meditations* (Oxford,1965),28—38; Pierre Hadot, *What is Ancient Philosophy?* (Cambridge, MA, 2002), pp. 264f.; Matthew Jones,'Descartes's Geometry as Spiritual Exercise', *Critical Inquiry* 28 (2001), 40—72; Amélie Rorty,'The Structure of Descartes' *Meditations*', in Amélie Rorty (ed.), *Essays on Descartes' Meditations* (Berkeley,1986), p. 2. 另见同一本书中的 Gary Hatfield,'The Senses and the Fleshless Eye: The Meditations as Cognitive Exercises', pp. 45—79; Walter Stohrer,'Descartes and Ignatius Loyola: La Flèche and Manresa Revisited', *Journal of the History of Philosophy* 17 (1979), 11—27; Arthur Thomson,'Ignace de Loyola et Descartes: L'influence des exercices spirituels sur les oeuvres philosophiques de Descartes', *Archives de philosophie* 35 (1972), 61—85; L. J. Beck, *The Metaphysics of Descartes: A Study of the 'Meditations'* (Oxford,1965), pp. 28—38; Z. Vendler,'Descartes' Exercises', *Canadian Journal of Philosophy* 19 (1989),193—224; Dennis Sepper,'The Texture of Thought: Why Descartes' *Meditationes* Is Meditational, and Why It Matters', in Stephen Gaukroger, John Schuster and John Sutton (eds.), *Descartes' Natural Philosophy* (London,2000), pp. 736—750。对笛卡尔的作品与传统精神修炼之间的联系持更加怀疑态度的是 Bradley Rubidge,'Descartes's *Meditations* and Devotional Meditations', *JHI* 51 (1990), 27—49。

第一章　亚当的广博知识

学家常常明确承认,无知缘于人性的败坏,与实验方法相关联的学科旨在清除这种承袭的做出错误判断的倾向。

同为方济各会修士的约翰·邓斯·司各脱(John Duns Scotus,约1266—1308)和格罗斯泰斯特一样在牛津大学任教,他也希望给亚里士多德说的所有知识都始于感官作注解。司各脱正确地将以下观点归于亚里士多德,即人的心灵自然地导向可感事物,心灵通过从感觉领域的特殊对象中做出抽象来寻求知识。于是,知识的固有目标就是物质对象的本质。到目前为止,这些都是对的。但司各脱也指出,亚里士多德因为对启示真理的无知而没有意识到,被他归于心灵的"自然"状况其实是堕落的结果。我们不可避免会导向感觉领域,这乃是心灵败坏的证据,而不是心灵朝着其固有目标的某种自然安排。事实上,这正是大约900年前奥古斯丁提出的论点。司各脱进一步推论说,由于人的最终目标是真福神视(beatific vision),即直接经验一个无形的神,因此理智的固有目标不可能是物质事物的本质,因为在那里寻不到神。① 毋宁说,理智起初是为了认识整个存在领域(ens inquantum ens),从而在无需感觉的情况下认识非物质的本质。然而,在堕落的世界中,理智的对象是感觉对象(objectum de facto)的领域,对物质事物本质的认识是在感觉中给出的。②

---

① 因此,司各脱恢复了安瑟尔谟关于神存在的论证,用它来取代阿奎那基于感觉经验的"五路证明"。

② Duns Scotus, *Opus Oxoniense* i, d. 1, q. 3; ii, d. 3, q. 8, n. 13. 相关章节的翻译见 J. Katz and R. H. Weingartner (eds.), *Philosophy in the West*, tr. J. Wellmuth (New York, 1965), pp. 560—563。

方济各会修士对托马斯主义综合的这些批评的要点是，亚里士多德的认识论并不是一种可以不加批判地直接引入基督教神学的中立的哲学工具。以前对亚里士多德的反驳往往聚焦于其自然哲学的实质性主张，比如关于世界永恒性的断言，或者对灵魂本性的看法。司各脱强调，亚里士多德基本的认识论前提没有注意到神圣史（sacred history）或神学人论。① 因此，在司各脱看来，它从一开始就很可疑。当然，我们或许可以原谅亚里士多德，因为他不晓得堕落传统，也不知道这对于断言感觉知识的优先性意味着什么。也许，托马斯·阿奎那更应当知道。

到了16世纪，新教改革家开始对他们从经院学者那里继承的神学做出评判，他们严厉批判了从阿奎那时代开始渐趋温和的堕落观。面对着关于堕落的人及其能力的一系列更加正面的看法，他们敦促回到更加严厉的奥古斯丁主义立场。事实上，在某些方面，他们对人性堕落的强调超过了奥古斯丁。但在一个问题上，他们与司各脱是一致的：亚里士多德的认识论之所以错误，是因为它基于一种错误的人性观。由于不晓得在历史的开端处发生的那些事件，亚里士多德没有意识到，现有的对人类能力的安排乃是从原始的完美性堕落下来的结果。因此，他的认识论与一种真正基督教的人论从根本上相左。至于阿奎那及其追随者，他们不知不觉

---

① 这与司各脱在其《彼得·伦巴德〈箴言四书〉评注》的第一个问题中的说法相一致，即如果没有超自然知识，就不可能知道人类存在的最终目的。参见 Allan Wolter, 'Duns Scotus on the Necessity of Revealed Knowledge', *Franciscan Studies* 11(1951), 231—272; Nathaniel Micklem, *Reason and Revelation: A Question from Duns Scotus* (Edinburgh, 1953)。

第一章 亚当的广博知识

地屈从于一种异教的人性观。因此，整个托马斯主义综合是可疑的，人的知识问题迫切需要根据亚当堕落的历史所揭示的人性真理来重新思考。

夏平和谢弗在《利维坦与空气泵》中阐述的一个原则是，"知识问题的解决方案也是社会秩序问题的解决方案"。① 这无疑是正确的，但很大程度上是因为，对于中世纪和现代早期来说，知识问题和社会秩序问题显示了更深层次的人的罪的问题。于是，在我们刚才考虑的时期，知识领域与政治领域之间存在着发人深省的类似之处。现在应当看到，在中世纪关于知识的讨论中，一个核心问题涉及特定人类倾向的"自然性"。我们把知识建立在感官知觉基础上的自然倾向是否表明，神打算让我们的心灵以这种方式运作？抑或这暗示着我们的败坏？果真如亚里士多德所说，所有人天生渴望求知吗？我们目前的能力能够产生真正的知识吗？抑或，我们的求知欲既是堕落的起因，又体现了一种注定会导致永恒挫败的非法的好奇心？政治哲学领域中与之对应的问题涉及人的自然合群性。众所周知，亚里士多德曾在《政治学》中主张，"国家是自然的创造，人天生是一种政治动物"。② 因此，政治制度之所以存在，是因为人普遍有合群倾向。然而，奥古斯丁却相反地认

---

① Shapin and Schaffer, *Leviathan and the Air Pump*, ch. 8. Cf. Margaret C. Jacob, *The Newtonians and the English Revolution*, 1689—1720 (Ithaca, 1976). 把加尔文主义的规训与现代早期国家联系起来的一个相关论点参见 Phillip Gorski, *The Disciplinary Revolution: Calvinism and the Rise of the State in Early Modern Europe* (Chicago, 2003), esp. pp. 124f. 。

② Aristotle, *Politics* 1253a (p. 1987).

为，人无论其原始本性如何，在目前的状况下都是追逐私利、自我中心和不合群的。他在《上帝之城》中指出，"没有什么族类像人一样本来天生合群，却因其败坏而如此不合群"。① 在奥古斯丁看来，正是堕落的人的这种陷入冲突与不和的倾向证明了国家存在的正当性。地上之城公民所爱的不同对象使世界变得内在不稳定。只有一个被赋予了强制权力的世俗权威才能遏制败坏的人的不合群倾向，用一种强制性的社会秩序将他们结合在一起。于是，对亚里士多德《政治学》的重新发现给中世纪思想家带来了一个重大难题：政治制度的存在究竟指向了亚里士多德所教导的人的一种自然的合群倾向，抑或指向了人的堕落以及随后的彼此疏离？正如我们所料，阿奎那选择了亚里士多德的看法。而其他人，比如奥古斯提努斯·特里翁福(Augustinus Triumphus, 1243—1328)和约翰·威克里夫(John Wyclif, 约 1330—1384)，则接受了接近于奥古斯丁的看法。②

在现代早期，奥古斯丁主义人论的复兴虽然伴随着对学术改革的兴趣，却促使人们追问：需要将什么样的与外加的强制性的政治制度类似的东西强加于堕落的人类心灵，才能使之适合于做他

---

① Augustine, *City of God* xii. 27 (Dodds edn, p. 411). 我的这个对比得益于 Cary J. Nederman, 'Nature, Sin, and the Origins of Society: The Ciceronian Tradition in Medieval Political Thought', *JHI* 49 (1988), 3—26。

② Nederman, 'Nature, Sin, and the Origins of Society', 5. 内德曼(Nederman)指出了一种折衷的"西塞罗主义"立场的出现。柏拉图的《理想国》也提出了类似的问题。大多数文艺复兴时期的思想家都认为，柏拉图的规定也许适用于未堕落的人或圣徒，但显然不适合罪人。James Hankins, *Plato in the Italian Renaissance*, 2 vols. (Leiden, 1990), i, 142f., 227—232.

们已经不再有自然倾向做的事情,即产生可靠的知识。实验科学产生于一种新的认识,即知识的获得并不是一个轻而易举的自然过程,而是需要强加外在约束:对知识主张的严格检验,重复实验,共同见证,逐渐积累"志"(histories),用人造工具来放大迟钝的感官能力,以及共同地而不是单靠个人产生知识。学术共同体的这些强制性结构所发挥的作用将与奥古斯丁所说的国家相当。和奥古斯丁所说的国家一样,这种知识虽然得到了神的认可,但还不够理想。这种知识适合于一个居住在基督降临与万物的最终完满之间的具有内在不稳定性的时间间隔——世代(saeculum)——中的堕落族类。

第二章　奥古斯丁的复兴

　　然而亚当堕落之后，人的理性不可能理解自然，亚当的堕落使人的理性败坏了……

　　　　　　　　——马丁·路德，《布道集》(*Sermons*)，I，329

　　那些在其他方面足够敏锐甚至是异常敏锐的哲学家不晓得人性的堕落。当然，这种昏聩本身就是原罪的一个显著证据。因为任何并非完全盲目的人都会觉察到，我们没有任何一个部分是健全的；心灵深陷于盲目之中，被无数错误所感染……堕落不止存在于一个部分，而是遍布于整个灵魂和它的每一种能力。

　　　　　　　　——让·加尔文，《〈创世记〉评注》
　　　　　　　　(*Commentary on Genesis*)

　　每当想起灵魂的这种黑暗、软弱和悲惨奴役，我就会惊恐万分。但是带着巨大的悲伤和不安，我们应当认为，先祖们也是这样想的；他们见过早先的自然之光和自然的和谐，并且被赋予了最卓越的理智，因此更能准确地思索其灾难的巨大，判断自己受制于一个怎样残酷的暴君。

　　　　　　　　——菲利普·梅兰希顿，《〈论灵魂〉评注》
　　　　　　　　(*Commentary on the Soul*)，序言

第二章 奥古斯丁的复兴

普林斯顿神学家沃菲尔德(B. B. Warfield)曾经颇有见地地指出:"从精神上讲,宗教改革不过是奥古斯丁的恩典学说最终战胜了奥古斯丁的教会学说罢了。"[①]"战胜"一词也许暴露了沃菲尔德本人所信奉的加尔文主义,因为说新教徒所倡导的奥古斯丁的恩典学说实际上占主导地位,这一点并非完全清楚。然而,各种奥古斯丁主义思潮想在 16、17 世纪得到显著复兴却是不争的事实。[②]在谈到这位北非主教对现代早期天主教思想的影响时,让·达冉(Jean Dagens)建议把 17 世纪看成奥古斯丁时代。兹比格涅夫·雅诺夫斯基(Zbigniew Janowski)就奥古斯丁在这一时期对认识论发展的影响提出了一个更加具体的论点,即"圣奥古斯丁的思想在 17 世纪的作用和影响是空前的"。[③] 何塞·内托(José Neto)强调了奥古斯丁在神学领域的重要性,他谈到了一场"奥古斯丁主义的复兴","冉森主义运动是其典型表现"。[④] 许多作者都评论过笛

---

① Benjamin B. Warfield, *Calvin and Augustine* (Philadelphia, 1956), pp. 321—322. 类似的观点参见 Williams, *Ideas of the Fall*, p. 425。关于奥古斯丁和宗教改革家,参见 H.-U. Delius, *Augustinals Quelle Luthers. Eine Materialsammlung* (Berlin, 1984); J. M. Lange van Ravenswaay, *Augustinustotus noster: das Augustinverständnis bei Johannes Calvin* (Göttingen, 1990); Diarmaid MacCulloch, *The Reformation* (New York, 2003), pp. 103—111。

② 中世纪的各个时期同样被认为见证了相互竞争的不同的奥古斯丁主义版本。参见 Gilson, *History of Christian Philosophy*, pp. 446—471; Damasius Trapp, 'Adnotationes', *Augustinianum* 5 (1965), 147—151 (150); M. W. E. Stone, 'Augustine and Medieval Philosophy', in Eleonore Stump and Norman Kretzmann (eds.), *The Cambridge Companion to Augustine* (Cambridge, 2001), pp. 253—266。

③ Jean Dagens, *Bérulle et les origines de la restauration catholique* (Paris, 1952); Janowski, *Cartesian Theodicy*, p. 20. Cf. A. D. Wright, *The Counter-Reformation, Catholic Europe and the Non-Christian World* (London, 1982), p. 6。

④ José R. Maia Neto, *The Christianization of Pyrrhonism: Scepticism and Faith in Pascal, Kierkegaard, and Shestov* (Dordrecht, 1995), p. 1。

卡尔从奥古斯丁那里得到的未被承认的好处。马勒伯朗士自称奥古斯丁主义者。莱布尼茨的神正论在基本结构上等同于奥古斯丁的神正论。① 帕斯卡和阿尔诺因为同情冉森主义而更有资格被称为"奥古斯丁主义者"。

这些发展并不限于欧洲大陆。奥古斯丁的神学人论对新教神学发展的影响是怎么说都不为过的。奥古斯丁对亚当的堕落和原罪的理解在新教徒尤其是英格兰的加尔文宗信徒当中产生了显著影响。"能否发现某些特别的基督教教义得到阐述,它们表明了17、18世纪英格兰基督徒的信仰呢?"唐纳德·格雷恩(Donald Grene)问道,"我认为是可能的,而且我认为可以用'奥古斯丁主义'一词来方便地概括这些教义。"什么是这里所说的奥古斯丁主义呢?"奥古斯丁主义坚定地断言原罪这个事实,即人因为亚当的堕落所处的状态。"②斯佩尔曼(W. M. Spellman)也认为,在17世纪的英格兰,原罪教义"在教会的精神生活中和整个思想界占据着一个关键位置",那里可以深刻感受到奥古斯丁的影响。他还说,

---

① 例如参见 Etienne Gilson, *La Libertéchez Descartes et la théologie* (Paris, 1913); Jean Laporte, *Le Rationalisme de Descartes* (Paris, 1950); Henri Gouhier, *La pensée métaphysique de Descartes* (Paris, 1962); G. B. Matthews, *Thought's Ego in Augustine and Descartes* (Ithaca, 1992); 'Post-medieval Augustinianism', in *Cambridge Companion to Augustine*, pp. 267—279; Menn, *Descartes and Augustine*; Janowski, *Cartesian Theodicy* and *Augustinian-Cartesian Index*: *Texts and Commentary* (South Bend, 2004). 对笛卡尔的奥古斯丁主义不太确信的是 Louis-Paul DuVaucel, 'Observations sur la philosophiede Descartes', in E. J. Dijksterhuis (ed.), *Descartes et le Cartésianisme Hollandais* (Paris, 1950).

② Donald Grene, 'Augustinianism and Empiricism: A Note on Eighteenth-Century Intellectual History', *Eighteenth Century Studies* 1 (1967), 33—68 (42).

由于这一教义,"在都铎王朝和斯图亚特王朝的英格兰",人的地位"也许比任何其他议题更能引起所有思想者的认真关注"。①

奥古斯丁关于人性败坏及其认识论推论的想法,不可避免会与经院哲学和亚里士多德关于人类理智的透明性以及自然之光的充分性的更乐观的观点发生冲突。现代早期关于人类知识的来源和可靠性的争论的主要线索可以通过这些相互竞争的人论看法来理解。但由于奥古斯丁在17世纪几乎随处可见,所以重要的是领会沃菲尔德说法的含义,即现代早期的一些主要争论也可以通过相互竞争的奥古斯丁主义版本之间的冲突来理解。不仅沃菲尔德所指的教会领域是如此,我们这里所关注的知识领域也是如此。也许这里的主要划分在两方之间:一方是笛卡尔,其认识论依赖于奥古斯丁的自由意志神正论,另一方则是加尔文宗信徒和冉森派,他们接受了一种奥古斯丁主义人论。第四章和第五章将会详细探讨这种划分。这里我们主要关注新教改革以及随之而来的中世纪经院哲学的乐观主义认识论的衰落。

第一节　路德和堕落的哲学家

由马丁·路德1517年5月18日所写的一封信的内容,可以看出这位公元5世纪的教父命运沉浮的某种端倪。这是一个吉祥

---

① Spellman, *Locke and the Problem of Depravity*, pp. 8, 9. 不过,关于"奥古斯丁主义"的不同含义,参见 M. Jordan, 'Augustinianism' in *The Routledge Encyclopedia of Philosophy*, ed. E. Craig, 10 vols. (London, 1998), i, 559—565。

之年,因为在5个月后的万圣节前夕(10月31日),这位年轻的奥古斯丁会修士将他的《九十五条论纲》张贴在维滕贝格城堡教堂的大门上,这一事件被广泛认为发起了德国的宗教改革。至于早先的那封信,则描述了对两个世纪之前约翰·佩卡姆所抱怨趋势的彻底扭转,实际上是对这位13世纪方济各会修士所持希望的迟来的实现:

> 蒙神的恩典,我们的神学和圣奥古斯丁的神学正在我们的大学迅速发展。亚里士多德继续从他的宝座上滑落,他的终结只是时间问题;所有人都反对听关于教科书《箴言四书》(Sentences)的讲座,如果不阐述神学,即《圣经》、圣奥古斯丁或其他某个尊贵的教会导师的神学,就不必期待有什么听众。①

马丁·路德(1483—1546)本人就是奥古斯丁会修士。他对当时天主教的教义和修行感到不满,部分原因是受到了奥古斯丁著作的启发。根据路德的分析,当时天主教的许多问题都源于教会背离了圣保罗和圣奥古斯丁的教导。在大学里,他们的位置被亚里士多德的异教学说所篡夺,以至于两个世纪以来,这位希腊哲学家的作品一直主导着大学课程。路德悲叹道,"盲目的异教徒教师亚里士多德独自统治着"学术界,其恶劣影响导致基督教教义遭到

---

① Luther to John Lange, 18 May 1517, *The Letters of Martin Luther*, tr. Margaret A. Currie (London, 1908), p. 15.

第二章 奥古斯丁的复兴

败坏。他写道,"阿奎那的教会"就是亚里士多德的教会。阿奎那虽然是伟人,却非常可怜,经院神学的宏伟大厦被斥为"在不当的地基上建造的不当的上层建筑"。路德认为,断言亚里士多德与天主教真理之间并无真正冲突,这是"无耻的胡言乱语"。至于亚里士多德本人,则是"骗子和无赖""最大的傻瓜""糟糕的哲学家"和"捏造者"。他的著作是"违反基督教教义的、亵渎的、毫无意义的胡言乱语"。"因为我们的罪",神把他"作为灾祸送给了我们"。①如果说阿奎那给亚里士多德施了洗,那么路德则认为自己的使命是革除亚里士多德的教籍。

路德认为,亚里士多德影响力的两个相关要素尤其暗中为害。首先是这位希腊哲学家的道德教导被认为强调了天主教的功德(merit)教义——一个人可以通过善功而实际获得神的真正青睐。《尼各马可伦理学》(*Nicomachean Ethics*)教导说,通过不断实践,人就获得了德性。正如路德本人所说,"亚里士多德教导说,多做善事的人会因此而变善"。② 这种观点违背了宗教改革神学的基本信条,即在神看来,人永远无法凭借自己的努力而变得公义。相反,那些得到拯救的人"被看成"公义的——德性被归于他们——

---

① Luther, *Babylonian Captivity of the Church*, in *Three Treatises* (Philadelphia, 1970), p. 144; Emser, *Reply to the Answer of the Leipzig Goat*, in *Works of Martin Luther*, ed. H. E. Jacobs, 6 vols. (Philadelphia, 1915), iii, 304; 'Sermon for Epiphany', i, 23 in *Sermons of Martin Luther*, ed. and tr. John N. Lenker et al., 7 vols. (Grand Rapids, 2000), i, 332; Luther, *Letter to the Christian Nobility*, *Three Treatises*, p. 93. 另见 G. Ebeling, *Luther:An Introduction to his Thought* (London, 1970), pp. 86—89。

② Luther, 'Sunday after Christmas', 6, *Sermons* iii, 226.

而事实上他们仍然是罪人。① 这种对称义（justification）的理解与天主教立场完全相反，新教徒将天主教的立场说成是通过行善功来称义。在这个错误的教义中，路德发现了那位希腊哲学家的恶劣影响："公义并不像亚里士多德所坚持的那样，在形式的意义上在我们之中，而是在我们之外，完全在神的恩典中"。② 路德认定，亚里士多德备受赞誉的《尼各马可伦理学》是"最糟糕的书"，这也许并不奇怪。③

亚里士多德天真地以为人可以依靠自己获得功德，这与第二个更基本的缺点即对人性的误解有关。亚里士多德伦理学的前提是一种对意志自由和心灵能力基本上完善的看法。在某种意义上，这是更根本的错误，因为它没有认识到人性的堕落状况。在路德看来，亚里士多德的道德哲学与基督教人论完全不一致，至少在保罗—奥古斯丁主义传统中是这样。因此，受亚里士多德影响的经院神学家不仅对行善功的前景过于乐观，而且还错误地认为，心灵无疑可以获得对世界的正确认识。而路德则强调，人堕落后普遍失去了道德操作和理智操作的能力。他坚称，堕落使"意志受

---

① "既是义人又是罪人"（*Simul iustus et peccator*）是路德的著名格言。路德和加尔文都认为这是圣保罗的教导。参见 Luther, *Lectures on Galatians*, LW xxvi, 232 and passim。

② Luther, *Lectures on Galatians*, LW xxvi, 234。

③ Luther, *Letter to the Christian Nobility*, *Three Treatises*, p. 93. 必须指出，路德对亚里士多德的态度并不总是否定的，"亚里士多德"这个词本身可能意指完全不同的东西。路德似乎认为亚里士多德的逻辑是一种重要的辩证法工具。参见 Theodor Dieter, *Der junge Luther und Aristoteles. Eine historisch-systematische Untersuchung zum Verhältnis von Theologie und Philosophie* (Berlin, 2001), esp. pp. 424f. 。

损,理智堕落,理性被彻底败坏和完全改变"。① 这种立场与一种托马斯主义观点明显对立:即使在堕落之后,理性的自然能力也仍然保持着效力。② 路德确信,在托马斯主义认识论中扮演重要角色的"自然之光",因为亚当的原始过犯而几乎完全熄灭。经院哲学家们一直在引用自然之光,这表明他们背离了真正的基督教认识论以及不加批判地依赖于异教思想。路德抱怨说,"当那些有识之士宣称自然之光或理智和异教哲学也是发现真理的可靠手段时,他们便更深地陷入了灵性黑暗的深渊"。③

正如路德的呐喊"唯独圣经"(sola scriptura)所暗示的那样,路德对《圣经》的解读有力地支持了他的神学人论。亚当的历史为人性的堕落论题提供了基本证据。比如路德在其《创世记》讲座中指出,堕落导致理性败坏,感官迟钝,体力减弱,从而使后代失去了亚当的许多知识。堕落前,亚当的"理智极其清晰,记忆力最好,意志最为正直"。除了这些心灵品质,还有一系列身体上的完美性——"身体和四肢最美好的品质使他超越了所有其他活物"。亚当还被赋予了"非凡的感知"。④ 在评论神命亚当去"统治"时,路

---

① Luther, *Lectures on Genesis 1—5*, LWi, 166. Cf. Formula of Concord, i. 11.

② "很明显,自然禀赋并不像经院哲学家们所说的那样始终完美。"LW i, 167; cf. pp. 142, 114. 在《桌边谈话录》(*Table Talk*)中,路德也抱怨说,经院哲学家们"既没有看到,也没有感受到亚当的堕落"。*The Table Talk or Familiar Discourse of Martin Luther*, tr. William Hazlitt (London, 1848), dxli (pp. 235f.).

③ Luther, 'Sermon for Epiphany', *Sermons* i, 344. 对路德来说,亚里士多德将信仰人格化为自然之光:"这里出现了伟大的自然之光,他现在代替基督在所有大学里统治,那就是伟大而著名的亚里士多德。"(*Sermons* i, 331.)

④ Luther, *Lectures on Genesis*, LWi, 62, 115. Cf. Luther, *A Commentarie upon the Fiftene Psalmes* (London, 1577), pp. 129f.

德指出,倘若未曾"洞悉所有动物的性情、特性和所有能力",亚当和夏娃就不可能掌控所有活物。他提出,若想鉴别优秀的哲学家,只需看"我们最初的父母,那时他们还没有罪"。① 顺便说一句,夏娃"和亚当在同等程度上拥有这些心灵禀赋"。② 我们最初父母的广博知识与其子孙后代相对的思想贫乏形成了鲜明对比。亚当的孩子们陷入了原罪的泥淖,不得不零星地收集知识碎片:

> 描述植动物性质的书籍多种多样。但是,像这样通过经验收集这些东西需要花多少时间、作多少观察啊! 亚当则拥有一种不同的光,他一看到一只动物,就了解了它的所有性质和能力,而且这种知识要比纵然我们终生致力于研究这些东西所能获得的知识好得多。③

在路德看来,通过经验获得知识是对亚当之罪的惩罚,这种对事实的缓慢积累从未使我们真正理解事物的本性。④

既然亚当的能力并非源于"任何新的启迪",而仅仅源于"其卓越的本性",因此,获得他那广博的知识并不需要任何超自然的禀赋。一方面,这种观点增加了亚当的不幸——他不是从超自然的

---

① LW i,66.
② Ibid.
③ LW i,120.
④ 路德还重复了奥古斯丁对好奇心的谴责,认为好奇心是原罪所导致的无法抑制的欲望的症状。*The Heidelberg Disputation* (1518), Proofs of the Thesis, LW xxxi, 53f. ; *Sermons* i,333.

地方堕落到自然的地方,而是从自然的地方堕落到更差的地方;另一方面,它又意味着,亚当的才能至少原则上能被一种得到完善的人性所掌握。换句话说,亚当在伊甸园中的使命仍然是基督徒的真正使命。① 因此,对这种经院立场的拒斥支持了一种独特的新教观点,即神对人性的原始构想是让人在公民、丈夫、父亲、妻子、母亲的积极世俗角色中寻求完美,事实上是在发现造物的用途和扩展人对自然的统治中寻求完美,这一点将在对实验自然哲学的辩护中越来越常见。所有这些都与一种把人性的完美等同于修道院沉思生活的中世纪超自然主义形成了鲜明对比。② 路德坚称:"人被创造出来不是为了休闲,而是为了工作,即使是在清白的状态下。"因此,"修士和修女的那种闲散的生活理应受到谴责"。③ 路德的这种关于所有基督徒都受到呼召的新的"天职"观将会取代旧的中世纪"等级"观——教士、贵族、平信徒。④

---

① Luther, *Lectures on Genesis*, LWi, 103.

② 参见 A. Ritschl, *Die christliche Lehre von der Rechtfertigung und Versöhnung*, 3 vols. (Bonn, 1870—1874), iii, 308。

③ Luther, *Lectures on Genesis*, LWi, 103. Cf. Luther, *Letter to the Christian Nobility*, *Three Treatises*, p. 12.

④ 关于路德的天职概念,经典论述见 Gustaf Wingren, *Luther on Vocation*, tr. Carl C. Rasmussen (Philadelphia, 1957)。另见 Weber, *The Protestant Ethic and the Spirit of Capitalism*, tr. Talcott Parsons (New York, 1958), pp. 79—92; John S. Feinberg, 'Luther's Doctrine of Vocation: Some Problems of Interpretation and Application', *Fides et Historia* 12 (1979), 50—67; Karlfried Froelich, 'Luther on Vocation', *Lutheran Quarterly* 13 (1999), 195—207; Kenneth Hagen, 'A Critique of Wingren on Luther on Vocation', *Lutheran Quarterly* ns 3 (2002), 249—273. 关于它对现代早期自然哲学的意义,参见 Peter Harrison, '"Priests of the Most High God, with respect to the Book of Nature": The Vocational Identity of the Early Modern Naturalist', in Angus Menuge (ed.), *Reading God's World* (St Louis, 2004), pp. 55—80.

第二节　堕落与怀疑

虽然路德对于堕落及其灾难性后果有着毫不妥协的明确立场，但与人的堕落学说联系最紧密的人是让·加尔文（1509—1564）。加尔文比路德小 25 岁，得益于早期宗教改革家的开拓性努力，他更能提出一种更加系统和严格的神学。作为一名训练有素的法学家，他有足够的能力完成这项任务，其《基督教要义》(Institutes of the Christian Religion)被普遍视为宗教改革思想的顶峰。无论加尔文的其他成就如何，他主要是因为支持令人厌恶的得救预定论（predestination）教义和通常与之联系的"新教工作伦理"(Protestant work ethic)而被后人铭记。虽然在圣保罗、奥古斯丁和路德的著作中都可以找到神的得救预定观念，但加尔文对这一教义所作的毫不妥协的明确表述意味着，这种阴郁的教条常常只与他的名字联系在一起。对于加尔文来说，得救预定论的逻辑相对简单。人性是如此堕落，以至于个人缺乏选择善的自由。因此，拯救的主动权必须属于神，仁慈的神选择拯救一些人，否则这些人就会像其他人一样注定被罚入地狱。与这种对人性的看法相关的是，路德坚持认为，称义缘于神的恩典，而不是缘于人的事功。

在目前的语境下，所有这些的意义在于，作为堕落的结果，人性是完全败坏的。这里所说的完全败坏意味着，人类心灵的任何能力，无论是意志、想象还是理智，都无法保持它在堕落之前的完美性。于是，加尔文重复了路德关于堕落后人类理智败坏的观点，同样认为古人通常高估了人类心灵的力量："那些在其他方面异常敏锐的哲学家不晓得人性的败坏。"这种对我们天生弱点的视而不见本身就是"原罪的显著证据"。① 但更难理解的是,一个至少对于亚里士多德和其他哲学家来说还有情可原的错误,竟然会出现在基督教作家的著作中。加尔文失望地发现,虽然大多数教父都已经认识到,"人的理性的可靠性因为罪而受到严重伤害",但在这个问题上,其中许多人(奥古斯丁是一个明显例外)都"太过接近哲学家"。②

这些考虑促使加尔文提出了现代早期认识论方案中的一个基本问题:"理智和意志的能力现在达到多远"。③ 加尔文认为,对这个问题最明确的回应可见于以下奥古斯丁主义原则,即"人的自然禀赋因罪而败坏,人的超自然禀赋则被剥夺"。在罪之前,亚当"拥有正确的判断力,情感与理性和谐共处,所有感官都稳妥可靠,调节得很好"。④ 心灵能力的这种和谐意味着,亚当基于理性和"确定的知识"来命名万物。但随着堕落,他的心灵失去了获得真知识的能力:"人的心灵因为愚钝而无法坚持正确的道路,而是在各种错误中徘徊往复,跌跌撞撞,仿佛在黑暗中摸索,直到误入歧途,最终消失。因此,它显示了自己在寻求和发现真理方面是多么无能为力。"⑤诚然,理性仍然存有一些遗迹,足以将人与野兽区分开来。但即使是这种剩余的光也"被浓重的无知所阻塞,无法有效地

---

① Calvin, *Commentary on Genesis* 3:6, *Calvin's Commentaries* i, 154.
② Calvin, *Institutes* ii. ii. 4 (McNeill i, 258f.).
③ Calvin, *Institutes* ii, Sections (Beveridge i, 221).
④ Calvin, *Commentary on Genesis*, 1:26, *Calvin's Commentaries* i, 95. Cf. *Institutes* i. xv. 3.
⑤ Calvin, *Institutes* ii. ii. 12 (McNeill i, 271). Cf. *Commentary on Romans* 1:21, *Calvin's Commentaries* xix, 71f.

显示出来"。① 同样的观点可以用神的形象的失去来表达。神的形象是"亚当在背叛之前所闪耀的完美卓越的人性",但堕落之后,它"遭到严重损害,几乎完全被遮蔽,以致毁灭之后,除了模糊不清、残缺不全和疾病缠身之物,没有什么东西留下来"。② 亚当的堕落也对物理世界造成了附带的伤害,"堕落之前,物理世界是一面极为公允和令人愉快的镜子"。③ 然而现在,原本透明的物理世界已经变得模糊不清,无法被人所认识。④ 至于曾经温顺地为人类主人服务的动物,也不再承认亚当的权威,而是变得狂野而无法管理。亚当因为自己的罪而同时失去了知识和统治。

和其他宗教改革家一样,加尔文也试图强调这种对罪的后果的理解与阿奎那等经院学者所宣扬的更加温和的版本之间的区别。这要求拒斥一种托马斯主义观点,即堕落只导致了超自然禀赋的失去。⑤ 加尔文还希望反驳邓斯·司各脱和其他中世纪方济各会修士对堕落的诠释,如加尔文所说,他们想把堕落造成的损害仅限于感官欲望,同时保持理性不受影响:

---

① Calvin, *Institutes* ii. ii. 12 (McNeill i, 270). Cf. Augustine, *On Nature and Grace* 3. iii; 21. xix; 22. xx (NPNF i, v, 122, 127f.). Cf. Calvin, *Institutes* ii. ii. 16 (McNeill i, 275).

② Calvin, *Institutes* i. xv. 4 (McNeill i, 190). 加尔文曾经暗示,神的形象现在被印在《圣经》上,《圣经》取代人类理性成为可靠知识的来源。*Institutes* i. vii. 5 (Beveridge i, 72).

③ Calvin, *Commentary on Genesis* 3:17, *Calvin's Commentaries* i, 173.

④ Calvin, *Commentary on Hebrews* 11:3, *Calvin's Commentaries* xxii, 265f.

⑤ Luther, 'Lectures on Genesis: 1—5', LW i, 167, cf. 187. Calvin, *Institutes* ii. i. 8; ii. ii. 16; Calvin, *Commentary on Ezekiel* 11:9, *Calvin's Commentaries* xi, 374f. 另见《奥格斯堡信纲》第二条(Schaff, *Creeds of Christendom* iii, pp. 8f.); Martin Bucer, *Common Places of Martin Bucer*, tr. Anded. D. F. Wright (Appleford, 1972), p. 122.

第二章 奥古斯丁的复兴

心灵被盲目所迷惑，并且感染了无数错误……败坏不只存在于一个部分，而是遍及整个灵魂及其每一种能力。因此，如果以为原罪仅仅在于情欲和食欲的放纵，那是犯了幼稚的错误。事实上，原罪占据了理性的位置，占据了整个心灵。①

至于大肆吹嘘的"自然之光"，加尔文认为它现在是"盲目的"或"熄灭的"。②

加尔文还以亚当的勤勉为例来质疑一个由来已久的看法，即沉思的生活高于行动的生活。③ 加尔文指出，神将亚当置于伊甸

---

① Calvin, *Commentary on Genesis* 3:6, *Calvin's Commentaries* i, 154. Cf. Duns Scotus, *In sententias* ii. xxix. 1, *Opera omnia* xiii, 267f.

② Calvin, *Institutes*, Prefatory Address (McNeill i, 13), i. iv. 2 (McNeill i, 48), i. ii. 20 (McNeill i, 280), i. ii. 24 (McNeill i, 284), but cf. *Institutes* i. ii. 14 (McNeill i, 273). 加尔文承认，"一些理性灵光在人之中继续存在，不论它们因为亚当的堕落和自然的败坏而变得如何盲目"。*Commentary on Malachi* 4:2. *Calvin's Commentaries* xv, 618. 此外，还有他所谓的"共同恩典"（*generalem Dei gratiam*），*Institutes* ii. ii. 17 (McNeill i, 276)，但我们并不完全清楚这等同于什么。不同的观点参见 H. Kuiper, *Calvin on Common Grace* (Grand Rapids, 1930); C. van Til, *Common Grace* (Philadelphia, 1947)。

③ Aquinas, ST 2a2ae. 182, 2. 加尔文还对把这种观点归于奥古斯丁提出了质疑。*Institutes* iv. xiii. 10 (McNeill ii, 1264). Cf. Augustine, *City of God* viii. 4, xix. 19; *The Trinity* i. iii. 20—1; viii. i. 2, viii. vi. 20, 25; Sermon 104, *Sermons* iv. 81—3. 人文主义者弗朗西斯科·皮科洛米尼（Francesco Piccolomini, 1523—1607）也对沉思生活的优先性提出了质疑，并与雅各布·扎巴雷拉（Jacopo Zabarella）展开了辩论。参见 Heiki Mikkeli, *An Aristotelian Response to Renaissance Humanism: Jacopo Zabarella on the Nature of the Arts and Sciences* (Helsinki, 1992), ch. 2; Nicholas Jardine, 'Keeping Order in the School of Padua', in Eckhard Kessler, Daniel Di Liscia and Charlotte Methuen (eds.), *Method and Order in the Renaissance Philosophy of Nature* (Aldershot, 1997), pp. 183—209。

园中"让他修理看守"(《创世记》2:15),因此"人被创造出来是为了从事某种工作,而不是闲散地躺着无所事事"。因此,所有人都要"厉行节俭,并用这种勤勉来对待神赐予我们享用的美好事物"。① 而"我们今天的修士却认为,闲着不干事是其神圣性的主要部分"。② 在加尔文对"才干"(talents)比喻(《马太福音》25:14—39,《路加福音》19:11—27)的诠释中,世俗工作神圣性的主题再次出现。加尔文认为,神将其恩赐赐予了他所拣选的人——而不是像天主教徒所认为的那样,按照个人的功德来赐予。那些被神赋予能力的人应当为了公益来运用这些能力:

> 有益地运用神的恩赐的人据说都在参与"交易"(trading)。虔诚者的生活就应当类似于"交易",因为为了保持交流,他们自然应当相互交换;每个人勤勉地履行职责,职业本身,恰当行事的能力,以及其他才能,被认为是多种不同的"商品"(merchandise);因为它们所着眼的用途或目标是促进人与人之间的交往。而基督所提到的"赚"(gain)是指彰显神的荣耀的普遍益处。③

加尔文不断强调,一个人在世间的使命是追求"功用""利益"

---

① Calvin, *Commentary on Genesis* 2:15, *Calvin's Commentaries* i, 125. Cf. *Commentary on the Psalms* 127:1—2, *Calvin's Commentaries* vi, 104f.

② Calvin, *Institutes* iv. xiii. 10 (McNeill ii, 1264).

③ Calvin, *Harmony of the Gospels* Matthew 25:15, *Calvin's Commentaries* xvi, 443. 这是加尔文的著作中经常重复的话。参见 *Commentary on I Timothy* 4:14, *Calvin's Commentaries* xxi, 115; *Commentary on the Psalms* 127:1, *Calvin's Commentaries* vi, 104。

第二章 奥古斯丁的复兴

和"好处",这些东西不是要使个人获益,而是要使社会获益。① 积极参与社会是一项必要的义务,因为这有助于在部分程度上恢复堕落之前的原始社会秩序。② 堕落给原始的等级秩序造成了破坏。原本完善的自然曾经臣服于其人类主人,人类社会曾被和平地组织起来。基督徒有责任出于对神的感激和顺服,努力使神的原始秩序得到部分恢复。

路德也强调在充满罪恶的现世履行世间使命的重要性。他警告基督徒,不要像天主教徒那样试图"戴上帽子、躲进角落或走入旷野"来逃避世界的罪恶。真正的基督徒要"使用"这个世界:"造房子,购买,交易,与同伴交往,在所有世俗事务中参与他们"。③ 但加尔文的现世导向更加强烈,他与路德的差异不仅在于他认可交易和收取利息,还在于强调基督徒需要积极参与实用的世俗事务,以使社会得到改造和恢复。④ 这种关于工作神圣性的加尔文主义观念随后将在弗朗西斯·培根关于哲学任务的新构想以及对新科学事业的"功利主义"辩护中变得显著。

如果人类不付出极大努力,加尔文所设想的社会改造就无法实现,但与他的人性观和认为事功是徒劳的看法相一致,加尔文在

---

① 关于这种观念及其在现代早期英格兰的影响,参见 David Little, *Religion, Order, and Law: A Study in Pre-Revolutionary England* (Oxford, 1970), esp. pp. 57—62。另见 Weber, *Protestant Ethic*, p. 265, n. 33; E. Harris Harbison, 'The Idea of Utility in John Calvin', in E. Harris Harbison(ed.), *Christianity and History* (Princeton, 1964), pp. 249—270。

② Calvin, *Commentary on ii Thessalonians* 3:4, *Calvin's Commentaries* xxi, 350f.

③ Luther, 'Sermon for the Third Sunday After Easter', *Sermons* vii, 281.

④ Ian Hart, 'The Teaching of Luther and Calvin About Ordinary Work', *Evangelical Quarterly* 67 (1995), 35—52, 121—135.

《基督教要义》中强调,只有通过包括技艺和科学在内的神的恩赐,人类才能对这项任务做出贡献。① 加尔文还承认,古人做出了重大贡献。他钦佩哲学家"对自然的精湛描述"以及在修辞、政治、医学和数学领域的努力。世俗作者被允许"敏锐而深入地研究次要事物"。② 在一些释经著作中,他表现得更加谨慎,声称"人们教导的所有科学都不过是暂时的过眼云烟,很快就会消失"。③ 他还援引奥古斯丁主义的"好奇心"概念,暗示即使是我们剩余的心灵能力,也会习惯性地偏离有益的研究主题。④ 这种矛盾心理亦见于他对亚里士多德——"一个天才而博学的人"——功绩的评价,他既是"心灵反常和败坏的异教徒",又"用他那天性敏锐的心灵力量来熄灭所有的光"。⑤ 虽然这些立场也许看起来不够一致,但加尔文的意思很清楚:一方面,应当充分利用神赐予我们的能力;但另一方面,在更大的事物框架中,人的所有产物都是不完整的和暂时的。

不得不说,路德和加尔文对认识神学真理远比对认识自然更感兴趣。虽然他们各自的立场对神学知识的影响相对明确,但他们关于堕落的人类心灵的局限性会对自然哲学以及像数学或道德那样的领域产生什么影响,则远没有那么清楚,也不可能从重要宗教改革家的著作中直接推断出现代早期"新教徒"在这些问题上的一些标准立场。接下来一代的路德宗信徒和加尔文宗信徒不仅要

---

① Calvin, *Institutes* ii. xiv. 12 (McNeill i, 275).
② Calvin, *Institutes* ii. ii. 15 (McNeill i, 274).
③ Calvin, *Sermons on Psalm 119*, tr. Thomas Stocker (London, 1580), Sermon 13. Cf. *Commentary on Romans* 1:22, *Calvin's Commentaries* xix, 73; *Commentary on First Corinthians*, 1:20, *Calvin's Commentaries* xx, 81—83.
④ Calvin, *Institutes* ii. ii. 12 (McNeill i, 271).
⑤ Calvin, *Commentary on the Psalms* 107:43, *Calvin's Commentaries* vi, 266.

彼此交往，而且一方面要与改革的天主教打交道，另一方面要与所谓的宗教改革"左翼"具有潜在破坏性的激进主义打交道。难怪一些新教思想家会退回到相对确定的亚里士多德主义范式，或至少是退回到它的某些方面。同样，虽然可以断言，人的道德能力无可挽回地受到了堕落的伤害，但仍然存在一个实际的问题，即有罪的个人如何在有序的社会中共同生活。鉴于宗教改革之后发生了毁灭性的宗教战争，道德和法律的理性基础问题变得尤为尖锐。同样，一些新教思想家主张，即使是堕落的人，也仍然拥有持久的道德敏锐性的某些方面。于是，在现代早期新教徒的信仰声明中，出现了关于人的心灵及其因堕落而遭受影响的各种看法。英格兰的加尔文宗信徒始终最忠实于最初的宗教改革家的立场，他们相应地提出了产生知识的方法。然而，随着新教经院哲学的发展，路德和加尔文的立场遭到重大修改，正如其名称所暗示的，新教经院哲学将新教思想的要素与特定的经院哲学立场结合了起来。在欧洲，菲利普·梅兰希顿(1497—1560)等主要的新教教育家虽然承认堕落的重要性，但仍然把经院哲学的"自然之光"概念重新引入新教思想，并且为先验而合法地认识自然的某些特征找到合适的位置。

还应知道，新教改革的挑战不仅在于其教义的特定内容，还在于向一些古代权威成功提出了质疑。因此，即使不包含其奥古斯丁主义要素，也可以说它加剧了理查德·波普金所谓的怀疑论危机。至于天主教，则在16世纪经历了它自身的改革。天主教思想家也受到了文艺复兴时期古典怀疑论复兴的影响，在像冉森主义(Jansenism)这样的运动中，我们看到天主教自身复兴了奥古斯丁关于恩典和原罪的看法。在17世纪，布莱斯·帕斯卡继承了天主教内部的这些发展，这在部分程度上解释了他为何会对拥护自然之光的笛卡尔的方法怀有敌意,以及他的方法与英格兰实验哲学为何有某些相似之处。然而,在所有这些发展中,强调解决认识论问题的新教改革家所制定的议程都要求诉诸神学人论。

总之,宗教改革思想的关键贡献在于将注意力集中在人的心灵及其局限性上。事实上,部分是由于这种强调,人性研究作为一个独特领域在16世纪出现了。[①] 此后,任何与知识进展有关的方案都不能不加批判地假定人的心灵能力是恰当的,或者认为人的求知倾向本身就证明心灵适合达到那个目的。要对知识持批判立场,这种看法虽然可能削弱科学事业的重要性,但同样可能使人们的注意力重新集中在积累知识的条件上。后一道路承诺了一种与教会改革平行的学术复兴。受到恢复堕落之前知识的激励,自然知识的推动者们试图确认,神的形象或自然之光的遗迹(如果有的话)还有多少存在于堕落之后的心灵中。这或许有助于为知识探究确立大致的界限,并为一系列基本的认识论问题提供答案:哪些自然事物能被认识?能在多大程度上被认识?什么是恰当的研究方法?在堕落的世界中,人类知识的目的是什么?正如我们将会看到的,在大大限制了理性和自然之光能力的加尔文主义人性观的背景下提出这些问题,为弗朗西斯·培根的计划以及17世纪英格兰自然志和实验哲学的大部分计划打下了基础。而笛卡尔对"自然之光"的不断援引以及对"自然之光"完善性的本质上托马斯主义的坚持,则为他的认识论方案提供了基础,并且解释了这种方

[①] 参见 Barbara Pitkin,'The Protestant Zeno: Calvin and the Development of Melanchthon's Anthropology',*Journal of Religion* 84 (2004),345—378。在文艺复兴之前,比如心理学已经融入了自然哲学。参见 Katherine Park and Eckhard Gessler,'The Concept of Psychology',CHRP,pp. 455—463。

案与在海峡对岸发展出来的实验哲学的分歧。这两种迥异的知识获取方法受到了同样迥异的神学人论的影响,这将是接下来两章的主题。这里不妨谈谈奥古斯丁主义人论在天主教中的复兴。

第三节 奥古斯丁

天主教会最终通过召开特伦托会议(Council of Trent, 1545—1563)来回应改革家的思想挑战以及新教改革所引发的政治动荡。必须指出,在特伦托会议之前,促使路德采取行动的一些关切已经在教会内部产生了其他重要的改革运动。① 然而,新教改革之后,天主教的改革任务显得尤为紧迫,尽管"紧迫"也许是相对的。早在1524年,路德宗信徒和天主教徒就已经在纽伦堡帝国会议上劝说教皇召开一次会议,以解决新教徒所提出的问题,但由于种种原因,这次会议直到20多年后才召开。即使在那时,它也常常伴随着争论。随着时间的推移,其主要目标之一——重建教会的和平与统一——已经不再可能达成。但这次会议在另外两个主要目标上取得了一些进展:在教会内部进行必要的改革,澄清有争议的教义并谴责异端邪说。

关于有争议的教义,特伦托会议的大多数成员都反驳路德的

---

① 20世纪50年代,胡伯特·耶丁(Hubert Jedin)提出了关于"天主教改革运动"(Catholic Reformation)和"反宗教改革运动"(Counter-Reformation)这两个密切相关的运动的一个被普遍接受的区分。前者要先于后者。*A History of the Council of Trent*, tr. Ernest Graf, 2 vols. (London, 1957—1961)。约翰·奥马利(John O'Malley)最近在'Early Modern Catholicism', *Trent and All That: Renaming Catholicism in the Early Modern Era* (Cambridge, MA, 2000)中为第三种表述的恰当性做了辩护。

论点,即神的恩典完全取决于信仰,人的主动性在这个过程中并不发挥作用。他们坚称,恩典也来自圣礼和善功,两者都需要人的合作。① 关于原罪的本质和后果,特伦托会议重新审视了第二次奥朗日会议(529年)模棱两可的声明,它实际上避免了佩拉纠主义,而且尚未持有奥古斯丁关于自由意志和得救预定论的立场。在一般的神学问题上,特伦托会议倾向于回顾中世纪经院哲学的荣耀,结果使阿奎那在一些争议问题上的立场得到了认可。这种强调意味着,改革家思想中的奥古斯丁主义要素实际上受到了某种怀疑,尽管人们常常断言,新教徒歪曲了这位杰出教父的教导。在特伦托会议最后一次会议召开4年后的1567年,阿奎那被授予"教会博士"称号,其声望得到进一步提升。

毫无疑问,出席特伦托会议的多明我会修士对这一总体结果感到满意,新成立的耶稣会成员也是如此,这个团体注定会成为传播改革的天主教的主要推动者。然而,并非所有在场者都对这些发展感到满意。鲁汶大学的年轻教授米歇尔·巴依乌斯(Michel de Bay 或 Baius,1513—1589)参加了特伦托会议的最后几次会议。巴依乌斯不无道理地认为,新教徒擅自运用奥古斯丁的某些教义本身并不能构成拒斥这些教义的充分理由。② 通过深入研究

---

① 'Canons and Decrees of the Council of Trent','Decree concerning Justification',esp. chs. xiv,xvi,in Leith (ed.),*Creeds of the Churches*,pp. 417,418f.

② 关于巴依乌斯,参见 M. W. F. Stone,'Michael Baius (1513—1589) and the Debate on "Pure Nature": Grace and Moral Agency in Sixteenth-Century Scholasticism',in Jill Kraye and Risto Saarinen (eds.),*Moral Philosophy on the Threshold of Modernity* (Dordrecht,2004),pp. 51—90。感谢斯通教授给我寄来这一章的出版前版本。另见 Alexander Sedgwick,*Jansenism in Seventeenth-Century France*:*Voices from the Wilderness* (Charlottesville,1977),pp. 6f. ;William Doyle,*Jansenism* (New York,2000),pp. 9f. 。

奥古斯丁的反佩拉纠主义著作,他得出了一个独立的结论:卓越的经院学者们高估了堕落人类的道德能力和认知能力,并且误解了亚当在清白状态下的自然能力。他明确表达了一个在很多方面与路德相似的观点,即我们第一位父亲的完美性是其本性不可或缺的组成部分,而不是缘于对那种本性的超自然擢升。堕落被理解为失去了亚当的自然完美性从而导致恶意,人的较低本性的反叛,以及理智的败坏和无知。① 这种立场不仅与阿奎那的教导相反,而且与特伦托会议之后对那种先前立场的重述形成了鲜明对比。后来在伽利略事件的早期阶段发挥重要作用的著名耶稣会神学家罗伯特·贝拉闵(Robert Bellarmine,1542—1621)就作了这样一种重述,他坚持认为,堕落本质上并没有改变人性:"人在亚当堕落后的状态与亚当纯粹自然的(*in puris naturalibus*)状态之间的不同,就如同剥去衣服的人与裸体的人之间的不同。"② 诸如此类的关于堕落的极简主义看法,引发了关于人的"纯粹本性"以及罪进入世界时它在何种程度上被改变的热烈讨论。③

倘若在16世纪初,巴依乌斯的结论也许会为与新教改革家的建设性对话提供有用的基础。然而现在,与新教徒达成和解的希

---

① Stone,'Michael Baius'.

② Robert Bellarmine, *De Gratia Primi Hominis* (Heidelberg, 1612), v. 12. 'Non magis differt status hominis post lapsum Adae a statu ejusdem in puris naturalibus, quam distet *spoliatus a nudo*, neque deterior est humana natura, si culpam originalem detrahas'. 另见 Giovanni Perrone, *Praelectionestheologicae*, 9 vols. (Rome, 1835), i, 744。在现代对这一观点比较正式的重申,参见 J. M. Herve, *Manuale Theologiae Dogmaticae*, 4 vols. (Westminster, MD, 1943), ii, §§ 446—447。

③ M. Lamberigts (ed.), *L'augustinisme à l'ancienne faculté de théologie de Louvain* (Leuven, 1994). 另见 Stone,'Michael Baius'。

望已经渺茫,这些观点似乎极具破坏性。巴依乌斯的立场与路德的异端教义明显有相似之处,这引起了阿尔卡拉大学和萨拉曼卡大学神学院的注意,它们旋即谴责这位弗莱芒教授的"新教"观点。罗马教皇在1567年和1579年颁布的通谕强化了这些西班牙大学的判决(当时鲁汶在西班牙菲利普二世的管辖范围内)。巴依乌斯最终宣布放弃自己的观点。① 但损害已经形成,其奥古斯丁主义的残余影响继续在鲁汶发酵,并且逐渐形成了17世纪的所谓"冉森主义"运动。

在鲁汶的杰出校友中,有两位主要因为致力于恢复奥古斯丁对恩典和人性的看法而在17世纪闻名。一位是让·迪弗吉埃·德·奥朗纳(Jean Duvergier de Hauranne,1581—1643),他更为人所知的称呼是圣西朗修道院院长(Abbé de Saint-Cyran)。1600年从索邦神学院获得艺学硕士后,圣西朗在鲁汶的耶稣会学院继续深造。回到巴黎之后,他结识了弗莱芒大学的另一位学生科内利乌斯·冉森(Cornelius Jansen,1585—1638)。他们常常在宜人的圣西朗家族庄园一起研读《圣经》和教父的著作。在这一时期,他们播下了毕生友谊的种子。这两个人无疑也讨论了圣保罗和奥古斯丁的教义,这些教义后来成为冉森主义信条的基础。他们于1614年各奔东西,冉森回到鲁汶,那里针对巴依乌斯学说的争论余烬仍然在焖烧。冉森关于人性和堕落的思考进一步受到多特会议(Synod of Dort,1618—1619)的激励,该会议是荷兰归正教会的一次会议,讨论了曾经困扰特伦托会议的那些与称义和原罪相关的问题。虽然召集多特会议主要是为了解决荷兰归正教会内部的

---

① Doyle,*Jansenism*,p. 9;Stone,'Michael Baius'.

争议,但其教规在整个欧洲的改革派中渐渐被视为加尔文主义的正统观点。① 冉森对会议议程产生了浓厚的兴趣,他写信给圣西朗,说加尔文宗信徒"几乎完全遵循了天主教徒在得救预定论和永罚问题上的教义"。② 冉森所说的"天主教徒的教义"其实是指奥古斯丁的纯粹教义,当时的一些天主教徒背叛了它们。大约在那个时候,他开始撰写一部不受官方诠释影响的关于奥古斯丁神学的秘密著作。最终,三卷本的拉丁文著作《奥古斯丁论》(Augustinus)于作者去世两年后的1640年问世。

《奥古斯丁论》引发了强烈反响。耶稣会士曾试图阻止这部著作的出版但没有成功,现在则试图让它受到谴责。但一些有影响力的人站出来捍卫它——行将就木且身陷囹圄的圣西朗,以及新一代的奥古斯丁主义护教士,其中包括著名的安托万·阿尔诺(1612—1694)、布莱斯·帕斯卡(1623—1662)和皮埃尔·尼古拉(Pierre Nicole,1625—1695)。虽然捍卫奥古斯丁主义原则的那场法国运动是冉森用自己的名字来命名的,但严格说来,这一群体的起源更多要归功于圣西朗和安热莉克·阿尔诺(Angélique Arnauld)——乡间波尔—罗亚尔(Port-Royal des Champs)的女修道院院长——的著作,其苦行的精神生活观表明,对冉森主义的信奉要远远超过对特定神学教条的信奉。17世纪法国的耶稣会士与冉森派之间的持续冲突对法国社会的各个层面产生了巨大影响。不过就我们这里的目的而言,值得注意的是冉森派对人性和知识

---

① 关于多特会议,参见 Jonathan Israel, *The Dutch Republic: Its Rise, Greatness, and Fall 1477—1806* (Oxford,1995), pp. 421—477。

② 引自 Doyle, *Jansenism*, p. 17。

的态度。正如所预料的那样，在大多数情况下，他们往往会对人类理性的产物怀有敌意，并将它们与有罪的傲慢联系在一起。① 比如圣西朗重新审视了奥古斯丁关于好奇心和傲慢的教导，认为对理性成就的傲慢构成了谦卑虔诚的主要障碍。② 亚当的形象再次被视为理解人性的关键。亚当在堕落之前"被赋予了无限权力，没有任何造物能够反对他"。此外，他还享有"对整个世界的统治"。认识到这些损失对于培养虔诚和谦卑至关重要，"如果不知道亚当的堕落使我们陷入多么悲惨的境地"，虔诚和谦卑都是不可能的。③

卓越的安托万·阿尔诺是女修道院院长安热莉克·阿尔诺的幼弟，他对世俗学问的态度更加微妙，在冉森派中是一个例外。他反常地表现出对笛卡尔新哲学的热情及其对人性的所有预设的信任。阿尔诺对笛卡尔的《第一哲学沉思集》做出了一系列回应，标志着他首次登上哲学舞台。正是在这里，阿尔诺发现了臭名昭著的"笛卡尔循环"(Cartesian Circle)。④ 但他的评论表明，笛卡尔的

---

① Alexander Sedgwick, *Jansenism in Seventeenth-Century France*; Thomas Lennon, 'Jansenism and the *Crise Pyrrhonienne*', *JHI* 38 (1977), 297—306.

② Steven Nadler, *Arnauld and the Cartesian Philosophy of Ideas* (Princeton, 1989), p. 18; Geneviève Rodis Lewis, 'Augustinisme et Cartésianisme à Port-Royale', in Dijksterhuis (ed.), *Descartes et le Cartésianisme Hollandais*, pp. 131—82 (136). 关于冉森的类似看法，参见 *De la reformation del'homme interieur* (Paris, 1642), pp. 50f.。

③ Saint-Cyran, *Œuvres chrestiennes et spirituelles*, 4: 6, tr. in Sedgwick, *Jansenism*, pp. 32, 33. 关于圣西朗对亚当在堕落之前和之后状态的比较，参见 'De la grace de Jésus-Christ, de la liberté chrétienne, et de la justification', in Jean Orcibal, *La Spiritualité de Saint-Cyran avec ses écrits de piété inédits* (Paris, 1962), pp. 233—241。

④ 根据笛卡尔的说法，我们对神存在的证明建立在我们对他的清晰分明的观念之上；但起初正是神的存在保证了清晰分明的观念为真。Descartes, *Objections and Replies*, CSM ii, 150.

哲学给他留下了深刻印象,而笛卡尔则认为,阿尔诺是他的评论家当中最机敏的。① 阿尔诺对笛卡尔的热情至少可以通过他对笛卡尔《第一哲学沉思集》的回应的开篇而得到部分解释:"其整个哲学的基础与圣奥古斯丁所规定的原则完全相同。"② 这无疑是对笛卡尔隐含讥讽的恭维,笛卡尔公开声明的意图是在新的基础上建立哲学。不过,阿尔诺不会是最后一位作这种关联的评论者。但总体上不得不说,阿尔诺对笛卡尔的偏爱与《奥古斯丁论》所阐述的原则并不一致,这一点仍然很让人费解。③

如果说阿尔诺是法国冉森派中最有才能的神学家,那么他们最雄辩的代言人则是布莱斯·帕斯卡。虽然帕斯卡令人惊叹的数学和科学才能似乎表明,他投身于一场习惯于贬低世俗学问的运动是假的,但他坚定地信奉波尔—罗亚尔共同体的原则。虽然早年在自然科学领域取得了巨大成就,但对于无助的人类理性的能力,帕斯卡越来越显示出矛盾的心态。他之所以反对笛卡尔的哲学,主要是因为他认为笛卡尔对理性过分自信,并且向其方法的追随者错误地承诺确定性。和阿尔诺一样,帕斯卡也"赞扬"笛卡尔

---

① Descartes, Letter to Arnauld, 4 June 1648, CSM iii, 31; Letter to Mersenne, 18 March 1641, CSM iii, p. 95; *Objections and Replies*, CSM ii, 154.

② Descartes, *Objections and Replies*, CSM ii, 139. 阿尔诺提到了奥古斯丁 *On Free Will* ii. iii. 7 中的话。另见 Leibniz, *New Essays on Human Understanding* tr. and ed. Peter Remnant and Jonathan Bennett (Cambridge, 1981), iv. 2 (p. 367)。关于阿尔诺的笛卡尔主义,参见 Nadler, *Arnauld and Cartesian Philosophy*。

③ 因此,费迪南德·布鲁内蒂埃(Ferdinand Brunetiére)谈到了阿尔诺的"天真",说他没有看到笛卡尔的《方法谈》与奥古斯丁的原则之间是不相容的。'Jansenistes et Cartésiens', *Etudes critiques surl'histoire de le littérature française*, 4 vols. (Paris, 1904), iv, 111—78 (140f.), cited in Nadler, *Arnauld*, p. 14, n. 1.

对哲学的主要贡献可以在奥古斯丁那里找到。① 但阿尔诺的赞扬是真诚的,而帕斯卡具有讽刺意味的称赞却明显是为了揭露笛卡尔的非原创性。帕斯卡挖苦说,笛卡尔的方案"无用且不确定"。帕斯卡关于人性败坏和理性缺陷的成熟观点在其未竟的杰作《思想录》中得到了阐述:

> 人不过是一个充满自然错误的主体罢了,除非通过恩典,否则便无法根除这些错误。没有什么能向他显示真理,一切都在欺骗他。理性和感官这两个真理本原不仅都不是真的,而且还相互欺骗。感官通过虚假的现象欺骗理性,而且正如感官欺骗灵魂,感官也被灵魂所欺骗。灵魂要报复。感官受到激情的干扰,会产生错误的印象。它们都在争相撒谎和欺骗。②

在帕斯卡看来,人与生俱来的心灵败坏不仅是无知的原因,更是好奇心的原因。他遗憾地说:"人的主要疾病是对他所无法理解的事物总是感到好奇;对他来说,与犯错误相比,漫无目的的好奇要更加糟糕。"③帕斯卡得出的结论是,"一旦我们良好的理性被败坏,它就会败坏一切"。④

---

① Pascal, *L'Esprit Géométrique*, in *Œuvres complètes*, ed. J. Chevalier (Paris, 1954), p. 600.
② Pascal, *Pensées*, L 45 (p. 42). 关于帕斯卡的人论,参见 Vincent Carraud, 'Remarks on the Second Pascalian Anthropology: Thought as Alienation', *Journal of Religion* 85 (2004), 539—555.
③ Pascal, *Pensées*, L 744 (p. 256).
④ Ibid., L 60 (p. 46).

类似的说法可见于巴黎波尔—罗亚尔的文学和哲学教师皮埃尔·尼古拉(1625—1695)的作品。尼古拉为《波尔—罗亚尔逻辑》(*Port-Royal Logic*,1662)做出了贡献,但以其《道德随笔》(*Moral Essays*,1671)而最为知名。这部著作最终扩展到 14 卷,在英格兰出版了多个译本。事实上,约翰·洛克在法国旅行时一看到《道德随笔》就被吸引住了,并且决定翻译其中一些内容。① 在《道德随笔》中,尼古拉强调了自我认识的重要性,它的第一篇随笔讨论的就是"人的弱点"这一主题。一个持久的主题是与自我认识相伴随的对人的局限性的意识。根据尼古拉的说法,我们通过严格的自我省察发现,"人文哲学最重要的部分仅仅是一堆模糊、不确定甚至虚假的东西"。② 尼古拉认为,堕落直接导致我们的学问沦为关于特定事物的历史知识:"看看人们如此夸耀的知识沦落到多么糟糕的地步,也就是说,一个个地了解少数真相,而且是以怯懦软弱的方式。"③

尼古拉的说法与弗朗西斯·培根思想的某些方面,事实上是与罗伯特·索思在本书开头所表达的那种对人类知识的悲观看法,存在着一些有趣的相似之处。不过对尼古拉而言,就像对帕斯卡一样,这些断言本质上是一个论证的前提,该论证意在表明,最好是将我们的理智能量导向那些旨在确保我们永恒至福的计划;而培根则爽快地提出,逐渐积累零星的知识——"自然志"(natu-

---

① 参见 Jean S. Yolton (ed.), *John Locke as Translator: Three of the 'Essais' of Pierre Nicole in French and English* (Oxford, 2000)。

② Pierre Nicole, *Moral Essayes*, 3rd edn (London, 1696), p. 17, cf. pp. 86f.

③ Ibid., pp. 19f.

ral histories)——终将导出科学知识。此外,许多人在漫长的时间里将这种长期积累的事实汇集在一起,将会为一种尘世幸福做出贡献,这种幸福在某种程度上反映了亚当在伊甸园中的初始状态。这是冉森派与加尔文宗信徒的奥古斯丁主义人论版本之间的一个根本区别。冉森主义仍然坚持由来已久的天主教灵性模型,强调个人虔诚的重要性高于其社会责任。① 这种立场体现在安热莉克·阿尔诺在波尔—罗亚尔设立的严格的圣本笃修道院会规,以及生活在那里的独居者的苦行精神。关于圣礼的本质、神迹的中止以及信徒皆祭司,冉森派的看法也不同于加尔文宗信徒。简而言之,他们保留了中世纪天主教的许多"超自然主义"要素。尽管耶稣会士的标准指控是,冉森派是隐秘的加尔文宗信徒,但他们之间存在着这些深层的分歧。具有讽刺意味的是,在世俗导向上与加尔文宗信徒最相似的也许正是耶稣会士,尽管他们在其他许多方面显然有所不同。总而言之,虽然冉森派和英格兰清教徒拥有一种共同的人论,强调堕落之后人的心灵的局限性,但其治疗方案却明显不同。

　　致力于改革现代早期教会的人,无论是路德宗信徒、加尔文宗信徒还是冉森派,并非只对人类知识持保留态度。事实上,在标准的哲学史中,奥古斯丁主义人论对现代早期知识论的影响很少被提及。根据一种颇具影响的解释,正是古代怀疑论的复兴引发了对人类知识的信任危机,并且激励笛卡尔等人建立了基础主义的现代哲学。讨论了温和的宗教怀疑论的神学来源之后,我们不妨

---

① Sedgwick, *Jansenism*, pp. 33—46.

注意一个标准论点,根据它的说法,就现代知识的起源而言,扮演主要角色的是哲学怀疑论,而不是悲观的神学人论。

第四节 怀疑论假说

阿格里帕(Henricus Cornelius Agrippa von Nettesheim, 1486—1535)一般被视为第一位现代怀疑论作者,其优先权基于那本颇具影响的《论科学的不确定和无价值》(*De Incertitudine et vanitate scientificarum*,1526 年)。① 曾在科隆大学接受教育的阿格里帕堪称多面手,当过士兵、神学教师、医生和占星家。他写过讨论原罪和保罗书信的作品,但除了《论科学的不确定和无价值》,他出版的最著名的著作是内容广博的三卷本《隐秘哲学》(*De occulta philosophia libri tres*,1531 年)。这部著作所获得的声誉使阿格里帕成为克里斯托弗·马洛(Christopher Marlowe)笔下的浮士德博士以及后来歌德笔下浮士德的原型。② 他那部讨论科学无价值的著作在 16 世纪颇受欢迎,出版了许多拉丁文版本,并且被译成英文、荷兰文、法文和意大利文——尽管巴黎大学神学院曾下令将其没收烧毁。③ 在这部怀疑论著作中,阿格里帕详述了神

---

① 关于阿格里帕,参见 G. Nauert Jr, *Agrippa and the Crisis of Renaissance Thought* (Urbana,1965);R. H. Popkin,'Magic and Radical Reformation in Agrippa of Nettesheim', *Journal of the Warburg and Courtauld Institutes* 39 (1976),69—103。

② Gerhard Ritter,'Ein historisches Urbild zu Goethes Faust (Agrippa von Nettesheym)', *Preussische Jahrbücher* 161 (1910),300—305。

③ G. Nauert Jr,'Magic and Scepticism in Agrippa's Thought', *JHI* 18 (1957),161—182。

创造亚当的传统,说亚当拥有关于自然世界的包罗万象的知识:
"正如神创造了结满果实的树木,神也创造了灵魂作为结满形式和知识的理性树木,但由于我们初始父母的罪,万物都被糟蹋了,而遗忘(oblivion),无知之母也悄悄潜入。"① 因此,我们的无知源于亚当的堕落,这种堕落本身就是因为鲁莽地追求更多学问所致。② 知识的积累不会纠正我们的无知,而会随着我们重复亚当最初的罪行而加深我们的不幸。阿格里帕坚称,"因此,成为傻瓜,一无所知,通过信仰和爱来信,变得与神相近",要比"通过精明的科学变得高傲[并且]被毒蛇所掌控更好、更有益"。③ 治疗我们承袭而来的疾病的唯一处方就是信仰神的启示话语。④

阿格里帕对人类理性力量的否认使他诉诸双重启示。必须阅读神向《圣经》作者所启示的内容。但即使是《圣经》的内容,也只有神给予了新启示的那些读者才能完全理解。这里的教导几乎与路德和加尔文的一致,后者同样教导了堕落的人类理性的脆弱和《圣经》的优先性。虽然路德和加尔文较少强调个人灵感的作用,但他们都认为,只有那些心灵被圣灵激活的人才能理解《圣经》的意义。⑤ 阿格里帕也赞同这些宗教改革家的看法,认为基督教神

---

① Agrippa von Nettesheim, *Of the Vanitie and Vncertainty of Artes and Sciences*, Englished by James Sanford (London, 1569), fol. 186r.

② Ibid., fols. 3v—4r. 堕落对于人的无知的作用在早期作品 *De triplici ratione cognoscendi Deum*, in *Opera*, 2 vols. (Lyons, n. d.), ii, 480—503 中也得到了强调。

③ Agrippa, *Vanitie*, fol. 182v.

④ Ibid., 187v.

⑤ Calvin, *Institutes* i. viii. 5 (McNeill i, 80).

学受到了异教徒作品的玷污。① 这些相似之处使人们相信,阿格里帕在16世纪20年代对路德著作的认真研读对其怀疑论态度的发展产生了影响。② 甚至有人认为,阿格里帕的这部著作意在捍卫新教,尽管这与他似乎终身认同天主教信仰并不一致。③

《论科学的不确定和无价值》明显的怀疑论与《隐秘哲学》中包含的更积极的教导之间明显的不一致使一些评论家感到困惑。(《隐秘哲学》直到1531年才印刷出版,但可能在更成熟的怀疑论著作《论科学的不确定和无价值》之前就已经写成。)④ 然而,《隐秘哲学》的内容并不必然与否认人的理性和感觉经验的效力的立场不一致。恰恰相反,阿格里帕例证了现代早期用来推进科学发展的建议的标准模式——提出一种受神学影响的、得到《圣经》堕落叙事支持的怀疑论,以确立新的研究方法的合理性。⑤ 在阿格里帕这里是指依赖于一些古代著作中所包含的启示真理。他对人类知识来源的限制性看法——"所有事物都在《圣经》中得到包含和教导"——在《隐秘哲学》中得到扩展,将其他被认为由神启示的古代作品也包括在内。事实证明,认为有一种"古代哲学"现在可以得到恢复,这种想法对于文艺复兴时期的许多思想家来说都很有吸引力,我们将在下一章更详细地讨论它。这里要说的是,虽然可以将阿格里帕看成最早的现代怀疑论者之一,但他的著作并未受

---

① Agrippa, *Dehortatio gentiles theologiae*, in *Opera* ii, 502—505.
② Nauert, 'Magic and Scepticism', p. 171. 同样重要的是,阿格里帕并没有引用塞克斯都·恩披里柯(Sextus Empiricus),他的作品在阿格里帕的有生之年还看不到。
③ Panos Morphos, *The Dialogues of Guy de Brués* (Baltimore, 1953), p. 77.
④ Nauert, 'Magic and Scepticism', 161—166.
⑤ Ibid.

到古典怀疑论的强烈影响。虽然阿格里帕依赖于一些古代怀疑论作者的作品，但并没有大量运用他们一本正经的论证。和宗教改革家的作品一样，我们在其中看不到对于知识可能性的真正哲学上的反驳。这项任务落到了后来的人身上，他们将把古典怀疑论者的论证整理成一种更加正式的怀疑论，并主张扮演怀疑论的哲学角色。这其中最重要的就是米歇尔·德·蒙田(1533—1592)。

虽然蒙田的怀疑论观点主要表现在长文《为雷蒙德·塞邦德辩护》中，但其早期著作已经显示出怀疑论的迹象。和阿格里帕的情况一样（他的观点似乎影响了蒙田），这些著作并没有受到古代怀疑论者论证的直接影响。① 在一篇题为《以我们自己的能力衡量真假是愚蠢的》的文章中，他指出，"独断地谴责一个事物……为虚假和不可能，是自以为了解神的意志和大自然母亲力量的界限"。② 这种说法让人想起了自 13 世纪以来用于反驳自然哲学领域某些亚里士多德主义教条的各种论证。③ 一些神学家认为，如果神能以任何方式实现任何不含逻辑矛盾的事态，那么宣称确定地知道自然世界为什么以特定的方式组织起来，或者某些自然事件是如何引起的，就是愚蠢的。直到 17 世纪，教皇乌尔班八世

---

① Charles Larmore, 'Scepticism', in Daniel Garber and Michael Ayers (eds.), *The Cambridge History of Seventeeth-Century Philosophy*, 2 vols. (Cambridge, 1998), ii, 1147. 关于阿格里帕对蒙田的影响，参见 Pierre Villey, *Les Sources et l'évolution des Essais de Montaigne*, 2 vols. (Paris, 1933), ii, 166—70。Villey 还指出，最早的随笔总体上反映了一种向怀疑论妥协的斯多亚派观点。

② Montaigne, *Essays*, tr. Donald Frame (Stanford, 1965), p. 132.

③ 参见 E. Grant, 'The Effect of the Condemnation of 1277', CHLMP, pp. 537—9; Funkenstein, *Theology and the Scientific Imagination*, pp. 121—145。

(Urban VIII)还向伽利略提出类似的论证,用伽利略自己的话说,"将神的力量和智慧限制在他自己的某种特定设想中太过鲁莽"。[1] 这类论证的流行曾被貌似合理地用来解释文艺复兴时期天文学中的工具主义倾向,以及支持将神的唯意志论与实验自然研究方法的出现联系起来的论点。但无论这些观点来源于何处,蒙田早期的怀疑论冲动肯定因为他后来阅读古代怀疑论者的作品而得到加强。

古代世界有两个截然不同的怀疑论学派。"学园派"(Academic)怀疑论的名称来自柏拉图的学园(Academy),它兴盛于公元前3世纪到公元前1世纪。[2] 学园派怀疑论者质疑柏拉图的形而上学确定性,试图回到一种更为纯粹的苏格拉底立场,认为智慧就是承认自己的无知。[3] 他们认为最终没有标准来恰当地区分真实与虚幻,建议悬搁判断,并断言最多只能有或然的知识。虽然学园派的论点可见于西塞罗的《学园派》(*Academica*,前45年)和奥古斯丁的《驳学园派》(*Against the Academics*,386年),但实际上只是随着印刷术的出现,它们才被更多的人知晓和利用。西塞罗的《学园派》于1471年首版,从16世纪初开始引发重要讨论。例

---

[1] Galileo, *Dialogue concerning the Two Chief World Systems*, tr. Stillman Drake (New York, 2001), p. 538.

[2] 接下来两段话利用了以下文献:Popkin, *History of Skepticism*, and 'Theories of Knowledge', CHRP, pp. 668—684; Charles Schmitt, 'The Rediscovery of Ancient Skepticism in Modern Times', in M. Burnyeat (ed.), *The Skeptical Tradition*, (Berkeley, 1983), pp. 225—251, and *Cicero Scepticus: A Study of the Influence of the 'Academica' in the Renaissance* (The Hague, 1972); Luciano Floridi, *Sextus Empiricus: The Transmission and Recovery of Pyrrhonism* (New York, 2002)。

[3] Plato, *Apology* 21c—21d.

如,荷兰人文主义者德西德里乌斯·伊拉斯谟(Desiderius Erasmus,约1466—1536)在其《愚人颂》(*In Praise of Folly*,1511年)中利用了学园派的思想,这部作品对经院学者和天主教的等级制度提出了尖锐批评。在后来因为在《论自由意志》(*De libero arbitrio*,1524年)中捍卫自由意志而引发的与路德的争论中,伊拉斯谟还得出了一个怀疑论结论,即解决自由意志问题超出了人的能力。

塞克斯都·恩披里柯(Sextus Empiricus,2世纪)的著作于16世纪60年代出版,从而给文艺复兴时期的读者带来了另一个古代怀疑论学派——皮浪主义的论点。① 埃利亚的皮浪(约前320—前230)是该运动的创始人,他体现了怀疑论者应有的生活方式。然而,皮浪主义思想直到公元1、2世纪才得到正式表述,它所列举的一系列论证都支持悬搁关于超越直接经验的所有知识主张的判断。这些内容可见于恩披里柯所写的《皮浪学说纲要》(*Outlines of Pyrrhonism*)和《驳独断论者》(*Against the Dogmatists*)。恩披里柯还强调怀疑论生活的重要性。怀疑论者是指通过悬搁判断(*epoche*)获得心灵宁静或"不动心"(ataraxia)的人。此外,皮浪主义怀疑论者并不怀疑现象世界,并且按照现行的法律和习俗生活。②

蒙田的《为雷蒙德·塞邦德辩护》非常自觉地利用了皮浪主义怀疑论者的观点。③ 他坚称,我们无法确定地知道超出事物外表的东西,因此,明智之人会悬搁对这些事情的判断。④ 但除此之

---

① Diogenes Laertius,*Life of Pyrrho* 也很重要,参见 Schmitt,'The Rediscovery of Ancient Skepticism'。
② Sextus Empiricus,*Outlines of Pyrrhonism*,i.17.
③ 关于蒙田著作中学园派怀疑论的内容,参见 Neto,'Academic Skepticism in Early Modern Philosophy'。
④ Montaigne,*Essays*,pp.371f.

外,蒙田还想表明,怀疑论态度不仅需要利用一套精巧的论证来打消独断论者的自命不凡,还应当把怀疑论作为一种生活方式。《为雷蒙德·塞邦德辩护》或者更一般地说《随笔集》的一个一以贯之的主题就是,在面对不确定因素时,应当径直采用现有的社会传统和习俗。① 正如查尔斯·拉莫尔(Charles Larmore)所指出的,蒙田立场中的原创之处在于,"它实际上用在无休止的争论中保持舒适自在这一更有力的理想取代了古代怀疑论的'不动心'目标"。② 当时正值欧洲陷入了似乎无法解决的宗教争论,这种主张的意义自不待言。蒙田亲自建立了这种联系。《为雷蒙德·塞邦德辩护》中提出的观点与宗教独断论相去甚远:

> 它让人赤裸和空虚,承认其天性的弱点,适合从上界接受某种外在的力量;剥夺了人的知识,更容易让神的知识进入自己,摧毁他的判断,为信仰腾出更多空间;既不怀疑也不建立任何有违共同习俗的学说;谦卑、顺从、善学、热心;异端邪说的死敌,因此摆脱了假教派所提出的自负而不虔敬的意见。③

在蒙田看来,在新宗教面前缺乏这种镇定,是欧洲目前困境的起因。特别是,它破坏了英格兰人的生活。按照蒙田的估计,在他的一生中,这个国家不仅四次改变政治,而且还"在宗教这个最重

---

① Montaigne, *Essays*, pp. 436f. Cf. pp. 436,440. Cf. Hadot, *What is Ancient Philosophy*?, pp. 113,142—145.
② Larmore,'Scepticism',1150.
③ Montaigne,*Essays*,p. 375.

要的主题上……放弃了坚定性"。①

反宗教改革势力利用了这一立场的某些要点,因为他们赞成接受盛行的宗教,而且骨子里就对所谓宗教改革家的独断主张怀有偏见。旷日持久的特伦托会议的常客、洛林红衣主教的秘书让蒂昂·埃尔韦(Gentian Hervet,1499—1584),在对恩披里柯的拉丁文翻译的导言中提到了这一点。他认为,恩披里柯的怀疑论证表明了人类理性的贫困,因此有助于反驳新教改革家的异端推理和一般认定的确定性。② 蒙田本人也暗示了类似的东西,他隐晦地提到"异端邪说"和"假教派",并主张遵循既定的道德和宗教模式。正如我们已经看到的,伊拉斯谟也在就自由意志的本性与路德进行的争论中利用了怀疑论论证。而路德则给出了毫不妥协的回应:"圣灵不是怀疑论者(Spiritus sanctus non est Scepticus)。"主张用怀疑论论证来反对宗教改革的最著名的人是耶稣会神父弗朗索瓦·韦龙(François Véron,约 1575—1625),他在拉弗莱什(LaFlèche)教哲学,笛卡尔年轻时曾是那里的学生。韦龙制定了一个非常成功的方案来反驳加尔文主义争论者的主张,即利用怀疑论论证来揭示仅仅依靠《圣经》的权威来处理宗教教义问题的困难。③ 他的论证本质上指向了援引基本知识标准的问题,而此时

---

① Montaigne, *Essays*, p. 436.
② Popkin,'Skepticism', *Encyclopedia of Philosophy*, vii, 452.
③ François Véron, *La méthode nouvelle, facile et solide de convaincre de nullité la religion prétendue reformée* (Paris, 1615). 这部作品在 17 世纪多次重印,并且被译成英文、德文和荷兰文。我使用的是 1616 年的英译本 *Keepe your text* (Lancashire, 1616)。论证的概要参见 pp. 41f. 。另见 *The Rule of the Catholic Faith* (Paris, 1660), sig. a2r—a4v 的译者序。

成问题的正是标准本身。

然而重要的是,不要夸大怀疑论与特伦托会议所塑造的天主教之间这些明显的相似之处,因为路德宗信徒和加尔文宗信徒,事实上还有冉森派,都能同意怀疑论立场的某些重要方面,他们都相信人的心灵天生易于出错,以及必须依赖神的启示。① 现代怀疑论者也可以谈论堕落及其意义。正如我们已经看到的,阿格里帕将无知归因于堕落。蒙田认为,"基督徒特别了解好奇心在多大程度上是人的一种自然而原始的罪恶"。他又说,"增加智慧的欲望导致了人类的第一次败落"。② 蒙田在 17 世纪的追随者皮埃尔·沙朗(Pierre Charron,1541—1603)指出,虽然学术界认为心灵是"神的形象",是"神的流溢",但悲惨的现实是,"它用来发现真理的手段是理性和经验,而这两者都非常虚弱、不确定、多变和摇摆不定"。③ 沙朗将心灵的弱点归咎于"意志的疾病和败坏","意志本应遵循理智的指导,然而却被激情的力量所败坏和控制,它也败坏了理智,由此产生了我们的大部分错误判断"。④ 这一立场与冉森派立场之间明显的相似性还表现在,在 17 世纪初的法国,一些怀疑论作者受到冉森派的青睐。耶稣会神学家弗朗索瓦·加拉斯(François Garasse)担心沙朗腐蚀性的怀疑论会破坏由理性论证支持的天主教教义,因此攻击沙朗。此时圣西朗站出来为沙朗辩

---

① Montaigne, *Essays*, pp. 415, 457.
② Ibid., p. 368.
③ Charron, *De la Sagesse* (Paris, 1791), pp. 109, 115; *Of Wisdome*, (London, 1606), pp. 55, 60.
④ Charron, *De la Sagesse*, p. 120.

护,他坚称,人的理性确如沙朗所暗示的那样无力。① 在《沉思录》中,帕斯卡宣称"怀疑论是正确的"。②

然而,怀疑论者仅仅在有限程度上被判定为正确。虽然他们正确地指出,人类的知识是徒劳的,但对于那些赞同基督教人论的人来说,他们的分析并没有通过对人类的状况做出真正洞察来获得。这种分析只能由叙述了亚当从恩典中堕落的神圣史来提供。古代怀疑论者的错误在于认为人的无知是我们的自然状况,而不是证明了我们的败坏。现代怀疑论者也是如此,虽然他们提到了堕落,但往往是以一种本质上佩拉纠主义的方式来掩盖它——至少其对手是这样说的。例如,沙朗通常将堕落归因于我们自然的无知,而不是把我们的无知归因于堕落。③ 因此在堕落之前,亚当并非传统上经常描述的思想巨人:

> 精神缓慢而沉重。这就是为什么它不能立即……清楚地洞悉物体的原因。它必须……通过话语、构成和划分来行进。当[亚当]被欺骗时,他无法洞悉其行为的本质……也没有预料到后果。这使他更有资格获得宽恕。④

---

① Jean Orcibal, *Les origines du Jansénisme* ii: *Jean Duvergier de Haruanne, Abbé de Saint-Cyran, et son temps* (1581—1638) (Paris, 1947), p. 276. 关于怀疑论与冉森主义之间的相似性,参见 T. Lennon, 'Jansenism and the *Crise Pyrrhonienne*', *JHI* 38 (1977), 297—306; Popkin, *History of Scepticism*, p. 113。但也参见 Neto, *Christianization of Pyrrhonism*, pp. 6f., 25—30; Sedgwick, *Jansenism*, pp. 155f.。

② Pascal, *Pensées*, L 691 (p. 245).

③ 这种观点得益于 Neto, *Christianization of Pyrrhonism*, pp. 24, 29.

④ Pierre Charron, 'Discours Chrestiens de la Divinité, Création, Rédemption et Octave du Sainct-Sacrament', *Œuvres* (Geneva, 1970), p. 209, tr. in *ibid.*, p. 25.

这种对亚当原始状况的看法与罗伯特·索思等英格兰作家提出的亚当形象形成了鲜明对比,而且肯定不符合冉森派对亚当原始完美性的看法。事实上,沙朗的一位英译者对这位法国作家不愿将我们所有的弱点归咎于堕落感到不耐,遂在英译本中插入了对亚当堕落更明确的提及。① 根据沙朗的说法,亚当的失足是一种相对轻微的过犯,并未从根本上改变他天然易于犯错的本性。在路德宗信徒、加尔文宗信徒和冉森派看来,由于怀疑论者通常会低估我们原有的认知能力,因此他们往往认为,人的无知本质上是不可救药的。对于怀疑论者来说,我们目前的苦难并非缘于人的不服从所引发的巨大灾难,所以会被平静地接受,而不是自责。因此,他们没有兴趣尝试纠正心灵的运作,而是承认无知不可避免,并且主张用悬搁判断来解决它。这种解决方案可以让心灵平静,并使怀疑论者摆脱普通人的小痛苦。

那些接受了保罗或奥古斯丁的人论的人看到的情况却截然不同。针对我们目前的无知,他们提出的解决方案不是像佩拉纠那样以一种静止的道德面貌出现,而是强调需要神的恩典。此外,对于冉森派和新教改革家来说,通过分析堕落究竟扰乱了哪些心灵能力,可以改进人的无知。为了克服这些承袭下来的弱点,接下来需要制定策略。亚当的历史形象在这里扮演了重要角色,因为他曾经因其自然禀赋而统治自然,所以希望(也许是通过人工辅助手

---

① 在以下这段话中,括号中的话是译者 E. Lennard 加的:"意志以理智为指导,但却被激情的力量(或者更确切地说是被我们的第一位父亲亚当的堕落)所败坏和侵蚀,这可能也败坏了我们的理智,由此导致了我们的大多数错误判断。"*Of Wisdom* (London,1609),p. 64. Cf. *De la Sagesse*,p. 120.

段)在部分程度上恢复他曾经行使的更完整的能力并非不合理。这种推理处于培根计划的核心,其重要内容后来被皇家学会所采纳。培根因此解释道,"那些否认可以获得这种确定性的人的学说与我的处理方式有某种一致之处"。但他立刻补充说,"他们进而摧毁了感官和理智的权威性,而我则着手为感官和理智进行设计和提供帮助"。① 可以说,年轻的帕斯卡的实验进路受到了类似信念的影响。② 从这个角度来看,如果说亚里士多德学说的缺陷是不加批判地认为人的心灵是可靠的,那么怀疑论则同样不恰当地认为,人的心灵的自然状态就是无知。这两个极端都源于一个事实,即古人不知道神以自己的形象造人与人随后从恩典中堕落之间的《圣经》关系。正如路德宗宗教改革家菲利普·梅兰希顿所说,"关于这种弱点的起因或其补救办法,哲学没有告诉我们任何东西"。③ 帕斯卡后来从冉森派的角度大体上以同样的方式描述了古人的困境:

> 如果他们意识到人的卓越,就不知道人的败坏,结果是,他们的确避免了怠惰,却陷入了傲慢;如果他们认识到人性的弱点,就不知道人性的尊严,结果是,他们的确避免了虚荣,却

---

① Bacon, *Novum Organum* i, § 37 (*Works* iv, 53). Cf. *Great Instauration* (*Works* iv, 31); *Novum Organum* i, § 67 (*Works* iv, 69).

② Daniel C. Fouke, 'Argument in Pascal's *Pensées*', *History of Philosophy Quarterly* 6 (1989), 57—68; Jeanne Russier, *La Foi selon Pascal*, 2 vols. (Paris, 1949), ii, 428.

③ Melanchthon, *Elements of Ethical Doctrine* i, in Jill Kraye (ed.), *Cambridge Translations of Renaissance Philosophical Texts*, 2 vols. (Cambridge, 1997), i, 109.

第二章 奥古斯丁的复兴

猛然陷入了绝望。这就是斯多亚派和伊壁鸠鲁派、独断论派和学园派等各个学派。①

于是，对我们的知识前景做出可靠评价需要一种微妙的平衡。它还需要回答一个神学问题，即堕落之后神的形象在多大程度上还维持着，以及堕落的人还留有多少能力。不熟悉神圣史的人甚至无法提出这个问题。因此，不能指望异教哲学诸学派在这一领域取得多大进展。帕斯卡断定，古代哲学学派的真正错误在于，他们"不晓得人现在的状况不同于起初的状况"。② 这个错误现已感染了基督教思想，这一方面可见于基督教的怀疑论者，另一方面可见于亚里士多德主义的托马斯主义者以及倡导莫利纳主义（Molinist）的"纯粹本性"学说的耶稣会士。

因此，在现代怀疑论中没有发挥重要作用的亚当的形象，对于那些自认为赞同真正的《圣经》人论的人具有双重含义。由于堕落，亚当代表着人类的损失和局限性。同样，由于他的（原有的）自然能力、广博的知识和世间使命，亚当象征着尚未开发的人性潜力。帕斯卡再次很好地概括了这两个方面："人既……因其败坏而不足道，又因其原始本性而有能力。"因此，我们"无法获得确定的知识，也无法达到绝对的无知"。③ 约翰·洛克的朋友，剑桥神学

---

① Pascal, *Pensées*, L 208 (pp. 96f.). 帕斯卡在 *Pensée* L 131 关于怀疑论的持久讨论中重申了这一观点。*Port-Royal Logic* (London, 1720), pp. 5f. 阐述了类似的立场。

② Pascal, *Entretien avec M. de Saci*, in *Œuvres Complètes*, ed. Jean Mesnard, 4 vols. (Paris, 1964—1992), iii, 152.

③ Pascal, *Pensées*, L 444 (p. 167); L 199 (p. 92).

83　家本杰明·惠奇科特(Benjamin Whichcote,1609—1683)的评价更为乐观,尽管带有同样的二重性,他宣称,当我们思考"人的本性"时,我们不应"从背叛和背教,即它现在是什么来构想,而应从神把它创造成的样子,即它过去是什么以及应当是什么"来构想。① 在知识领域,人被悬在怀疑论的绝望和重新获得某种原始认识能力的希望之间。加尔文也类似地指出,异教哲学家的努力应当成为基督徒的榜样,看看即使人性被"剥夺了真正的善",通过神的恩赐仍然能够做到什么。②

这种对亚当更加乐观的构想——在宗教改革的著作中较少受到关注——也许缘于加尔文的人文主义的残余影响。康拉德·布尔达赫(Konrad Burdach)表明,在文艺复兴时期的某些思想家那里,亚当的神话有了新的意义,它与普罗米修斯的古典神话融为一体。因此,亚当的形象不仅可以象征人类失去的机会,还可以象征人类潜在的能力。③ 恩斯特·卡西尔(Ernst Cassirer)也认为,在16世纪初,亚当的故事既可以是绝望的理由,也可以是希望的理由:"第一个人……成为'属灵之人'(*homo spiritualis*)的一种表现,因此在这一时期,所有指向人的更新、重生和再生的精神倾向都集中在他的形式上。"④在宗教改革的思想中,这种乐观情绪明

---

① Benjamin Whichcote, *Moral and Religious Aphorisms* (London, 1930), §228.
② Calvin, *Institutes* II. ii. 15 (McNeill i, 275).
③ Konrad Burdach, *Reformation, Renaissance, Humanismus* (Berlin, 1918), pp. 171—173.
④ Ernst Cassirer, *The Individual and the Cosmos in Renaissance Philosophy*, tr. Mario Demandi (New York, 1963), p. 93.

显减弱,但它仍然为那些被认为能够对抗堕落后果的活动提供了重要激励。罗伊·巴滕豪斯(Roy Battenhouse)说得不错:"在解释原始的亚当和亚当的灾难时,人文主义关于人本身的自然完美性的梦想继续困扰着加尔文。"①

现代早期的怀疑论与当时神学和哲学的发展有着复杂的关系。② 当然,有些人似乎真的接受了怀疑论的思想及其道德规定,但更常见的情况是对怀疑论论证作伺机的利用。基本不赞同怀疑论的基本道德规定的一些人将这些论证用于各种语境。正如我们所看到的,一些反宗教改革的人试图用怀疑论来反驳新教的论点,另一些人则依靠怀疑论论证来挑战亚里士多德主义的哲学垄断。皮埃尔·伽桑狄便是后者的一个很好的例子,理查德·波普金认为他例证了17世纪初法国的怀疑论危机。虽然伽桑狄的著作,特别是他早年的《反亚里士多德的悖论练习》(Exercitationes paradoxicae adversus Aristoteleos,1624年),无疑提到了怀疑论论证,但他可能只是把这些论证当成了反对亚里士多德主义的武器。③

---

① Roy Battenhouse,'The Doctrine of Man in Calvin and Renaissance Platonism',JHI 9 (1948),447—471 (470).

② 参见 Alan Kors,'Skepticism and the Problem of Atheism in Early Modern France',in R. Popkin and A. Vanderjagt (eds.),Scepticism and Irreligion in the Seventeenth and Eighteenth Centuries (Leiden,1993),pp. 185—215。

③ Gassendi,Exercitationes paradoxicae aduersus Aristoteleo ii,6,in Opera Omnia,6 vols.(Lyons,1658),iii,192—207. 关于伽桑狄的立场更多是反亚里士多德主义的而不是怀疑论的,参见 Barry Brundell,Pierre Gassendi:From Aristotelianism to a New Philosophy (Dordrecht,1987),esp. pp. 137—142。另见 Larmore,'Scepticism',1155—1159;Lynn Joy,Gassendi the Atomist (Cambridge,1987),pp. 32—37。弗朗西斯科·桑切斯(Francisco Sanches,约1550—1623)——蒙田的表兄和使用怀疑论论证的另一位先驱——也有类似的目标。他的《一无所知》(Quod Nihil Scitur,1581)主要是对亚里士多德学说的攻击。

他肯定不认同整个怀疑论纲领,也不大可能认为怀疑论论证决定性地反驳了某些知识的可能性。帕斯卡还把怀疑论用于护教目的。但这里我们再次看到了对怀疑论立场本身毫不妥协的拒斥。对于帕斯卡来说,怀疑论提供了部分程度的真理,而且最终只能算作人性败坏的证据。①

正如本书开头所提到的,多年来,理查德·波普金已经提出了一个关于怀疑论与现代哲学起源的颇具说服力和影响力的论点。根据这个论点,笛卡尔的"清晰分明的观念"及其对"自然之光"可靠性的坚持直接回应了蒙田所提出的那些怀疑论质疑。因此,波普金认为蒙田的怀疑论是"形成现代思想的一个关键力量"。② 自从波普金首次提出这一论点以来,已经有许多文章加重了它的分量,将它牢固地确立为对现代哲学的某些典型特征如何出现的一种强有力的解释。虽然这里无法对这一重要论点的优点进行彻底评价,但值得明确指出波普金的论点与这里所阐述的观点之间的三个主要差异。

首先,虽然波普金正确地看到,现代早期的认识论方案是对某种怀疑论的回应,但这些方案主要不是对蒙田及其门徒的回应,而

---

① 在这种背景下,何塞·内托(José Neto)谈到了一种"皮浪主义的基督教化",它"基本上是指通过人的堕落学说来重建希腊的怀疑论"。*Christianization of Pyrrhonism*, p. xv. 虽然内托相当准确地描述了帕斯卡与怀疑论的关系,但我不想说帕斯卡"重建"了希腊的怀疑论,或者说他代表了希腊怀疑论的"基督教化"。在我看来,正是在蒙田和沙朗那里,我们看到了皮浪主义的基督教化,帕斯卡所反驳的正是这种基督教化。

② Popkin, *History of Scepticism*, p. 54. Cf. Ernst Cassirer, *Das Erkenntnisproblem in der Philosophie und Wissenschaft der neueren Zeit*, 2 vols. (Berlin, 1906—1907), i, 162, 181.

是对宗教改革和反宗教改革所引发的更为普遍的思想危机的回应。就"现代思想的子宫"而言,比蒙田的"新皮浪主义"更好的候选者是一种新奥古斯丁主义人论,它主要与宗教改革家相联系,但也显见于与现代早期天主教有关的一些运动。蒙田对古代怀疑论要素的接受并没有引发"怀疑论危机"。毋宁说,蒙田提供了哲学资源来解决一场业已存在的危机,这才是他的主要意义所在。必须承认,这场危机不仅是由一种新近复兴的奥古斯丁主义人论所引起的,而且也是因为宗教改革导致了众多相互竞争的宗教信念。完全可以把现代早期自然哲学的后续发展看成对蒙田所提出怀疑的回应,但更有成效的是把它们看成对蒙田正在致力于解决的那些问题的替代解决方案。对蒙田的反对主要不是回应他所提出的怀疑,而是拒绝接受他所提出的解决方案。因此,现代早期哲学体系的规定并非始于古代或现代怀疑论者的论证,而是始于有关人性的神学争论以及各种知识来源的合法性。诚然,古代哲学学派在现代早期知识的体系中起着重要的支撑作用,但怀疑论、亚里士多德主义、斯多亚主义或伊壁鸠鲁主义在多大程度上被利用,最终取决于它们与关于神、世界和人性的更基本的神学信念的一致性。①

其次,虽然怀疑论似乎与亚里士多德主义和柏拉图主义的哲学传统及其对获取知识的规定相冲突,但它和这些哲学学派一般来说都认为,哲学的目标是让哲学家获得个人幸福。在每一种情况下,这个目标都是通过一种特殊的哲学劳作实现的,因为哲学家

---

① 在部分程度上正是由于这个原因,"折中主义"在现代早期备受关注。

试图从世俗世界的幻相中抽离出来并超越它。然而,新的哲学体系和自然哲学体系的一个显著特征是积极投身于自然。在这方面,它与古希腊哲学流派的精神气质完全相左。哲学家这种新的积极观念并非旨在退出自然世界,而是命令和统治自然。这种观念来源于堕落之前的亚当形象,他曾经拥有广博的自然知识,并且能够命令这些造物。这种积极维度完全不见于怀疑论,事实上,大多数古代哲学传统都缺乏投身于自然世界的想法。应当补充的是,虽然无疑可以将怀疑论论证用于认识论的讨论,但怀疑论作为一种哲学,主要是为了实现"不动心"的内在心理状态。

这引出了第三点,即波普金论题支持一种常见看法,即现代早期哲学主要关注认识论本身。① 这种常见看法之所以产生,是因为哲学与自然科学如今已是迥然不同的学科。然而在17世纪,情况却并非如此,当时对知识的看法深受解剖学、生理学、道德心理学和神学人论等重叠领域的影响。虽然波普金本人并没有作这种时代误置的解读,但他的论题却引出了一种对哲学史的常见扭曲看法,认为笛卡尔是典型的现代哲学家,从此以后这门学科本质上专注于一项非常学术的任务,即与认识论上的怀疑论作斗争。② 使怀疑论在现代哲学的发展中具有一种核心的解释作用,几乎不可避免地加剧了这种错误观点。问题并不在于笛卡尔不是关键人

---

① 关于这种观点,例如参见 John Cottingham, 'Doubtful Uses of Doubt: Cartesian Philosophy and the Historiography of Scepticism', in L. Catana (ed.), *Historiographies in Early Modern Philosophy and Science* (Dordrecht, forthcoming)。

② 这种解读的一个显著例子是 Richard Rorty, *Philosophy and the Mirror of Nature* (Princeton, 1980)。

物,而是在于,笛卡尔之所以关键,并非因为他似乎关注认识论。研究笛卡尔的学者们越来越认识到,用德斯蒙德·克拉克(Desmond Clarke)的话来说,"现代哲学之父"主要是一位科学家,他不幸写了一些讨论方法和认识论问题的次要著作。① 在这方面,笛卡尔与培根有某种共同之处,他们虽然不习惯于践行自然哲学,却写了很多作品来讨论应当如何从事自然哲学。正如我们将在第四章看到的,这些观点受到一种人性观的影响,这种人性观恰恰基于帕斯卡所提出的乐观与悲观之间的那种平衡。我们正是应当从这个角度来看待培根对两极——"肆意就所有事物发表意见,以及对理解任何事物感到绝望"②——之间的中间道路的倡导。更一般地说,本书所主张的论点承认讨论知识及其基础的重要性,但认为这些内容相比于人论问题本质上是次要的。如何回答关于人性的基本问题将不仅影响知识问题,还将影响宗教、道德和政治哲学的问题。对这些问题的不同看法通常都与对人性的不同评价有关。

过去的解释者认为,宗教改革思想的精神本质上不利于新科学。这并不特别让人感到惊讶。安德鲁·迪克森·怀特(Andrew Dickson White)的《科学与神学战争史》(*History of the Warfare of Science with Theology*,1896 年)认为(如今这部作品已经在科学与宗教的关系史上取得了经典地位,尽管是出于错误的理由),

---

① Clarke, *Descartes' Philosophy of Science*, p. 2. 另见 Gaukroger et al. (eds.), *Descartes' Natural Philosophy*, esp. pp. 1—6; Gaukroger, *Descartes' System of Natural Philosophy*。

② Bacon, *Novum Organum*, Works iv, 39.

路德和加尔文坚决反对自然科学的新发展,特别是哥白尼理论。怀特说,由于新教神学的有害影响,德国大学里充斥着"一种反科学精神"。① 虽然许多批评者已经详细列举了怀特在事实和解释上的错误,包括使用完全虚构的加尔文的反哥白尼引语,但很难不同意他的直觉,即宗教改革思想无法为科学思想的发展提供沃土。毕竟,如果堕落使人的能力败坏到完全不可靠的程度,那么真正的自然科学的前景似乎极为渺茫。

我在本章提出的看法是,与第一印象相反,宗教改革家的人论虽然受到了《圣经》中亚当堕落叙事的影响,但有可能促进对人的理智能力作一种新的更具批判性的评价。我希望在接下来几章表明,重新怀疑我们的认知能力乃是现代早期方法论讨论的出发点,它对于所谓实验哲学的发展尤为重要。因此,除了16世纪的宗教动荡向流行的权威发起挑战,从而间接促进了学术改革以外,宗教改革学说的特定内容还对取代旧知识、塑造新知识发挥了直接作用。新教关于人性败坏的讨论,对"自然"禀赋与"超自然"禀赋之间深奥区分的关注,以及关于人性是被剥夺(deprived)还是被败坏(depraved)的争论,在一个即将诞生现代哲学和科学的时代似乎是次要的。但事实上,这些问题对于包括自然科学在内的许多领域来说都是基础性的。关于人类知识基础所产生的怀疑,有许多种可能的回应。有些人诉诸就其本质而言似乎不会败坏的人类心灵的种种能力。理性、"自然之光"、我们的数学能力和逻辑能

---

① A. D. White, *History of the Warfare of Science with Theology in Christendom*, 2 vols. (London, 1897), i, 126.

力，这些都是最有可能构建确定知识的能力。这些能力的可靠性的理由往往通过诉诸神而得到加强，神被用来作为它们可靠性的保证。这使知识仍然可以具有被亚里士多德看成真正科学标准的确定性。另一些人则认为，即使是人的理性之光也因为堕落而受损，而且在很大程度上是不值得信任的。这些人当中的一些人会更直接地诉诸神的启示，并且在神的启示话语或个人灵感中寻求知识。还有一些人则认为，理性的不可靠性意味着，只有经过艰苦的实验，长期积累许多不同的观察结果，并且将许多研究者的努力组织起来之后，才能获得关于自然世界的知识。在后一种情况下，我们的知识将是权宜的，并且缺乏传统上认为是真科学标志的那种确定性。在所有这些当中，亚当的形象不仅象征着堕落时人类失去的能力，而且象征着如果能够正确识别和消除我们认知受损的特定原因，就可能恢复对自然的统治。

第三章　在堕落的世界中寻求确定性

> 但由于对同一种运动有时可以提出不同的假说（比如为太阳的运动提出偏心率和本轮），天文学家会优先选用最容易领会的假说。也许哲学家宁愿寻求类似真理的东西，但除非是受到神的启示，他们谁都无法理解或说出任何确定的东西。
>
> ——安德烈亚斯·奥西安德尔（Andreas Osiander），
> 哥白尼《天球运行论》序言（1543年）

> 有人依照《圣经》中的文字，利用《圣经》作者［顺便］提及的……有关宇宙论和自然事物的说法来建立一门新的神圣物理学……还有人减弱理智之光，要求用源于天启的更加神圣和完美的光作为哲学的基础，忽视《圣经》的字面并且［依赖于］寓意的调解。①
>
> ——约翰·布鲁克（Johann Brucker），
> 《批判的哲学史》（*Historia critica philosophiae*，1743年）

---

① Johann Jakob Brucker, *Historia critica philosophiae* (Leipzig, 1743), vol. iv, pt 1, bk 3, ch. 2, pp. 610f, 引自 Blair, 'Mosaic Physics', p. 36。

第三章　在堕落的世界中寻求确定性

但哲学和宗教中都有狂热派；他们不讲原则，而是依靠自负、幻想和一种内心的光，这种闪烁不定的光将在很大程度上使他们偏离真理的道路。

——托马斯·伯内特（Thomas Burnet），

《地球理论》(*The Theory of the Earth*, 1697 年)

新教改革对新哲学方法的发展产生间接影响的方式之一，是为其他类型的改革计划赋予某种程度的合法性。例如，新科学方法的倡导者常常援引宗教改革的先例，认为这为他们自己的革命性学术方法提供了某种许可。① 天文学家约翰内斯·开普勒将自己的一部重要著作大胆地命名为《新天文学》(*Astronomia Nova*, 1609 年)，而在当时，"新"这个词被用来描述知识时带有相当负面的含义。开普勒从路德的榜样中汲取力量，自视为"占星学中的路德"。② 帕拉塞尔苏斯主义者们以类似的方式将哥白尼和帕拉塞尔苏斯称为自然哲学中的"路德和加尔文"，并称他们的工作是让败坏的学科恢复其原始的纯洁性。③ 在 17 世纪初，弗朗西斯·培根认为宗教改革第一次为"所有其他知识的复兴和新生"提供了契机。④ 随

---

① 参见 Harrison, *Bible and the Rise of Science*, pp. 103—107。
② Webster, *From Paracelsus to Newton*, p. 4.
③ R. B., *The Difference between the Auncient Phisicke ... and the Latter Phisicke* (London, 1585), sigs. cviii v, hvii v; John Hester, *The Pearle of Practice* (London, 1594), Epistle Dedicatory. Cf. Anon., *Philiatros* (London, 1615), sigs. a2r—a3v.
④ Bacon, *Advancement of Learning*, I. vi. 15 (p. 42). Cf. George Hakewill, *An Apologie or Declaration of the Power and Providence of God in the Government of the World*, 3rd edn (Oxford, 1635), sig. a4v(Epistle Dedicatory).

后,培根的许多同胞都将在 16 世纪路德和加尔文发起的更一般的宗教改革的背景下对哲学和科学上的创新进行定位。[①] 于是,新教改革至少是为这些新的计划提供了灵感和某种程度的合法性。

宗教改革家的论点也为那些希望攻击传统和异教作者(尤其是亚里士多德)权威的人提供了丰富的论据。路德对亚里士多德及其经院哲学门徒的批判强化了存在于文艺复兴时期的柏拉图主义者当中的一种趋势,并且在接下来一百年知识改革家的论战性著作中得到了重复。[②] 例如,文艺复兴时期的炼金术士和新柏拉图主义者罗伯特·弗拉德(Robert Fludd,1574—1637,其广泛兴趣使他无法精确归类)将中世纪的哲学遗产称为"异族的哲学"(Philosophy of the *Ethnicks*)。他坚称,这种哲学"是虚假和错误的……它建立在世俗智慧的基础上",最终源于撒旦。[③] 他悲叹道,由于亚里士多德的支配地位,真正的哲学"被那种吹毛求疵、争论不休的异教哲学的神秘而朦胧的云团埋葬在黑暗中,他们对这种哲学以及他们的老师亚里士多德顶礼膜拜,仿佛他是另一位耶

---

① Sprat, *History*, p. 371; Thomas Culpeper, *Morall Discourses and Essayes* (London, 1655), p. 63; Samuel Hartlib, Sheffield University Library, Hartlib Papers xlviii 17, reproduced in Webster, *Great Instauration*, Appendix 1, pp. 524—528. Cf. Noah Biggs, *Matæotechnia Medicinae Praxeos. The Vanity of the Craft of Physick* (London, 1651), To the Parliament.

② 关于文艺复兴时期柏拉图主义者的批判,参见 James Hankins, 'Plato's Psychogony in the Later Renaissance: Changing Attitudes to the Christianization of Pagan Philosophy', in *Ancient and Medieval Philosophy*, vol. xxxii, ed. Thomas Leinkauf and Carlos Steel (Leuven, 2005), pp. 393—412。

③ Robert Fludd, *Mosaicall Philosophy Grounded upon the Essential Truth or Eternal Sapience* (London, 1659), pp. 13, 28. Cf. pp. 33, 123.

稣下凡,为人类开启了真正的智慧宝藏。"一位简称"R. B"的帕拉塞尔苏斯主义争论者——也许是理查德·博斯托克(Richard Bostocke,1530—1605)——要求进行医学改革,理由是,当时的盖伦医学因为依赖于"异教的"亚里士多德主义哲学而陷入了危险的境地。他断言,现有的医学传统与亚里士多德的异教哲学一样,"不符合且有损于"神的荣耀。① 在一本旨在改革英格兰大学的著作《精神试验》(*Tryal of Spirits*,1653 年)中,教育改革家威廉·戴尔(William Dell,约 1607—1669)同样认为,在牛津和剑桥,亚里士多德的"世俗智慧"比摩西甚至基督本身更受信任。② 于是,出于宗教动机而对亚里士多德的学说发起的攻击,可以为扩展到哲学、自然哲学和医学的更全面的批判提供理据。

然而,改革自然哲学的冲动并不必然导致反亚里士多德的观点。如果对某些人来说,亚里士多德主义哲学是一种不受启示影响和神的恩典启发的心灵产物,那么对另一些人来说,堕落的现实性意味着,人的心灵亟需亚里士多德学说的某些特征——通常是

---

① R. B.,*Auncient Phisicke*,sig. av v,扉页上的'R. B.'被确认为 Richard Bostocke (Rychard Bostok)或 Robert Bostocke。*ODNB* 上没有他的词条。关于他的身份,参见 David Harley,'Rychard Bostok of Tandridge,Surrey (*c*.1530—1605),M. P., Paracelsian Propagandist and friend of John Dee'. Unpublished MS available at http://www.nd.edu/~dharley/medicine/bostockepaper. html # N_1. 另见 A. G. Debus,*The English Paracelsians* (New York,1965),p. 24;P. H. Kocher,'Paracelsian Medicine in England:The First Thirty Years (ca.1570—1600)',*Journal of the History of Medicine* 2 (1947),451—480。

② William Dell,*The Tryal of Spirits Both in Teachers & Hearers* (London, 1653),pp. 43,60. Cf. John Webster,*Academiarum Examen,or the Examination of Academies* (London,1654),pp. 109f. 关于戴尔和韦伯斯特,参见 Webster,*Great Instauration*,pp. 178—190。

亚里士多德的逻辑——来控制和引导其任性的冲动。基于这类理由,路德宗宗教改革家和人文主义者菲利普·梅兰希顿坚持认为,应当保留传统亚里士多德课程的要素。① 大体上出于同样的理由,赫尔博恩大学的加尔文主义哲学家和神学家约翰·阿尔施泰德(Johann Alsted,1588—1638)也重视亚里士多德方法的各个方面。阿尔施泰德在《哲学万灵药》(*Panacea philosophica*,1610年)一书中写道,在堕落之前,人性是完美的,认识世界也轻而易举。随着亚当的失足,人之中神的形象瓦解了,人失去了认识自然的能力。但这种灾难性的损失可以通过人为地培养学问来改善。对于阿尔施泰德来说,这种技艺结合了雷德蒙·鲁尔(Raymond Lull)的记忆术和另外两个一般被认为不相容的体系——亚里士多德的逻辑和法国教育改革家彼得·拉穆斯(Peter Ramus,1515—1572)的辩证法。有了这种人为的辅助,阿尔施泰德开始了一项全面的事业,既是为了恢复亚当的知识,又旨在发起一场预示着千禧年到来的普遍的学术改革。②

阿尔施泰德最著名的学生是摩拉维亚神学家和教育家扬·夸

---

① 关于梅兰希顿在这些以及相关问题上与路德的分歧,参见 Günter Frank, *Die theologische Philosophie Philipp Melanchthons* (*1497—1560*) (Leipzig, 1995), pp. 28f., 185f.。

② 参见 W. Schmidt-Biggeman, 'Apokalyptische Universalwissenschaft: Johann Heinrich Alsteds "Diatribe de mille annis apocalypticis"', *Pietismus und Neuzeit* 14 (1988), 50—71; L. E. Loemker, 'Leibniz and the Herborn Encyclopaedists', *JHI* 22 (1961), 323—338; R. G. Clouse, 'Johann Heinrich Alsted and English Millenarianism', *Harvard Theological Review* 62 (1969), 189—207; Howard Hotson, *Johann Heinrich Alsted 1588—1638: Between Renaissance, Reformation, and Universal Reform* (Oxford, 2000), esp. pp. 74—81.

美纽斯(Jan Comenius,1592—1670),其教育改革对欧洲大陆和英格兰产生了重大影响。夸美纽斯并没有对亚里士多德的学说表现出强烈敌意,但主张知识应当建立在多个权威的基础上。在《由神光改进的自然哲学或物理学概要》(*Naturall Philosophie Reformed by Divine Light:or,A Synopsis of Physicks*,1651年)中,夸美纽斯坚持认为,"在基督教学校里,把亚里士多德看成唯一的哲学大师是不可容忍的"。他指出,"我们应当是自由的哲学家,遵循我们的感官、理性和《圣经》的命令"。① 对亚里士多德权威的这些替代本身是有神学根据的。"唯独《圣经》"(*sola Scriptura*)的新教原则促使夸美纽斯断言,"真正哲学的种子包含在《圣经》之中"。② 根据这种分析,神的话语比异教徒亚里士多德的说法更可取。但同样可以表明,神在另一本书即自然之书中传递了重要真理。于是,人所写的纸质书与神所写的造物之书形成了鲜明对比。帕拉塞尔苏斯写道,自然本身是"神亲自书写、制作和装订"的图书馆,因此远远优于异教古代的任何产物。③ 对于帕拉塞尔苏斯来说,要想阅读自然之书,需要依靠对自然世界的观察,尽管"自然之书"这个隐喻有多种用法。④ 最后,如果认为理性能力是神所赐予

---

① 这个权威三元组亦可见于康帕内拉(Campanella)、阿尔施泰德和赫尔博恩的另一位百科全书作家约翰・比斯特菲尔德(John Bisterfeld)。Loemker,'Leibniz and the Herborn Encyclopaedists'.

② Jan Amos Comenius, *Naturall Philosophie Reformed by Divine Light:or,A Synopsis of Physicks* (London,1651),Preface.

③ Paracelsus,*Seven Defensiones* (1564),in *Four Treatises of Theophrastus von Hohenheim called Paracelsus*, tr. C. Lilian Tempkin et al. (Baltimore,1941),p. 21.

④ 参见 Peter Harrison,'"The Book of Nature" and Early Modern Science', in K. van Berkel and Arjo Vanderjagt (eds.), *The Book of Nature in Early Modern and Modern History* (Leuven,2006),pp. 1—27;*Bible and the Rise of Science*,pp. 193—204.

的,那么对人的理性的依赖也不能排除在外——这同样取决于如何看待堕落之后理性的可靠性。就这样,夸美纽斯的"感官、理性和《圣经》"三元组为盲目依赖亚里士多德的权威提供了一种恰当的替代方案。然而,从16世纪的宗教改革到夸美纽斯有影响力的著作问世这一百年间,这三个权威中哪一个应当占主导,或者应当以何种组合来使用,是有争议的。夸美纽斯的《由神光改进的自然哲学》的标题暗示了另一种可能性,即神可能直接使某些人产生知识,就像他启示亚当和《圣经》作者一样。

于是毫不奇怪,16世纪下半叶见证了为人类的学问确立新基础的种种尝试。区分这些计划的方式之一是,思考应把重点放在哪一种现有的权威之上:理性、《圣经》、经验、个人灵感。全面考察这些方案及其对不同权威的诉诸超出了本章的能力所及。但我们可以考察一些有代表性的例子,它们分别尝试把知识建立在理性、《圣经》和个人灵感的基础上,并试图通过重新理解人类心灵固有的局限性来为这些做法作辩护。

第一节 天界之光的遗迹

路德曾宣称,"神的所有作品无法探究、不可言明,人的感官无法查明其真相"。① 就我们目前的情况而言,只能指望从操作上认识神置于世间为人所用的事物。路德的怀疑论结论是,"天底下一切事物都不可理解"。② 在此基础上建立一种进步的自然知识观似

---

① Luther, *Table Talk*, lxiii (p. 28).
② Ibid., cxxxii (p. 58).

第三章 在堕落的世界中寻求确定性

乎没有什么希望。然而,正如历史学家越来越意识到的,16世纪德国大学的路德宗思想家对科学做出了重大贡献,其中最显著的是在天文学领域。① 从某些方面来看,这种趋势并不很让人惊讶,因为路德虽然对世俗学问的价值有所保留,但据说他本人特别喜欢天界科学:"我喜欢天文学和数学,它们依赖于证明和可靠的证据。"②

路德对这个特殊研究领域的明显不同寻常的肯定是有充分理由的。首先,天文学的用途似乎得到了《圣经》的支持。根据《创世记》的说法,神将众光体置于天穹,"作记号,定节令"(《创世记》1:14),从而为研究天界提供了某种正当性。也正是由于对天文学的了解,东方三王才被引到基督的降生地。③ 而且,根据一种由来已久的释经学传统,《圣经》中的先祖和先知们已经在实践天文学。路德显然受到了这种传统的影响,他写道,亚当和夏娃精通这门科

---

① Peter Barker, 'The Role of Religion in the Lutheran Response to Copernicus', in M. Osler (ed.), *Rethinking the Scientific Revolution* (Cambridge, 2000), pp. 59—88; 'Theological Foundations of Kepler's Astronomy', *Osiris* 16 (2001), 88—113; Charlotte Methuen, *Kepler's Tübingen* (Aldershot, 1998); Kenneth J. Howell, *God's Two Books: Copernical Cosmology and Biblical Interpretation in Early Modern Science* (Notre Dame, 2002), ch. 2; Sachiko Kusukawa, *The Transformation of Natural Philosophy: The Case of Philip Melanchthon* (Cambridge, 1995); John W. Montgomery, 'Cross, Constellation and Crucible: Lutheran Astrology and Alchemy in the Age of the Reformation', *Ambix* 11 (1963), 65—86.

② Luther, *Table Talk*, dcccxli (p. 341). 一些路德学者,特别是彼得·迈因霍尔德(Peter Meinhold),认为路德对天文学的明显热情更好地反映了梅兰希顿晚年的观点,有理由怀疑后来编者的影响。《〈创世记〉讲义》尤其如此。参见 LWi, pp. x—xii。

③ Luther, 'Sermon for Epiphany', *Sermons*, i, 333; *Lectures in Genesis* 1:14 (LW 1, 42—48). Cf. Calvin, *Commentary on Genesis* 1:14—16, 4:20, *Calvin's Commentaries* i, 83—87, 217—219; *Commentary on Isaiah* 44:25, *Calvin's Commentaries* viii, 386f.

学,并且拥有"关于星辰和整个天文学的最可靠的知识"。这种说法后来成为路德宗信徒对天文学的标准辩护之一。① 也许出于这些理由,路德给予了天文学最高的赞誉,称它为"最古老的科学""广博知识的导引"和"神的美妙馈赠"。②

除此之外,对天文学的认可还与路德强调堕落对理智产生负面影响相一致。例如,当路德声称"天底下"一切事物都不可理解时,这个短语并不一定仅仅是比喻义。路德很可能有意把天界排除在他一般的怀疑论范围之外。虽然人们普遍认为,地界由于亚当的堕落而败坏恶化,但天界总体上免于这种命运。这在某种程度上是因为亚里士多德那根深蒂固的二分法的残余影响,即他区分了可朽的地界与完美不变的天界。③ 奥古斯丁也曾谈及天界的持久意义。神将天穹如书卷一般展开,供天底下的人阅读。奥古斯丁在其释经学著作中指出,天界代表《圣经》的权威。于是,天界光体的有序运动持续彰显着神的力量。他断言,天界"免于地界的败坏"。④ 最后,亚里士多德的观点,即只有对于本质上不可改变的

---

① Luther, *Lectures on Genesis*, LWi, 66; Melanchthon, 'On the Merit of the Art of Medicine (1548)' in *Orations on Philosophy and Education*, ed. Sachiko Kusukawa, tr. Christine F. Salazar (Cambridge, 1999), p. 173. 第谷·布拉赫同样断言,对天体的研究是一门古老的学科,可以追溯到伊甸园时代。塞特将这些知识传给了亚伯拉罕,亚伯拉罕在埃及寄居的时候又把它传给了埃及人。先祖们还把天文学知识传给了后来的先知们。Howell, *God's Two Books*, pp. 78f. , 82. 第谷的主要来源是约瑟夫斯。

② Luther, *Table Talk*, dcccxli, dcccxlii (p. 341).

③ 例如参见 Aristotle, *On the Universe*, 392a—b. 关于路德对亚里士多德宇宙的接受,参见 *Lectures on Genesis*, LWi, 30, 42—48。然而在 16、17 世纪,天界败坏的观念逐渐深入人心。参见 Edward Grant, *Planets, Stars, and Orbs: The Medieval Cosmos, 1200—1687* (Cambridge, 1994), pp. 267f. 。

④ Augustine, *Confessions* xiii. xv. 16—18 (Chadwick edn, pp. 282f.).

事物才可能有真正的科学知识,也暗示着天体科学的优越性。事实上,正如我们所要看到的,后来有人指出,由于堕落给月下区域带来了可变性,堕落几乎使一种关于地界物体的严格科学变得不可能。

路德无疑继承了这些传统。虽然他提出"天底下"的事物是不可理解的,关于它们的知识是部分的和不完整的,但这并不意味着同样的说法也适用于不可朽的"天上的"事物。在天界,神的作品处于原始的纯洁状态,未受堕落损害,仍然充当着神设立的记号,让那些足够敏锐的人去阅读。天界不仅让人瞥见了曾经达至地界的完美性,而且还预示了来世。临终时,有福之人的灵魂将游历天界,亲眼看到神的造物的完美性。事实上,文艺复兴时期的天文学家常常认为,只有那些占据天界的有利位置、能够亲眼看到天界实际发生之事的人,才能知道天界运动的真正原因。令人遗憾的是,正如一位16世纪的作者所说,没有人"从天而降,把他在那里看到的情况告诉我们"。① 也许正是诸如此类的观点启发伽利略在初涉天文学时使用了那个相当放肆的标题——《星际信使》(*Sidereus Nuncius*)。②

---

① Wursteisen, *New Questions in Peurbach's New Theoricas* (1568),引自 Peter Barker and Bernard Goldstein, 'Realism and Instrumentalism in Sixteenth Century Astronomy: A Reappraisal', *Perspectives on Science* 6 (1998), 232—58 (249). Cf. Luther, 'Sermon for Epiphany', *Sermons* i, 330. Barker 和 Goldstein 还指出,中世纪和文艺复兴时期天文学的被认定的工具主义并不是一个学科原则,而是由于地球上的观测者得不到相关的经验数据。

② 关于对标题的正确翻译,参见 Drake, *Discoveries and Opinions*, p. 19. 关于当时对伽利略作为一个天界信使或天使般的信使的理解,参见 Pietro Redondi, 'From Galileo to Augustine', in Peter Machamer (ed.), *The Cambridge Companion to Galileo* (Cambridge, 1998), pp. 175—210 (p. 186).

但是,在天界辨认堕落之前的完美性踪迹是一回事,说身体和灵魂均已败坏的堕落的人能在那里发现真理则是另一回事。虽然伽利略怀有绝对的信心,但问题依然是,天界是否仍然能被堕落的心灵所"阅读",抑或只有清白的亚当、天使般的读经者和逝者的灵魂才能"阅读"。与此相关的考虑是一种奇特的传统,它将敏锐的视觉作为一种身体完美性赋予了亚当。常有人说,我们的第一位父亲在天文观测方面得益于这种敏锐的视觉。路德曾经推测,亚当在堕落之前"可以看到一百英里以外的物体,而我们只能看到半英里以内的东西,他的所有其他感官也是如此"。路德断言,亚当的视觉超越了鹰和猞猁。① 因此,亚当和天使一样能够看到天界的景致,并且凭借感觉的优势已经知晓天界运动的真正原因。在17世纪,特别是在英格兰,有人相信,像望远镜和显微镜那样的人工仪器可以弥补堕落所导致的身体损失,并且部分恢复亚当曾经拥有的知识。不过在路德宗的天文学传统中,更常见的情况是试图在人的灵魂中识别神的形象遗迹,这些遗迹在某种意义上对应于仍然呈现于天界的神的智慧踪迹。

路德本人也许认为,数学的不证自明的公理恰恰代表着那种与堕落的败坏影响相隔绝的心灵操作。用路德自己的话说,只有在数学领域(对他而言包括天文学),我们才能碰到"证明和可靠的证据"。② 于是,就像笛卡尔后来为其认识论方案寻求不容置疑的基础那样,路德也认为,只有心灵的数学能力仍然在以心灵原初的

---

① Martin Luther, *Table Talk*, cxxviii (p. 57); *Lectures on Genesis 1—5*, LW i, 62; Cf. *Lectures on the Psalms*, LW xii, 117.

② Luther, *Table Talk*, dcccxli (p. 341).

完善性起作用。正如我们已经看到的,这种观点的前身可见于奥古斯丁的"三位一体的遗迹"(vestigial trinitatis)观念。神的形象在灵魂中的遗迹——记忆、意志、想象——能够分辨出神的形象在世间的痕迹。后者主要在于事物的数学结构,而这些结构最明显地表现于天界的运动。据我所知,路德从未以这种方式明确地表达自己的立场。但我们发现,路德宗教师和教育改革家菲利普·梅兰希顿(1497—1560)曾经详细阐述过一个与之非常类似的观点。

梅兰希顿是维滕贝格大学的希腊语教授,也是16世纪欧洲最博学的人之一。虽然路德和梅兰希顿彼此之间影响很深,但梅兰希顿仍然信奉文艺复兴时期人文主义的一些原则,而且对异教哲学家成就的看法比路德更加正面。梅兰希顿经常强调哲学对神学的价值以及其他"渎神学科"的价值,在一些重要教义上也比其他宗教改革家更接近于经院哲学和人文主义。的确,加尔文曾经指责他对人性的评价"过于哲学"。① 这种对科学更为正面的看法并没有与原罪教义截然分开,因为梅兰希顿认为,规范的学问可以抑制堕落人类的任性冲动。德国宗教改革早期阶段所带来的政治发展也影响了梅兰希顿的信念。他特别担心教会会赞同一些更激进的宗教改革成员所宣扬的"无知神学"。② 这种在哲学上非常无知的神学非常适合于一种社会和政治上的激进主义,正如农民战争

---

① Pitkin,'The Protestant Zeno:Calvin and the Development of Melanchthon's Anthropology',*Journal of Religion* 84 (2004),345—378 (347). 加尔文和梅兰希顿关于罪的影响的不同看法,参见 David Steinmetz,*Calvin in Context* (Oxford,1995),pp. 29—32。

② Melanchthon,'On Philosophy',*Orations*,p. 130. 梅兰希顿明确提到了再洗礼派。

(1524—1526)等事件所充分证明的,这种激进主义会导致无法无天、反叛和内乱。因此,梅兰希顿坚持"教会需要整套科学"。① 梅兰希顿还赞同一种常见的观点,即亚当和先祖们精通各种科学。哲学中最著名的部分——包括"天界运动的教导"——已经被亚当、诺亚、闪、亚伯拉罕和约瑟所实践,而且他们"已将这些知识传给后代"。② 这一先例为从事自然哲学提供了《圣经》许可。最后,梅兰希顿指出,神"命我们沉思他的作品"。③ 这一命令暗示着,我们至少还保有一些研究自然作品的能力——特别是那些具有信心之眼目(eyes of faith)的人——而且应当这样做。

然而在这里,梅兰希顿并没有低估堕落的意义。重要的是,在梅兰希顿撰写的新教徒的第一份信仰自白——《奥格斯堡信纲》(1530年)中,关于原罪的条目排在第二条,仅次于关于神的条目。④ 梅兰希顿在他编辑的亚里士多德《论灵魂》序言中写道,我们的灵魂"已经脱离并且被剥夺了天界之光"。他坦言,"每当想到灵魂的这种阴暗,我便战栗不已"。⑤ 如果不首先确认灵魂中保持原初能力的那些方面,就无法寻求真理。

---

① Melanchthon, 'On Philosophy', *Orations*, p. 129. Cf. *Elements of Ethical Doctrine* i, in *Cambridge Translations of Renaissance Philosophical Texts* i, 110.

② Melanchthon, 'On the Merit of the Art of Medicine', *Orations*, p. 173; 'On Johannes Regiomontanus', *Orations*, p. 239. 和路德一样,梅兰希顿也基于《创世记》1:14 评价了天文学。'Melanchthon to Grynaeus', 1531, *Corpus Reformatorum Philippi Melanchthonis*, ed. C. B. Bretschneider and H. E. Bindseil, 28 vols. (Halle, 1864), ii, 531f.

③ Melanchthon, 'Preface to the *Commentary on the Soul*', *Orations*, p. 144. Cf. 'On the Life of Avicenna', *Orations*, p. 200; 'On the Life of Galen', *Orations*, p. 213.

④ Augsburg Confession, ii.

⑤ Melanchthon, 'Preface to the *Commentary on the Soul*', *Orations*, pp. 146f.

第三章　在堕落的世界中寻求确定性

> 如果灵魂还保持着受造时神意赋予它的光与和谐,那么就不太需要其他有识之士,它将能凭借自己敏锐的洞察力来考察自己的本性。然而,由于——就像希腊画家阿佩利斯(Apelles)的某幅杰出画作溅上污泥一样——灵魂处于身体中,埋藏在可怕的黑暗中,所以亟需知识将它提取出来让我们看到,以显示推翻了第一位人类祖先的敌人给它造成了多么巨大的伤害、神的形象在它之上的痕迹以及神的恩赐的残余。①

这里我们再次看到了现代早期认识论事业的标准模式:自我省察,评估原罪所造成的伤害,确定神的形象还留有什么痕迹。其结果固然因现代早期的思想家而异,但却为一切思想事业提供了基础。梅兰希顿渐渐认为,自然哲学本身可能有助于这些根本任务。亚当和夏娃可能已经敏锐地意识到自己的损失有多大:"由于他们见过早先的光和自然的和谐,并且被赋予了最卓越的理智,因此可以更准确地认识到其灾难的严重性。"② 他们的后代不晓得自己的堕落程度,也不知道自己的知识可以正当地扩展到什么程度,所以不得不依赖人类的学问。因此,"物理学"——即自然哲学——"研究并揭示人的黑暗心灵所产生的东西,以及心灵可以在多大程度上得到提升"。③ 如果《圣经》教导说我们是堕落的造物,

---

① Melanchthon, 'Preface to the *Commentary on the Soul*', *Orations*, p. 146.
② Ibid., pp. 146f.
③ Melanchthon, *Initia doctrinae physicae* (1543), in *Corpus Reformatorum* viii, 179,引自 Daniel M. Gross, 'Melanchthon's Rhetoric and the Practical Origins of Reformation Human Science', *History of the Human Sciences* 13 (2000), 5—22 (10)。

那么科学则有助于评估我们的损失程度,并为我们的知识设置恰当的限度。这与英格兰加尔文宗信徒所提出的视角略有不同,对他们而言,自然哲学的范围本身取决于神学人论。但它与广为流行的现代早期观点一致,即人类的学问有助于主动弥补亚当堕落所带来的损失。

而"神的形象的痕迹"和"神的恩赐的残余"则为某种希望提供了理由,即至少某些哲学事业也许并非完全徒劳。事实上,梅兰希顿甚至提出,人保留着某种类似于"自然之光"的东西。虽然我们的灵魂被"剥夺了天界之光",但仍然保留着"神意赐予我们的……一种光"。[①] 这种光在不同情况下被理解成神的形象、"公理""思辨原则"或"自然法则"。[②] 梅兰希顿认为,这些"深植于人的心灵之中"的能力包括对道德法则以及数学、逻辑学和物理学法则的认识。[③] 虽然我们的道德直觉已经因为堕落而无可挽回地受到了损害,但我们"关于数和秩序的观念"仍然相对完好,比如我

[①] 'Preface to the *Commentary on the Soul*', *Orations*, p. 146; 'On Plato', *Orations*, p. 194.

[②] 'Preface to the *Commentary on the Soul*', pp. 146, 162; *The Elements of Ethical Doctrine* i, in *Cambridge Translations of Renaissance Philosophical Texts*, i, 112. 另见 Christoph Strohm, 'Zugänger zum Naturrecht bei Melanchthon', in Günter Frank (ed.), *Der Theologe Melanchthon* (Stuttgart, 2000), pp. 339—356; Howell, *God's Two Books*, pp. 51f.。对"自然法则"在梅兰希顿那里的各种不同含义的出色分析,参见 Charlotte Methuen, '*Lex Naturae* and *Ordo Naturae* in the Thought of Philip Melanchthon', *Reformation and Renaissance Review* 3 (2000), 110—125。

[③] 这些是一种内在化的"神的法则"的例子。Philipp Melanchthon, *Loci Communes* (1543), tr. J. Preuss (St Louis, 1992), p. 70. 另见 Methuen, '*Lex Naturae* and *Ordo Naturae*'。

们能够同意像"2 加 2 等于 4"这样的永恒数学真理。①

然而，如果世界仍然无法作数学解释，那么保留堕落之前能力的这种遗迹将是徒劳的。不过，正如神的形象的痕迹仍然可见于心灵的数学能力，它们亦可见于宇宙中一个未因亚当的堕落而败坏的区域。② 和路德及其大多数同时代人一样，梅兰希顿也认为天界是完美不变的。月亮天球以上的天界是由一种不会朽坏的物质——第五元素——组成的，天体则以永恒不变的数学精确性沿着神所规定的轨道运动。因此，天界不受亚当的罪给地界带来的混乱的影响，这种混乱掩盖了神对地界的原有设计。③ 于是对梅兰希顿来说，神的形象的遗迹显见于天界的原始完美性以及灵魂的数学和逻辑能力。因此，我们的数学能力在天体有序运动中的应用为真正的知识提供了希望，因为按照梅兰希顿的说法，在天地万物中，只有人的这种理智能力和这种主题没有受到堕落所导致

---

① Melanchthon,'On Anatomy', in *Orations*, pp. 160f. 另见 Methuen,'*Lex Naturae* and *Ordo Naturae*', p. 121; Sachiko Kusukawa,'*Vinculum concordiae*: Lutheran Method by Philip Melanchthon', in Eckhard Kessler, Daniel Di Liscia and Charlotte Methuen (eds.), *Method and Order in the Renaissance Philosophy of Nature* (Aldershot, 1997), pp. 337—354。

② "世界这部美妙的机器固然是一座神的庙宇，建筑师的痕迹刻在它的许多地方，但人更是神的庙宇。"'On Anatomy',*Orations*, p. 162。

③ Melanchthon, *Initia Doctrinae Physicae*, in *Corpus Reformatorum* xiii, 253, 392—400. Cf. Daneau *Wonderful Woorkmanship*, fol. 82v. 关于这一点的意义，参见 Methuen,'The Role of the Heavens in the Thought of Philip Melanchthon,' *JHI* 57 (1996), 385—403。16 世纪 60 年代末和 70 年代初在图宾根教授数学和天文学的尼科德姆斯·弗里施林（Nicodemus Frischlin）明确表示，在堕落之后受到诅咒的是地界而不是天界。*De astronomicae artis*（Frankfurt, 1586）, pp. 6f. 参见 Methuen, *Kepler's Tübingen*, pp. 90ff., 118—120。

的普遍败坏的影响。

于是,数理天文学是堕落的人类所能信任的唯一一门科学。更重要的是,它可以为更全面地理解其他领域所显示的神圣秩序提供基础。梅兰希顿希望,这些残存的数学能力及其在天界研究中的应用有助于恢复我们原有的道德本能,因为通过研究宇宙的数学规律性,我们也许可以渐渐明白,神是最初的立法者,他在地界制定了类似的道德秩序:"和天界运动的秩序一样……整个政治秩序、婚姻关系、帝国、国家间的划分、契约、判决、惩罚,事实上所有最真实的法令法规都来源于神"。① 通过分辨天界的数学秩序,我们可以认识地界的道德秩序——这种道德秩序在堕落之前和天体运动的规律性一样明显。(在某种意义上,梅兰希顿的思想已经预示着康德后来将"头顶上的星空"与"心中的道德律"联系起来。)梅兰希顿的立场与路德的"天职"(vocation)观念完全一致,即按照一种在有限程度上仍然能在堕落的世界中分辨出来的自然法生活。② 在梅兰希顿看来,道德哲学仍然可以符合亚里士多德"知识"(scientia)的典型三段论逻辑结构。③ 梅兰希顿还认为,研究天界可以为揭示其他地界科学的秘密提供一把钥匙。这是因为,他仍然相信天体的运动和位置与地界的事务之间存在着因果联系。

---

① Melanchthon, *De legibus* (1535), *Corpus Reformatorum* xi, 912,引自 Methuen,'*Lex Naturae* and *Ordo Naturae*', p. 121。另见 Barker and Goldstein,'Theological Foundations of Kepler's Astronomy', p. 95。

② Paul Althaus, *The Ethics of Martin Luther*, tr. Robert Schultz (Philadelphia, 1972), ch. 2.

③ Melanchthon, *The Elements of Ethical Doctrine* i, in *Cambridge Translations of Renaissance Philosophical Texts*, i, 110f.

例如，对人体的占星学影响的重要性使关于天界的知识直接与医学相关。① 关于建立一门相对完满的科学的前景，梅兰希顿最终持乐观态度。他猜测，"如果能够确定自然的内部运作，我们的物理学观念将会极为广阔，我们的知识也将无限而神圣"。② 这与古人"稀少而范围狭窄"③的有限知识形成了鲜明对比。但即使是真正的信徒，完全了解某些东西也要等到"神在天界的学校向我们展示整个运作的图像"。④

梅兰希顿总的立场是，教育可以在一定程度上弥补堕落给人类带来的损失。这与奥古斯丁认为人类社会制度的必要性和合法性源于地上之城的堕落状况是一致的。路德也承认世俗政治权威对于抑制堕落的人的罪恶冲动很重要，这最明显地表现在他的"两个王国学说"以及他在农民战争期间对德国君主的支持。⑤ 对梅兰希顿来说，自然之光的残余为确立市民社会的法律提供了充分指导。然而，这些法律与《福音书》和所有真正的基督徒所属的基督王国没有什么关系。梅兰希顿强调，由于自然证明了整个受造世界的内在合法性，所以自然研究可以在道德和政治哲学中起辅助作用。⑥ 我们相对纯粹的数学直觉可以引导我们部分地恢

---

① Melanchthon,'On the Merit of the Art of Medicine',*Orations*,173.
② Melanchthon,*Initia*,*Corpus Reformatorum* xiii,179.
③ Melanchthon,'Preface to the Book on the Soul',*Orations*,p. 153.
④ Melanchthon,'On Anatomy',*Orations*,p. 158.
⑤ 例如参见 Luther,'Secular Authority：To What Extent it should be Obeyed', in *Works of Martin Luther* iii,223—273。
⑥ 梅兰希顿写道，如果不学习亚里士多德，任何人都不可能掌握方法。如果忽视这位希腊哲学家，"就会出现理论的巨大混乱"。('On Aristotle',*Orations*,p. 205.)因此，梅兰希顿在路德宗大学推动对亚里士多德的逻辑进行研究。

复已经非常衰退的道德直觉。而这又使创建一个稳定的社会成为可能。正如夏洛特·梅休因(Charlotte Methuen)所说:"这种背后的秩序感……使梅兰希顿将法律理解成支持有序等级社会的有序行为。"①

如果说梅兰希顿主要关注堕落世界中的社会秩序和道德秩序,那么他关于数学观念的纯粹性以及天文学重要性的看法将会影响16世纪最重要的路德宗天文学家约翰内斯·开普勒。根据梅兰希顿的说法,我们的数学能力不仅代表着堕落之前特殊理智能力的遗迹,而且还代表着神的形象本身的遗迹。因此,它们应当传递出神的某种本性:特别是,神是一位数学家和几何学家。梅兰希顿写道,"这位建筑师的心灵将他的光和智慧置于人之中",由此可以得出结论,"神是一个正在从事理解的心灵,他为万物的数目和等级制定秩序"。② 认为神是一位几何学家,这种想法当然并不新颖。奥古斯丁已经因为时常断言"神按照数目、尺度和重量安排了一切"而使这种看法具有了权威性。③ 认为神的形象在于数学能力,以及由此推出的神是数学家和几何学家,乃是开普勒天文学的基本前提。

---

① Methuen,'*Lex Naturae* and *Ordo Naturae*',p. 123. Cf. Peter Barker,'Kepler's Epistemology',in Kessler,Di Liscia,and Methuen (eds.),*Method and Order in Renaissance Philosophy*,pp. 354—368,esp. p. 359.

② Melanchthon,*De legibus*,*Corpus Reformatorum* ix,908,引自 Methuen,'*Lex Naturae* and *Ordo Naturae*',p. 122。

③ Augustine,*Confessions* x. xii. 9;*Sermon 8. 1* (*Works* iii/1,240). 关于梅兰希顿思想中的这些新柏拉图主义要素,参见 Günter Frank,'Melanchthon and the tradition of Neoplatonism',in Jürgen Helm and Annette Winkelmann (eds.),*Religious Confessions and the Sciences in the Sixteenth Century* (Leiden,2001),pp. 3—18。

第二节 数学确定性

约翰内斯·开普勒(1571—1630)在图宾根受教育时,经由神学教授和后来的图宾根大学校长雅各布·黑尔布兰德(Jacob Heerbrand,1521—1600)的著作邂逅了梅兰希顿的思想。① 开普勒也认同那种常见看法,即亚当和夏娃曾经拥有完美的自然知识,但堕落之后失去了。因此,长久以来对天界运动和天宫含义的困惑被归咎于亚当的失足。② 然而,认识到相应的神的形象存在于世界和人类灵魂之中,为正确认识天界及其创造者提供了出发点。开普勒随同梅兰希顿断言,我们通过自然之光的残余来认识数学真理和几何学真理。③ 几何学"与神永远共存,通过在神的心灵中闪耀,为神提供样式……来装点这个世界,使得世界成为最好、最美并且更重要的是与其创造主最相似。事实上,既然所有精神、灵魂和心灵掌管各自的身体:支配、运动、成长、保护,特别是繁殖,那么它们都是神这个造物主的形象"。开普勒写道:

---

① Methuen,*Kepler's Tübingen*,pp. 136f.;Barker and Goldstein,'Theological Foundations'.

② Kepler,*Gesammelte Werke*,20 vols.,ed. M. Caspar et al. (Munich,1937),iv,pp. 159—160. 这里的说法得益于 Russell Kleckley,'Stealing golden vessels:Johannes Kepler on worldly knowledge and Christian truth',AAR Annual Meeting,Denver,November,2001.

③ Kepler,*De quantitatibus*,cited in Barker,'Kepler's Epistemology',p. 360;另见 *Apologia Pro Tychone contra Ursum*,tr. in N. Jardine,*The Birth of History and Philosophy of Science* (Cambridge,1988),p. 144。

于是，由于它们在功能上采用了受造物的某种样式，所以它们在其运作中也和造物主一起遵循着从几何学中推导出来的相同法则。它们也乐于采用神所使用的相同比例，无论它们在哪里发现了这些比例，无论是通过纯粹的沉思发现的，还是通过感官介入可感事物而发现的，甚至是被心灵不经反思地、通过与之一同被创造出来的隐藏的本能发现的，抑或是神本身始终在物体和运动中表达了这些比例。①

因此，在心灵中持续存在的神的形象与宇宙中三位一体的造物主形象之间的对应，使先验地认识宇宙的数学秩序成为可能。于是，开普勒在一段广为人知的话中宣称，他一直在思考与天球的数目、尺寸和运动有关的三个基本问题，以及"为什么是现在这样，而不是别的样子"。他的结论是，"太阳、恒星和居间介质这三种静态对象之间的美妙和谐"反映在"圣父、圣子和圣灵"的关系中。就这样，开普勒利用了奥古斯丁的观点，即三位一体的遗迹显示在受造秩序中。②

因此，基于人的理性与神的理性之间的一致性，那些相信自然之光在堕落之后仍然存在的现代早期思想家通常会对关于自然世

---

① Kepler, *Harmony of the World*, tr. and introduced by E. J. Aiton, A. M. Duncan, and J. V. Field (Philadelphia, 1997), p. 146.

② Kepler, *Mysterium Cosmographicum*, 1596, p. 6, 引自 Barker and Goldstein, 'Theological Foundations'. 正如我们所预料的，加尔文否认"三位一体的遗迹"学说。Calvin, *Institutes* i. xv. 4 (McNeill i, 190). 关于这种观念在文艺复兴时期的幸存，参见 Dennis R. Klinck, '*Vestigia Trinitatis* in Man and his Works in the English Renaissance', *JHI* 42 (1981), 13—27。

界的先验假说抱有信心。历史学家彼得·巴克(Peter Barker)和伯纳德·戈德斯坦(Bernard Goldstein)联系开普勒的天文学指出,"对世界结构的先验证明以及对哥白尼宇宙结构的辩护背后,是相信神对世界的几何学设计可以通过自然的理性之光来认识"。① 因此,这种对知识问题的"唯理论"解决方案与认为自然之光在堕落之后继续存在的乐观看法有某种程度的关联。笛卡尔的进路就符合这种一般模式。

然而,数理天文学这门学科有一个困难,至少传统上认为是如此。虽然它可以达到证明的确定性,但它究竟实际描述了天界的物理状态,还是仅仅提供了一种方便的手段来计算天体的位置,这是有疑问的。在中世纪,对天体的研究是在数学和自然哲学这两门完全不同的学科之内进行的。作为一门数学学科(对于中世纪思想家而言,托勒密的《天文学大成》[*Almagest*]是其典型),天文学关注的是预言天体的运动和位置,虽然在理想情况下这将符合被认为真实的宇宙物理状态,但并非总是如此。换句话说,可以把数理天文学理解成工具性的,事实也经常如此。② 比如阿奎那写

---

① Barker and Goldstein, 'Theological Foundations', pp. 25f. 另见 Methuen, *Kepler's Tübingen*, pp. 209f.。

② 这种区分反映了亚里士多德的观点,即数学不涉及实际的东西,而自然哲学涉及。*Metaphysics* 1025b—1026a. 对亚里士多德来说,数学在实际物体上的应用出现在"从属科学"(subordinate sciences)或阿奎那后来所说的"中间科学"(middle sciences)中。*Posterior Analytics* 78b34—79a; *Physics* 194a. 另见 W. R. Laird, *The Scientiae Mediae in Medieval Commentaries on Aristotle's Posterior Analytics* (Toronto, 1983). 然而,并非所有学者都对天文学在多大程度上是工具性的拥有一致看法。对工具主义立场的经典论述是 Pierre Duhem, *To Save the Phenomena: An Essay on the Idea of Physical Theory from Plato to Galileo* [1908] (Chicago, 1969). 讨论参见 Lindberg, *Beginnings of Western Science*, p. 261; Barker and Goldstein, 'Realism and Instrumentalism'。

道，数学假说并不必然为真，因为即使它们能够"拯救现象"，也就是说对天体位置做出有效的预测，或许其他模型也能给出类似的预测。① 这里阿奎那旨在将托勒密的数理天文学与试图为天体运动提供真实因果解释的亚里士多德主义自然哲学调和起来。后来，路德宗神学家安德烈亚斯·奥西安德尔(1498—1552)在为哥白尼的《天球运行论》撰写的序言中表达了类似的观点："对同一种运动有时可以提出不同的假说，天文学家会优先选用最容易领会的假说"，而"哲学家"则会寻求"类似真理的东西"。②

因此，虽然数学确定性属于不受堕落的败坏影响的知识类别，但这还不够，还需要给数学证明的确定性增加一个条件，即它们实际描述了物理实在。无论如何，数理天文学的工具主义观点对于梅兰希顿的目的来说并不理想，因为要想指出天体定律与自然法则的相似之处，必须提供关于天体运动的实际描述，而不只是这些运动的数学模型。因此，梅兰希顿和他在维滕贝格大学的同事们采取了一种温和的实在论。③ 开普勒认为，神已经在宇宙中确立了一种数学秩序，神的心灵中的数学观念在带有神的形象印记的人的灵魂中得到反映，这些都保证了数学关系的实在性。我们的

---

① 参见 C. H. Lohr, 'The Medieval Interpretation of Aristotle', p. 94, in CHLMP, pp. 80—98。

② Nicholas Copernicus, *On the Revolutions*, ed. Jerzy Dobrzycki, tr. Edward Rosen (Baltimore, 1978), p. xx. 另见 Howell, *God's Two Books*, p. 46. Cf. Robert Westman, 'The Astronomer's Role in the Sixteenth Century: A Preliminary Study', *History of Science* 23 (1980), 105—147; Owen Gingerich, 'Truth in Science: Proof, Persuasion, and the Galileo Affair', *Science and Christian Belief* 16 (2004), 13—26.

③ Robert Westman, 'The Melanchthon Circle, Rheticus, and the Wittenberg Interpretation of the Copernican Theory', *Isis* 66 (1975), 164—193 (167).

数学观念反映了神的观念，这使我们相信可以把数学观念应用于物理实在。开普勒并非不知道自己的数学主张会引起争议。他坦言，"这些章节会让物理学家[即'自然哲学家']感到不快，因为我从非物质的事物和数学图形中导出了行星的自然属性"。他为这种对工具主义理解的背离所作的辩护是，神在设计宇宙时使用了数学观念："作为造物主的神是一个可以为所欲为的心灵，在赋予能力和指定圆方面，他可以不受约束地考虑非物质的或基于想象的事物"。① 于是，我们能够凭借自然之光而理解神的观念，这使我们对数学知识怀有信心。

伽利略提出了类似的论据来支持他的观点，即哥白尼的假说不仅是拯救现象的一种可能的数学假说，还是对太阳系真实的物理解释。伽利略坚称，数学关系是实在的，神依靠数学关系来设计宇宙。因此，在对数学关系进行直观时，人的心灵分有了神的观念。虽然我们的知识在范围上不及神的知识，但我们认识的数学真理在确定性上等同于神的知识：

> 人的理智的确完全理解其中一些[数学真理]，因此在这方面，它和自然本身拥有同样多的绝对确定性。只有数学科学是这样，也就是说在几何和算术中，神的理智所认识的命题的确要多得多，因为它知道所有命题。但是就人的理智所能理解的少数命题来说，我相信它的认识在客观确定性上与神的认识相等同，因为它在这里成功地理解了必然性，没有比这

---

① Kepler, *Mysterium Cosmographicum*, p. 123.

更大的确定性了。①

开普勒和伽利略所提出的这类主张显示了文艺复兴时期柏拉图主义的影响,这种影响可能是由马尔西利奥·菲奇诺(Marsilio Ficino)促成的。② 强调神的心灵在创世过程中的作用以及断言数学的实在性,等于严重背离了标准的亚里士多德主义立场。就此而言,柏拉图主义或至少是它的某些方面,有助于解决知识及其基础的问题。

梅兰希顿和开普勒的例子表明,最初的光的遗迹可以在人的心灵和物理宇宙中找到,这为我们的数学能力在天界的应用提供了辩护。值得注意的是,这种对数学的强调是16世纪中叶德国路德宗大学的一个鲜明特征。事实上,1577年彼得·拉穆斯在评论这一现象时指出,梅兰希顿跟随柏拉图的脚步复兴了数学研究。③ 不过,我们堕落之前完美性的遗迹还可以到其他地方寻找。古代传统中也许包含着亚当曾经拥有的完整广博知识的残余。如果是这样,那么对过去文明的记录进行学术性的历史研究也许能够恢复这些遗存。在过去文明的历史记录中,基督教《圣经》被认为最古老或最具权威性。那些受加尔文主义启发的学者不大愿意相信自然之光的持续效力,因此希望《圣经》能为他们的神学以及一种

---

① Galileo, *Dialogue concerning the Two Chief World Systems*, p. 118; cf. p. 11.
② James Hankins, 'Galileo, Ficino, and Renaissance Platonism', in Jill Kraye and M. W. F. Stone (eds.), *Humanism and Early Modern Philosophy* (London, 2000), pp. 209—237 (p. 213).
③ Westman, 'The Melanchthon Circle', 171f.

朴素的缩减的自然哲学提供基础。《威斯敏斯特信纲》(1646年)开篇就阐述了"自然之光"的局限性,然后才断言神在《圣经》中启示的可靠性。① 一些人将把这条原则用于认识自然。讲述世界最早历史的《圣经》前几卷据说包含着摩西的自然哲学,在许多人看来,摩西乃是亚当哲学遗产的主要受益者。"摩西哲学"的倡导者们在《圣经》中寻求另一种"光",有理由认为它未受那种玷污了堕落世界其余部分的败坏的影响。

第三节 亚当、摩西、赫尔墨斯、所罗门

在1578年出版的朗贝尔·达诺《基督教物理学》(*Physica Christiana*)的英译本中,英格兰人托马斯·特韦恩(Thomas Twyne)这样总结该书的主要论点:真正的自然哲学"建立在神的话语和《圣经》的可靠基础上",而所有其他一般认定的哲学都"建立在人类理性和判断的多变基础上"。② 特韦恩的简洁描述适用于新教改革之后出现的一种自然哲学体裁,它被称为"摩西哲学""基督教哲学"或"虔敬哲学",等等。③ 其前提很简单:既然知识的其他可能基础——理性和经验——是可疑的,那么就必须到更可

---

① Westminster Confession, i. i. 同样重要的是,《威斯敏斯特信纲》开头的人论陈述论述的是堕落及其后果。参见第六节。

② Lambert Daneau, *Wonderfull Woorkmanship*, Epistle of the Translator.

③ 关于以《圣经》为导向的自然哲学的趋势,参见 Harrison, *Bible and the Rise of Science*, ch. 4; Ann Blair, 'Mosaic Physics and the Search for a Pious Natural Philosophy in the Late Renaissance', *Isis* 91 (2000), 32—58。Johann Brucker, *Historia Critica Philosophiae* (Leipzig, 1743), iv, i, 3, 3 (pp. 610—643) 最先描述了这种题材。

靠的《圣经》基础中去寻求确定性。摩西哲学家们将"唯独圣经"的原则从有限的神学领域扩展到自然哲学领域。

达诺(1530—1595)的《基督教物理学》是这种哲学的典型代表,他是最重要的第一代加尔文主义神学家之一。在加尔文的亲自教育下,他成为日内瓦大学的神学教授,并曾在新建的莱顿大学短暂担任神学教席。[①] 今天,他最为人所知的是对加尔文主义伦理学作了系统整理,而且还撰写了《巫师》(Les Sorciers,1564年)一书——这是一部关于巫术的对话,它生动地描述了女巫的恶行和暴露她们真实身份的"魔鬼的印记"。关于异教学问的缺陷,达诺与早期宗教改革家持有相同的看法。他在其道德著作中指出,由于古人都没有注意到堕落,所以古典道德理论的准则对于堕落之后的人类完全没有用处。不应把道德建立在"自然之光"或"自然法"的基础之上,而应建立在神在西奈山上给摩西的启示这一更加稳固的基础之上。因此,《出埃及记》中的十诫将为道德哲学提供基础。[②] 关于自然哲学的恰当基础,达诺也持有类似的看法。亚里士多德及其追随者之所以怀有那样的科学抱负,仅仅是因为他们对自己的易错性一无所知。正因如此,他们是不自量力,"认识到自己弱点的心灵比认识不到的更值得赞扬,后者探究行星

[①] 关于达诺的生命历程,参见 Oliver Fatio, *Méthode et théologie*:*Lambert Daneau et les débuts de la scolastique réformée* (Geneva, 1976)。

[②] Daneau, *Isagoges Christianae pars quinta, quae est de homine* (Geneva, 1588), fol. 110v; *Ethices Christianae libri tres* (Geneva, 1577), lib. ii. 关于达诺的加尔文主义伦理学,参见 Fatio, *Méthode et théologie*。在这个问题上对梅兰希顿与达诺的简要比较,参见 Jill Kraye, 'Moral Philosophy', CHRP, pp. 303—386 (pp. 323f.)。

第三章　在堕落的世界中寻求确定性　　147

的运动、世界的墙、地球的根基和天的顶端"。① 他坚称,异教哲学家们"深陷于黑暗之中,因为他们缺少神的话语,亦即真正的知识之光"。② 在达诺看来,真正的光不在人的灵魂之中,而在《圣经》之中。

认为《圣经》可以为解释自然提供另一种"光",这种看法直接源自达诺的老师。加尔文在《基督教要义》中指出,事实证明,如果没有"另一种更好的帮助","人人可见的光"就无法查明自然的真相。这种帮助不是别的,正是"神的话语之光"。加尔文还将《圣经》比做增大微弱的自然之光残余的镜片。③ 对达诺而言,自然之光同样很不可靠,不足以作为可靠的自然哲学的基础,因此他说,"一般的自然哲学"既不能基于易错的人的能力,也不能基于古人的著作,而应得自《圣经》。④ 遗憾的是,教父和经院学者在资料的选择上并不总是很有鉴别力,他们误以为理性是完善的,并且引入了"一帮盲目哲学家"的学说。⑤ 这败坏了基督教教义。需要的是对自然哲学进行改革,由此将产生一种与改革宗的神学相辅相成的真正基督教的事业。如果说路德和加尔文试图通过诉诸《圣经》

---

① Daneau, *Wonderfull Woorkmanship*, fol. 4v. 达诺这里暗指 Augustine, *Trinity*, Bk iv, Prologue. 中的话。"世界的墙"等出自 Lucretius, *De rerum naturae* 2,73。

② 出自 Twyne's tr., *Wonderful Woorkmanship*, sig. aiii r.。

③ Calvin, *Institutes*, i. vi. 1 (Beveridge i, 69f.). Cf. I. xiv. 1 (Beveridge i, 160); *Commentary on Genesis*, Introduction, *Calvin's Commentaries* i, 62. 加尔文还引用了《约翰福音》中的比喻,其中神的话语被称为"人的光",以及《诗篇》119:105:"你的话是我脚前的灯,是我路上的光。"*Institutes* i. xv. 4 (McNeill i, 190); ii. vii. 12 (McNeill i, 361)。

④ Daneau, *Wonderfull Woorkmanship*, fol. 4v.

⑤ Ibid., sig. aiii v.

的权威来纠正天主教在神学上的败坏,那么达诺则设定了一个附加的目标:"通过神的话语来改革哲学家们的观点"。①

圣经自然哲学所面临的困难之一是它能否达到被亚里士多德当作最高科学标志的那种确定性。虽然亚里士多德科学的那些特殊规定在 16 世纪受到质疑,但事实证明,这位希腊哲学家关于什么算作科学的构想愈发牢不可破。《后分析篇》(*Posterior Analytics*)曾认为,理想的科学知识是证明性的(demonstrative)和确定的,从而把科学与纯粹的"意见"区分开来。② 从文艺复兴时期一直到 17 世纪,仍有一些影响力很大的人提出,最纯粹的科学处理的是证明的和确定的真理。③ 这正是开普勒和伽利略寻求的那种确定性。圣经科学的倡导者所面临的难题是,启示真理多为偶然的历史事实,并不具有逻辑推理命题所具有的那种证明的确定性。为了解决这个问题,阿奎那指出,启示真理从其来源(神或教会)那里获得了确定性,从而为保证命题的确定性提供了另一

---

① Daneau,*Wonderfull Woorkmanship*,fol. 13v.

② Aristotle,*Posterior Analytics* 71b—72b. 关于亚里士多德的"科学"观念在中世纪和文艺复兴时期的命运,参见 Charles Burnett,'Scientific Speculations', in Peter Dronke (ed.), *A History of Twelfth-Century Philosophy* (Cambridge,1992),pp. 151—176;Eileen Serene,'Demonstrative Science', CHLMP, pp. 496—518; Nicholas Jardine,'Epistemology of the Sciences', CHRP, pp. 685—771.

③ 在 17 世纪英格兰对确定性、或然性、意见和假设等概念的精辟论述,参见 Barabara Shapiro, *Probability and Certainty in the Seventeenth-Century England* (Princeton,1983). 另见 Jardine, *Birth of History and Philosophy of Science*. 原始文献参见 *Encyclopaedia Britannica*, 3 vols. (Edinburgh,1771), s. v. 'Science' (iii, 570a). Cf. Chambers, *Cyclopaedia*, i, vii.

种根据。① 后来，新教神学家将会补充说，圣经命题也可算作"科学"知识。比如曾经担任维滕贝格大学数学和天文学教授的格奥尔格·约阿希姆·雷蒂库斯（Georg Joachim Rheticus，1514—1576）坚持认为，《圣经》中所有的话均有证明的力量。② 一些新教神学家也持有这种观点，他们希望把通常只有普遍结论才具有的科学地位归于构成基督教启示的单个的历史事实。③ 然而，他们并没有效仿阿奎那提出两种不同的确定性，即信仰真理的确定性和自然真理的确定性，而是试图否认人的心灵能够达到确定的前提，并由这些前提进行不可错的论证。

这就是达诺所持的立场，他指出，"在这门技艺和知识中，我们从神那里学到的东西最为可靠和真实，因为它们建立在最确定的基础上"。而纯粹由人提出的主张则只具有较小的确定性："它们不那么可靠和稳固，因为它们仅仅由人的感觉和理性所确立，而这

---

① Aquinas, SCG 1.6. 阿奎那区分了两种确定性。我们确信信仰真理是因为它们的原因，即神。我们确信科学真理是因为它们的主题，即某些前提。阿奎那断言，"就科学而言，智慧和理解力是理智德性，它们建立在理性的自然之光的基础上，而理性的自然之光缺乏使信仰得以建立的神的话语的确定性"。ST 2a2ae. 4, 8. Cf. ST ia. 1, 5. 对这个问题的新近讨论参见 Shawn Floyd, 'Achieving a Science of Sacred Doctrine', *Heythrop Journal* 47 (2006), 1—15.

② "因为经上记着，人对主的话不可有丝毫偏离，因为这话是神赐给我们的，本身就有证明的力量。"Georg Rheticus, *G. J. Rheticus' Treatise on the Holy Scripture and the Motion of the Earth*, ed. And tr. Reijer Hooykaas (Amsterdam, 1984), pp. 65f. 。雷蒂库斯似乎没有看到这一推理的循环性，但他的观点并不罕见，尤其是在以《圣经》权威为最高的新教思想家当中。

③ Charles Lohr, 'Metaphysics', CHRP, p. 633. 这里讨论的问题后来在 18 世纪将以"莱辛的格言"的形式出现，它认为，历史的偶然真理永远不能成为对理性的必然真理的证明。

两种东西均非确定无疑的基础。因为人的理性经常受骗,而他的感官大多数时候都会受骗。"① 从这种角度来看,达诺似乎是想把自然哲学建立在《圣经》的启示真理的基础之上,从而为自然哲学提供一个比易于出错的理性或感觉经验更为可靠的基础。

虽然达诺认为圣经自然哲学是确定的,但它在范围上却是有限的。根据达诺在其《论自然哲学》("Treatise of Naturall Philosophie")中的说法,摩西只关注一类对象,只讨论"可见事物"。此外,造物的真正本性现在几乎无法辨识,因为和人的心灵一样,它们已经失去了原初的完美性。因此在《新约》中,圣保罗并不是"通过造物本身的真正本性,而只是通过其实在它之中的性质和偶性来定义它",这些造物"如今已经因为人的过犯而部分失去了它们完满的本性"。② 于是,圣经哲学家的谦卑主张与异教作者的狂妄自大形成了鲜明对比,异教作者"对不确定的事物轻率地言之凿凿",这不仅因为他们缺乏对自身局限性的认识,还因为他们拥有"一种剧毒的人类野心"。③ 这种野心导致哲学家沉迷于败坏的好奇心,寻求超越了有限人类能力的知识。达诺在其关于巫术的名著中写道,这种野心导致一些人与魔鬼达成了交易:"有些人被傲慢和虚荣引入了歧途,他们不愿囿于人的理智和能力,却沦为撒旦的仆从。"④

达诺的努力之所以重要,并非因为他取得了巨大成功——他

---

① Daneau, *Wonderfull Woorkmanship*, fol. 13v.
② Ibid., fols. 17v, 18r.
③ Ibid., fol. 13v.
④ Daneau, *A Dialogue of witches* (London, 1575), sigs. e2v—e3r.

并不成功,至少就他对当时科学成就的贡献而言是如此。然而,他的确为17世纪的物理神学(physico-theology)这门混合学科的发展提供了先例。① 达诺的"基督教物理学"也体现了这一时期越来越倾向于诉诸《圣经》的权威将自然哲学合法化。虽然人们有时会认为(通常是基于宗教裁判所对伽利略的审判),《圣经》的权威往往与新哲学相抵触,但事实上,这绝非标准模式。符合《圣经》成为支持新哲学思辨的重要手段。的确,一般而言,正如斯蒂芬·梅恩(Stephen Menn)所说,"所有新哲学家都必然是摩西哲学家","摩西哲学"是所有新哲学预设的一个前提条件。②

当时物理学与圣经宇宙论的这些新组合所蕴含的一个结论是,单凭《圣经》不足以作为一种全面的自然哲学的基础。对于达诺等圣经自然哲学的最早推动者而言,《圣经》中明显缺乏科学信息,这是令人尴尬的。但这个明显缺陷可以得到解释。正如我们所看到的,达诺限制了自然科学的范围,声称作如此限定的科学更符合人的心灵和自然世界的不完美性。这种立场也符合关于《圣经》作者首要意图的常见看法,这在红衣主教巴罗尼乌斯(Baronius)的警句中得到了绝好概括:《圣经》告诉读者如何进天堂,而不是天堂如何运作。一些对《圣经》中缺乏自然哲学感到失望的人提出,虽然神以广博的自然知识启发了某些受青睐的人,但这些知识要么已经失去,要么只幸存于隐秘的口头传统或书面传统中。《天使拉结尔之书》的神话和约瑟夫斯对塞特之柱的叙述使

---

① Harrison, 'Physico-Theology and the Mixed Sciences'.
② Stephen Menn, 'The Intellectual Setting', p. 58.

这种观点具有了某种可信性。还有一个流传已久的传统认为,一些《圣经》作者实际上已经撰写了讨论自然哲学的长篇论著,可惜没有流传下来。通常认为,所罗门和约伯最有可能是这些失传的科学著作的作者。例如,达诺承认,《圣经》并没有详细"描述所有生物和植物",但他认为,这是因为"详细记载万物本性的所罗门之书因人的疏忽而轶失"。① 在16、17世纪,对所罗门自然志和自然哲学著作的轶失表示痛惜是司空见惯之事。② 所罗门本人往往被说成依靠了年代更早的失传著作,它们与大洪水之前诺亚、塞特、以诺和亚当的那种无所不包的科学有关。

难怪对公元1世纪塞特之柱故事的详细阐述是关于古代知识的讨论中最重要的地方,也是其流传过程中的空白处。在比利时的让·勒迈尔(Jean Lemaire de Belges)的《高卢图解》(*Illustrations de Gaule*,1510年)中,约瑟夫斯的柱子已从区区两根激增到十四根,更能保存最初几代人的广博知识。③ 勒迈尔的同胞博德里的居伊·勒弗夫尔(Gui Le Fevre de la Boderie)则使该传统发生了一种沙文主义转变,声称是古代高卢人最先破解了这些古柱,并且运用他们新发现的知识来重建数学技艺。因此,号称发明了

---

① Daneau,*Wonderfull Woorkmanship*,fol. 2v.

② 例如参见 Barrough,*Method of Phisicke*,To the Reader;Comenius,*A Reformation of Schooles*(London,1642),p. 30;Topsell,*Historie*(1658 edn),sig. a4r;Boyle,*Some Considerations touching the Usefulness of Experimental Natural Philosophy*,*Works* ii,309;*Some Considerations touching the Style of the Holy Scriptures*,*Works* ii,247ff.;William Coles,*Adam in Eden*,To the Reader. Cf. Galileo,'Letter to the Grand Duchess Christina',in Drake,*Discoveries and Opinions*,p. 169.

③ 现代早期法语文献中对大洪水之前书籍的讨论,参见 Stephens,'Bibliographic Myth'。这段话的大部分内容都得益于 Stephens 的文章。

古代科学的埃及人、希腊人和罗马人都是自吹自擂的骗子。① 菲利普·梅兰希顿也重复了这种对柱子的叙述,不过认为是亚当而不是塞特建造了这些柱子。据说梅兰希顿还认为这些柱子处于一座类似于博物馆或礼拜场所的更大的建筑中。② 到了16世纪末,许多人从通俗读物《神的星期和作品》(Divine Weeks and Works)中了解到大洪水之前的知识这一主题,这是胡格诺派诗人纪尧姆·迪巴尔塔斯(Guillaume Du Bartas,1544—1590)撰写的关于《创世记》的史诗。在该书题为"柱子"的一节中,迪巴尔塔斯讲述了传说中希伯来人的始祖希伯(Heber)重新发现了塞特之柱,并且向他的儿子解释了石柱上神秘铭文的含义。在这个故事版本中,数学的四艺科学——算术、天文学、几何学和音乐——被刻在空心圆柱内侧。③ 这不仅暗示结构比两根尖柱更大,而且暗示数学符号能以简明的符号形式表达整个古代知识。在16、17世纪,关于古代知识和轶失之书的传统受到极大关注,许多作者都编纂了大洪水之前著作的目录。④

---

① Gui Le Fevre de la Boderie, *La Galliade* [1582], ed. F. Roudaut (Paris, 1993), pp. 262f.

② Philip Melanchthon, *Chronicon Carionis* (Wittenberg, 1580), p. 17; Gottfried Vockerodt, *Exercitationes academicae* (Gotha, 1704), p. 157.

③ Guillaume de Salluste du Bartas, *Du Bartas his Divine Weekes and Workes* (London, 1641), pp. 135—141.

④ 例子包括 Claude Durent, *Thrésor de l'histoire des langues de cest univers* (Yverdon, 1619), pp. 115—141; Joachim J. Mader, *De bibliothecis atque archiviis* (1666); Vockerodt, *Exercitationes academicae*, pp. 147—167; Jacob Freidrich Reimmann, *Versuch einer Einleitung in die Historiam literariam antediluvianam* (Halle, 1709), pp. 1—50. 对这些著作的简要讨论,参见 Stephens, 'Bibliographic Myth'.

关于"轶失之书"的猜测与涉及《圣经》正典的形成和内容的一些更基本的问题有关。坚持"唯独《圣经》"原则不仅引出了对《圣经》的正确诠释问题,还引出了《圣经》各卷书的相对重要性问题。讨论这个问题时,路德认为,已被收进古代正典的个别作品也许本应删除。① 同样,也可以认为,《圣经》并非留存下来的带有神的启示印迹的唯一作品,已被删除的作品也许遭到了不公正的忽视。换句话说,在把宗教权威性仅仅赋予一些古书的时候,新教改革家提出了更加基本的问题,即哪些文献应被视为权威的。《新约》收录作品的最重要标准是作者的使徒身份,它将具体作品的内容与教会权威所基于的更加宽泛的使徒统绪(Apostolic succession)标准联系起来。因此,《圣经》的书面权威以及主教和教皇的教会权威的来源,原则上可以追溯到基督——"第二亚当"。至于《旧约》,也可以类似地推断,神给第一亚当的启示应当通过继承了亚当智慧的古代哲学家世系来追溯。在文艺复兴时期,许多人认为,亚当知识的秘密并不局限于摩西、所罗门和约伯等《旧约》正典作者的著作,还可以在《圣经》以外的古代著作中找到。

虽然应用于自然哲学领域的"唯独《圣经》"原则似乎使参考其他古代著作显得多余,但摩西哲学本身并没有使所有其他文献与追求科学真理无关。毕竟,关于万物的知识从亚当传到摩西,但几乎不可能只传给了摩西一人。此外,由于《旧约》年代久远,《圣经》的洞见和传统很可能存在于其他古代著作中,尽管是以部分或扭曲的方式存在着。正如我们已经指出的,根据许多教父所认同的

---

① Althaus, *Theology of Martin Luther*, pp. 82—86.

"剽窃论题",异教思想中有许多好东西都出自《圣经》中的先祖和先知,或者说出自《旧约》。这引出了一种可能性,即摩西哲学的片段亦可见于非《圣经》材料。在 13 世纪,罗吉尔·培根(Roger Bacon,约 1220—1292)明确表达了一个传统观点,即神向亚当透露了哲学的基本知识,这种知识在堕落之后几乎完全失去了。但培根还说,亚当哲学的某些方面被琐罗亚斯德(Zoroaster)、普罗米修斯、阿特拉斯(Atlas)、赫尔墨斯、阿波罗和阿斯克勒庇俄斯(Asclepius)等圣贤保存和传播。在《圣经》人物中,是所罗门恢复了传给亚当的古代哲学,希腊哲学家德谟克利特、柏拉图和亚里士多德则是这一传统的继承人。希腊哲学以部分和扭曲的方式表述着原初的被透露的真理,这些真理后来随着基督教的创立而得到纠正。① 培根的这些观点大多源自伪亚里士多德的《秘密的秘密》(*Secretum secretorum*),这是一封信,据称是亚里士多德写给亚历山大大帝的。② 亚里士多德的角色是将古希伯来的秘密告诉亚历山大大帝,使后者得以征服世界。培根认为,这些强大的秘密也许有助于当时的神圣罗马帝国抗击伊斯兰世界。③

"古代智慧"(*prisca sapientia*)或"古代哲学"这个一般论题的

---

① Roger Bacon, *Opus Majus* i, 52—56, 64, 196. 参见 Stephen Gaukroger, *Francis Bacon and the Transformation of Early Modern Natural Philosophy* (Cambridge, 2001), pp. 74f. 以及 PaoloRossi, *Francis Bacon: From Magic to Science* (Chicago, 1968), pp. 69f. 中的讨论。

② 关于这一文本及其影响,参见 Steven J. Williams, *The 'Secret of Secrets': The Scholarly Career of a Pseudo-Aristotelian Text in the Latin Middle Ages* (Ann Arbor, 2003). 关于培根对它的使用,参见 Steven J. Williams, 'Roger Bacon and His Edition of the Pseudo-Aristotelian *Secretum secretorum*', *Speculum* 69 (1994), 57—73.

③ Bacon, *Opus Majus* i, 63, 112, 164, 408; ii, 617.

各种变体在文艺复兴时期的哲学史论述中司空见惯,尽管其中涉及的人物因历史讲述者的哲学偏好而各有不同。① 怀疑论思想家阿格里帕最初撰写《隐秘哲学》的时候曾被一种想法所吸引,即有一种原初的神圣智慧留存下来,可以对亚当、摩西、亚伯拉罕、所罗门、三重伟大的赫尔墨斯(Hermes Trismegistus)、毕达哥拉斯、柏拉图等一系列圣贤的深奥著作进行诠释,以恢复那些被透露给他们或传给他们的知识。② 用阿格里帕的话说,当时魔法师的作用是"恢复那种古老的魔法",③此时这种说法所引起的反响完全不同。三重伟大的赫尔墨斯当时被认为是一位古埃及祭司,马尔西利奥·菲奇诺(1433—1499)在15世纪翻译了《赫尔墨斯秘文集》之后,他在许多这类论述中占据了核心地位。④ 以备受尊敬的三

---

① D. P. Walker, *The Ancient Theology* (London, 1972); Eugenio Garin, *Giovanni Pico della Mirandola: Vita e dottrina* (Florence, 1937), pp. 75f.; Charles Schmitt, 'Perennial Philosophy: From Agostino Steuco to Leibniz', *JHI* 27 (1966), 505—532; Gaukroger, *Francis Bacon*, p. 74, n. 21; C. Blackwell, 'Thales Philosophicus: The Beginning of Philosophy as a Discipline', in Donald R. Kelley (ed.), *History and the Disciplines: The Reclassification of Knowledge in Early Modern Europe* (Rochester, 1997), pp. 61—82.

② 阿格里帕在 *Three Books of Occult Philosophy* (London, 1651), bk iii, ch. ii, ccxi ff. 和 *Oratio in praelectione... Trismegisti*, in *Opera* ii, 1077—1078 中阐述了他的古代哲学版本。

③ Agrippa, *Occult Philosophy*, sig. a3v. Cf. Dedication to Book iii, (p. 342).

④ 关于菲奇诺和古代哲学,参见 James Hankins, 'The Study of the "Timaeus" in Early Renaissance Italy', in A. Grafton and N. Siraisi (eds.), *Natural Particulars: Nature and the Disciplinesin Renaissance Europe* (Cambridge, MA, 1999), pp. 77—119; M. O'Rourke Boyle, 'Gracious Laughter: Marsilio Ficino's Anthropology', *Renaissance Quarterly* 52 (1999), 712—741; C. S. Celenza, 'Pythagoras in the Renaissance: The Case of Marsilio Ficino', *Renaissance Quarterly* 52 (1999), 667—711.

重伟大的赫尔墨斯为主要角色的知识谱系与罗吉尔·培根的知识谱系的差别在于，前者试图为一种柏拉图主义的基督教哲学辩护，认为这种哲学将会取代盛行的亚里士多德主义。在那部关于乔尔达诺·布鲁诺的著名作品中，《赫尔墨斯秘文集》被赋予了完全不同的目的，即说明埃及智慧优越于基督教。① 然而1614年，古典学家艾萨克·卡索邦(Isaac Casaubon)推翻了一种普遍看法，即认为《赫尔墨斯秘文集》真实可靠且年代极为久远。卡索邦指出，它很可能是早期基督教时期的伪造。② 这沉重打击了赫尔墨斯主义版本的古代哲学，不过近几十年来，它的一些支持者认为，虽然现存的《赫尔墨斯秘文集》也许成书时间晚于《新约》，但它仍然代表一种更古老的传统。

英格兰医生和神秘学家罗伯特·弗拉德(1574—1637)坚信，赫尔墨斯主义能与摩西哲学整合在一起。弗拉德将15世纪菲奇诺的新柏拉图主义要素同他自己对《创世记》的炼金术注释结合在一起，基于物理世界与精神世界的复杂关联，创造了一种新的自然哲学。在《摩西哲学》(*Mosaicall Philosophie*，1659年)中，弗拉德提出，《圣经》"外在地表达和描述了属于最本质的[自然]哲学的真正主题的受造事物"。在抨击那种认为《圣经》的主题仅限于道德和拯救的观点时，他坚称，《圣经》既讨论形而上学的东西，又讨论

---

① Frances Yates, *Giordano Bruno and the Hermetic Tradition* (Chicago, 1991). 关于"古代智慧"的不同用法，参见 Mulsow, 'Ambiguities of the *Prisca Sapientia*'。

② Yates, *Bruno and the Hermetic Tradition*, pp. 398—402; Anthony Grafton, *Forgers and Critics* (Princeton, 1990), pp. 62—63, 76—98.

物理的东西。① 他坦言,我并不羞于"将自己的哲学原则归功于我的老师摩西,他的这些原则也是从神那里得来并且由神设想和制定的"。② 按照弗拉德的说法,古代任何有哲学价值的东西都来源于《圣经》,因此,柏拉图和三重伟大的赫尔墨斯(而不是亚里士多德)都是从摩西那里抄的:"这些最聪明的异教自然学家的确从真正的神圣哲学家摩西那里窃得了有效的基础或原则"。③

正如弗拉德的例子所表明的,古代哲学的传统在 17 世纪仍然很有活力。对那种被广泛接受的谱系的典型论述可见于医生吉迪恩·哈维(Gideon Harvey)的《新哲学原理》(*New Principles of Philosophy*,1663 年):

> 我们不能怀疑,哲学也是祖先们一代代传给我们的遗物,他们的确把最初获得的哲学归功于第一个人亚当,因为他处于原始的清白状态时,拥有关于万物的完满知识。他堕落之后也许还保有一定程度的知识,虽然在完美性上与之前的知识有所不同,但凭借着勤勉,他已经大大改进了这些知识。大洪水之后,他的继承者,如塞特、以挪士、该南、玛勒列、雅列、以诺、玛土撒拉和诺亚,又进一步完善了它;从他们的经验中,这些知识的确在量上和完美性上得到了增长,大洪水之后的

---

① Robert Fludd, *Mosaicall Philosophy Grounded upon the Essential Truth or Eternal Sapience* (London,1659),Preface,p. 33. Cf. *Apologia compendiaria* in *Robert Fludd*:*Essential Readings*,ed. William Huffman (London,1992),p. 54.

② Fludd,*Mosaicall Philosophy*,p. 3. 科学知识还被归功于所罗门。*Mosaicall Philosophy*,Preface,and *Apologia compendiaria*,in *Robert Fludd*,ed. Hoffman,p. 52.

③ Fludd,*Mosaicall Philosophy*,p. 40,cf. pp. 28—33,123.

先祖们的渊博学识的确源于他们;他们要么神圣,比如亚伯拉罕、摩西、所罗门,要么世俗,比如波斯的魔法师、巴比伦的迦勒底人、印度的婆罗门、埃及的祭司、犹太人当中的塔木德学者和卡巴拉主义者、古不列颠的德鲁伊特(druids)①、高卢人、荷马、赫西俄德等著名诗人,还有希腊七贤,都是同时代的。②

哈维著作的标题"新哲学原理"所带有的明显的不和谐意味暗示着17世纪思想家对待任何新事物残存的矛盾心理。虽然新自然哲学的支持者们特别注意与中世纪的那些被认为徒劳的行将就木的学科拉开距离,但同样重要的是,他们想表明,"以正确的方式"做自然哲学并非完全没有历史先例。在这方面,为新自然哲学辩护的人与新教改革家有类似的处境,后者同样容易受到指控,说他们在从事全新的宗教创新。"在路德之前,你的教会在哪里?"这个问题是天主教辩论者的一件标准武器。③ 对这个问题最常见的

---

① 德鲁伊特:古代凯尔特人中一批担任祭司、教师和法官等有学识的人。德鲁伊特所传的主要教义是灵魂不朽,人死则灵魂转投。高卢地区的德鲁伊特于1世纪时被罗马政府取缔,不列颠地区的德鲁伊特稍后也被取缔。基督教传入爱尔兰以后,该地德鲁伊特就不再从事宗教活动,而以作诗、记叙史实和断案为业。——译者注

② Gideon Harvey, *Archelogia Philosophica Nova*, *or New Principles of Philosophy* (London,1663),pt 1,p.2.

③ 关于当时对这个问题的反应,参见 Bernard Richard, *Look beyond Luther* (London,1623); Anon., *Luthers Predecessors: or, an Answer to the question of the Papists: Where was your Church Before Luther* (London,1624); David Pareus, *A Commentary upon the Divine Revelation of the Apostle and Evangelist John* (Amsterdam, 1644),pt 1; Robert Sanderson, *A Discourse concerning the Church* (London,1688). 另见 Stephen Barnett, 'Where Was Your Church Before Luther? English Claims for the Antiquity of Protestantism Examined', *Church History* 68 (1999),14—42.

回应是，新教代表着一种纯洁的未被败坏的基督教，它的起源可以追溯到公元 1 世纪，甚至是亚当和先祖们的时代。根据这种历史观，真正的基督教在各个时代都有代表，即使其更加败坏的表现在特定的历史时期占主导地位。这种断言在自然哲学领域的对应说法是，真正的自然哲学从亚当时代开始就有人在践行。正如占主导地位的宗教形态被认为背叛了原本纯洁的基督教，败坏的自然哲学也在人类历史的大部分时期占主导地位。正如新教改革家认为自己正在呼唤一个刚愎自用的教会回归正道，"新"自然哲学的拥护者们也常常认为自己是改革者而不是创新者。常有人指出，真哲学和真宗教拥有相同的败坏根源。托马斯·斯普拉特在自然哲学的衰败与天主教对基督教的败坏之间作了生动的比较。① 艾萨克·牛顿将背叛真宗教与失去科学知识联系在一起（尽管他未经言明的靶子是三位一体的基督教，在他看来，它歪曲了真正的基督教）。威廉·惠斯顿（William Whiston）将知识的败坏归咎于希腊人的理性主义思辨，从而蕴含着对笛卡尔思辨性自然哲学的贬低。② 在所有这些情况下，为自然哲学的新发展确立历史谱系往往会把这些学说的起源追溯到亚当和据说亚当曾将这些学说传给的人。哈维著作的标题暗示着，"新的"自然哲学曾经失传，但目前

---

① 例如参见 Sprat, *History*, pp. 62, 349f., 371。

② Newton, 'Two Notable Corruptions of Scripture', in *Correspondence of Sir Isaac Newton*, ed. H. W. Turnbull, 7 vols. (Cambridge, 1961), iii, 183—149; Snobelin, 'Isaac Newton, Heretic', 385f.; Whiston, *Astronomical Principles*, p. 289. 与牛顿不同，约翰·沃利斯用古代神学的概念来暗示三位一体的神的观念早于《新约》。*Three Sermons*, 99—102. 一些剑桥柏拉图主义者也提出了类似的看法。参见 Harrison, 'Religion' and the Religions, pp. 130—138。

正在被恢复。

哈维的叙事代表着17世纪英格兰人关于其他方面的古代智慧的论述。他不仅为英格兰本土的古代哲学家德鲁伊特提供了一席之地,还将《赫尔墨斯秘文集》的重要性减到最小。在后一方面,他仿效了弗朗西斯·培根。我们将在下一章详细讨论培根的自然哲学进路,但这里值得指出的是,培根一般来说并不看重经由赫尔墨斯主义著作来引导古代智慧的文艺复兴时期的知识谱系。与宗教改革强调学问要独立于异教思想的主要潮流相一致,他选择了一种更加希伯来的古代学问谱系——一位摩西主义的亚当,而不是赫尔墨斯主义的亚当。[①] 但他确信,在异教神话的浮渣中也存在着哲学真理的成分,以至于他在四部作品中试图揭示他所认为的这些神话的哲学含义。在《论古人的智慧》(De sapientia veterum,1609年)中,培根第一次尝试破解这些神话的含义。他在这本书中提出了一个论点,认为希腊文献的叙事中藏有源自更早的圣经传统的关于世界历史的细节片段。[②] 丘比特、潘、普罗米修斯和斯芬克斯的神话被认为传达了关于创世和堕落等事件的被掩盖的真理。如果得到正确理解,也可以方便地用它们来确证培根本人计划的特

---

① Barbara Garner, 'Francis Bacon, Natalis Comes and the Mythological Tradition', *Journal of the Warburg and Courtauld Institutes* 33 (1970), 264—291.

② Bacon, *Sapientia veterum*, *Works* vi, 625—628. 关于培根论古代神话,参见 Charles W. Lemmi, *The Classical Deities in Bacon: A Study of Mythological Symbolism* (Baltimore, 1930); Garner, 'Bacon and the Mythological Tradition'; Silvia Manzo, 'Holy Writ, Mythology, and the Foundations of Bacon's Principle of the Constancy of Matter', *Early Science and Medicine* 4 (1999), 115—125; J. Klein, *Francis Bacon oder die Modernisierung Englands* (Hildesheim, 1987), pp. 42—49。

征——以重建人类对万物的统治为目标,将理性与经验结合起来的重要性,以及要求自然哲学是一项集体的事业。① 这些去神秘化的古代神话的含义在《论科学的尊严和进展》(*De dignitate et augmentis scientarum*,1623年)中得到了重新考察,该书是早先《学术的进展》的一个大大扩充的拉丁文版。例如,培根在这本书里解释说,潘的神话"充满了自然的奥秘和秘密"。这些秘密同样是希腊人从"希伯来的秘密宗教仪式"那里"借鉴"的,指的是世界初创后的状态,此时世界"经受了堕落之后的死亡和败坏"。②

17世纪末,牛津大学的萨维尔几何学教授、数学家约翰·沃利斯(John Wallis,1616—1703)重复了培根关于古代神话传说的《圣经》起源的观点。③ 皇家学会的其他几位著名会员也仿效培根,断言关于自然世界的"新"观念古已有之,有时甚至为特定的个人分配专业化的学科。根据约瑟夫·格兰维尔(1636—1680)的说

---

① Bacon,*Sapientia veterum*,*Works* vi,647f.,673,675f.,678f. 培根似乎依赖于 Natalis Comes [Natale Conti],*Mythologiae sive explicationis fabularum libri decem* (Venice,1551)这部较早的著作。参见 Jean Seznec,*The Survival of the Pagan Gods* (New York,1953), pp. 219—256; Garner,'Francis Bacon, Natalis Comes and the Mythological Tradition'.

② Bacon,*De augmentis*,*Works* iv,319;Cf. *De Sapientia*,*Works* vi,709. 培根还在未出版的《根据丘比特和天空之神的神话论本原和起源》(*De Principiis atque Originibus*,*secundum fabulas Cupidinis et Coelum*,1612)*Works* v,461—500 中讨论了丘比特和天空之神的神话,并且在较早的著作《关于人类科学的思考》(*Cogitationes de Scientia Humana*,可能写于1605年以前)*Works* iii,183—198 中讨论了天空之神和普罗透斯(Proteus)。

③ John Wallis,*Three Sermons concerning the sacred Trinity* (London,1691), pp. 99—102. 沃利斯把 Natalis Comes 引做一个来源。Cf. Whiston,*Astronomical Principles of Religion*,p. 289.

法,先祖们"精通关于神的作品的知识,通过有用的发现和发明给人类带来益处"。具体而言,亚当了解造物的本性,诺亚是葡萄园的园丁,亚伯拉罕是天文学家,以撒精通农事诗,雅各擅长运用"插枝增羊计策",摩西"通晓各种自然知识",比撒列和阿荷利巴启发了建筑学。所罗门是"一位深刻的自然志家,他撰写了大部头的《植物志》"。但以理、哈那尼亚、米迦勒和亚撒利雅"精通所有学问和智慧"。①

保管知识的希伯来人与希腊人之间的一个重要区别据说是,希伯来人公开交流他们保管的知识,而希腊人则试图用神话和寓言来包裹知识,以防俗人注意。② 希腊人做得非常成功,就连后世最杰出的人物也要努力揭开神秘的面纱,以发现其中的真理内核。因此,培根指出,"时间之河将轻巧空虚之物传给了我们,而让坚实沉重之物下沉"。③ 事实证明,只是随着古代真理在现代被重新发现,人们才有可能重新审视许多神话,并按照其真实含义来解释它们,因此培根等人会对古代神话感兴趣。例如,伽利略在《关于两门新科学的谈话》(*Two New Sciences*)中指出,哥白尼的假说隐藏在柏拉图的哲学中,但对于它的数学基础,"柏拉图始终保持沉

---

① Glanvill, *The Usefulness of Real Philosophy to Religion*, p. 41, in *Essays*.
② 例如参见 Sprat, *History*, p. 5. 牛顿本人似乎采取了"双重哲学"的立场,把他的反三位一体观点隐藏起来,不让俗人知道。参见 Stephen Snobelin, 'William Whiston, Isaac Newton and the Crisis of Publicity', *Studies in History and Philosophy of Science* 35 (2004), 573—603, and 'Isaac Newton, Heretic: The Strategies of a Nicodemite', *BJHS* 32 (1999), 381—419.
③ Bacon, *Temporis partus masculus*, in Farington, *Philosophy of Francis Bacon*, p. 68. Cf. Bacon, *Novum Organum* i, §63 (*Works* iv, 64).

默",这一基础是伽利略发现的,他已经"移除了其诗意的面具或外表",显示出其物理真相。① 古人过度的保密和诗意的臆想日益被视为哲学败坏的原因。托马斯·斯普拉特将"知识的初次败坏"归咎于迦勒底和埃及的贤哲们酷爱将哲学真理包裹在神秘中。威廉·惠斯顿认为,希腊自然哲学是对普遍接受的传统的最严重和最有影响的背离。希腊人"依照他们自己的推理",忽视了"他们根据传统从最初的创立者那里获得的、很可能源自人类初始父母的自然而神圣的学说"。②

因此,三重伟大的赫尔墨斯作为古代知识传播中的核心人物之所以消亡,不仅仅是因为现代的文本考证方法对其古代身份提出了质疑。赫尔墨斯主义在其古代和文艺复兴时期的表现中都是神秘和有些精英主义的。真正的智慧只为少数受青睐的人所有,自然的秘密应被那些有天赋的人精心守护,只传给值得领受它们的人。当弗朗西斯·培根在 17 世纪重新构想如何做自然哲学,强调自然哲学对于促进公益的重要性时,这种对哲学家角色的理解是他的一个主要批判对象。③ 古代贤哲的过度保密既阻碍了知识传播,又阻碍了对事实的逐渐积累,而在培根看来,这些都是科学

---

① Hankins,'Galileo,Ficino,and Renaissance Platonism',p. 210.

② William Whiston,*Astronomical Principles of Religion,natural and reveal'd* (London,1717),p. 289.

③ 关于培根对自然哲学家的构想,参见 Gaukroger,*Francis Bacon*,p. 5;Antonio Pérez-Ramos,'Bacon's Legacy',in Markku Peltonen (ed.),*The Cambridge Companion to Bacon* (Cambridge,1996),pp. 311—334;Peter Harrison,'The Natural Philosopher and the Virtues',in C. Condren,I. Hunter,and S. Gaukroger (eds.),*The Philosopher in Early Modern Europe:The Nature of a Contested Identity* (Cambridge,2006),pp. 202—228.

事业的基础。对于英格兰的许多自然哲学家来说,埃及祭司三重伟大的赫尔墨斯已经让位于希伯来的所罗门王。这条清晰的线索不仅记录了一个传统,还为对认识自然世界重新感兴趣提供了正当理由。所罗门作为一名敏锐的自然志家的资格从未受到怀疑。编写了自然志的牧师爱德华·托普塞尔(Edward Topsell)写道,"正如《圣经》中所证实的,所罗门写过关于植物、鸟类、鱼类和野兽的著作,即便蒙受神的恩宠也是如此,因此,最高的智慧才能涉足、最高贵的心灵才能研究这种活动;因为我将向你们表明,……这其中既有人的知识也有神的知识"。① 所罗门渐渐在古代哲学家中享有了仅次于亚当和摩西的优先地位。② 值得注意的是,弗朗西斯·培根将把他理想中的科学机构称为"所罗门宫"。我们将在下一章看到,带着对待知识的矛盾态度——既赞叹自然的奇迹,提倡认真考察自然的运作,又认为人类的学问最终是徒劳的——所罗门的形象几乎完全显示了现代早期英格兰实验哲学家的心态。

如今被认为要对败坏的传统进行改革或者重新发现亚当科学的当时那些人,和古代知识传播链条的中间环节同样重要。培根的一位仰慕者说,"他带着如此的生命和光去著述,他的知识仿佛是在第一个人的学校里学到的"。③ 然而,被视为亚当知识恢复者

---

① Topsell, *Historie*, Epistle Dedicatory.

② 例如参见 Levinus Lemnius, *An Herbal for the Bible*, tr. Thomas Newton (London, 1587), p. 3; Coles, *Adam in Eden*, To the Reader; Richard Saunders, *Saunders Physiognomie and Chiromancie*, *Metoposcopie*, 2nd edn (London, 1671), Preface。

③ Pierre D'Ambois de la Magdelaine, cited in Watts's introduction to *The Advancement of Learning* (1640 edn), sig. a2r.

的更多是笛卡尔。剑桥柏拉图主义者亨利·摩尔(Henry More, 1614—1687)早年热衷于笛卡尔的哲学,认为笛卡尔是摩西智慧在 17 世纪的继承者。① 摩尔认为,摩西的《创世记》记载了亚当关于世间万物的知识,因此称摩西"精通一切自然哲学中最崇高、最宏大的思索"。② 根据摩尔的说法,摩西教导过地球可以运动——这种想法最后被追溯到毕达哥拉斯。这位《圣经》作者还传授过原子哲学,而原子哲学又被通常与之联系在一起的留基伯、德谟克利特和伊壁鸠鲁所剽窃。因此,伽桑狄和笛卡尔对微粒假说的复兴使重新发现一种真正的自然哲学以及《创世记》文本的真实含义成为可能。摩尔甚至认为,笛卡尔的天界涡旋假说隐含在《创世记》的

---

① 其他柏拉图主义者也持有类似观点。参见 Ralph Cudworth, *A Treatise concerning Eternal and Immutable Morality* (London, 1731), pp. 55, 301; Joseph Glanvill, *The Author's Defence of the Vanity of Dogmatizing*, p. 89, in *Scepsis Scientifica* (London, 1665); *Vanity of Dogmatizing*, pp. 183, 211。摩尔和其他剑桥柏拉图主义者及时地对笛卡尔不再抱幻想。参见 Alan Gabbey, 'Philosophia Cartesiana Triumphata: Henry More (1646—1671)', in T. Lennon, John Nicholas, and John Davis (eds.), *Problems of Cartesianism* (Kingston and Montreal, 1982); Marjorie Nicolson, 'The Early Stage of Cartesianism in England', *Studies in Philology* 26 (1929), 356—374; Charles Webster, 'Henry More and Descartes: Some New Sources', *BJHS* 4 (1969), 359—377; A. Rupert Hall, *Henry More: Magic, Religion, and Experiment* (Oxford, 1990), pp. 146—167; J. Saveson, 'Differing Reactions to Descartes among the Cambridge Platonists', *JHI* 21 (1960), 560—567; E. A. Burtt, *The Metaphysical Foundations of Modern Science* (Atlantic Highlands, NJ, 1952), pp. 135—150; Amos Funkenstein, *Theology and the Scientific Imagination* (Princeton, 1986), pp. 72—80。关于笛卡尔在英格兰的影响的综述,参见 G. A. J. Rogers, 'Descartes and the English', in J. D. North and J. J. Roche (eds.), *The Light of Nature* (Dordrecht, 1985), pp. 281—301。

② More, *Conjectura Cabbalistica*, p. 41, Epistle Dedicatory.

创世记述中。① 另一些人则着手建立笛卡尔思想与摩西著作之间的明确关联。法国笛卡尔主义者热罗·德·科尔德穆瓦（Gérauld de Cordemoy，1626—1684）坚持认为，笛卡尔的世界体系很容易"从《创世记》第一章中提取出来"。② 约翰·阿莫波尔（Johan Amerpoel）在《笛卡尔的摩西哲学》（*Cartesius Mosaizans*，1677年）中将《创世记》的若干章节与笛卡尔《哲学原理》（*Principles of Philosophy*）的节选并排放置，仿佛后者只是对前者的评注似的。克里斯托弗·维蒂奇（Christopher Wittich）和安托万·勒格朗（Antoine Le Grand）同样为笛卡尔的与摩西的创世记述之间的一致性辩护。③ 在构建一种笛卡尔版本的摩西哲学的所有尝试中，最著名的是英格兰人托马斯·伯内特（Thomas Burnet）的《地球的神圣理论》（*Telluris Theoria Sacra*，1681年），这部著作使《圣经》中关于创世和大洪水的记述以及关于世界末日大火的预言与一种简化的笛卡尔宇宙论协调一致。④

---

① More, *A Collection*, pp. xviii—xix; Cf. More, *Observations upon Anthroposophia Theomagica and Anima Magica Abscondita* (London, 1650), p. 65. 关于圣经科学的其他拥护者，参见 Diodati, *Annotations upon the Holy Bible*, sig. a3r; John Edwards, *A Demonstration of the Existence and Providence of God* (London, 1696), Preface; Le Clerc, *Twelve Dissertations*, sig. a3r, a4r. 另见 Hill, *English Bible*, pp. 29, 373; R. Hooykaas, 'Science and Reformation', *Journal of World History* 3 (1956), 109—139.

② Cordemoy, *A Discourse written to a Learned Frier* (London, 1670).

③ Antoine Le Grand, *An Entire Body of Philosophy According to the Principles of the Famous Renate Des Cartes* (London, 1694), pp. 56—58. 关于维蒂奇，参见 Rienk Vermij, *The Calvinist Copernicans: The Reception of the New Astronomy in the Dutch Republic* (Amsterdam, 2004), pp. 146—148.

④ Harrison, 'Cartesian Cosmology in England'.

随着笛卡尔宇宙论的式微和牛顿数学体系逐渐占据优势，笛卡尔作为古代哲学的现代继承者的地位被取代。牛顿的支持者们认为，牛顿的体系提供了一种新的更强大的方式来理解隐含在《创世记》中的自然哲学。① 正如麦奎尔(J. E. McGuire)和拉坦西(P. M. Rattansi)若干年前所表明的，牛顿在古代哲学家的行列末尾为自己留下了一席之地。牛顿相信他的发现符合一些古代哲学家的教导——埃及人曾经赞同哥白尼的假说，毕达哥拉斯已经知道平方反比律，柏拉图谈到过物体之间的引力。② 1694 年 5 月，在与大卫·格雷戈里(David Gregory)的交谈中，牛顿解释了他的哲学与古人尤其是泰勒斯(Thales of Miletus)哲学的一致性。甚至连备受诟病的伊壁鸠鲁和卢克莱修的哲学也与牛顿的学说相一致，尽管他们的同时代人曾误认为这种哲学会导致无神论。③ 因此，威

---

① 参见 Harrison, *Bible and the Rise of Science*, pp. 143—147。然而，并非所有人都相信牛顿的自然哲学和《圣经》是一致的。约翰·哈钦森(John Hutchinson)撰写他的《摩西的原理》(*Moses's Principia*)是为了作为"对《圣经》自然志的一种确证"。哈钦森认为，摩西的"首要任务"是"确定自然哲学"。在英格兰，哈钦森的书引起了相当大的兴趣，读者几乎和它所回应的牛顿的《自然哲学的数学原理》一样广泛。他的思想是由一群后来被称为"哈钦森主义者"的门徒发展和传播的。John Hutchinson, *Moses's Principia* (London, 1724—1727), pt ii, ii. 参见 Albert Kuhn, 'Glory or Gravity: Hutchinson vs. Newton', *JHI* 22 (1961), 303—322。

② J. E. McGuire and P. M. Rattansi, 'Newton and the "Pipes of Pan"', *Notes and Records of the Royal Society* 21 (1966), 108—143; Paolo Casini, 'Newton: The Classical Scholia', *History of Science* 23 (1984), 1—58; Lawrence Principe, 'The Alchemies of Robert Boyle and Isaac Newton: Alternate Approachesand Divergent Developments', in Osler (ed.), *Rethinking the Scientific Revolution*, pp. 201—220; D. B. Haycock, '"The long-lost truth": Sir Isaac Newton and the Newtonian Pursuit of AncientKnowledge', *Studies in History and Philosophy of Science* 35 (2004), 605—623.

③ Newton, *Correspondence* iii, 338.

廉·斯蒂克利(William Stukeley)形容他的朋友牛顿是"真哲学的伟大复兴者",这完全符合牛顿本人对自己成就的看法。①

在17世纪后期大多数拥护古代哲学的人看来,求助于古代文本首先不能被当作一种研究方法,而是主要成了一种独立确证新的哲学发现并为之提供历史合法性的手段。不过,求助于古代文本仍然与一种哲学意义上的堕落观念有关。牧师约翰·哈特克利夫(John Hartcliffe)在17世纪最后十年所写的作品很好地把握了这一时期的流行观点。他写道,亚当的第一步是通向知识的。但他愚蠢地寻求过多的知识,使其后代陷入了黑暗,"要么追随错误的嗅觉,要么犹豫该走哪条路"。虽然这话令人沮丧,但哈特克利夫得出了一个非常正面的结论:

> 然而,在从事认识以及地球上其他事务的过程中存在着神意。神并未打算让自然和神意的所有奥秘只有经过世界的所有时代才能得到清楚的理解;古人通过残缺的结论和传统才能知道的东西,后世将通过原理和理论以更完美的方式来认识。②

在哈特克利夫看来,他那个时代的科学代表着从依赖于继承的亚当智慧残余明显转到了新发现的真理。尽管如此,那些业已

---

① Haycock, 'Long-Lost Truth', p. 605.
② John Hartcliffe, *A Treatise of the Moral and Intellectual Virtues, wherein Their Nature is Fully Explained, and their Usefulness Proved* (London, 1691), pp. 296f.

失去的传统的历史仍然很重要,因为它为当时的科学事业提供了总体的合法性,并为新发现提供了独立的证据来源。

第四节 灵感、经验和实验

罗伯特·巴克利(Robert Barclay)的《神学论题》(*Theses Theologicae*,1675年)明确表达了教友会信仰的原则,它从"关于知识的真正基础"这一命题开始。巴克利在这里声称,对神的正确认识来自于"神的内在启示"(divine inward revelations),至少对巴克利而言,这些内在启示与"整体大于部分"这样的逻辑真理具有同等的认识意义。这些逻辑真理既不应与《圣经》的外在证言相矛盾,也不应与"正确的理性"相矛盾,但内在灵感被认为优于这些知识来源,因为用巴克利的话来说,内在灵感(inner inspiration)"本身自明而清晰"。① 巴克利《神学论题》的形式与当时的其他信条陈述有类似之处。例如,《威斯敏斯特信纲》同样以一则关于我们认识神的正确来源的陈述开篇,尽管在这里,这个来源被认定为《圣经》。无论是寻求确定的基础,还是选择清晰性和不可怀疑性的标准,巴克利的"基础主义"立场都重复了笛卡尔的进路。然而,虽然这种形式常见于各种体裁,但其内容却很特别。巴克利反对加尔文主义对《圣经》权威的典型提升,宣称《圣经》"不应被视为所有真理和知识的主要基础"。考虑到我们目前堕落和"败坏"的状况,笛卡尔的自然哲学体系所基于的"自然之光"被视为一个极不

---

① Barclay, *Theses Theologicae* ii (Leith, p. 325).

可靠的向导。对自然之光的依赖正是天主教徒乃至许多新教徒犯错的原因。① 巴克利坚持认为，我们必须主要依靠来自于神的直接灵感。

无论在宗教领域还是在自然哲学领域，巴克利对个人灵感的倡导在 16 世纪都有重要先例。一些激进的新教派别，如再洗礼派（Anabaptists）、寻求派（Seekers）、家庭主义派（Familists）、喧嚣派（Ranters）、卡米撒派（Camisards）和寂静派（Quietists），都曾主张个人灵感的首要地位，并因其招致的纷乱而被戏称为"狂热派"。② 然而，在自然哲学领域同样存在着狂热派，比如帕拉塞尔苏斯主义者、炼金术士、波墨主义者（雅各布·波墨[Jakob Boehme]的追随者）和卡巴拉主义者。炼金术士通常试图说明他们如何通过神的注入（divine infusion）来获得知识，从而使其知识合法化。③ 形而上学家理查德·伯托格（Richard Burthogge，约 1638—1703）在个人灵感的观念变得声名狼藉时宣称：

> 在神学上有狂热派，哲学上肯定也有。既有神学方面的狂热派，也有哲学方面的狂热派。帕拉塞尔苏斯、赫尔蒙特（Helmont）和其他许多化学家[炼金术士]（Chymists）是哲学

---

① Barclay, *Theses Theologicae* iii, iv (Leith, p. 326).
② 受塞巴斯蒂安·弗兰克（Sebastian Frank）等大陆神秘主义者影响的 17 世纪英格兰激进分子常常对堕落持一种更加正面的看法。参见 Poole, *Milton and the Fall*。
③ 关于炼金术士论神的注入，参见 Pamela Smith, *The Business of Alchemy: Science and Culture in the Holy Roman Empire* (Princeton, 1994), pp. 182, 228f.; N. Smith, *Perfection Proclaimed: Language and Literature in English Radical Religion, 1640—1660* (Oxford, 1989), pp. 77, 186—188, 193—199。

狂热派的例子,家庭主义派之父尼科尔斯(H. Nicholls)等人则是神学狂热派的例子。雅各布·波墨和弗拉德博士可能适合做这两类人的例子。①

这些哲学狂热派相信,自然知识可由造物主本身直接传给人的心灵。

许多"哲学狂热派"都深深地得益于赫尔墨斯主义传统和魔法传统。因绘制基督的天宫图而声名狼藉的意大利通才吉罗拉莫·卡尔达诺(Girolamo Cardano,1501—1576)声称,有一位"守护神"传递给了他超凡的理解力,并向他提供了"借助不可错的证明来理解因果"的证明性知识。② 通常认为,这些真理是在严格保密的情况下传递的。《论古人的魔法》(De magia veterum,1575)开篇便承诺,对于那些严守秘密的人,"你的心目将能理解秘密之物,你将通过神力听到你心灵的所有欲望"。③ 然而,这种知识的秘密传递既可以通过一个灵魂向另一个灵魂的神秘"注入",也可以存在于神秘著作中。④ 因此,通过了解起源于亚当本人的秘密知识传统,可以使直接向个人透露的真理得到补充。

---

① Richard Burthogge, *Organum Vetus & Novum*; *Or*, *A Discourse of Reason and Truth* (London,1678), p. 21. Cf. Sprat, *History*, pp. 37—38; John Sergeant, *Solid Philosophy Asserted*, *Against the fancies of the Ideists . . . with Reflexions on Mr. Locke's Essay Concerning Human Understanding* (London,1697), sig. b1v.

② G. Cardano, *De rerum varietate* (Avignon,1558), *Epistola*, p. 5, 引自 Rossi, *Francis Bacon*, p. 30。

③ Rossi, *Francis Bacon*, p. 29。

④ Ibid., p. 30。

第三章 在堕落的世界中寻求确定性

被伯托格并称为哲学和宗教狂热派的德国神智学家雅各布·波墨(1575—1624)将炼金术、帕拉塞尔苏斯主义、占星术和神秘主义的要素结合成一个复杂的混合体,在德国和英格兰产生了深远的影响。波墨生于德国,起初是路德宗信徒,后来数次体验神的光照(第一次是在 1600 年),并且在《曙光》(*Aurora*,1612 年)中轻率地发表了其中的细节。这使他引起了当局的注意,他们试图劝阻波墨进一步发表,但最终没有成功。波墨的思想传遍了德国,并且进入了英格兰,在那里吸引了无数追随者。波墨坚信,人的理性被"迷住了,牢牢地封闭在一个坚固的牢狱中"。他坚称,对自然之光的依赖最终只会导致黑暗:"撒旦和第一个人亚当清楚地例证了让自然之光自己做主、以理智为主导时所做的事情。"① 为了重新获得亚当在其原初状态下所拥有的知识,我们必须净化自己,等待神的精神的照亮。虽然并非每个人都"适合认识或者能够认识永恒的和暂时的自然的神秘运作",但被神赐予灵性的人们能够阅读自然之书,并且进入波墨所说的"自然哲学、感觉和理性的外院"。② 正如波墨著作的一位英译者后来所说:"一切的基础都在亚当身上,或自他以后在我们每一个人身上。"揭示这种隐秘的内在知识的密钥就是神的灵。③ 为了被赐予这把钥匙,个人必须参与必要的自我净化仪式。根据波墨主义者的说法,亚当知识上的封印"不

---

① Jakob Boehme, *The Way to Christ* (1622) tr. P. Erb (New York, 1978), p. 114.

② Jakob Boehme, *Signatura Rerum: or the Signature of all Things*, tr. J. Ellistone (London, 1651), sigs. a3v, a4v.

③ Jakob Boehme, *The Second Booke. concerning The Three Principles of The Divine Essence* (London, 1648), 'To the Reader', sig. a4v, p. 23.

能通过学院、大学或经院哲学的学问来打开,而要通过恒切的悔改、禁食、警醒守候,凭借圣灵,在耶稣基督的受苦中祈祷、叩门、寻求"。① 类似的主题进入了 17 世纪"神光之子"(对教友会教徒原来的称呼)的虔诚著作。乔治·福克斯(George Fox,1624—1691)在其日志中描述了他所体验到的神的直接性以及与之伴随的知识:

> 除了纯洁、清白和公义我一无所知,借着耶稣基督恢复为神的形象,因此我说,我达到了亚当堕落以前的状态。万物向我敞开,我看到了万物如何按照其本性和效力被命名。②

但是,对神圣灵感的强调也同样出现在更传统的医学著作中。当时最著名的外科医生昂布鲁瓦兹·帕雷(Ambroise Paré,1510—1590)写道,神创造亚当之后,"他把宇宙万物的本性、固有运作、能力和效力教给了亚当"。如今被神选来从事医疗的人,仍然可能被赋予那种知识:"但这种知识并没有随着亚当的逝去而被遗忘;神的这份馈赠被赐予了他选来做医生的那些人,让他们向其他需要帮助的人施以援手。"③ 这种观点在帕拉塞尔苏斯主义者那

---

① Jakob Boehme, *The Second Booke. concerning The Three Principles of The Divine Essence* (London,1648), Preface. 一些摩西哲学家也持有这种看法。参见 Robert Fludd, *Mosaicall Philosophy*, p. 10。

② George Fox, *The Journal of George Fox*, ed. John L. Nickalls, intro. Geoffrey F. Nuttall (Cambridge,1952), p. 27.

③ Ambroise Paré, *The Workes of that Famous Chirurgion Ambrose Parey*, tr. Thomas Johnson (London,1634), Preface.

里也很常见。英格兰第一位帕拉塞尔苏斯主义作者"R. B"写道,亚当曾经拥有关于万物的精确知识,这种知识是神的非凡馈赠。①但随着堕落降临,我们的知识遭到败坏,这体现为亚里士多德和盖伦的异教传统。追随这些异教作者的人所秉持的学说"不是基于神的道的统治,而是基于堕落的人的权威,他们崇拜偶像而不知真理"。② 与堕落前的亚当不同,这些异教作者并未获得"智慧的钥匙",因为唯有神才能"赋予智者以智慧"。③ 为了支持其革新的帕拉塞尔苏斯主义医学,R. B. 援引的总的原则是,"没有任何真理不是源自基督,他就是真理本身"。④

另一个英格兰人,即医疗化学家(iatrochemist)蒂莫西·威利斯(Timothy Willis,1560—约 1620),在其《原因的探求》(*Search of Causes*,1616 年)开篇就断言:"向神的第一批朋友透露并且一代代传给我们的真理知识,比任何哲学的智慧都更完满。"在这本包含着对《圣经》创世记述的化学解读的炼金术著作中,威利斯坚称,哲学家们一直在徒劳地寻求万物的原因,而忘记了他们所寻求的答案早已为《圣经》作者所揭示:"这部创世纪事极好地教导了万物的状况、组成和自然生命状态。"⑤然而,虽然《圣经》保留了亚当的某些哲学知识(现在被威利斯转变成一种更加科学的形式),但亚当的堕落及其直接继承者的"怠惰"极大地阻碍了古代知识的传

---

① R. B., *Auncient Phisicke*, sigs. fiiii r—gi v.
② R. B., *Auncient Phisicke*, Author's Obtestation, sig. bii v.
③ R. B., *Auncient Phisicke*, sig. bii r.
④ R. B., *Auncient Phisicke*, ch. 1.
⑤ Timothy Willis, *The Search of Causes. Containing a Theosophicall Investigation of the Possibilitie of Transmutatorie Alchemie* (London,1616), pp. 1,20f.

播。于是在这里，威利斯背离了"虔诚的自然哲学家"的标准立场，声称在万物达到最终的完满之前，可以通过炼金术士的努力对万物进行部分拯救。发现"一种完整的元素复合物"，将会恢复亚当原本拥有的对自然物的统治，从而扭转堕落所导致的最具灾难性的一个后果。正如威利斯本人所说，"就像人类因一个最完美的人所受的苦难而复归于神，因此自然物在神的命令下经由一种最纯净的、经过吸收和再生的自然复合物而复归于人"。①

在将个人灵感与《圣经》权威联系起来方面，威利斯是那些援引内在神启作为无误知识来源的人的典型。这种方法的倡导者的一个假定是，如果神最初赋予了亚当自然知识，那么这种知识就有可能传给亚当的子孙后代，至少原则上是如此。此外，《圣经》的权威被归于一个事实，即神曾经赋予《圣经》作者以一种超越其自然能力的知识。问题又来了，如果神过去曾向《圣经》的作者们注入这种智慧，那么似乎没有明显的理由解释神为什么不以类似的方式启发现在的人。然而，由这种逻辑必然会推出，《圣经》也必须始终是我们的一个重要知识来源。例如罗伯特·弗拉德指出，摩西曾"与神对话，并通过神的帮助和圣灵的启示而获得了两种理解力（自然的和超自然的）的关键"。② 虽然弗拉德相信，柏拉图和三重伟大的赫尔墨斯曾经拥有关于世界的神圣秘密，但他也宣称，"天上的智慧为神的力量所拥有，仅以神秘的方式透露给人类，而且只能被圣徒和选民所发现，因此异教徒或异族的智者们无从知晓"。③

---

① Timothy Willis, *The Search of Causes. Containing a Theosophicall Investigation of the Possibilitie of Transmutatorie Alchemie* (London, 1616), p. 41.
② Robert Fludd, *Apologia compendiaria*, in *Robert Fludd*, ed. Huffman, p. 46.
③ Fludd, *Mosaicall Philosophy*, p. 10.

第三章 在堕落的世界中寻求确定性

在自然哲学领域诉诸《圣经》权威的人当中,可以辨别出一些重要差异。最早的哲学史家之一约翰·雅各布·布鲁克(Johann Jakob Brucker, 1696—1770)正确地区分了诉诸《圣经》字面意义的人和寻求更具启发性的寓意解读的人。① 按照布鲁克的分析,像朗贝尔·达诺这样的思想家与更具狂热倾向的人之间的区别在于,在追求真知的过程中,理性在多大程度上被降级,以及启示在多大程度上被提升。因此,在诉诸《圣经》的同时,对于理性、经验或神启可以有不同程度的依赖。扬·夸美纽斯就是一个典型的例子。从他的《由神光改进的自然哲学或物理学概要》(1633 年)的标题来看,似乎最好是把他归于哲学狂热派。② 然而在其序言中,夸美纽斯却坚称,"真正哲学的种子……包含在《圣经》之中",这似乎使他有资格被列为摩西哲学家。但他又进一步限制性地宣称,理性和感官也应与《圣经》并列。夸美纽斯说,"唯一正确、真实、朴素的哲学道路"是"从感觉、理性和《圣经》中获得一切"。③

共和政体时期对英格兰大学发起猛烈批判的约翰·韦伯斯特

---

① Johann Jakob Brucker, *Historia critica philosophiae* (Leipzig, 1743), vol. iv, pt 1, bk 3, ch. 2, pp. 610f. Blair, 'Mosaic Physics', p. 36.

② 我使用的是 17 世纪的英译本 *Naturall Philosophie Reformed by Divine Light; or, A synopsis of Physics* (London, 1651)。在卷首插图中,夸美纽斯称赞了胡安·路易斯·比维斯(Juan Luis Vives)的观点:"大自然不应通过异教徒发出的一种朦胧恶光的灯来考察,而应通过基督带入黑暗世界的阳光火炬来考察。"

③ Comenius, *Naturall Philosophie*, Preface. 事实上,夸美纽斯谴责那些在自然哲学中只求助于《圣经》的人:"那些只听从《圣经》,而既不听从感觉也不听从理性的人,要么(因其观念的崇高而)远离这个世界,要么涉及他们凭借绝对信仰无法理解的东西,要么按照字面意义,让自己相信一些异常荒谬和迷信的东西,就像那些天主教徒在其荒谬绝伦的圣餐变体论中所做的那样"。Comenius, *Naturall Philosophie*, Preface.

(1611—1682)也有同样全面的看法。《圣徒指南》(*The Saints-Guide*,1654)有一章的开篇专门讨论"人文学问",韦伯斯特将它定义为"通过自然力量、能力和勤勉所习得或可能习得的科学或知识;要想习得这种知识,必须有神的灵的直接协同,圣灵的普遍恩典是必不可少的"。这种"习得的知识"不同于"注入的知识",即"通过基督的灵的传入、流入和寓居,人所拥有的证据的和实验的知识"。① 这两种知识都需要神的活动,但就注入的知识而言,这种活动是即时的和直接的。接着,习得的知识被等同于"在神看是愚拙"的世俗智慧,其典型例子是经院学问,它本身源自"异族的巴比伦废墟中的腐烂废物"。② 他所提出的课程改革极为折中,结合了帕拉塞尔苏斯主义、赫尔蒙特主义的医疗化学、波墨和弗拉德的神智学(theosophy),以及伽桑狄和迪格比(Digby)的微粒理论,所有这些都受到一种培根主义意识形态的激励。这些大概都被视为"注入的知识"的例子。韦伯斯特的明确目标始终是,恢复亚当曾经凭借神的恩赐所拥有的知识。③

虽然这种关于神圣灵感和个人经验的讨论似乎与科学知识截然相对,但韦伯斯特对"实验知识"这一表述的使用需要我们

---

① John Webster, *The Saints Guide*, p. 1. 另见 Webster, *The Judgement Set, and the Books Opened ... in Several Sermons* (London, 1654), 'To the Reader'(by Thomas Somerton); Webster, *Academiarum Examen*, p. 9。

② Webster, *Academiarum Examen*, pp. 5, 15. 韦伯斯特似乎在17世纪70年代改变了想法,他斥责教友会教徒和其他"狂热分子"声称在对《圣经》的诠释中受到启示——尽管他先前明显同情教友会教徒的许多看法。参见'Webster, John(1611—1682)', *ODNB*。

③ Webster, *Academiarum Examen*, pp. 26—29。

认真考虑一下。应当指出,在那个时代,"实验"和"实验的"的含义非常宽泛。在整个中世纪和现代早期的大部分时间里,"实验"(experimental)或多或少与"经验"(experiential)同义。例如,阿奎那曾经写道,"知觉意味着某种实验知识",但他只不过是说,知觉需要感觉经验。① 于是,据说当动物在亚当面前行进时,亚当便获得了关于它们的实验知识(*experimentalem cognitionem*)。② 以上两个例子都没有暗示在做实验。在韦伯斯特的语境中,"实验"指的是直接经验,而不是抽象的思辨或源于书本或其他权威的二手知识。事实上,虽然这个词在17世纪可以在一般意义上被使用,或者与新的实验哲学相联系,但它主要被用于宗教语境。③ 在出版的文献中,这个英文词最早见于"对基督事迹的实验见证"(experimental witnesses of Christ's deeds,约1449年)。④ 威廉·

---

① '*perceptio enim experimentalem quandam notitiam significant*'. Aquinas, ST 1a. 43,5;Cf. 2a2ae. 45,2;97,2.

② Aquinas,ST 1a.96,1.

③ 例如,培根谈到了"两种能力,实验的和理性的",*Novum Organum* i, § 95 (*Works* iv,92)。培根区分了经验和实验:"最后还有单纯的经验;这种经验,如果是自然出现的,就叫做偶然,如果是着意寻求的,就叫做实验。"*Novum Organum* i, § 82 (*Works* iv,82)。另见 Peter Dear,*Discipline and Experience*:*The Mathematical Way in the Scientific Revolution* (Chicago,1995),pp. 21f. 。霍布斯给出的定义稍有不同:"对一个事物与另一个事物的相继的记忆,也就是说,对先前的事物、后来的事物以及伴随的事物的记忆,被称为实验;无论它是我们自愿做的,比如一个人把某个东西放入火中,看看火会对它产生什么影响,还是不是我们造成的,比如我们记得在一个红色的傍晚之后是一个晴朗的早晨。做过许多实验,就是我们所说的经验,它不过是对前因后果的记忆罢了。"*Elements of Law*,i. iv. 6 (Tönnies edn,1889),p. 14. 霍布斯还认为他的政治哲学,就像他的物理学一样,是实验的。*Dialogus physicus*, tr. in Shapin and Schaffer,*Leviathan and the Air Pump*,p. 391.

④ Pecock,*The repressor of over much blaming of the clergy* (c. 1449),iv. iv. 448,in *OED*, 2nd edn,s. v. 'experimental'.

邦德（William Bonde）的《完满的朝圣》（*Pilgrymage of perfeccyon*，1531年）提到了基督向其门徒显现的"证据和实验"（argumentes and experyments），以及"关于即将到来的天国生活的实验知识"（Experymentall knowlege of the heuenlylyfe to come）。① 在整个17世纪，特别是在清教徒作者中，人们经常谈到"实验基督徒""实验祷告""实验神学"和"实验神学家"，在所有这些情况下，强调的都是对神的直接个人经验。② 在将实验知识与书本学问或理论思辨对立起来方面，韦伯斯特的用法很典型。比他稍早的同时代人、弗朗西斯·培根的朋友约翰·埃弗拉德（John Everard，约1584—1640/41）也轻蔑地谈到"人文学问"和"大学知识"，他认为更可取的是"通过实验来认识耶稣基督和《圣经》，而不是通过语法、文字或学术"。③ 擅长写宗教小册子的理查德·扬格（Richard Younge，活跃于1636—1673）也区分了恶人与敬神者所共有的"自

---

① William Bonde, *Pilgrymage of perfeccyon* (London,1531), fols. 209b,46b.

② Joseph Hall, *Epistles*, 3 vols. (London, 1608—1611), i, 7（实验神学）; Laurence Womock, *The examination of Tilenus before the triers* (London,1657), p. 85（实验神学家）; John Woodhouse, *A catalogue of sins highly useful to self-acquaintance, experimental prayer; and above all to a suitable preparation, for a worthy partaking of the supper of the Lord* (London,1699); J. L., *A small mite ... Whereunto are added two new songs; the one being some brief touches on the 12 chapter of the Revelation, more fully to be enlarged in the experimental Christian* (London,1654). 另见 Ralph Venning, *Orthodox paradoxes, theological and experimental* (London,1654); Thomas Bromley, *The way to the sabbath of rest. Or, The souls progresse in the work of regeneration. Being a brief experimental discourse of the new-birth* (London,1655); William Dimsdale, *The Quaker converted; or the experimental knowledg of Jesus Christ crucified, in opposition to the principles of the Quakers* (London,1690).

③ 引自 Hill, *World Turned Upside Down*, p. 264。

第三章 在堕落的世界中寻求确定性

然的和思辨的知识",以及"实验的和拯救的知识,它们是超自然的、从天而降的"。① 在道德哲学领域也可能有"实验知识"。哈特利布(Hartlib)和约翰·杜里(John Dury)的伙伴、清教主义布道者托马斯·古德温(Thomas Goodwin,1600—1679)谈到,必须对我们的道德义务有"一种实际的、实验的"认识。古德温指出,这种知识"来自于生活中敬神者的例子,或者来自于对神与自己或他人来往的观察,而不仅仅从文字概念上获得"。他的结论是,在道德语境下,"通过慈悲或判断的实验而得到的知识具有更多的效力和证据"。②

虽然17世纪的实验自然哲学与实验宗教之间的可能联系尚未得到全面研究,但它们之间存在着一些貌似合理的联系。③ 清教主义强调第一人称与神的相遇,与实验哲学中用个人经验来取代对权威和书面传统的依赖有重要的相似性。新教对绝对信仰(implicit faith)的总体拒斥,也类似地暗示不基于他人的权威来接受事实。比如加尔文抱怨说,绝大多数基督徒都径直"将教会

---

① Richard Younge, *No Wicked Man a Wise Man*, *True Wisdom described. The Excellency of Spiritual, Experimental and Saving Knowledge, above all Humane Wisdom and Learning* (London, 1666), p. 6; cf. Younge, *An Experimental Index of the Heart* (London, 1658), passim.

② Thomas Goodwin, *Aggravation of Sin*, in *The Works of Thomas Goodwin*, D. D., 12 vols. (Edinburgh, 1862), iv, 183. 这并不是说古德温是韦伯斯特的同路人。作为17世纪50年代牛津大学莫德林学院院长,古德温面对韦伯斯特和戴尔的攻击为大学做了辩护。

③ 对可能的联系的一些有趣评论,参见 Karen Edwards, *Milton and the Natural World: Science and Poetry in Paradise Lost* (Cambridge, 2000), pp. 47f., 64—82. 另见 Webster, *Great Instauration*, p. 284。

的每一项命令奉为真理,或者把调查和决定的权力交给教会"。①红衣主教贝拉闵非常准确地把加尔文本人的立场描述为,允许"个人在信仰上做裁判"。② 同样的学说也体现在皇家学会的座右铭"*nullius in verba*"(大致可译为"不依人言")中。它所珍视的原则是:未经经验检验,就不接受关于自然世界的既定真理。③ 在宗教和哲学各自的领域内,实验与思辨之间的平行对比也很重要。④

还有一个原因可以解释,关于神圣灵感在获得科学知识方面的作用的这种讨论为何不应被视为完全违背科学研究的精神,那是因为,几乎所有在现代早期提出知识主张的人都尽力将自己的至少某些成就归功于神的恩典。奥西安德尔在哥白尼的《天球运行论》序言中写道,除非由神透露给他们,否则无论数学家还是哲学家都无法发现真理。⑤ 伽利略说自己的望远镜发现是"最初受到神的恩典的光照之后"做出的。⑥ 约翰·阿尔施泰德和他的老师巴托洛梅乌斯·凯克曼(Bartholomäus Keckermann)都相信,昔日的大哲学家曾经得益于神圣灵感,并让学生们祈祷圣灵也能

---

① Calvin,*Institutes*,Prefatory Address(McNeill i,14);*Institutes* iii. ii (Beveridge i,470). 关于对绝对信仰的支持,参见 Aquinas,ST 2a2ae. 5—8。

② Bellarmine,*Disputations* i. iii. 3,in Blackwell,*Galileo,Bellarmine,and the Bible*,appendix iii,p. 193.

③ 这句格言出自贺拉斯(Horace):"Nullius addictus jurare in verba magister"(我不受任何老师说法的约束),*Epistles* 1.1.14。

④ 关于这个区分,参见 Peter Anstey,'Experimental versus speculative natural philosophy',in Peter Anstey and John Schuster (eds.),*The Science of Nature in the Seventeenth Century* (Dordrecht,2005),pp. 215—242。

⑤ Osiander,Preface to Nicholas Copernicus,*On the Revolutions*,ed. Jerzy Dobrzycki,tr. Edward Rosen (Baltimore,1978),p. xx.

⑥ Galileo,*The Starry Messenger*,in *Discoveries and Opinions*,p. 28.

类似地启示他们。① 乔治·贝克(George Baker)在约翰·杰拉德(John Gerard)的《本草书》(*Herbal*,当时的权威著作)序言中写道,"如果神这个伟大的劳作者没有事先教导人,人就不可能查明植物的本性"。② 这种对神的帮助的提及并不只是修辞上的粉饰,这显见于罗伯特·波义耳对神圣灵感在科学发现中可能起的作用的思考:

> 虽然我和一些赫尔蒙特主义者以及帕拉塞尔苏斯主义者都不敢肯定,神通过善良天使或夜间异象向人们透露了化学的伟大奥秘……但我相信,神的恩惠(远超人们所知)的确可以提升一些人的自然研究水平。

波义耳又说,神通过"恰当的耐人寻味的暗示"来发挥其微妙影响。③

必须承认,这种神的帮助区别于那种奇迹般的神秘交流,后者缺乏进一步的认知上的支持。无论神对伽利略和波义耳产生了怎样微妙的影响,他们的发现在某种程度上都能作独立验证。波义耳本人清楚地知道,他关于神圣灵感的立场与赫尔蒙特主义者和帕拉塞尔苏斯主义者的立场截然不同。与文艺复兴时期的魔法师

---

① Hotson, *Johann Heinrich Alsted*, pp. 78f.

② John Gerard, *The Herbal or Generall Historie of Plantes* (London, 1636), 2nd Preface. 另见 Parkinson, *Paradisi in Sole*, To the Reader; Jean Gailhard, *The Compleat Gentleman; or Directions for the Education of Youth* (London, 1678), p. 25。

③ Boyle, *Usefulness of Experimental Natural Philosophy*, Works ii, 61.

不同,无论神意在多大程度上提供了这些"暗示",波义耳和伽利略都认为,为了所有人的利益而发表他们的发现是恰当的。然而,对神圣灵感的这种适度求助的确表明,在一个为知识寻求坚实基础的时代,神在某种意义上是最终的保证。这种立场在某种程度上已经见于开普勒和伽利略,它常常——非常正确地——与笛卡尔联系在一起,笛卡尔在《第一哲学沉思集》中断言,"人如果不认识神,就无法正确地认识自然事物"。① 笛卡尔的追随者马勒伯朗士说得更明确:"随着与神的结合愈发紧密,心灵会变得更纯洁、更光明、更强大、范围更广,因为这种结合构成了它的整个完美性。"在这种近乎准神秘的状态中,心灵能够把握神所植入的观念,不被世俗事务分心,从而获得无可置疑的知识。② 这些看法在英吉利海峡对岸的英格兰医生沃尔特·查尔顿(Walter Charleton,1620—1707)的主张中得到了附和:"若非首先认识大自然的作者,就无法认识大自然中的任何事物。"③ 此外,这不只是在理智上认同神的存在。毋宁说,要想"纠正错误的判断",就需要认识神。④ 在牛顿之前担任卢卡斯数学教席的艾萨克·巴罗(Isaac Barrow)也同意

---

① Descartes,*Objections and Replies*,CSM ii,290.

② Malebranche,*Search After Truth*,p. xxxvii. 笛卡尔主义者皮埃尔·普瓦雷(Pierre Poiret)更显神秘。参见 Thomas M. Lennon,'The Cartesian Dialectic of Creation',in Daniel Garber and Michael Ayers (eds.),*The Cambridge History of Seventeenth-Century Philosophy*,2 vols. (Cambridge,1998),i,331—362。

③ Walter Charleton,*The Darknes of Atheism Dispelled by the Light of Nature. A Physico-theological Treatise* (London,1652). 关于查尔顿对《第一哲学沉思集》方法的赞同,参见 sig. b3r—v。

④ Ibid.,sig. a2v.

笛卡尔的基本见解:"因此,每一个有效的证明都能在某种程度上认定神的存在;不仅在认识能力方面,而且在可认识的对象方面。"[136]笛卡尔非常清楚地指出,为使我们绝对确定自己已经获得了真理,就需要知道我们理解和判断真理的能力是否正确,这种能力只可能来自我们造物主的权能、仁慈和真理。"①

尽管这些人的基本进路之间存在着明显差异,利用神圣灵感的程度也各有不同,但他们都可以归入富于幻想的狂热派。比如亚里士多德主义形而上学家约翰·萨金特(1622—1707)就指责那些法国哲学家的狂热。笛卡尔的哲学沉思被认为"具有狂热主义意味,这使他那已经精疲力竭的心灵适合接收梦的印象和异象"。马勒伯朗士的情况也好不到哪里去,他完全抛弃了科学的"所有人文手段",加入了哲学狂热者的行列,"号称他们的知识之光直接来自于神"。②萨金特认为,这类哲学家将"狂热主义引入哲学,凭借那些想象和幻想的观念,在很大程度上建立在一种虚假的内在之光的基础上"。③但萨金特也将其批评延伸到那些有经验论倾向的人身上,把约翰·洛克与笛卡尔和马勒伯朗士共同列为"哲学狂热派"。梅里克·卡索邦(Meric Casaubon,他的父亲曾经有力地驳斥了赫尔墨斯主义者的主张)也认为,实验主义者们踏上了一条

---

① Isaac Barrow, *The Usefulness of Mathematical Learning Explained and Demonstrated ; being Mathematical Lectures read in the Publick Schools at the University of Cambridge*, tr. John Kirby (London, 1734), [Lecture vii], pp. 109f.

② John Sergeant, *Solid Philosophy Asserted*, sig. b1v; *Non Ultra : or, A letter to a Learned Cartesian* (London, 1698), p. 110.

③ Sergeant, *Solid Philosophy Asserted*, sig. a4v.

通往危险的新狂热主义的道路。①

萨金特深信,所有这些为知识寻找新的确定基础的努力都是完全没有必要的。他仍然相信一种相对不加批判的亚里士多德主义认识论,在这种认识论中,理性扮演着不成问题的角色。他还尽力阐述了一种亚里士多德主义/托马斯主义的观点,即"真正的知识"是人的"自然目的"或"自然完满",特别是,他坚称原罪并不妨碍达成这个自然目的:

> 我看不出通过赋予我们败坏的倾向才起作用的原罪如何能够妨碍我们在难以言明的纯思辨问题上得出正确结论;也看不出阿基米德、欧几里得、亚里士多德或希波克拉底等异教徒为何不能在数学和其他科学中达到真理;也看不出一个灵魂被实际的罪和原罪所败坏的恶人为何不能像亚当从未堕落的情况下所能做的那样把事情做好。②

因此,在萨金特看来,笛卡尔主义者和实验主义者的方法论规定是过分的和没有根据的,因为人类的堕落状况在自然哲学领域是一个不相关的因素。他虽然没有否认原罪的真实性,但认为这

---

① Michael Heyd, 'The New Experimental Philosophy: A Manifestation of Enthusiasm or an Antidote to it?', *Minerva* 25 (1987), 423—440; Adrian Johns, 'The Physiology of Reading', in Frasca-Spada and Jardine (eds.), *Books and the Sciences in History*, pp. 291—314 (p. 301). 关于卡索邦对实验哲学的态度,参见 Richard Serjeantson 对梅里克·卡索邦的介绍, *Generall Learning: A Seventeenth-Century Treatise on the Formation of the General Scholar* (Cambridge, 1999).

② Sergeant, *Method to Science*, sig. a2v.

并不意味着自然哲学领域要有额外的补偿机制。因此,亚里士多德固然对原罪一无所知,但他的哲学见解仍然适用。

16、17世纪的传统学问所面临的挑战激起了若干种完全不同的反应,本章讨论了它们的典型例子。其中许多例子注定只能在现代科学史的标准叙事中扮演一个小角色。建立在《圣经》基础上的摩西哲学几乎没能持续到17世纪之后,而到了18世纪,路易·布丰(Louis Buffon)将把《圣经》与自然哲学的创造性结合斥为"物理神学的乌云"。① 这并不是说科学与《圣经》之间的一致性变得不再重要,而是说《圣经》越来越不再被视为科学信息的重要储藏库。也许可以说,20世纪出现的科学创世论(scientific creationism)②重新回到了要把自然哲学建立在《圣经》基础上的这些早期尝试,但摩西哲学家们通常感兴趣的是把《圣经》的教导与笛卡尔或牛顿的学说等最新的科学理论结合在一起。此外,绝大多数17世纪思想家虽然承认《圣经》的字面含义,却比现代创世论者更可能相信,《圣经》讯息已经经过"调适"(accommodated),以迁就最初读者的理解力。神圣灵感在关于科学发现的论述中很少被援引,也不再被视为获得知识的关键特征。但可以说,这种基本观点仍然以残余的形式存在于科普作家非常钟爱的一种观念中,即孤独的科学天才在突然的灵感爆发之后取得了重大突破。在本章考察的进路中,认为宇宙具有数学结构这种观念最有影响力,它是

---

① Georges Louis Leclerc, Comte de Buffon, *Natural History, General and Particular*, tr. W. Smellie, 20 vols. (London, 1812), i, 131.

② 认为《圣经》中的创世论述有科学依据的一种学说。——译者注

现代物理学的一个核心特征,即使数学构造的实在性问题仍然伴随着我们。

在某种意义上,所有这些尝试最终都试图通过诉诸神来证明知识主张是正当的。对人类心灵局限性的新的意识促使人们尝试在分有神的心灵的数学观念中,在对神的启示的书面记录中,或者在与神的直接交流中寻求确定性。其中每种策略也代表着一种尝试,要根据摆脱了基督教启示意义的觉察到的科学缺陷,将认识论重新神学化。然而,它们从传统模型中保留了一种看法,即科学知识是确定的和可证明的。如果说这些策略放弃了亚里士多德的科学方法,那么它们仍然保留了亚里士多德的科学理想。更激进的替代方案是同时放弃两者。17 世纪在英格兰发展出来的实验自然哲学进路的一个前提就是,科学中永远无法达到确定性,自然研究者需要放低眼光。实验哲学家认为,在培根科学观的指导下,即把科学看成"志的"(historical)报告或实验报告的逐渐积累,科学将成为一项长期的或然性的事业。而他们这种对科学前景更受约束的看法则是基于对堕落之后的心灵和感官的一种更为审慎的评价。实验哲学——将是接下来两章的主题——试图缓慢恢复亚当的知识,但它敏锐地意识到,人类研究者不再拥有其第一位父亲的完美能力。

第四章　废黜偶像

但是,我们必须在保持本性的事物中,而不是在败坏的事物中寻找自然的意图。因此,我们必须研究那个身体和灵魂处于最完美状态的人,因为在他那里,我们将看到二者的真实关系;尽管在糟糕的或败坏的本性中,身体似乎往往统治着灵魂,因为它们处于一种坏的不自然的状况。

——亚里士多德,《政治学》,1254b

不可能让一个天生失明的人设想自己看不见;不可能让他渴望视觉,遗憾自己看不见。因此,我们的灵魂满足于我们所拥有的感官,这不应使我们安心,因为灵魂无法感受感官可能具有的病患和不完美。①

——蒙田,《为雷蒙·塞邦辩护》

人类在堕落的同时便失去了他们的清白状态和对万物的统治。但这两种损失即使在今生也可以得到部分补救:前者靠宗教和信仰,后者靠技艺和科学。因为万物并未因那诅咒

---

① Montaigne, *Essays*, pp. 444f.

而全然成为永远的反叛者,而是借着"你须得汗流满面,方能糊口"这一特许,现在通过各种劳动(当然不是通过论辩或徒劳的魔法仪式,而是通过各种劳动)在一定程度上得到征服,为人类供给面包;也就是说,服务于人类的实际生活。

——培根,《新工具》Ⅱ,§52

哲学从一开始就强调自我认识对于哲学探索的重要性。"认识你自己"这则古老神谕曾为德尔菲的神庙增光添彩,知道自己无知乃是苏格拉底教导的基础。① 然而在现代早期,随着重新兴起的奥古斯丁主义人论引发了关于人的心灵缺陷以及由此导致的知识局限性的广泛讨论,对自我认识的探索呈现出新的样貌。奥古斯丁本人虽然称赞过德尔菲的这则神谕,但他指出,古人完全未能把握人性的本质。虽然一些更为敏锐的异教徒权威已经认识到,被感官和物质领域分散注意力的心灵实际上已经忘乎所以,但没有人知道,这种状况乃是堕落的结果。② 到了 16 世纪,让·加尔文认为有必要向他的读者提醒奥古斯丁的批评。对我们自己的真正认识在于两件事情:"首先是思考我们在受造时被赐予了什么",

---

① Plato, *Apology* 20e—21d. 另见 Xenophon, *Memorabilia* iv. ii. 24—29; Aristotle, *Rhetoric* ii. xxi. 1395a; Cicero, *Tusculan Disputations* i. xxii. 52; Plutarch, *Adversus Colotem*, 1118c。

② Augustine, *The Trinity*, x. ii. 参见波纳文图拉:"如果你想完全认识自己……想想你过去是什么,现在是什么,本应是什么,以及可能是什么;你本来是什么,现在因为罪是什么,通过努力本应是什么,以及通过恩典仍然可能是什么。"*Mystical opuscula*, *Works* i,214。

第四章 废黜偶像

其次是思考"亚当堕落后我们的悲惨状况"。① 哲学家们赞许自我认识固然不错,但却混淆了"人的两种非常不同的状态"。他们对人性的探索相当于"在废墟中寻找建筑物,在分散的碎片中寻找致密的结构"。② 他们的努力表明,如果没有神圣史所揭示的知识,人类"就会对自己的心灵力量充满疯狂的自信,永远不去认识它们的软弱"。③ 路德也表达了同样的观点,指出理性"对堕落本性的悲惨状况一无所知"。④ 异教哲学家以及不加批判地运用他们方法的人幸福地没有意识到,他们对心灵运作的信心满满是完全没有根据的。毫不奇怪,考虑到对古典人论的这些批评,现代早期的人尝试重新建立一种真正"基督教的"人性理解。随着对《圣经》叙事恢复兴趣,特别是在现代早期的英格兰,亚当不可避免会在人论被认为重要的所有那些思想领域——神学、道德心理学、教育理论和政治理论尤其是自然哲学——成为一个核心形象。

第一节 自我认识和科学

在17世纪的神学著作中,强调具备正确的人性观以及需要密切关注亚当的历史是一贯的主题。圣公会神学家托马斯·杰克逊

---

① Calvin, *Institutes.* , ii. i. 1 (McNeill i, 242). Cf. *Commentary on Genesis* 1:26, *Calvin's Commentaries* i, 94.

② Calvin, *Institutes.* , i. xv. 7 (McNeill i, 194, 196). Cf. *Commentary on Jeremiah* 6:10, *Calvin's Commentaries* ix, 329f.

③ Calvin, *Institutes.* , ii. vii. 6 (i, 355).

④ Luther, *Lectures on Genesis 1—5*, LW i, 166; Luther, *Sermons* iii, 231.

(Thomas Jackson,1578—1640)虽然拒绝接受加尔文主义的要素,但却认为,对基督所做事情的"正确估计或实验评价"首先要求"正确理解亚当的初始状态"。对于杰克逊来说,这带来了一种对人性的正确理解,它本身是正确认识神的一个先决条件:"在能正确地或完美地认识神之前,我们必须学会认识自己……这种对我们自己的正确认识有两个方面,一是我们是从什么状态堕落的,二是我们堕落到了什么状态。"① 柏拉图对经验知识的疑虑是正确的,但却出于错误的理由。我们的无知并非源于我们有身体,而是源于亚当的罪。罗伯特·弗格森(Robert Ferguson,卒于1714年)也许更因其作为辉格党的阴谋家而不是神学作者而闻名,他对一些皇家学会会员所倡导的理性与宗教的乐观结合表达了疑虑。他将加尔文对"人的两种状态"的区分用于对理智本性的探究,指出理性"要么可以被视为它应当和最初的样子,要么可以被视为它主观地存在于我们之中,被堕落所削弱、变暗和玷污的样子"。这种区分至关重要,因为"自从罪进入以来,存在于我们之中的理性能力与它在原始受造时大相径庭"。② 事实上,大多数皇家学会会员所持的立场与弗格森相去并不太远。罗伯特·波义耳以业余神学家的身份列出了这些神学基础:"一个人必须真正认识精神的本性,甚至认识它们的父即神本身;认识人的理智、意志和灵魂;认识亚当在伊甸园中以及堕落后的状态;认识他的堕落对其后

---

① Thomas Jackson, *An Exact Collection of the Works of Doctor Jackson* (London,1654), title page, p. 3002.

② Robert Ferguson, *The Interest of Reason in Religion* (London,1675), p. 19.

第四章 废黜偶像

代的影响。"① 持各种不同信仰的神学作者也类似地意识到,亚当的损失在不同的信仰声明中以不同的方式得到了表述。杰克逊指出,特伦托会议所认可的天主教立场是,原罪"只不过是原始正义的纯粹缺乏罢了"。这与杰克逊的观点不同,根据他的看法,原罪对人性造成的伤害要深得多。②《人论摘要》(*Anthropologie Abstracted*,1655)是一部致力于考察人性的作品,其未知姓名的作者同意杰克逊的判断,坚称"灵魂在超自然方面是被剥夺的(*deprivata*),在自然方面是被败坏的(*depravata*)"。③ 清教主义神学家理查德·巴克斯特(Richard Baxter,1615—1691)在其《原罪二论》(*Two Disputations on Original Sin*,1675 年)中也提到,"天主教徒的观点是,恩典对于亚当来说是超自然的,原罪只不过是那种恩典或正直的缺乏罢了,这与我们神学家的观点有所不同"。④ 这些议题的重要程度可见于它们所产生的争论规模。1655 年,写过许多通俗宗教作品的杰里米·泰勒(Jeremy Taylor)出版了一部从根本上否认原罪可以被继承的作品《不可少的只有一件事》(*Unum Necessarium*),由此引发了激烈争论,以及英格兰

---

① Boyle,*High Veneration*,*Works* v,144.

② Jackson,*Works*,p. 3004. 另见 John Davenant,*Determinationes Quaestionum Quarundam Theologicarum*(Cambridge,1634),p. 77;Nathaniel Culverwell,*An Elegant and Learned Discourse of the Light of Nature*(1652),ed. R. Greene and H. MacCallum(Indianapolis,2001),p. 123。

③ Anon.,*Anthropologie Abstracted:or the Idea of Humane Nature*(London,1655),p. 43.

④ Richard Baxter,*Two Disputations on Original Sin*(London,1675),p. 242;cf. pp. 67,75;*The Judgment of Non-Conformists,of the Interest of Reason,in Matters of Religion*(London,1676),pp. 8—10.

圣公会教徒和清教徒的口诛笔伐。① 这场争论的规模不仅表明，泰勒并不赞成其大多数同时代人所持的大体上奥古斯丁主义的观点，还凸显了这些关于人性和亚当清白状态的问题在当时的重要性。

然而，泰勒并没有否认堕落的重要性，在这方面，他与其同时代的绝大多数人拥有大致相同的看法。即使是那些比较强调理性完善性的群体，也非常认真地看待堕落教义。所谓的剑桥柏拉图主义者，通常被认为包括本杰明·惠奇科特(1609—1683)、亨利·摩尔(1614—1687)、拉尔夫·卡德沃斯(Ralph Cudworth, 1617—1689)、彼得·斯特里(Peter Sterry, 1613—1672)、约翰·史密斯(John Smith, 1618—1652)和纳撒尼尔·卡尔弗韦尔(Nathaniel Culverwell, 1619—1651)，因其对理性能力总体上的高估而闻名。② 本杰明·惠奇科特一般被视为这一群体的创始人，他反对他所认为的清教徒夸张的悲观主义，坚称人的心灵中拥有一些无法抹去的"最初铭记的真理"。这些普遍原则主要表现为对基本道德真理的直觉，代表着"神的创造之光"，是"不可改变和不可或缺的"。③ 亨利·

---

① Jeremy Taylor, *Unum Necessarium* (1655), ch. 6. 回应包括 John Ford, *An Essay of Original Righteousness and Conveyed Sin* (n. p., 1657); John Gaule, *Sapientia Justificata* (London, 1657); Nathaniel Stephens, *Vindiciae Fundamenti* (London, 1658); Henry Jeanes, *The Second Part of the Mixture of Scholasticall Divinity* (Oxford, 1660); Burgesse, *Doctrine of Originall Sin*。Poole, *Milton and the Fall*, pp. 40—57 对这些争论做了出色的综述。

② Sarah Hutton, 'The Cambridge Platonists', in S. Nadler (ed.), *A Companion to Early Modern Philosophy* (Oxford, 2002), pp. 308—319; Harrison, 'Religion' and the Religions, pp. 28—60.

③ Benjamin Whichcote, *The Works of the Learned Benjamin Whichcote*, D. D., 4 vols. (Aberdeen, 1751), iii, 20f., 31.

摩尔重复了托马斯·阿奎那的论点,即完全否认堕落理性的效力就是摧毁了人性本身:"因此,根据某种狂热的借口剥夺理性,就是剥去神职人员的衣服,掠走他的胸铠。"① 在其《自然之光的优雅博学的话语》(*Elegant and Learned Discourse of the Light of Nature*,1652)开篇,纳撒尼尔·卡尔弗韦尔引用了成为该群体非正式座右铭的《圣经》经文——"人的灵是耶和华的灯"(《箴言》20:27),接下来主要是关于理性能力的评论。但这些内容都没有否认理性因堕落而受到严重伤害。亨利·摩尔的《卡巴拉主义猜想》(*Conjectura Cabbalistica*,1663)中有很大一部分内容在解释《创世记》对堕落的论述,虽然他对这些内容的解读有一种明显的柏拉图主义味道,但他仍然承认与堕落相伴随的严重损失。作为一个影响巨大的事件,堕落在摩尔的神正论中起了至关重要的作用。② 可以认为,卡尔弗韦尔的《自然之光的优雅博学的话语》是在试图满足培根的愿望,即澄清理性和信仰的范围。实际上,卡尔弗韦尔以培根的一段话作为开篇:"把理性的东西交给理性,把信仰的东西交给信仰,给予信仰充分的范围和自由,给予理性恰当的界限和限制,是一件非常重要和理想的事情。"③ 然后,卡尔弗韦尔立即转到堕落问题,他说:"我绝非想减轻那种巨大而致命的颠覆的罪,这是人类因其最初的原始背叛从他们的神那里得到的,天地万物都因它而叹息呻吟。"至于理性,"这个初生的女儿从她原始的荣耀中

---

① Henry More, *A Collection*, pp. v—vi.

② More, *Conjectura Cabbalistica*, pp. 46,50f.,71. 关于摩尔的神正论,参见 Harrison '*Religion*' *and the Religions*, p. 58。

③ Culverwell, *Learned Discourse*, p. 10. Cf. Bacon, *Advancement*, *Works* iii,350.

堕落","从她原始的活力和完美中堕落";它"被削弱和损害了",发出一种"微弱而黯淡的光"。① 卡尔弗韦尔的要点是,理性现在失去活力的可怜状态并不构成放弃它的理由。

另一派对理性能力评价较高的成员是一群被称为"宽容主义派"(Latitudinarians)的温和的圣公会教徒。② 经常与之相联系的成员有约翰·蒂洛森(John Tillotson,1630—1694)、爱德华·斯蒂林弗利特(Edward Stillingfleet,1635—1699)、西蒙·帕特里克(Simon Patrick,1626—1707)和约翰·威尔金斯(John Wilkins,1614—1672)。然而,这些思想家的著作都以一种非常传统的方式对待堕落教义,甚至比剑桥柏拉图主义者更加传统。原罪对理性的影响也明确得到承认。通常被视为该群体主要人物之一的约翰·威尔金斯明确表示,亚当的罪被归到他的后代身上,被自然地传给了他们。原罪在于"我们本性的堕落",使我们"在神的眼中可厌和可憎"。我们现在是"败坏的容器,污染了注入我们的所有恩赐"。罪已经从内到外完全改变了我们,感染了我们的理解和记忆。事实上,我们堕落状态的一个标志是,"我们容易轻视和低估关于这种原初败坏的想法"。③ 西蒙·帕特里克也认为,"我们在第一位

---

① Culverwell, *Learned Discourse*, pp. 10,12,118.

② Spellman, *The Latitudinarians and the Church of England, 1660—1700* (London,1993); John Spurr, 'Latitudinarianism and the Restoration Church', *The Historical Journal* 31 (1988), 61—82; John Marshall, 'John Locke and Latitudinarianism', in R. Kroll, R. Ashcraft, and P. Zagorin (eds.), *Philosophy, Science, and Religion in England: 1640—1700* (Cambridge,1992), pp. 253—282.

③ John Wilkins, *A Discourse concerning the gift of Prayer* (London,1651), pp. 74—80.

父亲那里受到了污染,他在我们的本性中留下了污秽的污点:我们感受到了理性中的那种弱点,激情中的那种力量和暴力"。他进一步坦言:"我厌恶和憎恶自己,不配在地球上生活和呼吸。"① 并不能将这些观点同一种与原罪后果有关的极简主义立场联系起来。

因此,虽然说在此期间人们就堕落的本质和后果达成了一致意见是太过夸张了,但人们普遍认为,如果不考虑这一原始事件,就无法恰当解决与人性和知识有关的问题。对堕落严重性的不同估计引出了对人的能力和求知策略的不同评价。杰克逊写道,在更为温和的天主教堕落观中,超自然的恩典"或许已经失去,或者更确切地说已经失去了,对我们的本性没有任何实际损害,或者没有任何其他损害,那么诸如自由意志或者对理性或其他自然部分的正确使用……也许能立即得到恢复"。在《人论摘要》的作者看来,堕落使"理解力变得模糊不清;甚至就她的固有对象(即自然的和可理解的东西)而言也是如此"。② 并非所有强调必须理解堕落的全面影响的人都对其影响的严重程度有同样的看法。对洛克和马勒伯朗士提出批评的詹姆斯·洛德(James Lowde,约 1640—1699)同意,我们对自己的认识包括"真正认识我们原初的完美性,以及因为堕落而受到多大损害,既要知道神起初创造的处于清白状态的我们是什么样,又要知道我们现在因为罪而变成了什么

---

① Simon Patrick, *The Devout Christian* (London, 1673), pp. 447, 449. 值得注意的是,威尔金斯和帕特里克都是在灵修读物的背景下提出这些主张的。关于斯蒂林弗利特和蒂洛森对原罪教义的评论,参见 Marshall,'Locke and Latitudinarianism', p. 270.

② Jackson, *Works*, p. 2004. Anon., *Anthropologie Abstracted*, p. 43.

样"。但洛德坚持认为,虽然"堕落的确大大削弱了我们的能力,但它并没有完全改变或推翻获取或保持知识的方法"。① 同样值得注意的是,在获取知识方面,对理性能力有较高估计并且把堕落理解成有身体(embodiment)和对物质事物的沉迷的剑桥柏拉图主义者,赋予了理性而不是感官以首要地位。约翰·史密斯因此主张理性"拒绝执行所有身体操作,只凭借自己来辨别真理"。② 难怪这些柏拉图主义者(至少是起初)会被笛卡尔的知识论述强烈吸引。同样,他们也遭到了像皇家学会会员和牛津主教塞缪尔·帕克(Samuel Parker,1640—1688)这样的培根主义者的反对,帕克将柏拉图主义哲学斥为"毫无根据的狂热幻想"。③

　　这些讨论绝非仅限于那些只关注神学问题的人。人性与堕落的关系问题在政治理论和教育理论中,在讨论道德心理学的著作中,以及对于我们目前的目的而言最重要的是,在讨论自然哲学和知识理论的著作中发挥了基础性作用。托马斯·杰克逊本人注意到了这些思考对于政治理论的重要性,指出亚当被神赋予了统治所有其他人的权力,这似乎可以为君主制提供某种《圣经》保证。然而,对杰克逊而言,需要考虑亚当——在被赋予了神圣统治之

---

① James Lowde, *A Discourse concerning the Nature of Man* (London, 1694), pp. 5, 88.

② John Smith, *Select Discourses* (London, 1660), p. 80. Cf. Henry More, *An Antidote against Atheisme* (London, 1653), pp. 19, 31—35; Ralph Cudworth, *The True Intellectual System of the Universe* and *A Treatise Concerning Eternal and Immutable Morality*, ed. John Harrison, 3 vols. (London, 1845), iii, 578.

③ Samuel Parker, *A Free and Impartial Censure of the Platonick Philosophie* (Oxford, 1666), pp. 46, 2.

后——的堕落,因为正如亚当在堕落之后对野兽的统治大大减弱了,他对其他人的统治也是如此。杰克逊有些轻描淡写地承认,关于"第一个人相对于所有其他人天生享有的特权或卓越性",还存在"各种各样的观点"。① 在这一时期的许多政治理论中,起主导作用的都是对"自然状态"的构想,这似乎与关于亚当初始状态的猜测直接相关。诚然,这些关于人类初始状态的构想明显是假设性的——托马斯·霍布斯称那种初始状态的生命"孤独、可怜、危险、野蛮和短暂"便是一例。② 然而,在其他人看来,亚当在堕落之前和之后的"统治"问题与当时关于政治领导权的讨论直接相关。罗伯特·菲尔默(Robert Filmer,约 1588—1653)的《先祖》(*Patriarcha*)一书对皇权做了强有力的辩护,该书首版于 1680 年,但写于大约四五十年前。在这本书中,亚当是核心人物。根据菲尔默的说法,神赋予了亚当对天地万物的绝对统治权。这种君主权威在堕落之后得到恢复,从亚当传给了《圣经》中的先祖们。③

---

① Jackson, *Works*, p. 3003. 关于这些讨论的背景,参见 G. Schochet, *Patriarchalism in Political Thought: The Authoritarian Family and Political Speculation and Attitudes Especially in Seventeenth-Century England* (Oxford, 1975)。

② Thomas Hobbes, *Leviathan*, i. 13. 9/14, ed. C. B. Macpherson (London, 1982), p. 186.

③ Robert Filmer, *Patriarcha; or the Natural Power of Kings* (London, 1680), pp. 2—4, 13—14 and passim. 另见 the Preface to the 2nd edn (London, 1685), by Edmund Bohun。格伦·伯吉斯(Glenn Burgess)写道:"菲尔默的所有作品都可以理解为试图将《圣经》应用于当时的问题——高利贷、神学争论、政治、巫术。"'Filmer, Sir Robert (1588?—1653)', *ODNB*. 另见 Johannes Althusius, *Politica* (1614), i, §12, abridged edn ed. and tr. F. Carney (Indianapolis, 1995), p. 38; Samuel von Pufendorf, *The Divine Feudal Law* (1695), tr. Theophilus Dorrington (Indianapolis, 2002), §§22—26 (pp. 67—74)。

菲尔默的论点所针对的是主要(尽管不是完全)与弗朗西斯科·苏亚雷斯(Francisco Suarez)和红衣主教罗伯特·贝拉闵等"天主教徒"联系在一起的"思辨"观点,根据这些人的说法,人类的初始状态是一种自然的自由状态。菲尔默认为,这些人和与之对应的新教徒似乎忘了,"自由的欲望乃是亚当堕落的第一因"。① 在其他作品中,菲尔默曾经抨击托马斯·霍布斯和胡果·格劳秀斯(Hugo Grotius)拥护他认为不合《圣经》的人类统治观。② 菲尔默认为,初始的自由平等的观念"是异教徒所教导的一个错误"。这在"缺乏摩西历史指导"的"异族作者"那里是可以原谅的。然而,对于基督徒而言,"无论是梦想一个物的共同体(a Community of things),还是梦想所有人的平等,都是一个几乎不可原谅的错误"。③ 简而言之,人类自然自由的支持者们正在宣扬一种不合《圣经》和非历史的人论——一种建立在对人性的错误假设基础上的猜测。我们应当在这种背景下来理解杰克逊所说的关于人性的真正"实验的"知识,他的意思是基于《圣经》和经验的知识,而不是

---

① Filmer, *Patriarcha*, pp. 3—4. 在接下来那个世纪,道德学家和神学家塞缪尔·克拉克(Samuel Clarke)将会反驳说:"被霍布斯先生称为'自然状态'的那种状态在任何意义上都不是一种自然状态,而是一种可以想象的最伟大、最不自然、最不可容忍的败坏状态。" S. Clarke, *Discourse upon Natural Reason*, in L. A. Selby-Bigge (ed.), *British Moralists*, 2 vols. (Dover, 1965), ii, 46.

② 因此,格劳秀斯关于自然法的主张"与《圣经》的真理相矛盾"。*Patriarcha*, p. 31.

③ Filmer, *Observations Concerning the Original of Government* (London, 1652), pp. 26f. 菲尔默不无道理地把自然法是一个《圣经》概念的想法归于阿奎那(p. 29)。在 *The Tenure of Kings and Magistrates* (1649)中,弥尔顿强烈否认菲尔默的主张。参见 Poole, *Milton and the Fall*, p. 141。

纯粹基于理性的思辨。实验进路与思辨进路之间的这种对比也为17世纪自然哲学进路的主要划分提供了基础。①

菲尔默的政治哲学（事实上是17世纪整个政治思想）背景的一个重要部分是发展出一种"联盟神学"（Federal Theology）或"盟约神学"（Covenantal Theology），它为归算亚当对其后代的罪提供了新的解释。奥古斯丁最初提出，在某种意义上我们都"在亚当之中"，而且原罪被"作为种子"（seminally）传递，以此来解释原罪教义的这个令人费解的方面。②16世纪末的一些加尔文宗信徒觉得奥古斯丁对亚当之罪的传递的粗略论述不太让人满意，从而提出了一个附加的解释，主张神与亚当之间有一份初始的盟约（covenantal）协议，其中亚当是整个人类的代表。③倘若亚当能够坚守自己，始终服从神的诫命，那么作为这份盟约中的利益相关者，整个人类都会受益。但是同样，如果亚当背叛，则整个人类都对亚当遭受的任何惩罚负有责任。正如主教爱德华·雷诺兹（Edward Reynolds, 1599—1676）所说："我们都在亚当之中，与他

---

① Anstey, 'Experimental versus Speculative Natural Philosophy'.

② Augustine, *City of God* xiii. 14. 加尔文本人公开承认原罪违反直觉："没有什么比所有人都因一个人的罪而有罪更远离通常的看法了。"Calvin, *Institutes* ii. i. 5 (McNeill i, 246). 17世纪关于预先存在的胚胎学理论解释了所有人是如何实际存在于亚当之中的。尼古拉·马勒伯朗士就利用了这种想法。Malebranche, *Search after Truth* i. vi. i (p. 27).

③ 'Federal'（联盟）源自拉丁词 *foedus*（covenant, 盟约）。参见 David Weir, *The Origins of Federal Theology in Sixteenth Century Reformation Thought* (Oxford, 1990); L. D. Bierma, 'Federal Theology in the Sixteenth Century: Two Traditions?' *Westminster Theological Journal* 45 (1983), 304—321. 加尔文主义者倾向于同时主张潜在解释和盟约解释。

同为一体;就神与他之间的协定和盟约而言,我们合法地在他之中,是那份盟约中的一方,于恩典中有份,并且在违反盟约时当受诅咒。"①这种观点随后进入了《威斯敏斯特教理问答》,这解释了"神与作为公共人(public person)的亚当所立的约,不单是为亚当自己,也是为了他的后代"。② 甚至连宽容主义派的约翰·威尔金斯也声称,罪现在被归到我们身上,因为"我们在最初与他[亚当]立的那份盟约中是合法的一方"。③ 一个人凭借一份契约而代表整个群体,这种想法与政治结构有明显的相似之处,17世纪的一些思想家恰恰引出了这种关联。④ 有理由认为,这些盟约观念和"公共人"的想法在霍布斯《利维坦》(*Leviathan*,1651年)的创作中发挥了重要作用。⑤

---

① Edward Reynolds, *Three Treatises* (London, 1631), p. 134. 在英格兰,早在威廉·珀金斯(William Perkins, 1558—1602)就有这样的想法:"亚当当时不是一个私人,而是代表着整个人类。"*A Golden Chaine, or, A Description of Theologie* (London, 1592), sig. c2v. 在欧洲大陆,联盟神学最著名的代表人物是荷兰神学家约翰内斯·科赫(Johannes Koch, 1603—1669)。参见 Willem van Asselt, *The Federal Theology of Johannes Coccius (1603—1669)* (Leiden, 2001).

② Larger Westminster Catechism, q. 22. Cf. The Westminster Confession, vii. 2, Leith (ed.), *Creeds of the Churches*, p. 202.

③ Wilkins, *Discourse concerning Prayer*, p. 75.

④ 其中包括威廉·珀金斯、彼得·巴尔克利(Peter Bulkeley)和约翰·普雷斯顿(John Preston)。参见 Christopher Hill, 'Covenantal Theology and the Concept of a "Public Person"' in *Collected Essays*, iii, 300—324 (304f.). Victoria Kahn, *Wayward Contracts: The Crisis of Political Obligation in England, 1640—1674* (Princeton, 2004), pp. 51, 55f. Cf. Pufendorf, *Divine Feudal Law* §§ 22—26 (pp. 67—74), and passim.

⑤ 例如,霍布斯说,"当一群人确实达成协议,并且每一个人都与每一个其他人订立盟约,不论大多数人把代表全体的人格权利授予任何个人或一群人组成的集体(即使之成为其代表者)时",国家就建立了。*Leviathan*, 2.18.1/20 (p. 228). 吉尔伯特·伯内特(Gilbert Burnet)以类似的方式将盟约主义描述为这样一种看法:"与在第一位

盟约神学也被认为给菲尔默提供了一种可将亚当的君主权威传给先祖的机制。① 这种观念也流行于欧洲大陆的新教群体中。作品受到约翰·洛克钦佩的路德宗法学家塞缪尔·普芬道夫(Samuel Pufendorf,1632—1694)主张,神与人类之间的初始盟约因亚当的罪而变得无效,因此需要一系列进一步的盟约。②

教育著作的作者们也认识到,真正理解人性是制定任何现实学习计划的一个基本前提。后来成为牛津大学学院教师的奥巴迪亚·沃克(Obadiah Walker,1616—1699)在他关于绅士教育的论著中提出了一个传统主张:"最有用的知识是关于人的自我的知识:这取决于对'人能做什么'(Quid homo potest)作更普遍的思考,无论在自然意义上还是在人为意义上;即哪些能力凭借神的恩赐最初在我们之中,哪些能力是凭借我们自己的勤勉可以获得的。"③其他教育家则更明确地提到了堕落及其意义。17世纪60年代定居英格兰的胡格诺派流亡者让·盖亚尔(Jean Gailhard,活

(接上页)父亲亚当之中的全人类订立的一项契约:他是一个由神所造的代表所有人的人;与在亚当之中的全人类订立了契约". Gilbert Burnet, *An Exposition of the XXXIX Articles of the Church of England* (London,1699),p. 113. 比较马蒂尼奇(A. P. Martinich):"正如亚当和耶稣是代表性的人,人类因之要么受罚要么得救,因此,君主是代表性的人,公民因之从自然状态的危险中得救。"*The Two Gods of Leviathan: Thomas Hobbes on Religion and Politics* (Cambridge,1992), pp. 149f. 然而,霍布斯并不认同盟约神学本身。

① Ian Harris, 'The Politics of Christianity', in Rogers (ed.), *John Locke*, pp. 197—216.

② Pufendorf, *Divine Feudal Law* §§1,22—26 (pp. 11,67—74). 关于普芬道夫,参见 Ian Hunter, *Rival Enlightenments* (Cambridge,2001), pp. 148—196。

③ Obadiah Walker, *Of Education: Especially of Young Gentlemen* (Oxford, 1673), Preface.

跃于 1659—1708)在其流行的教育论著中指出,"这种理智黑暗而无知,因亚当的堕落而天然盲目"。如果不考虑这一点,将会使教育亚当子孙后代的任务变得更加复杂,并且使他们的许多行为显得无法解释:

> 因此,由于他[亚当]的不服从,他不仅失去了自己的超自然特权,如圣洁、公义、神的形象、清白,他所有的天赋和能力都因此而败坏了,这种败坏已经波及他的所有继承者:难怪每一个年轻人的理智仍然陷入那种盲目,而且这种盲目还因为撒旦的建议和其他内在的败坏而大大加剧。①

认识到我们继承的不完美性,是教育事业的一个重要目的。正如盖亚尔所指出的,这项任务对于新教徒来说更加迫切,他们认为自然禀赋已经被亚当的罪所败坏。

教育实践改革及其理由与关于如何最好地恢复亚当知识的争论密切相关。盖亚尔认为,蒙在心灵上的"浓云"也许可以"通过学习而得到一定程度的驱散"。但他以真正培根主义的方式断言,"在末世,知识不是被注入的,而要花时间费力习得"。② 约翰·弥尔顿在《论教育》(*Of Education*,1644 年)中写道,"学习的目的是通过重新正确认识神来修补我们初始父母的遗迹",此时他想到的也是堕落。此外,在弥尔顿看来,教学技巧在很大程度上取决于我

---

① Gailhard, *The Compleat Gentleman*, pp. 24f.
② Ibid., p. 25.

们对神学人论的认识:"但由于我们的理解力并非建基于这个身体,而是建基于可感事物,比如通过有条理地研究可见的低劣造物,所以但凡谨慎的教学都应遵循同样的方法。"① 新教改革家之所以努力将教育机会扩展到所有社会阶层,主要是因为他们认为,教育可以减轻堕落的一些后果。② 这也解释了清教徒为什么会对学校和大学的改革抱有极大热情。正如国家有助于从外部强制公民的行为,由国家赞助的机构也可以通过灌输一些旨在从内部控制亚当之罪所释放的激情和欲望的规训来促进个人的道德形成。③

以心理疾病为主题的作家们通常也会把亚当的堕落作为出发点。例如,托马斯·罗杰斯(Thomas Rogers)在《心灵的解剖》(*Anatomie of the Minde*,1576年)的献辞诗中提到,亚当堕落之前,心灵没有受到干扰,然而现在,心灵却受到令人不安的激情和情感的折磨。罗杰斯还提醒他的读者,应把研究自我置于研究自然之上:"必须认为,那些习惯于先认识自己的本性再认识自然物

---

① John Milton,*Of Education*,in *John Milton*:*The Major Works*,ed. S. Orgel and J. Goldberg (Oxford,1991),p. 227.

② 他们还努力促进阅读《圣经》,当然,这需要识字能力。不过,除了苏格兰的情况,尚不清楚新教徒在普及教育方面是否比天主教徒更加成功。参见 Gerald Strauss,*Luther's House of Learning*:*Indoctrination of the Young in Reformation Germany* (Baltimore,1978);Paul Grendler (ed.),'Education in the Renaissance and Reformation',*Renaissance Quarterly* 43 (1990),774—824. 关于英格兰教育的宗教目标,参见 Webster,*Great Instauration*,pp. 100—115.

③ 普芬道夫持有类似的教育观点。参见 C. Carr and M. Seidler,'Pufendorf,Sociality and the Modern State',*History of Political Thought* 17 (1996),354—378 (esp. 363).

的人是最卓越的。"①托马斯·赖特（Thomas Wright，约 1561—1623）在其流行的《心灵的激情》（*Passions of the Minde*，1601 年）中谈到了"激情的过度运动"，称它们"对理性的阻碍和对德性的反叛是从受感染的原罪之根中长出来的多刺荆棘"。于是，理解乖张而堕落的激情的反叛本性，对于深入理解道德思考和理性决策至关重要。正如赖特所解释的，这些激情"增加或减少了实际的罪的缺陷，使理性丧失了判断力，引诱了意志"。②

赖特和罗杰斯的许多想法都被吸收到了当时的经典医学著作《忧郁的解剖》（*The Anatomy of Melancholy*，1621 年）中。罗伯特·伯顿（Robert Burton，1577—1640）在其大作的开篇便描述了亚当的堕落——"人的卓越、堕落、苦难、疾病；它们的原因"。伯顿写道，人"这种最尊贵的造物已经从他的本性中堕落，失去了他的所有，沦为……世界上最悲惨的造物之一，一个未重生者，因其堕落而大为失色，以至于（除了本性上的少量残余）还不如野兽"。人的所有不便，包括忧郁的状况，都源于这个原始事件：

> 人的这些苦难，对神的形象的这种剥夺或破坏，死亡、疾

---

① Thomas Rogers, *A Philosophicall Discourse, Entituled, The Anatomie of the Minde* (London, 1576), sig av v, Preface.

② Thomas Wright, *The Passions of the Minde* (London, 1601), pp. 2—3. 另见 Timothie Bright, *A Discourse of Melancholie* (London, 1585), p. 119; Thomas Adams, *Diseases of the Sovle: A Discovrse Divine, Moral, and Physical* (London, 1616), p. 1; *The Divells banket described in sixe sermons* (London, 1613), pp. 2—4; Thomas Goodwin, *The Vanity of Thovghts Discovered: Together with Their Danger and Cvre* (London, 1637), pp. 57f.

病以及所有暂时的和永恒的惩罚的原因,其始作俑者都是我们的初始父母亚当在魔鬼的煽动和引诱下吃下禁果所犯的罪。他的反抗、傲慢、野心、放肆、轻信、好奇(原罪便是由此而来),以及人类那种总体上的败坏(如同从一眼泉中流出了所有不良倾向),还有导致我们若干次大灾难的实际过犯,皆因我们的罪而来。①

如果能够重建亚当在其清白状态下所享有的那种对激情的控制,就可以使我们目前的疾病得到改善。本质而言,这正是伯顿博士的首要处方。

甚至连那些对解剖学和生理学感兴趣的人也将这些活动与自我认识联系起来。菲利普·梅兰希顿已经确立了一个重要先例,他之所以主张在维滕贝格大学讲授解剖学,部分是因为他相信身体研究可以帮助揭示堕落后的人类状况。因此,解剖学教育并不限于医学学生,而是在艺学院讲授。② 清教徒医生和解剖学家海尔克亚·克鲁克(Helkiah Crooke,1576—1648)也持类似的看法,他认为,研究解剖学主要是因为它能提供自我认识。在第一部英文的插图解剖学著作《小宇宙图解》(*Microcosmographia*,1615

---

① Robert Burton, *The Anatomy of Melancholy*, ed. Thomas Faulker, Nicolas Kiessling and Rhonda Blair, 3 vols. (Oxford, 1989) i, 121—122.

② 参见 Jürgen Helm, 'Religion and Medicine: Anatomical Education at Wittenberg and Ingolstadt', in Jürgen Helm and Annette Winkelmann (eds.), *Religious Confessions and the Sciences in the Sixteenth Century* (Leiden, 2001), pp. 51—68; Vivian Nutton, 'Wittenberg Anatomy', in Ole Grell and Andrew Cunningham (eds.), *Medicine and the Reformation* (Cambridge, 1995), pp. 11—32。

年)中,克鲁克指出:"一个人获得关于自己的认识无疑是好事,解剖学和身体解剖的确教给了我们这一点。"然而,克鲁克想到的其实是这门学科的道德应用。解剖学"对于道德哲学家来说非常有益",因为在讲授"身体各部彼此之间的职责和义务"时,这门学科还可以表明"如何调节和安排心灵的习惯和状态"。① 必须指出,他在医学院的许多更保守的同事并不赞同他的观点,即人体的每一个部分都有道德教诲意义,《小宇宙图解》所载的描绘生殖器官的图片也引起了愤慨。在欧洲大陆,皮埃尔·伽桑狄(1592—1655)基于类似的理由质疑了笛卡尔《第一哲学沉思集》的明显假设,即一种纯粹内省的心理学知识将会提供足够强大的自我认识。伽桑狄建议对自我进行一种"化学研究",推测这将对心灵的"内在实质"提供同样令人信服的解释。他猜想,"通过解剖学、化学、其他许多科学、众多感官和众多实验",我们也许可以更好地认识人。② 这些对自我的物理考察最终可以服务于道德目的。伽桑狄认为,自然哲学有助于"我们摆脱理解中的某些错误",因为正是这些东西扰乱了真正哲学生活的安宁。③ 实际上,笛卡尔本人距离这种立场并不远。其未完成的著作《对人体的描述》(*Description du corps humain*,1664年)开篇便提到了德尔菲神谕和自我认识的重要性。笛卡尔进而悲叹,鉴于灵魂的许多功能都"完全取决于身体

---

① Helkiah Crooke, *MIKROKOSMOGRAFIA*: *A Description of the Body of Man* (London,1615), pp. 14,15. Cf. Thomas Walkington, *The Optick Glasse of Humors* (London,1664), pp. 1—17.

② Decartes, *Objections and Replies*, CSM ii,193.

③ Pierre Gassendi, *Three Discourses of Happiness*, *Virtue*, *and Liberty* (London,1699), p. 2.

第四章 废黜偶像

以及身体器官的倾向",用于"认识我们身体本性"的努力太少了。①

最后,自我认识和堕落的议题与认识论问题和自然哲学方法直接相关。对人类认知能力明显负面的评价可以用来服务于建设性的知识促进方案。关于与亚当的损失相伴随的正面看法,最清晰的论述莫过于托马斯·布朗爵士关于常见错误的纲要《流行的谬误》(*Pseudodoxia Epidemica*,1646年)开篇。在那里,布朗宣布了当时人们普遍承认的东西:"常见错误的第一因是人性的共同疾病。"②但接下来,布朗提出了正面警告:"既然我们的理解力严重衰退,性情也如此虚弱,我们必须竭力补救,由此才能弥补我们原初的堕落。"③

对人类能力的批判性评价也为抨击亚里士多德和传统经院科学提供了平台。强调心灵的虚弱为抛弃徒劳而世俗的经院学问提供了恰当的神学理由,经院学者匆促地假定,自然知识很容易收集起来。正如我们已经指出的,亚里士多德主义哲学基于一种相对不加批判的认识论,以为感官向我们呈现了世界真实的样子。④ 因此,正如弗朗西斯·培根所说,它所产生的知识"容易被感官获得,很接近常识"。⑤ 培根还在《论古人的智慧》(1609年)中解释说,对人性持这样一种不加批判的看法的哲学家们注定

---

① Descartes, *Description of the Human Body*, CSM i, 314.
② Browne, *Pseudodoxia Epidemica*, i. i, ed. Robin Robbins, 2 vols. (Oxford, 1981), i, 5.
③ Ibid., i. v (i, 30). 关于布朗和堕落,参见 Claire Preston, *Thomas Browne and the Writing of Early Modern Science* (Cambridge, 2005), pp. 36—39.
④ 关于亚里士多德对常识看法的依赖,参见 A. Crombie, *Robert Grosseteste*, p. 7.
⑤ Bacon, *Great Instauration*, Works iv, 18.

会一直无知。那些清楚地知晓其局限性的人则更有可能勤奋努力,产生知识:

> 对人性和人类技艺的指责源于一种非常值得称赞的心态,而且朝向一个善好的目的……那些热衷于赞美人性和时尚技艺的人仅仅满足于欣赏他们业已拥有的东西,并把他们培育出来的科学视为完美和完备的……而那些指责自然和技艺并且对它们充满怨言的人,则不仅显示出更加公正平和的心态,而且可以永远催人奋进,激励新的发现。①

为了防止读者弄不清楚他这里的首要靶子,培根进而指出,那些自鸣得意的人性恭维者就是"自负、傲慢和独断的亚里士多德学派"。②

随后的培根主义者对这项裁决表达了正式支持。1640年出版了培根《论学术的进展》(De augmentis)流行英译本的牧师吉尔伯特·瓦茨(Gilbert Watts,卒于1657年)在该书导言中指出,人类的学问必须建立在对人的心灵及其局限性的正确理解之上:

> 但我们目前思考的主要主题,即人的心灵,以及心灵的推测(两者都是我们非常钦佩的),被一些败坏的观念牢牢地禁锢起来,这些观念要么来自哲学家的规定,糟糕的证明法则;要么来自一般人性的固有品质,或者个人的特殊性情。

---

① Bacon, *Sapientia veterum*, Works iv, 672.
② Ibid.

瓦茨断言,在心灵的缺陷"得到考察"之前,"无法做任何事情"。① 瓦茨还指出,培根基于感觉、记忆和理性能力对学科的划分是最自然的:"对人类学问最正确的划分是按照人的能力来划分。"② 而亚里士多德的学科划分则建基于一些关于事物自身本质的假设,假定这些本质可以事先知道。瓦茨认为,如果不能正确地理解心灵的能力,甚至连理智活动的各个领域都无法描绘出来。医生和自然哲学家亨利·鲍尔(Henry Power,1626—1668)后来重复了瓦茨的批评,他也对经院学者不加批判的肤浅进路提出了批评。他写道,"昔日的独断论者和概念思辨者只关注事物的可见效果和最终结果"。因此,他们"对自然的了解并不比一个粗鲁的乡下佬对一块手表内部结构的了解多多少"。③ 虽然亚里士多德承认,知识并不总能直接获得,但他也指出,真理"就像俗话说的无人会敲错的门"。④ 这些批评者指出,逍遥学派[即亚里士多德主义者]学问最明显的缺陷就在于,他们未能认真对待伊甸园里发生的那些初始事件的历史,以及由此导致的心灵的固有疾病。的确有人提出,人的罪已经使哲学家看不到自己的实际状况。

---

① Bacon, *Advancement of Learning* (1640 edn), sig. ¶¶ r.

② Ibid., sig. ¶¶ 2r. Cf. Bacon, *A Description of the Intellectual Globe*, Works iv, 501—544.

③ Henry Power, *Experimental Philosophy in Three Books* (London, 1664), pp. 192f.

④ Aristotle, *Metaphysics* 993b (p. 1569). 事实上,亚里士多德在下一句话中承认了理智能力的限度:"造成目前困难的原因不在于事实,而在于我们。因为我们灵魂中的理性之于一切本性上最明白的事物,就如同蝙蝠的眼睛之于白昼的亮光。"这段话被阿奎那(他提到的是猫头鹰的眼睛而不是蝙蝠的眼睛)多次引用,以说明一个事实:为了获得最崇高的真理,未受辅助的理智需要启示之光。对于经院作者来说,理智的局限性主要体现在超自然领域而非自然领域。

第二节　心灵的统治

倡导自我认识促使人们详细分析了亚当知道什么，他是如何知道的，失去了什么，以及是如何失去的。王政复辟时期的神学家罗伯特·索思（本书开头谈到了他对亚当能力的估计）认为，亚当已经知晓了事物的本质，能够看到潜伏在原因中的结果，几乎可以预测未来的事件。这第一个人在其清白状态下只是对罪及其后果一无所知。① 索思的评价非常典型。与他同时代的约翰·哈特克利夫（1651—1712）对亚当堕落之前的能力做了几乎相同的总结。亚当的理智直接反映了神的形象。它"引导和控制"着激情，对感官和想象力所提供的信息做出裁决，不是以"困倦的法官"的方式，而是以权威的方式给出判断。相比之下，我们现在掌握的真理则"模糊不清"。此外，获取知识是伊甸园的基本日常工作："获得了健全的理智和顺从的意志之后，亚当首先做的就是追求知识。"②

至少在新教的英格兰，亚当的知识最常被认为源于一种自然的、尽管是神赐予的能力。人们通常认为，亚当天生就具有知识，至少是具有获得知识的自然能力。这与新教的观点相一致，即亚当被创造出来时拥有许多因他的罪而失去的自然禀赋。在对《诗篇》第127章的评注中，马丁·路德写道："起初，神似乎亲自在人之中植入了一种关于耕种、医学以及其他技艺和科学的知识；后

---

① South, *Sermons*, p. 127.
② Hartcliffe, *Moral and Intellectual Virtues*, pp. 291, 296.

来,凭借着经验和极大的勤勉,才智出众的人的确增加了他们与生俱来的禀赋。而这只是起初在伊甸园在人之中创造出来的智慧罢了。"① 与这种观点相一致,亚历山大·吉尔(Alexander Gill,1565—1635)强调亚当的知识是其"自然禀赋"的产物,这些禀赋随后"失去和败坏了"。② 乔治·沃克(George Walker)在其《创世志》(History of the Creation,1641)中也认为,亚当拥有关于所有自然物的完美知识,"从他天生的灵魂中直接产生和涌出"。③ 曾经担任皇家学会秘书的牧师和植物学家尼希米·格鲁(Nehemiah Grew,1641—1712)认为,亚当的知识是天生的或"本能的":"他拥有一些与其身体部分同样完美的天赋的心灵能力。因此,凭借着某种理智本能,他知道许多东西,正如鸟类和其他动物现在凭借异乎寻常的能力所做的那样"。格鲁认为,"他未经学习便拥有了这种知识"。④ 爱德华·斯蒂林弗利特(1635—1699)主教也认为,亚当在受造之初便拥有了对事物的自然认识。"他在受造之初就完全知晓天地万物,无需去学校、去广阔的世界收集关于它们的看法"。斯蒂林弗利特指出,亚当要想"恰当地统治和使用万物",就需要这种关于"事物的本性、存在和属性"的知识。⑤

---

① Luther, *Commentarie upon Fiftene Psalmes*, pp. 129f.
② Alexander Gill, *The Sacred Philosophy* (London, 1635), p. 116.
③ Walker, *History of the Creation*, p. 193. Cf. Thomas Morton, *A Treatise of the Threefold State of Man* (London, 1596), p. 238.
④ Grew, *Cosmologia Sacra*, p. 184. 根据亨利·范恩(Henry Vane)的说法,亚当对所有物质事物的本质都有一种"直觉"的洞察,而不需要依赖于"他的感官所给出的报告"。*Retired Mans Observations*, p. 53.
⑤ Stillingfleet, *Origines Sacrae*, p. 3.

这种本能知识被认为是亚当直接知晓的,或者是通过内省被意识到的,甚至可能受到了感觉经验的刺激或补充。罗伯特·索思解释说,由于亚当是天地万物的缩影,所以认识自我会使他认识宇宙。因此,他的身体"不仅包含而且代表灵魂……它不必旅行便可看到世界;它是一个较小的创世方案、收缩的自然,一幅微型的宇宙地图"。① 斯蒂林弗利特也提到了亚当作为一个小宇宙的古老观念,但增加了柏拉图主义的注解。在某种意义上,我们现在所有的知识都源于对前世的回忆——"恢复人的心灵在其纯洁的原始状态下所拥有的对事物的观念和知觉,在这方面,理智是最真实的小宇宙,在这个小宇宙中,低劣世界的所有存在都按照自己真实的、与生俱来的、真正的完美性得到了忠实呈现"。② 而其他人则希望为观察的作用提供某种支持。比如托马斯·莫顿(Thomas Morton)提出,虽然亚当天生就具有知识,但后来又以"感觉、经验、观察和自己的勤勉"对它做了补充。③

除了对第一个人的认知能力做出详细说明,17世纪的作者们还非常重视堕落的认识论后果。乔治·沃克写道,堕落导致了"心灵和理智的无知和错误"。诺维奇的主教爱德华·雷诺兹在其《论激情》(*Treatise of the Passions*)中宣称,"人的堕落导致了全面的败坏,使他心灵昏昧,仿佛用无知窒息了灵魂"。④ 在这些描述中,

---

① South, *Sermons*, p. 149.
② Ibid.
③ Morton, *Threefold State of Man*, pp. 222f. Cf. Ross, *An Exposition*, p. 50.
④ Edward Reynolds, *A Treatise of the Passions and Faculties of the Soul of Man* (London, 1647), p. 5.

第四章 废黜偶像

也许最常用的隐喻是光的熄灭。根据托马斯·莫顿的说法，"人堕落之前，对神和世间万物的完美认识照亮了他的心灵"。然而现在，"人的自然认识是纯粹的黑暗和无知"。① 另一位作者写道，亚当的过犯"给他的理性蒙上了乌云，使原本清晰的理性变得模糊不清"。② 根据罗伯特·索思的说法，"我们内心的光变得黑暗，本应审视意志的盲目性的理智本身则变得盲目"。③ 另一些人则谈到了特定能力的减少。诗人罗伯特·法利（Robert Farley）解释说，亚当堕落后，他曾经发达的记忆力衰退了："我们之前脆弱的记忆确实安全地保存了整个观念库。"记忆的失灵使发明写作和过度依赖于"沉默的书"成为必需。④ 记忆的不足还危及了古代智慧的传播。撰写过一部非常重要的17世纪人工语言著作的乔治·达尔加诺（George Dalgarno，约1616—1687）指出，当亚当的记忆力衰退时，他不再能够掌控他最初为了给万物命名而发明的大量词汇。这导致了原始语言的逐渐退化，以及包含在这种语言之中的知识的丧失。⑤ 医生吉迪恩·哈维（Gideon Harvey，1636/7—1702）将亚当的理智缺陷归因于神的形象的毁灭。堕落导致"与神的部分程度的不相似：因为以前他通过心灵的一次操作就能清楚地认识

---

① Morton, *Threefold State of Man*, p. 238.
② Anon., *Anthropologie Abstracted*, p. 43.
③ South, *Sermons*, p. 149.
④ Robert Farley, 'June, or Mans Young Age', from *The Kalendar of Mans Life* (London, 1638), lines 47—66. Cf. Stillingfleet, *Origines Sacrae*, p. 1.
⑤ Dalgarno, 'Of Interpretation', in *George Dalgarno on Universal Language: The Art of Signs (1661), the Deaf and Dumb Mans Tutor (1680), and the Unpublished Papers*, ed. David Cram and Jaap Maat (Oxford, 2001), p. 403.

所有事物,现在则要通过心灵的多次操作;以前不会犯错误,现在会犯"。结果,亚当"失去了关于事物的清晰认识"。① 当然,亚当的不幸是他持久的遗产。正如约翰·哈特克利夫所说,亚当堕落时,他"使其后代陷入了黑暗,要么是循着错误的线索,要么是对走什么道路充满疑虑"。② 这一时期各种学科的著作都类似地论述了亚当的原始知识以及随着罪而失去,这些观点一直持续到18世纪。③

正如我们看到的,所有这些猜测中的一项重要内容是,亚当的知识是否是一种超自然的恩赐,以及堕落是否像标准的经院立场所认为的那样,只在于失去了这些超自然的恩赐。不应低估这个深奥的神学问题在当时的意义。如果亚当的能力来自超自然的恩赐,那么在今生通过自然手段来恢复那种知识的前景就很渺茫。另一方面,如果亚当的知识要么是与生俱来的,要么是通过经验获得的,那么就可以通过其自然能力的错乱失调来理解他的损失。

---

① Harvey, *Archelogia Philosophica Nova*, pt 1, pp. 91f.
② Hartcliffe, *Moral and Intellectual Virtues*, pp. 291, 296.
③ 例如参见 Ross, *An Exposition*, p. 50; Gill, *Sacred Philosophy*, p. 116; Webster, *Academiarum Examen*, pp. 26f.; Jackson, *Originall of Unbeliefe*, p. 90; Salmon, *Clavis Alchymiae*, p. 180; Culpeper, *Complete Herbal*, p. vii; Henry More, *Conjectura Cabbalistica*, p. 41; Culverwell, *Learned Discourse*, pp. 120f.; Ferguson, *Interest of Reason in Religion*, pp. 19f., 27f.; Witty, *An Essay*, pp. 178—180; Goodwin, *Vanity of Thoughts Discovered*, p. 49; Andrewes, *Apospasmatia Sacra*, pp. 208—212; Salkeld, *Treatise of Paradise*, pp. 185—191; More, *Conjectura Cabbalistica*, pp. 41—51; Wilkins, *Discourse concerning Prayer*, pp. 77f.; Clarke, *A Discourse concerning the Unchangeable Obligations of Natural Religion*, pp. 239f.; Jonathan Edwards, 'East of Eden', *The Works of Jonathan Edwards*, vol. xvii, ed. Mark Valeri (New Haven, 1999)。另见 Spellman, *The Latitudinarians*, pp. 1—10, 54—71。

于是,无知源于人性的败坏(路德和加尔文的观点),而不是源于任何超自然能力的取消(经院学者和特伦托会议的立场)。在这种情况下,通过自然手段来重新获得知识的可能性会更大,因为试图改善身体和心灵运作中那些明显的自然缺陷并非不合理。所有这一切都是说,在新教对堕落本性的这种常见解读中,除了基督教所提供的超自然恩典手段之外,还有一些策略可以克服亚当的罪所导致的心灵的自然缺陷。从本质上讲,这就是培根关于恢复堕落损失的两种不同方式的论述。虽然业已失去的清白只有通过恩典才能恢复,但亚当知识所造就的人的统治并非超自然的恩赐,而是自然能力。虽然人的统治已经被罪所败坏,但"在某种程度上"可以通过自然手段——如培根所说——"通过各种劳动"来恢复。① 努力通过今生的努力和勤勉来恢复曾经属于人的自然禀赋的一部分能力,是新教世俗天职观的重要组成部分。这种天职观深刻地影响了 17 世纪英格兰恢复因亚当的罪而失去的对自然的统治的方案。

将亚当的损失归因于他的本性败坏,使人可以就承袭的无知的物理原因和心理原因进行推测。此外,这些个人弊病被认为促进了同样可能阻碍知识的获取和传播的各种社会弊端——传统、习俗、教育实践。② 随着反映了神的全知全能的神的形象的部分失去,个人因素和社会因素被一种对堕落的标准理解联系在一起。

---

① Bacon, *Novum Organum* ii § 52,334 (*Works* iv,247).
② 根据《威斯敏斯特大教理问答》,罪的惩罚不仅包括"心灵的盲目、堕落的感觉、强烈的幻觉、内心的冷酷、良心的恐惧和邪恶的情感",而且还包括"神因为我们而对造物的诅咒,以及降临到我们的身体、名称、财产、关系和工作中的所有其他罪恶"等"外在的"东西。问题 28。

因此，随着神的形象的逐渐抹去，人类同时失去了知识和力量。亚当对神的反叛还被认为打乱了心理、物理、社会和宇宙的等级结构。① 在小宇宙中，激情、感官和想象力篡夺了理性的权威，而在大宇宙中，曾经服从于人的统治的造物反抗它们昔日的主人。在社会领域，自然的社会关系也失去了秩序，导致族群之间相互敌对，以及必须建立民政当局。最后，物理环境本身变化无常，对人类居民不再友好。"野兽的反叛"这一关键隐喻将这些相互关联的反转联系在一起。正如我们所看到的，在教父评注和中世纪的评注中，激情被寓意地表达为"内在的野兽"。于是，较低心灵能力的不服从反映在野兽的野性以及地球对耕种的反抗中。认识能力的失去与人失去自然的统治就这样被直接联系在一起。② 在政治领域，"野兽"代表"暴民"或"俗众"，他们被认为永远倾向于反抗被合法任命的统治者。

认为国家反映了心灵能力的等级结构，柏拉图的《理想国》曾对这种观点做过阐述。在用犹太教-基督教的堕落观念做了注释之后，它已经成为文艺复兴时期和现代早期的一种强有力的解释模型。伊拉斯谟写道："心灵之于身体，就如同君主之于国家；心灵认识，身体服从。"由于这些相似之处，君主必须学会控制自己的激情，因为这直接类似于控制其臣民。在伊拉斯谟看来，这种内在的自我控制是通过研究哲学来实现的，这种研究"使心灵摆脱了民众

---

① 正如加尔文所说，亚当"以他的反叛扭转了天地万物的整个秩序"。Calvin, *Institutes* ii. i. 5. Cf. Augustine, *City of God* xiv. 15.

② 关于这个主题，参见 Harrison, 'Reading the Passions'。

第四章 废黜偶像

的错误观点和可鄙的激情"。① 到了 17 世纪,爱德华·雷诺兹在他论述激情的著作中借鉴了这些观点,提出理性是心灵的君主,其权威被堕落后的激情所篡夺。他写道,"无论在人这个小的联合体中,还是在更大的国家中,最能危及和破坏公共利益的人莫过于那些最有资格服务与就业的人"。② 在《论公民》(De Cive,1651 年)的英译本中,托马斯·霍布斯将自然状态等同于"激情的统治"。在他看来,这种统治的典型特征是"战争、恐惧、贫穷、邋遢、孤独、野蛮、无知、残忍"。而国家则是"理性的统治",伴随着"和平、安全、财富、体面、社会、优雅、科学和仁慈"。③ 和笛卡尔一样,霍布斯似乎也不愿明确用《圣经》来支持其哲学观点。事实上,他的许多评论家都认为这是一个重大缺陷。即便如此,从霍布斯政治哲学的各个方面不难看出新教对人性败坏的强调。正如诺尔贝托·博比奥(Norberto Bobbio)所说,"与奥古斯丁-路德的国家观念相一致,霍布斯认为国家是对人的败坏本性的补救"。此外,对于霍布斯而言,人类需要抛弃的败坏状况是"自然激情的状况"。哲学将通过对激情进行分类和描述来帮助完成这项任务,这是一种心理剖析工作。博比奥总结说,在霍布斯看来,"国家不是对罪的补

---

① Margaret Mann Phillips, *The Adages of Erasmus* (Cambridge, 1964), pp. 217—219.

② Reynolds, *Treatise of the Passions*, p. 46. 培根也认为心灵是政府的缩影。*Advancement of Learning* ii. xxii. 6 (pp. 163f.). 另见 Charron, *Of Wisdom*, pp. 171—173。

③ Hobbes, *De Cive* 10.1, *The English works of Thomas Hobbes of Malmesbury*, ed. William Molesworth, 7 vols. (London, 1839—1845), ii, 126. Cf. *Leviathan* 2.17.1/15 (p. 223); *De Corpore Politico* ii. viii. 12—14 (*Works*, ii, 209—11).

救,而是一种规训激情的手段"。① 所有这一切都与宗教改革家所坚持的看法一致,即罪的状况无法消除,而必须与之共存。在学术领域,也需要内在的心灵规训和外在的程序规训,以使心灵回归理性的统治,使自然世界回归人类的统治。②

在将心灵能力的失去与自然统治的失去联系起来的现代早期论述中,激情作为"内在野兽"的形象也很突出。在《流行的谬误》(1646年)中对谬误的一般原因进行分析时,托马斯·布朗解释说,由于堕落,亚当后代心灵的"野蛮能力"篡夺了理性的位置:"灵魂的无理性的野蛮部分在统治能力上逞威风,阻碍了那个高贵部分的活动,窒息了亚当留给理性的微弱灵光。"③正如在斐洛的早

---

① Norberto Bobbio, *Thomas Hobbes and the Natural Law Tradition*, tr. D. Gobetti (Chicago, 1993), p. 68. 另见 Patricia Springborg, 'Hobbes on Religion', in Tom Sorell (ed.), *The Cambridge Companion to Hobbes* (Cambridge, 1996), pp. 346—380, esp. pp. 356f. 霍布斯早期的奥古斯丁主义(如果我们可以称之为奥古斯丁主义的话)还意味着,他的政治思想很容易被加尔文主义和詹森主义的作者们所利用。参见 Noel Malcolm, *Aspects of Hobbes*, pp. 504—507; Albert O. Hirschman, *The Passions and the Interests* (Princeton, 1997), p. 15; Franck Lessay, 'Hobbes's Protestantism', in Tom Sorell (ed.), *Leviathan after 350 Years* (Oxford, 2004), pp. 265—294。

② 塞缪尔·普芬道夫的政治哲学与霍布斯的发展方向不同,但他认为,人的堕落状况是一个重要的考虑因素。*On the Law of Nature* ii. i. 6, in *The Political Writings of Samuel Pufendorf*, ed. C. Carr, tr. M. Seidler (Oxford, 1994), p. 139; Merio Scattola, 'Before and After Natural Law: Models of Natural Law in Ancient and Modern Times', in Tim Hochstrasser (ed.), *Early Modern Natural Law Theories: Context and Strategies in the Early Enlightenment* (Dordrecht, 2003), pp. 1—30.

③ Browne, *Pseudodoxia Epidemica* i. i (pp. 5, 7). A. P. Martinich 论证说,霍布斯的服从政治君主的学说得益于一种传统的理解,即堕落是违反了与神立的约。*Two Gods of Leviathan*, pp. 49f., 147—150, 307f. 关于对霍布斯政治哲学的另一种神学解读,参见 Franck Lessay, 'Hobbes: une christologie politique?' *Rivista di storia della filosofia* 1 (2004), 51—72.

第四章 废黜偶像

期论述中,夏娃被蛇欺骗也被说成是对固有等级秩序的颠倒:夏娃"让她的理性臣服于一只野兽,而神曾让这只野兽臣服于她的理性"。这种对事物固有顺序的颠倒反映在夏娃对亚当的诱惑中。布朗指出,可以把亚当的堕落看成"低级的女性能力对高级理性部分的诱惑"。① 17 世纪讨论激情的大多数作者都曾以类似的方式来解释他们的反叛。②

对于 17 世纪的哲学家来说,激情占据着心灵与身体之间的关键位置。对于像笛卡尔这样所谓的二元论哲学家而言,情况就是如此(其实应该是,情况尤其如此)。③ 让-弗朗索瓦·塞诺(Jean-François Senault)指出,"激情源自灵魂与身体的联姻"。威廉·艾洛菲(William Ayloffe)修改了这个隐喻,称激情"是灵魂与身体的女儿"。④ 因此,激情可以用两种方式来描述:从心灵的角度来说,它促进了判断错误;从身体的角度来说,它是动物精气(animal spirits)在活的身体中的回旋运动。⑤ 因此,研究激情的身体方面

---

① Browne, *Pseudodoxia Epidemica* i. i (p. 5); cf. i. i (p. 8).

② Reynolds, *Treatise of the Passions*, pp. 435f.; Wright, *Passions of the Minde*, pp. 2f., 34f.; John Ford, *An Essay of Original Righteousness and Conveyed Sin* (n. p., 1657), pp. 46f.; William Ayloffe, *Government of the Passions according to the Rules of Reason and Religion* (London, 1700), pp. 6f., 14, 22; Gailhard, *Complet Gentleman*, pp. 55f.; Franck, *Philosophical Treatise*, p. 161; Senault, *Man Becom Guilty*, pp. 10f.; *The Use of Passions* (London, 1671), p. 75.

③ 特别参见 Susan James, *Passion and Action: The Emotions in Seventeenth Century Philosophy* (Oxford, 1997), pp. 16f.。

④ Senault, *Man Becom Guilty*, pp. 10f.; Ayloffe, *Government of the Passions*, p. 22.

⑤ 激情也有社会和政治层面,论述激情的作者通常会讨论激情在社会和政治互动中的作用。参见 James, *Passion and Action*, pp. 106f.; Harrison, 'Reading the Passions'.

或许有助于揭示导致错误的物质原因。在那些把激情的反叛看成堕落后果的人看来，这再次需要对堕落之前和之后亚当激情的不同物理运作进行推测。于是，对激情的关注自然会促使人思考堕落的身体，思考如何以身体方式来理解堕落，以及关于心灵操作的生理学知识如何可能有助于恢复心灵的固有运作。

第三节　堕落的身体

大多数 17 世纪的新教作家都愿意强调，亚当的失足不仅伴随着在道德和理智上容易犯错误，堕落也对身体造成了附带损害，这意味着亚当的灵魂和身体都承担着他的罪。在其论堕落的著作中，牧师乔治·伯奇斯（George Burches）将原罪称为"一种遍及灵魂和身体所有能力的致命感染"。[1] 约翰·威尔金斯写道，堕落已经从里到外把人败坏了，以致除了我们理智和道德上的不幸，身体也变得"软弱可鄙，容易染上各种疾病和罪恶"。[2] 理查德·巴克斯特也认为，"亚当犯罪时，他的每一个身体部分都参与了罪"。[3] 因此，亚当心灵的虚弱和易错与他身体的相对虚弱是匹配的。甚至连杰里米·泰勒（他关于原罪影响的较为温和的看法激起了一些强烈反驳）也写道，亚当"受到一个邪恶病体的影响，拥有一个充

---

[1] George Burches, *Mans Inbred Malady* (London, 1655), p. 40; Henry Ainsworth, *Annotations on the First Five Bookes of Moses* (London, 1639), fol. 15b.

[2] Wilkins, *Discourse concerning Prayer*, pp. 77, 79.

[3] Baxter, *Two Disputations*, p. 67. Cf. Burgesse, *Doctrine of Original Sin*, p. 372.

满激情且未受教育的无知灵魂;他的罪使他生病,他的病使他暴躁,他的罪使他无知,他的无知使他愚蠢而不讲道理"。① 于是,亚当堕落的身体与他原初身体的光彩形成了鲜明对比。高度赞扬亚当理智德性的罗伯特·索思对亚当身体的赞美也毫不吝惜:"亚当的外表同样光彩;他既有不朽的灵魂,也有美丽的身体。整个复合体就像一座精心建造的圣殿,外表庄严,内部神圣。"②吉迪恩·哈维也认为,亚当曾经拥有"宏伟庄严的身体"和"完美的生长能力,适合长寿和繁衍"。③

人体堕落状况的最明显标志是人的有死性。由于死亡的第一次出现是吃了禁果(《创世记》2:17)导致的,人们普遍认为,如果没有堕落,亚当和夏娃可以永远活着。亚历山大·吉尔写道,"如果亚当没有犯罪,他也许至今和以后都在过一种自然的生活,没有疾病和欲望,拥有一切自然知识和天然的祝福"。④ 虽然阿奎那教导说,初始父母仅仅因为神的超自然活动才是不朽的,但其他人认为,不朽是一种自然状况——这是原始身体完美性的直接后果。如果是这样,那么死亡诅咒就可以用亚当身体的物理变化来解释。一些中世纪思想家已经推测过这些变化。1106 年皈依基督教的

---

① Jeremy Taylor, *Deus Justificatus. Two Discourses of Original Sin* (London, 1656), p. 13.

② South, *Sermons*, p. 148.

③ Harvey, *Archelogia Philosophica Nova*, pt 2, p. 75. 对亚当身体的类似称赞,参见 Jonathan Edwards, 'East of Eden', pp. 333f.; 'Sermons on Genesis', Jonathan Edwards Collection. General Collection, Beinecke Rare Book and Manuscript Library, Gen MSS 151。

④ Gill, *Sacred Philosophy*, p. 20. 另见 Daneau, *Wonderfull Woorkmanship*, fol. 82v; South, *Sermons*, p. 149。

西班牙犹太人彼得·阿方西(Peter Alfonsi,约1060—约1140)认为,亚当是由四元素中最精细的部分按照完全相等的比例结合而成的,这便是他潜在不朽的基础。他的罪使这些比例发生改变,随之而来的元素失衡带来了死亡。① 这种解释与一种一般观点相一致,即堕落造成了不同层次的宇宙紊乱。宾根的希尔德加德(Hildegard of Bingen,1098—1179)提出了类似的看法,她谈到了体液而不是元素。在其《原因与治疗》(Causae et curae)中,她描述了亚当的体液在他堕落那一刻是如何变得败坏和有苦味的:"在亚当违背神的命令的那一刻,黑胆汁在他的血液中凝固了"。② 与她同时代的孔什的威廉(William of Conches,约1085—约1154)以对《创世记》叙事的字面解读而闻名,他提供了一种更加自然主义的解释,认为伊甸园外面的环境条件给第一个家庭带来了死亡:

> 第一个人取得了四种性质之间的平衡,但在被逐出美丽的伊甸园之后,他开始在悲伤和痛苦的深谷中自食其力,开始精疲力竭、饥饿困乏,其自然热量开始消退,空气失衡和饮食质量也对他有同样的影响。因此,他的所有后代都是败坏的,因为他们来自某个败坏的人,从那时起,人类就再没有过完全的健康。③

---

① Petrus Alfonsi,*Dialogi*,PL 157,641f.
② Hildegard,*Causae et curae*,in Peter Dronke,*Women Writers of the Middle Ages* (Cambridge,1984),pp. 244f. ;Boas,*Essays on Primitivism*,pp. 75—77.
③ William of Conches,*Dragmaticon* (Strasbourg,1567),pp. 261—262, qu. in Dorothy Elford,'William of Conches',in Peter Dronke (ed.),*A History of Twelfth-Century Philosophy*,(Cambridge,1993),pp. 308—327 (323). 另见 Brian Murdoch,'Drohtin uuerthe so! Zur Funktionsweise der althochdeutschen Zaubersprüche',*Jahrbuch der Görres-Gesellschaft* ns 32 (1991),11—37 (36f.)。

第四章 废黜偶像

就这样，威廉不仅用体液描述了堕落亚当的身体状况，还解释了他的死亡是如何传递的。因此，对堕落及其传递方法的生理学解释并不完全新颖。

死亡和有死性的降临是逐渐被感受到的，因为根据《创世记》的说法，许多先祖按照现代标准都很长寿：亚当活了930岁，他的儿子塞特912岁，玛土撒拉969岁。① 然而大洪水之后，寿命急剧缩短到现在所熟知的70岁（《诗篇》90：10），唯一的例外是在大洪水之前出生的诺亚，他活了950岁。约瑟夫斯认为，人在世界之初如此高寿是一般状况而非例外，这种观点被普遍接受。② 人们再次为大洪水之前的长寿寻求自然主义解释。一种可能性是亚当作为医生的才能，以及世界在大洪水之后提供药物的相应能力。塞特的传说假定存在着一种"仁慈之油"，它能减轻痛苦，带来新的生机。波内瓦尔的厄纳杜斯（Ernaldus of Bonneval，卒于约1156年）的《创世六日》(*Hexaemeron*)热情赞颂了堕落之前时代的完美性，他赞扬亚当知晓"万物的本质和效力"，伊甸园里"不存在发烧，但治疗发烧的药物已经存在；不存在体质的虚弱，但疲倦的治疗方法已经产生"。③ 现代早期的一些思想家将初民的完全健康归功于亚当解读植物征象（signatures）的能力。④

---

① 先祖们的年龄见 Gen. 5 和 9：29。关于这个问题的历史，参见 Frank N. Egerton, 'The Longevity of the Patriarchs', *JHI* 27 (1966), 575—584; Almond, *Adam and Eve*, pp. 19—27。

② Josephus, *Antiquities* i. 104 (p. 34); Browne, *Pseudodoxia Epidemica* vii. 3.

③ Ernaldus, *Hexaemeron*, PL 1540, 1536, tr. in Boas, *Essays on Primitivism*, pp. 75, 73.

④ Webster, *Academiarum Examen*, pp. 26—29.

罗吉尔·培根在 13 世纪对伪亚里士多德《秘密的秘密》（*Secretum secretorum*）的注解也提到了人类寿命的自然期限。亚里士多德似乎从希伯来人那里学到的一些秘密涉及人类寿命的延长——培根认为，这个主题在已有的医学经典中基本上被忽视了。先祖们的长寿表明，当代寿命的缩短缘于一些"偶然"因素。亚里士多德的养生法涉及与饮食、作息、起居有关的规定和对激情的控制。不幸的是，《秘密的秘密》糟糕的拉丁文本意味着，至关重要的万灵药"至尊荣耀"（*Gloria inestimabilis*）的配方已经永远佚失了。而且，唯一没有被无能的翻译者和抄写者破坏的具体饮食建议是摄入大黄——培根忠实遵守了这个建议，后又亲自推荐。①培根还认为，如果能够知道亚当在其正直状态和堕落状态下的身体构成，我们认识世界的能力就会增加。这预示了现代早期的一些立场。②

在 17 世纪，对亚当天然不朽的最一般的解释是他最初拥有一个完美的身体。③ 加尔文主义牧师亨利·霍兰德（Henry Holland，卒于 1604 年）认为，亚当的身体就像圣徒的复活的身体，因此免于死亡。④ 沃尔特·查尔顿认为，亚当和夏娃不朽的源头是

---

① R. Bacon, *Fratris Rogeri Bacon De retardatione accidentium senectutis*, ed. A. Litte and E. Withington (Oxford, 1928), p. 155, cited in Williams, 'Bacon and the *Secretum secretorum*', 64f.

② R. Bacon, *Opus Majus* i, 617f. ; *Opus minus*, in *Opera Fr. Baconis hactenus inedita*, ed. J. S. Brewer (London, 1859), pp. 370f.

③ 例如参见 South, *Sermons*, p. 148; Gill, *Sacred Philosophy*, p. 20; Taylor, *Deus Justificatus*, p. 13。

④ Henry Holland, *The Historie of Adam, or the foure-fold state of Man* (London, 1606), fol. 6.

生命树,它被植在伊甸园中就是为了这个明确的目的——"吃掉它的果子,可以在人的生命香膏(vital Balsam)接近耗尽时迅速恢复它"。① 同为医生的吉迪恩·哈维则持另一种看法,认为亚当和夏娃的身体内有一种完美的内稳态:"他们的原始体温远比我们的更完美,因此其身体消耗得很慢,他们的本性来得及在产生消耗处将其他部分连结在一起。"然而,堕落改变了他们"固热"(fixed heat)的可溶性:"至于他们起初的固热连结成的网,经过精妙的联合和调节,本是不可溶的,却因他们的堕落而变得可溶"。② 罗伯特·索思解释说,正是亚当的节制使他永远活着:"身体也不会紊乱,逐渐死去,不会因为咳嗽、流涕或痨病而萎靡不振。只要不吃禁果,亚当就不会生病。他的本性就是他的医生:他的清白和节制会使他永远健康,不会死去。"③

先祖们的长寿也可以做物理解释。吉迪恩·哈维注意到,据说亚当已经不需要"医治的乳香",他也认为"先祖们的长寿要归功于亚当陆续向他们揭示的那种神秘医学"。④ 乔治·哈克威尔(George Hakewill)更加平淡地提出,在大洪水之前,食物"更有益健康和更有营养,植物更有药效"。此外,盛行的气象状况被认为对这些初民更友好——"先祖们居住地的气候更加亲

---

① Charleton, *Darknes of Atheism*, p. 222. Cf. Jeremy Taylor, *Unum Necessarium*, in *The Whole Works of the Right Reverend Jeremy Taylor*, ed. R. Heber, 15 vols. (London, 1822), ix, 9.

② Harvey, *Archeologia Philosophica Nova*, pt 2, p. 149; Pascal, *Pensées*, L 282 (p. 119). Cf. Ferguson, *Interest of Reason in Religion*, p. 20.

③ South, *Sermons*, pp. 149f.

④ Harvey, *Archeologia Philosophica Nova*, pt 2, p. 145.

和宜人"。① 到了 17 世纪末，尼希米·格鲁同样将先祖的长寿归因于温和的气候和简单的饮食。有益的因素包括节制、审慎、爱、平静、勤勉以及所有其他有助于延长寿命的德性。和哈克威尔一样，格鲁也认为大洪水终结了伊甸园中的健康环境：

> 但随着大洪水的降临，地上发生了一些重大改变，掌管生死的太阳和月亮可能同样发生了改变；在土地和空气不再有益于健康的同时，食素成为一种美德，各样肉食也开始得到允许；人们沉迷于各种放纵；有太多的原因足以将人的寿命缩短。②

约翰·爱德华兹同样认为，大洪水改变了地球为人类提供充足食物的能力。他写道，"在那个巨大的原始诅咒过后"，人体"始终需要某种超出普通补给的东西，即通过食用动物而产生的活跃而高尚的精神"。③ 在他看来，不是吃肉导致体虚，而是洪水之后地球新的匮乏使人需要吃肉。

诸如此类的理由使得亚当和先祖们的长寿问题在现代早期的知识讨论中很重要。首先，人们一般认为，死亡的出现也解释了其他身体缺陷和亚当心灵状态的改变。通过纠正身体的许多缺陷，可以延长人的寿命。由于导致早夭的身体缺陷也可能阻碍知识的获取，因此有人认为，降低衰老的影响也会增进学问。例如，笛卡

---

① Hakewill, *Apologie*, pp. 42f.
② Grew, *Cosmologia Sacra*, p. 185.
③ John Edwards, *A Demonstration*, pt 1, p. 185.

尔在《方法谈》中声称，保持健康是"今生主要的善和所有其他善的基础"。笛卡尔对身体健康的强调源于他的信念，即"心灵在很大程度上依赖于身体器官的气质和性情"。因此，身体研究是哲学研究的一个关键要素，用笛卡尔自己的话说，通过这些研究，有可能找到"一些使人变得比现在更加聪明能干的手段"。在笛卡尔看来，了解身体的功能将有助于优化我们的心灵操作。反过来，这种智慧将有助于对身体做进一步的研究，这种新知识将可能使我们摆脱"老年的疾病"。①

其次，长寿被认为对于保存和传播世上最初的知识至关重要。路德指出，长寿的初民已经积累了前所未有的智慧："在诺亚洪水之前，世人非常有学问，因为人们活得很长，因此获得了丰富的经验和智慧。"然而，大洪水之后的人寿命缩短，这不利于知识积累。路德抱怨说，"如今，在开始正确认识事物之前，我们便躺下死去。神不认为我们应当获得对事物的更高认识"。② 17 世纪的许多作者都重申了这一观点。在献给弗朗西斯·培根的《创世记解说》(*Exposition of Genesis*，1626 年)中，亚历山大·罗斯(Alexander Ross)声称，如果亚当没有堕落，他的后代"本应更快地获得知识，而且比现在更容易，因为他们才智极高，感官更完美，活得更长久，身体更健康、更强壮"。③ 乔治·哈克威尔也认为，在世界的最初

---

① Decartes, *Discourse*, CSM i, 142. Cf. *Description of the Human Body*, CSM i, 314; Descartes to Newcastle, Oct. 1645, AT iv, 329. 关于笛卡尔论长寿，参见 Steven Shapin, 'Descartes the Doctor: Rationalism and its Therapies', *BJHS* 33 (2000), 131—154.

② Luther, *Table Talk*, clx (p. 65).

③ Ross, *An Exposition*, p. 50.

阶段,"技艺和科学将被培育,为了更好地产生技艺和科学,同样的人需要有长时间的经验和观察"。① 培根在《学术的进展》中也强调了寿命缩短对于当时知识促进计划的后果。他提出,对学问的主要障碍是"生命的短暂,糟糕的合作,以及亲手传递知识的坏传统"。② 生命的短暂源于堕落,而生命的短暂又阻碍了知识的传播。至于糟糕的合作,建造巴别塔的不幸的合作事业因导致语言变乱的"第二次诅咒"而陷入困境。于是,学问衰退的根本原因在《圣经》记载的世界历史中得到了清晰阐述。在培根去世后出版的《新大西岛》中,长寿与知识传播的关联得到了重新审视。在那里描述的乌托邦社会中,据说"所罗门宫"(Solomon's House)——培根理想中的科学院——的一些居民居住在"下层地区"的洞穴中。这些地下住所位于600英呎深处,服务于许多科学目的,包括"保养身体",在地球深处过一种隐居生活,"延年益寿",等等。我们得知,从年迈的洞穴居民那里可以学到许多东西。③ 笛卡尔也认为,"生命的短暂"阻碍了知识的获得和传播。④

第三,恢复古人的秘密将有助于从总体上恢复因堕落而失去的亚当品质。相信炼金术过程类似于创世过程的帕拉塞尔苏斯主

---

① Hakewill, *Apologie*, p. 42. 另见 Beaumont, *Considerations*, p. 95; Stillingfleet, *Origines Sacrae*, p. 11; George Dalgarno, 'On Interpretation', in Cram and Maat (eds.), *George Dalgarno*, p. 403; Josephus, *Antiquities* i. 104—106 (*Works*, p. 34)。

② Bacon, *Advancement of Learning*, (Johnston edn), p. 7.

③ Bacon, *New Atlantis*, *Works* iii, 156f. 16、17 世纪的其他乌托邦作家,包括康帕内拉、安德烈和夸美纽斯,也优先考虑延长人的寿命。Webster, *Great Instauration*, p. 249.

④ Descartes, *Discourse*, CSM i, 142.

义者和炼金术士认为,疾病是堕落之后身体的败坏,使人类容易长期不健康。因此,与寻求哲人石(philosopher's stone)联系在一起的是希望恢复亚当身体的所有完美性,包括恢复对有死身体附带的不良缺陷的抵抗力。正如劳伦·卡塞尔(Lauren Kassell)所说,炼金术士希望"找到一种物质,能够通过启示使人摆脱堕落的败坏影响,恢复他的健康,使之能与天使交流"。① 因此,关于伊甸园的健康幸福的神话影响了炼金术。出于类似的理由,更传统的医生也把延长寿命当作一个主要的优先事项。医生菲利普·巴罗(Philip Barrough)是颇受欢迎的《医学方法》(*Methode of Phisicke*,1583年)的作者,他在序言中写道:"没有任何手段能让一个人更接近那种本性的完美,他最初享有那种本性,接着因为堕落而失去了,然后又通过对自然秘密的艰苦研究得到了。"根据巴罗的说法,这其中最重要的是延长寿命的手段。② 对于弗朗西斯·培根来说,延长寿命是当务之急,从他的著作来看,这经常显得就像是知识的最终目标似的。在《木林集》(*Valerius Terminus*,1603年)中,他认为知识应当包括自然的所有运作和可能性,"从长生不老(如果可能的话)到最卑贱的力学活动"。他后来说,延长人的寿命是所有医学义务中"最高贵的"。③ 有两部完整的作品专门讨论了这个主

---

① Lauren Kassell,'Reading for the Philosopher's Stone',in Marina Frasca-Spada and Nick Jardine (eds.),*Books and the Sciences in History* (Cambridge,2000),pp. 132—150.

② Philip Barrough,*The Method of Phisicke* (London,1583),To the Reader.

③ Bacon,*Valerius Terminus*,cited in D. B. Haycock,'Living Forever in Early Modern England',*The Center and Clark Newsletter* 43 (2004),6—7;*Advancement of Learning*,*Works* iv,372—404. Haycock,'Living Forever in Early Modern Europe: Sir Francis Bacon and the Project for Immortality'.

题——《生死志》(The History of Life and Death,1623 年)和未出版的《论死亡方式、延缓衰老和恢复活力》(De vijs mortis)。① 在《生死志》中,培根质疑了那种对古代的公认裁定,即老年和死亡是生命的自然阶段。他猜测,人体修复自身的能力"可能是永恒的"。②

正如我们已经看到的,笛卡尔和培根一样热衷于寻找衰老的治疗方法。虽然这位法国哲学家对于《圣经》中关于先祖长寿的记述习惯性地未置一词,但他在《灵魂的激情》(The Passions of the Soul,1649 年)序言中指出,神为我们提供了必要的手段来"极大程度地延年益寿"。③ 有时候,笛卡尔似乎自信已经了解了这些手段。据说他曾在回答英格兰哲学家凯内尔姆·迪格比(Kenelm Digby)关于如何活得更长的问题时声称,虽然他可能无法"使一个人不朽",但他可以将其寿命延长到"堪比先祖"。④ 鉴于笛卡尔 54 岁就去世了,事实证明这是虚伪的自夸。但也许值得注意的是,很多人觉得他的主张非常可信,想必他是遇到了非自然死亡。不过显然,笛卡尔终生都将延长人的寿命当成一个重要的优先事项。

最后,寻求死亡的自然原因虽然与寻求人类无知的自然原因

---

① Bacon, *The History of Life and Death*, Works v, 213—335; *De vijs mortis, Philosophical Studies*, c. 1611—c. 1619, ed. Graham Rees (Oxford, 1996). Webster, *Great Instauration*, pp. 246—323; Gaukroger, *Francis Bacon*, pp. 95—99。

② Bacon, *History of Life and Death*, Works v, 218。

③ Descartes, *The Passions of the Soul*, ed. and tr. S. Voss (Indianapolis, 1989). 关于这篇序言的作者有一些讨论,但很可能是笛卡尔写的。参见 *Passions*, p. 1。

④ Descartes, AT xi, 671, cited in Shapin, 'Descartes the Doctor', p. 141. 另见 Gerald Gruman, *A History of Ideas about the Prolongation of Life* (Philadelphia, 1966), p. 79。

类似,却再次凸显了中世纪天主教的"超自然主义"与宗教改革之后的基督教世界更加自然主义的方向之间的差异。托马斯主义的立场是,亚当的不朽是一种超自然的恩赐,堕落之后被收回:"在犯罪之前,人的身体不朽并非凭借本性,而是凭借神的恩典的恩赐;否则它的不朽不会因为罪而失去。"① 然而,对于新教思想家来说,死亡可能并非缘于神的恩赐被收回,而是缘于堕落之后身体的自然败坏。此外,如果不朽(或极其长寿)是一种自然禀赋,那么它就可以凭借自然手段在某种程度上得到恢复。先祖长寿的历史先例支持了这种观点,即在现世生存的状况下可以实现这种部分恢复,培根等人所探索的正是这样一种可能性。与此相关的是,作为现代哲学家,培根和笛卡儿都倾向于将哲学探索的目的限定在现世生存的范围内。因此,哲学智慧与延长现世生命——甚至可能达到不朽——的目标有关。阿奎那也将哲学探索与不朽联系在一起,但他所说的不朽被推迟到来世:"不朽使人接近天主;所以,慕求智慧引人高登王位。"(《智慧篇》vi. 21)② 因此,这种不朽被推迟到了所有人复活。这种对不朽和长寿之基础的超自然主义理解与培根坚持初民的长寿不应"归于恩典"形成了鲜明的对比。③ 这种立场为他后来的判断奠定了基础,即古人误认为死亡是自然的和不可避免的。这里重要的同样是,区分哪些损失应通过"宗教和信仰"来挽回,哪些损失应通过"技艺和科学"来挽回。

---

① Aquinas, ST 1a. 76, 5. Cf. ST1a. 97, 1. 亚历山大·罗斯重复了这种观点,这对于新教作者来说是不寻常的。*An Exposition*, p. 53.

② Aquinas, SCG i. 2 (p. 3).

③ Bacon, *Historia vitae*, *Works* v, 243.

同样重要的是,在中世纪天主教中,通过祭司主持的圣礼系统,亚当失去的超自然恩赐可以凭借神的恩典而得到部分恢复。当然,人性的最终恢复发生在来世的真福神视中。正是在这种背景下,我们才能理解将圣餐视为"不朽之药"的传统。这一表述源于公元2世纪的教父安提阿的伊格纳丢(Ignatius of Antioch),他描述了基督徒如何"分一个饼,它是不朽之药和死亡的解毒剂,能使我们永远活在耶稣基督里"。① 阿奎那也使用了这个医学类比,称圣礼为"治愈由罪引起的创伤的精神疗法"。② 相应地,培根试图在科学领域创立的程序可被视为一种平行的圣礼系统,旨在恢复可在现世得到挽救的败坏的亚当能力。因此,培根能够从圣职的角度看清自己的角色,确立科学仪式,以辅助和恢复堕落的人类理智能力:"我履行着一个真正的感觉祭司的职责"。③ 顺便说一句,所罗门宫的管理者们同样结合了祭司职责和科学职责。按照传统的天主教观点,对人性的这种管理是多余的,亚当从一开始就未曾失去任何自然能力。让我们回忆一下贝拉闵的话,堕落之后,人性在其"无知和虚弱"上并未变得比以前更糟。④

与死亡问题有关的一般原则也适用于人的无知。易错性也是堕落的结果,同样可以通过自然手段来改善。将人的知识从堕落

---

① Ignatius of Antioch, *Letter to the Ephesians* 20.
② Aquinas, ST 3.61,2;cf. ST 3.60,1. 作为超自然禀赋的接受者,亚当在其清白状态下并不需要圣礼。
③ Bacon, *Great Instauration*, *Works* iv, 26.
④ Bellarmine, *De Gratia Primi Hominis* (Heidelberg,1612),cap. v, sec. 12.

状态中恢复过来,非常类似于研究如何可能使身体摆脱死亡。在这两种情况下,都要求对相关疾病的自然原因做出认真研究,然后开出具体处方。弗朗西斯·培根在其讨论学术复兴的各种著作中所致力于完成的正是这项任务。

第四节 智识上的偶像崇拜

培根的第一位传记作者威廉·罗利(William Rawley)说,在剑桥大学三一学院,13岁的早熟少年培根第一次表达了他对亚里士多德学说的厌恶。① 这种说法并非难以置信,因为培根小时候在家里已经接受了母亲完全不同的教育。安妮·培根(Anne Bacon)秉持着深刻的清教主义信念,务必让与她有相同宗教倾向的老师教导她的儿子。弗朗西斯和他的兄弟安东尼很小就接受了改革宗信条的教育,这种不太正式的教导反映了大陆加尔文主义的影响。难怪培根终生都显示出一些典型的加尔文主义关切:堕落及其后果,尘世使命的重要性,工作的神圣性,以及改造社会的义务。培根对自己宗教信念最明确的表述——他的《信仰告白》(*Confession of Faith*,约1602年)——明显反映出加尔文《基督教要义》(*Institutes of the Christian Religion*)的教导。这并不是说培根是清教徒,事实上,他的一些著作包含了对新教改革家及其清

---

① Rawley, *Life of Bacon*, *Works* i, 4. 关于培根的早期教育,参见 Lisa Jardine and Alan Stewart, *Hostage to Fortune: The Troubled Life of Francis Bacon* (New York, 1999), pp.31—38。Jardine 和 Stewart 对罗利的说法有些怀疑。

教主义继承者的批评。^① 但加尔文主义思想显然对他的学术复兴计划产生了重大影响。考虑到这种早期的教育背景，培根与当时由亚里士多德学说主导的剑桥课程的首次相遇让人感到有些震惊。培根不得不与之抗争的最早的教科书之一是亚里士多德的逻辑著作集——"工具论"。所有本科生都应熟知它的内容，直到17世纪，大学章程还规定要对违反亚里士多德逻辑的人处以罚金。^② 事实上，在大约90年后的1661年，身为三一学院本科生的牛顿也发现亚里士多德的"工具论"仍然是课程的重要组成部分。^③ 培根大学时期对亚里士多德学说的反抗，以及后来为学术建立新基础的雄心，都显见于他最著名的哲学著作《新工具》(*The New Organon*，1620年)的标题中。

这里没有必要一再重复：培根认为自然哲学致力于恢复亚当

---

① Bacon, *Confession of Faith*, *Works* vii, 215—226. 关于培根的加尔文主义，参见 Brian Vickers, *Francis Bacon: The Major Works*, ed. Brian Vickers (Oxford, 2002), pp. vi, xxvif., 560—572. 另见 James Spedding 在 Bacon, *Works* vii, 21 中的评论; Steven Matthews, 'Apocalypse and Experiment: The Theological Assumptions and Motivations of Francis Bacon's Instauration', Ph. D. thesis, University of Florida, 2004; John Henry, *Knowledge is Power* (London, 2002), pp. 82—92; Benjamin Milner, 'Francis Bacon: The Theological Foundations of *Valerius Terminus*', *JHI* 58 (1997), 245—264; Webster, *Great Instauration*, p. 514.

② "工具论"包括《范畴篇》(*Categories*)、《解释篇》(*De Interpretatione*)、《前分析篇》(*Prior Analytics*)、《后分析篇》(*Posterior Analytics*)、《论题篇》(*Topics*)、《辩谬篇》(*On Sophistical Refutations*)。关于《工具论》在课程中的角色，参见 William T. Costello, *The Scholastic Curriculum at Early Seventeenth-Century Cambridge* (Cambridge, MA, 1958); Kearney, *Scholars and Gentlemen: Universities and Society in Pre-Industrial Britain* (London, 1970), pp. 81f. 。关于罚金制度，参见 Merton, *Science, Technology, and Society*, p. 299。

③ Cambridge University Library, MS. Add. 3996.

第四章 废黜偶像

的自然知识和对自然的统治。《新工具》的两个部分均以一个命令作结，即恢复因堕落而失去的对自然的统治。① 至于对这种恢复的障碍，培根在悠久的亚里士多德逻辑传统中看出了一种隐含的认识，即"人的理智若自行其是，则不可信任"。但培根确信，那些宣扬逻辑的人系统性地错认了心灵错误的本质以及纠正它们的方法。旧工具的支持者们"将逻辑置于首要地位，认为对科学最可靠的帮助可以在逻辑中找到"。培根认为，"这种疗法对于该疾病来说太弱了"。面对人类犯错误的倾向，逻辑的无能可以归咎于两个因素。首先，逻辑学家们完全低估了他们试图纠正的问题的严重程度。② 培根写道，"科学中几乎所有弊病的根本原因"都是"我们错误地钦佩和颂扬人的心灵的力量"。因此，"我们未曾寻求对它真正的辅助"。③ 其次，他们没有意识到错误源自人的心灵的各种失败，而是规定了一种通用的纠正方法。④

培根坚称，为了对自然做出真正的解释，我们首先需要理解人的能力及其局限性。于是在《新工具》中，培根将感官、记忆和理性

---

① Bacon, *Novum Organum* i, §129, ii, §52 (*Works* iv, 115, 247); cf. *Great Instauration*, *Works* iv, 7; *Valerius Terminus*, *Works* iii, 222.

② Bacon, *Great Instauration*, *Works* iv, 17. 培根关于逻辑的其他评论，参见 *Great Instauration*, *Works* iv, 7, 23f., *Novum Organum*, *Works* iv, 40, 48。

③ Bacon, *Novum Organum*, *Works* iv, 48. 必须设计适当的"帮助"和"辅助"，这是《大复兴》和《新工具》的一个永恒主题。例如参见 *Great Instauration*, *Works* iv, 13, 21, 23, 37, 31; *Novum Organum* i, §2 (*Works* iv, 47)。约翰·阿尔施泰德同样提出了均因堕落而有缺陷的记忆、判断和言语的补救方法。Hotson, *Johann Heinrich Alsted*, p. 69.

④ 正如斯蒂芬·高克罗杰所指出的，笛卡尔在这方面与经院学者相似："所有错误来源在笛卡尔那里都被同质化了，和在经院教科书作者那里一样，没有必要区分不同的错误来源。"*Francis Bacon*, p. 122.

视为与认识有关的能力,并且寻求特定的"辅助"来治愈其固有的弱点。① 这些弱点在培根看来"基于人性本身",被称为"部落偶像"。培根将人的认识错误归咎于四种"心灵偶像",这是第一种。② 对于培根来说,感官的缺陷为错误提供了最初的机会:"人类理解力的最大障碍和失常来自于感官的迟钝、无能和欺骗。"③ "虚弱和多误的"感官以两种方式不能满足我们。它们有时不提供任何信息,有时则提供虚假信息。④ 在第一种情况下,我们不可能认识超出可见范围的事物。这适用于远得看不见的天体,或者引用培根使用的具体例子:"可触物体中包含的精气(spirits)的运作""隐藏起来,人们观察不到"。⑤

这里值得提醒一下,根据一种悠久的释经传统,亚当所能得到的恰恰是这种感觉信息。宾根的希尔德加德曾经表述过这样一种观点,即亚当犯罪时,"他清白的光辉变暗了,以前观看天界事物的眼睛也失明了"。⑥ 路德以类似的方式描述了亚当敏锐的视觉和听觉:

神在公义里创造了亚当,亚当失去这种公义之后,由于内

---

① Bacon, *Novum Organum* ii, §10 (*Works* iv, 126).

② Bacon, *Novum Organum* i, §41 (*Works* iv, 54). 对四种"心灵偶像"的讨论,参见§§38—68 (*Works* iv, 53—69)。另外三种偶像是:洞穴偶像,指扭曲知识的个人偏见;市场偶像,因滥用语言而产生;剧场偶像,指对传统不加批判的接受。这与罗吉尔·培根先前关于错误原因的论述有一些相似之处。*Opus Majus* i, 4.

③ Bacon, *Novum Organum* i, §50 (*Works* iv, 58).

④ Ibid.; *Great Instauration*, *Works* iv, 26.

⑤ Ibid.

⑥ Hildegard, *Causae et Curae* ii, ed. Kaiser (Leipzig, 1903), in Boas, *Essays on Primitivism*, p.77.

第四章 废黜偶像

心中的极大痛苦和悲伤,他的身体力量无疑已经大大衰退了。我相信,在堕落之前,他看到百里外的物体会比我们看到半里外的物体更清晰,所有其他感官也是如此。毫无疑问,在堕落之后,他说:"神啊!我这是怎么了?我又瞎又聋。"①

这些传统在17世纪的英格兰是司空见惯的。根据托马斯·莫顿主教(1564—1659)的说法,人在最初状态下"拥有更敏锐的外部感官,身体拥有本来的特性,能够正确无误地接收任何物体的印象"。②约瑟夫·霍尔(Joseph Hall)断言,亚当对精气的内部运作有直接的感觉认识,培根曾经悲叹它的失去。凭借一种X-射线般的视觉,他"看到了万物内部","自那以后,他的后代只看到了它们的表皮"。③

因此,培根认为自己的任务就是为感官提供人工辅助,在如今堕落后的世界中,感官已经不足以完成其首要任务了:"我一直试图从各个方面,努力而忠实地为感官提供辅助——提供替代品以弥补它的缺陷,提供矫正以纠正它的错误。"增强虚弱感官的一种明显方式是依靠望远镜和显微镜等仪器的放大能力。然而,对这些眼镜的使用尚处于起步阶段,而且并非没有争议。由于这些新放大设备的"无能",培根认为对感官更好的"辅助"是实验:"因为实验的精微远大于感觉本身的精微,即使在灵敏仪器的辅助下也是如此。"④于是在所罗门宫的光学实验室里,我们看到了"对视觉

---

① Luther, *Table Talk*, cxxviii (p.57).
② Morton, *Threefold State of Man*, p.223; cf. Ross, *An Exposition*, p.50.
③ Joseph Hall, *The Works of Joseph Hall* (London, 1634), i, 776.
④ Bacon, *Great Instauration*, *Works* iv, 26. Cf. *Novum Organum* ii, §39 (*Works* iv, 192), 这里培根的结论是, 由于新眼镜的"无能", 人们几乎没有发现对任何用途的新的认识。

的辅助,远超所使用的眼镜"。这使遥远的天体可能显得近在咫尺,并使我们"非常清晰地看到微小的物体"。① 因此,用改进的仪器来放大感官的能力似乎一直是培根的一个愿望。到了17世纪后期,当这些仪器的用处被更好地确立时,皇家学会的会员们将更愿意建议用它们来克服堕落感官的局限性。

在《新工具》中,关于对记忆的辅助,培根几乎未置一词。② 不过,他在《学术的进展》中讨论了这个话题。在这部更早的著作中,他指出,知识要么保存在书籍中,要么保存在记忆中。③ 培根并不看好旨在增强记忆能力的现有系统——所谓的"记忆术"学派,如雷蒙德·鲁尔(约1235—1316)和彼得·拉穆斯(1515—1572)等人。④ 他还指出,正是由于记忆力的不足和局限性,以书面形式记录知识才成为必需。因此,写作已经是对记忆的"辅助",比如记笔记。培根因此称赞了"做摘记"的方法,即读者在个人摘记簿的各个标题下记录他们在阅读中看到的引语。⑤ 尽管如此,作为记录和传播知识的媒介,语言本身是有缺陷的:语词仅仅是概念的"标

---

① Bacon, *New Atlantis*, *Works* iii, 163.
② But cf. *Novum Organum* ii, §26 (*Works* iv, 162).
③ Bacon, *Advancement*, *Works* iii, 397.
④ 关于记忆术,参见 Frances Yates, *The Art of Memory* (Chicago, 1966); Paolo Rossi, *Logic and the Art of Memory*, tr. Stephen Clucas (London, 2000); Mary Carruthers, *The Book of Memory* (Cambridge, 1992).
⑤ Bacon, *Advancement*, *Works* iii, 398. 关于摘记簿,参见 Ann Blair, 'Note Taking as an Art of Transmission', *Critical Inquiry* 31 (2003); 'Humanist Methods in Natural Philosophy: The Commonplace Book', *JHI* 53 (1992), 541—551; Earle Havens, *Commonplace Books* (New Haven, 2001); Richard Yeo, 'Ephraim Chambers's Cyclopaedia (1728) and the Tradition of Commonplaces', *JHI* 57 (1996), 157—175.

记",它们不完美地表示了世间事物和记忆中的概念。这种不完美显见于语言的多样性,培根将其归因于"第二次一般诅咒"——巴别塔的语言变乱(《创世记》第 11 章)。培根认为,当时仍然是大学课程重要组成部分的语法科学,试图重获原始语言的简单性和清晰性。因此他指出,借助于语法,"人努力重新融入那些因自己的过错而被剥夺的祝福"。但和经院教育方案的许多特征一样,语法被认为是"有缺陷的"。① 一门理想的哲学语言至少会重获原始亚当语言的一些要素。正如培根所说,我们必须学习"造物之书"的语言。他说,这"就是遍及地球各处的言语和语言,未曾遭遇巴别塔的语言变乱;人们必须重新学习它,重新开始自己的青春,他们必须再次变成小孩子,并屈尊掌握其字母表"。②

另一种克服语言变乱诅咒的方法是使用"真实文字",正如培根所解释的,它"总的说来并不表达字母或语词,而是表达事物或概念"。③ 在这种语境下,"真实"意味着文字与事物或思想有关,而不是与说出的语词有关,正如"真实的、实验的哲学"也被提升为一种哲学,它不是关于冗长的论辩,而是关于事物。④ 这些符号或"思想记号"(Notes of Cogitations)被认为是一些书写的文字,它

---

① Bacon, *Advancement*, *Works* iii, 400f.
② Bacon, *Historia ventorum*, *Works* ii, 14f. 这同时暗示了巴别塔和《诗篇》的第 19 章,其中谈到诸天的语言"通遍天下"。
③ Bacon, *Advancement*, *Works* iii, 399. "真实的"经常与"实验的"结合起来使用,以描述一种被认为真正与事物不仅仅是语词有关的哲学或宗教。
④ 比如威尔金斯:"一种真实的普遍文字……不应指称语词,而应指称事物和概念"(*Essay toward a Real Character and a Philosophical Language* (London, 1684), p.13);胡克:"真实的、机械的、实验的哲学"(*Micrographia*, Preface);约翰·雷:"真实哲学的进展"(*Correspondence* (1848), p.130)。

们直接表示事物,而不以说出的语词为中介,因此与大多数书写的语言不同,在这些语言中,说出的语词代表对象或思想,书写的语词代表说出的语词。培根举了中国象形文字的例子,他表示相信,中国和"远东地区"的民族即使不理解彼此的方言,也仍然可以通过这种常见的书写形式进行交流。培根还对与所指事物相似的其他类型的符号做了推测,比如聋哑人使用的身体姿势,以及古埃及人的象形文字。然后,他讨论了两种直接表示思想的截然不同的符号或"记号"——"一种是记号与概念有某种相似性或一致性"(例如象形文字),另一种"只有通过约定或认可才有效力"(例如中国的表意文字)。① 到了17世纪后期,这些推测将激励人们提出若干种普遍语言或自然语言的方案,其中一些专注于真实文字,另一些则试图发现与所指事物相似的文字或符号。虽然记忆并非《新工具》的主要话题,但培根确实提到了语言的缺陷以及这些缺陷如何妨碍了学术事业。正是在这种语境下,他谈到了"市场偶像",它本质上涉及误导性的"语词和名称的联盟",以及语词无法表示"真正的自然划分"。培根指出,由于存在着这些偶像,许多学术上的分歧实际上与语词的含义有关。② 这些观点同样促进了17世纪下半叶的人工语言方案。

如果说感官往往提供虚假信息,记忆和书写是存储信息的不

---

① Bacon, *Advancement*, *Works* iii, 399f. 事实上,象形文字是字母的,而不是图像的。
② Bacon, *Novum Organum* i, §59 (*Works* iv, 60f.). 确立清晰的定义(正如亚里士多德所建议的那样)似乎可以提供一个解决方案,但由于定义本身是由语词组成的,而且每种语言都有自己表示事物的名称,所以仍然存在着混淆和争论的可能性。Bacon, *Novum Organum* i, §43 (*Works* iv, 54, 192).

完美的媒介，那么理智本身则被认为没有能力处理信息。因此，在论述部落偶像时，培根谈到了"理智的永恒错误"，以及理智"无力"履行其首要职责。① 理智错误的直接原因是激情和情感的不良影响："人的理解力绝非干燥的光，而是得到意志和各种情感的灌注。"在《学术的进展》中，培根也类似地提到，"干燥的"的灵魂"浸透在各种情感的体液中"。② 培根提到的"干燥的光"模糊地指向了前苏格拉底哲学家赫拉克利特（活跃于公元前 500 年左右）的一则有改动的格言，据称他曾说，"干燥的灵魂是最智慧和最好的"。③ 由于对希腊原文含义的混淆，随着时间的推移，这一残篇变成了"干燥的光是最智慧的灵魂"。对于赫拉克利特来说，灵魂由两种元素构成：火（高贵的元素）和水（卑贱的元素）。智慧的灵魂之所以是"干燥的"，是因为火占主导地位。更重要的是，培根提到心灵被体液"浸透"，则是利用了亚当心灵因堕落而发生变化的基督教传统。正如我们所看到的，16、17 世纪论激情的新兴文献为心灵如何被激情的运动所淹没、从而无法正常运作提供了生理学解释。④ 亚当堕落时失去了对自然的统治，同时他的理性也失

---

① Bacon, *Novum Organum* i, §§ 46,47 (*Works* iv,56,58).

② Ibid., § 49 (*Works* iv,57); *Advancement of Learning* i. 3 (Johnston, p. 9).

③ Heraclitus, Frg. 118, Stobaeus, *Anthology* iii, 5, 8. 关于这句格言及其历史的讨论，参见 Charles H. Kahn, *The Art and Thought of Heraclitus* (Cambridge, 1979), pp. 245—254。

④ 例如参见 Reynolds, *Treatise of the Passions*, pp. 6, 265; Goodwin, *Vanity of Thoughts*, pp. 49, 54, 57f.; South, *Sermons*, pp. 124f., 132f., 146; Glanvill, *Vanity of Dogmatizing*, p. 4; Ayloffe, *Government of the Passions*, p. 22. 关于二手论述，参见 Harrison, 'Reading the Passions'; John Sutton, 'The Body and the Brain', in Gaukroger, Schuster, and Sutton (eds.), *Descartes' Natural Philosophy*, pp. 697—722。

去了对激情的统治。

虽然培根对理智困境的诊断也许与当时的道德心理学著作有某种共同之处,但他给出的处方相对新颖。我们看到,培根不是像前人那样建议内在的自律,而是强调一种新的哲学之道,表现为外在强加的方法论限制。正是这些方法论限制,而不是内在引导的道德努力,才能克服心灵的固有弱点。他写道,理智"是完全迟缓和无力的,除非受到严厉法则和统治权威的强迫"。[1]《大复兴》中阐述的支配自然哲学的法则包括这样一些原则:依靠实验,积累有组织的观察(培根所谓的"自然志和实验志"),以及有指导的集体努力。这些新的方法论规定与培根的新哲学观相一致,培根认为,哲学并不是一种关注哲学家个人的道德形成和幸福的孤独的沉思活动,而是为了公共利益,旨在统治自然和操纵自然的集体活动。正如斯蒂芬·高克罗杰(Stephen Gaukroger)所说,在培根那里,我们看到了"第一次系统的全面尝试,要把现代早期的哲学家从主要关注如何道德地生活,转变为主要关注理解和重构自然过程"。[2] 而这种新的观点则基于一种本质上奥古斯丁主义的信念:考虑到人性的不可挽回的败坏,必须用正式的外在强制系统来规范现世的生活。在政治领域,这为国家的强制性权力提供了理由。培根将这一点扩展到哲学领域,认为哲学是为了重新

---

[1] Bacon, *Novum Organum* 1, §47 (*Works* iv, 57). 然而,培根并没有完全把道德考虑与自然哲学实践分离开来。例如参见 *Historia ventorum*, *Works* ii, 14f.。

[2] Gaukroger, *Francis Bacon*, p. 5. 另见 Antonio Pérez-Ramos, 'Bacon's Legacy', *Cambridge Companion to Bacon*, pp. 311—334; Harrison, 'The Natural Philosopher and the Virtues'.

第四章 废黜偶像

确立亚当对自然的统治,并支持建立一个类似的社会组织,以制定自然哲学事业的规则并且监督其实施。在乌托邦式的《新大西岛》中,培根预言了一种新的共同体,它主导和支配着科学知识的获取。虽然亚当的原始能力曾经使他能够理解整个科学知识,但在一个堕落的世界中,这将通过集体劳动来逐渐实现。因此,"所罗门宫"是培根的一种新的组织模式,它对知识产生的机制加以政治控制。

除了强加于研究者的规训,自然本身也要经受严格的实验——因此会有培根那声名狼藉并且常常被误解的主张,即强行从自然中提取知识。正如他所说,"自然的秘密在技艺的拷问之下会比让它们自行其是更容易显示出来"。① 操纵自然的必要性部分源于这样一种信念,即堕落已经导致自然本身变得难以驾驭、拒不服从、运作神秘,难以为探究的心灵所理解。② 有些教父认为,

---

① Bacon, *Novum Organum* i, § 98 (*Works* iv, 94f.). Cf. *Advancement of Learning* (*Works* iv, 298). 在这个问题上对培根的一些标准误读,参见 Susan Harding, *Whose Science? Whose Knowledge? Thinking from Women's Lives* (Ithaca, 1991), pp. 116, 43; Caroline Merchant, *The Death of Nature* (San Francisco, 1980), p. 168; Evelyn Fox Keller, *Reflections on Gender and Science* (New Haven, 1985), p. 35. 对这些解读的批评,参见 Iddo Landau, 'Feminist Criticisms of Metaphors in Bacon's Philosophy of Science', *Philosophy* 73 (1998), 47—61; Peter Pesic, 'Wrestling with Proteus: Francis Bacon and the "Torture" of Nature', *Isis* 90 (1999), 81—94。

② 当时对堕落后自然发生的事情的描述,参见 Franck, *Philosophical Treatise*, pp. 120—160 and passim; Thomas Malvenda, *De Paradiso* (Rome, 1605), p. 202; Daneau, *Wonderfull Woorkmanship*, fol. 82r—v; Goodman, *Fall of Man*, pp. 17f., 25; Ross, *An Exposition*, p. 72; Senault, *Man becom Guilty*, pp. 319—390; Robinson, *Anatomy of the Earth*, pp. 4f.。16 世纪德国作者对这一主题的论述,参见 Kathleen Crowther-Heyck, 'Wonderful Secrets of Nature: Natural Knowledge and Religious Piety in Reformation Germany', *Isis* 94 (2003), 253—273 (esp. 269f.)。

从亚当犯罪那一刻起,曾经完美的世界就进入了一个易变的、永恒衰落的新阶段。"世界变老了,"圣西普里安(St Cyprian)悲叹道,"不再像以前一样坚挺,失去了曾经的活力和力量。"① 世界永恒衰落的论点在文艺复兴时期再度兴起,并且在 17 世纪达到顶峰。② 试图反驳这种观点的乔治·哈克威尔指出:"无论俗众还是学者,无论神学家还是其他人,都普遍接受世界衰落的观点,其常识性使许多人未经进一步考察就相信了它。"③ 罗伯特·伯顿就是这样一个学识渊博的人,他宣称:"从我们初始的父亲亚当的堕落开始,神的造物就已经改变,地球受到诅咒,星体的影响发生了变化,四元素、野兽、鸟类、植物,现在随时都可能冒犯我们。"④ 宇宙的败坏状况有着重要的认识论后果,一般认为,自然世界已经变得不那么容易理解。正如奥古斯丁所说,地球"无法兑现承诺,成了一个说谎

---

① Cyprian, *Treatise* v, 'An Address to Demetrianus', 3 (ANF v, 458). 另见 David Brookes, 'The Idea of the Decay of the World in the Old Testament, the Apocrypha, and the Pseudopigrapha', in J. D. North and John Roche (eds.), *The Light of Nature* (Dordrecht, 1985), pp. 383—404。奥维德、卢克莱修等古典作家为这种观念提供了某种支持。参见 D. C. Allen, 'The Degeneration of Man and Renaissance Pessimism', *Studies in Philology* 35 (1938), 202—227。自然世界堕落的《圣经》来源是《创世记》3:17—18 和《罗马书》8:20—22。

② Victor Harris, *All Coherence Gone* (London, 1966); Clarence Glacken, *Traces on the Rhodian Shore: Nature and Culture in Western Thought from Ancient Times to the End of the Eighteenth Century* (Berkeley, 1973), pp. 162f., 379—392; Margaret Hodgen, *Early Anthropology in the Sixteenth and Seventeenth Centuries* (Philadelphia, 1964), pp. 254—294; George Williamson, 'Mutability, Decay, and Seventeenth-Century Melancholy', *Journal of English Literary History* 2 (1935), 121—151.

③ Hakewill, *Apologie*, p. 13.

④ Burton, *Anatomy*, i, 125. 另见 Milton, *Paradise Lost* ix, 782—784, 942; Poole, *Milton and the Fall*, p. 181。

者和欺骗者"。① 这些想法在与培根同时代的人当中仍然很流行。根据占星术士和魔法师约翰·迪伊(John Dee,1527—1609)的说法,堕落使地球变得极为混乱,自然之书中的地球部分变得几乎无法理解。地界"由不稳定的元素所组成",无法得到解释。(和梅兰希顿一样,迪伊也认为,诸天仍然显示出一种明显的秩序,可以做数学描述。)② 吉迪恩·哈维认为,在堕落之前,"任何物体都不会反抗或令人费解;因为它们皆是为人而造,其本性(仿佛)写在自己的胸膛上,因此能被理解"。③ 培根似乎把这种传统当作理所当然。在《论本原和起源》(*On Principles and Origins*)中,他解释说,在堕落之前,物质的位形已经达到了最佳,然后变坏了。④ 在其他地方,他又指出,原初的自然法则在堕落时发生了改变,只有在世界末日才能得到纠正。⑤ 此外,对培根和哈维而言,自然本身仿佛已经变得几乎无法理解:"但是,在人的理解力看来,宇宙的构造就像一个迷宫;物体与标记的这些欺骗性的相似,自然的线索是

---

① Augustine, *Sermons* cxxcv, 11 (PL 38, 698). Cf. Luther, *Table Talk*, cxxxii (p. 58).

② Deborah Harkness, *John Dee's Conversations with Angels : Cabala, Alchemy, and the End of Nature* (Cambridge, 1999), p. 72. 也常有人指出,堕落之后自然物的征象被消除了。参见 Bono, *Word of God*, pp. 26—84。

③ Harvey, *Archelogia Philosophica Nova*, pt 1, p. 89. 参见托马斯·特拉赫恩(Thomas Traherne):"如果大自然失去了它的败坏,那么自然的人……凭借自然之光也许能够理解[它]。"*Christian Ethics ; Or Divine Morality* (London, 1675), p. 101.

④ Bacon, *De principiis atque originibus*, *Works* iv, 491. Cf. *Works* vi, 250.

⑤ Bacon, *A Confession of Faith*, *Works* vii, 221. 牛顿和威廉·惠斯顿(William Whiston)也认为,不同时代有不同的自然法则。参见 Harrison, 'Newtonian Science, Miracles, and the Laws of Nature', 545.

如此杂乱缠结"。① 鉴于堕落的自然难以理解,人们不得不使用更具主动性和侵入性的实验研究方法。

培根新颖地倡导对"超出其正常进程"的自然进行考察,这违反了标准的亚里士多德主义看法,即必须区分"自然"运动与"受迫"运动。② 根据这种观点,在实验程序所强加的条件下所做的观察无助于理解自然在没有人类介入的情况下如何运作。干扰自然的日常运作将使所研究的运动变成"受迫的"而不是"自然的"。与此相关的一个亚里士多德主义区分是自然与人工,或者自然与技艺之间的区分。对于实验进路的批评者来说,实验所代表的人对自然的侵入导致了古怪的混合体,严格说来,它们两者都不是。在《实验哲学评论》(*Observations on Experimental Philosophy*,1666年)中,玛格丽特·卡文迪许(Margaret Cavendish)——可能是那个时代唯一直接目睹皇家学会会员所作实验的女性——指出,实验产生了"雌雄同体效应,即部分是自然的,部分是人工的"。③ 在她看来,实验主义者们研究的根本不是自然,而是一种可怕的怪物,部分是由他们自己制造出来的。于是,倡导用实验来侵入自然

---

① Bacon,*Great Instauration*,Works iv,18. 对笛卡尔来说,自然应当在正常进程中来观察,而不应在"异乎寻常和极不自然"的情况下来观察。参见 Descartes,*Discourse*,CSM i,143。

② Aristotle,*Physics* 255. 对这种区分的讨论,参见 Anstey,*Philosophy of Robert Boyle*,pp. 121—123。关于伽利略对它的拒斥,参见 Alexander Koyré,*Galileo Studies* (Hassocks,1978),pp. 59,181。

③ Margaret Cavendish,*Further Observations upon Experimental Philosophy* (London,1666),p. 4. Cf. pp. 12f. Cf. Descartes,*Principles of Philosophy* §325,CSM i,288;Henry Power,*Experimental Philosophy*,pp. 192f. 培根的立场参见 Paolo Rossi,*Philosophy,Technology and the Arts in the Early Modern Era* (New York,1970),pp. 138f. 。

的日常操作,挑战了亚里士多德学说的人类中心主义假设,根据这种假设,心灵与自然之间存在着天然的相似性。在亚里士多德看来,世界的可理解性回应了人的求知欲。然而,堕落神话暗示了心灵操作和自然本身的混乱无序。从神圣史的角度来看,无论自然还是心灵都不能说在"自然地"运作,两者都因为人的罪而败坏了,远离了原初的神圣计划。于是,培根在《大复兴》的开篇就借助这个问题表达了其研究的本质:"人的心灵与事物的本质之间的和谐一致是否……可以通过某种方式恢复到其原初的完美状态,或者如果不能,是否可以回到比它现在更好的状态。"① 在培根看来,恢复心灵与自然世界之间的"和谐一致"需要将规训运用于两者。

因此,关于世界堕落的这种假设使一种比亚里士多德学说更具主动性和攻击性的实验研究方式得到了认可。它还促进了对自然环境的大规模改造。虽然人的心灵显然需要恢复,但用圣保罗那令人回味的话说,"服在虚空之下"(《罗马书》8:20)的地球本身也需要救赎。因此,17世纪重建人类对自然世界的统治的努力——常常与被认为代表着现代西方自然态度的开发利用立场相联系——起初被设想为一项恢复性的计划,旨在使世界恢复它在堕落之前的完美性。② 正如心灵的恢复需要重新建立各种心灵能力之间固有的等级关系,地球的恢复也需要重新建立业已失去的人类统治。形而上学诗人托马斯·特拉赫恩(Thomas Traherne)

---

① Bacon, *Great Instauration*, *Works* iv, 7.
② Peter Harrison, 'Subduing the Earth: Genesis 1, Early Modern Science, and the Exploitation of Nature', *The Journal of Religion* 79 (1999), 86—109.

因此写道,地球"曾经是一片长满荆棘,遍布毒蛇野兽的荒野",现在则通过许多人的劳动,"恢复了伊甸园的美丽和秩序"。① 蒂莫西·诺斯(Timothy Nourse)也说,地球需要从"荆棘和多刺的原始诅咒"中解放出来。因此,人的活动能"使自然恢复,可将其视为一次新的创世"。简而言之,用约翰·多恩的话说,操纵自然世界旨在"把自然修复成她过去的样子"。②

自 19 世纪以来,关于培根究竟留下了什么遗产一直存在争议。不过毫无疑问,他的思想在 17 世纪取得了巨大成功。③ 成立于 1666 年的法兰西皇家科学院(Académie Royale des Sciences)明确以培根的原则为蓝本,在西芒托学院(Accademia del Cimento)关闭后十年内建立的意大利特拉西亚学院(Accademia della Tracia)也是如此。如果影响可以通过版本的重量来衡量,那么培根也对荷兰产生了巨大影响,在整个 17 世纪,他的作品在荷兰总共印刷了 45 版。虽然培根在欧洲其他地方也有模仿者和崇拜者,但他的影响在英格兰感受最强烈,在那里,他的思想赋予了英格兰自然哲学以鲜明的特色。同样成立于 17 世纪 60 年代的皇家学会自认为具体实现了培根的科学共同体理想,皇家学会会员认为自己是培根方法的最重要代表。托马斯·斯普拉特认为,以培根精神建立的皇家学会使英格兰有资格被称为"实验知识的土地",并

---

① Thomas Traherne, *Christian Ethicks* (London, 1675), p. 103.
② John Donne, 'To Sr Edward Herbert. At Julyers', lines 33f.
③ 参见 Gaukroger, *Francis Bacon*, pp. 2—4; Theodore Brown, 'The Rise of Baconianism in Seventeenth-Century England', in E. Hilfstein et al. (eds.), *Science and History: Studies in Honor of Edward Rosen* (Wrocław, 1978), pp. 501—522.

第四章 废黜偶像

且确认了它作为"哲学联盟的首领,凌驾于欧洲其他所有国家之上"的地位。① 斯普拉特关于英格兰在实验哲学领域占据着首要地位的判断虽然有些夸大其词和沙文主义,但并非完全不着边际,一些历史学家谨慎地重复了这些判断。比如约瑟夫·本-戴维(Joseph Ben-David)指出,培根主义赋予了17世纪中叶的英格兰科学以"一种有效的行动策略和在其他地方的大多数科学群体中缺乏的连贯性"。②

然而,培根最直接的挪用者并非皇家学会的会员,而是17世纪四五十年代的清教主义"规划者"(projectors)。这些人试图促进学术改革,以确保万物的千禧年复兴。正如我们所看到的,培根计划本身的大多数特征源自于无处不在的堕落叙事,以及由此产生的人论思考。这种进路的关键特征是,它在怀疑论与乐观地认为知识的获取轻而易举和不成问题之间达成了平衡。我们可以将这条中间道路称为"所罗门的怀疑论",它既断言了现世生存的徒劳,又试图实现人的灵魂中的潜在能力。人是堕落的,这导致了能

---

① Sprat, *History*, pp. 113f.

② J. Ben-David, *The Scientist's Role in Society: A Comparative Study* (Englewood Cliffs, NJ, 1971), pp. 72—74, cited in Webster, *Great Instauration*, p. 515. 另见 Marie Boas Hall, *Promoting Experimental Learning: Experiment and the Royal Society, 1660—1727* (Cambridge, 1991), pp. 9f. 。然而,在英格兰的培根主义者当中仍然存在一定程度的多样性。参见 M. Hunter and P. Wood, 'Towards Solomon's House: Rival Strategies for Reforming the Early Royal Society', in M. Hunter (ed.), *Establishing the New Science: The Experience of the Early Royal Society* (Woodbridge, 1989), pp. 185—244; M. Feingold, 'Mathematicians and Naturalists: Sir Isaac Newton and the Royal Society', in J. Z. Buchwald and I. B. Cohen (eds.), *Isaac Newton's Natural Philosophy* (Cambridge, MA, 2001), pp. 77—102。

力的巨大丧失。同样,亚当智慧的传说以及寻回这种智慧的现实可能性能够激励对知识的恢复,并开始重新建立人类原有的对自然的统治。这种明显不稳定的平衡做法可见于,培根既拒绝接受亚里士多德和经院学者过分乐观的认识论,又拒绝接受魔法师、炼金术士和赫尔墨斯主义者的自信推定,他们试图用一些孤立的灵感瞬间或敷衍的实验来取代旷日持久的辛劳。① 但他坚称知识是可能的,我们有义务追求知识。在沿着这条明智的中道前行方面,其他人则没有那么成功。共和国时期的计划表现得过于乐观,部分是因为它们往往会援引神的启示,部分是因为它们聚焦于亚当在堕落之前的能力,而不是他的堕落所导致的无力。可以说,随着王政复辟的到来,这种充满期待的乐观情绪明显减弱,自然哲学成为一种更加清醒的长期事业。这些发展将是下一章的主题。

---

① Bacon, *Advancement*, *Works* iii, 362; *Temporis partus masculus*, *Works* iii, 534; *Novum Organum* i, § 54 (*Works* iii, 59); *Redargutio philosophiarum*, *Works* iii, 575.

第五章　学术的复兴

　　起初，人类因为品尝知识之树的禁果而堕落，所以作为他们的后代，我们也许能以同样的方式而得到部分恢复，不仅是通过观察和沉思，还要通过品尝那些从未被禁的自然知识之果。

　　　　——罗伯特·胡克，《显微图谱》(1665年)，序言

　　因此，我们的第一项研究应当是，人性如何不再能够执行其首要操作或者做正确的推理……神学家们将告诉我们，这一不幸是由原罪引发的。

　　　　——约翰·萨金特，《科学方法》
　　　　(*Method to Science*, 1696年)，sigs. a1v—a2r

　　通过一种历史研究并不支持的、流行的、不严格的、未经考察的关于人的学说，我们独自造就了一个又一个悲剧……不要相信人性，这是至关重要的。

　　　　——赫伯特·巴特菲尔德(Herbert Butterfield)，
　　　　《基督教与历史》(*Christianity and History*)

1620年版培根《大复兴》引人注目的标题页上有一段《但以理书》中的启示性文字,上面写着:"必有多人来往奔跑,知识就必增长。"(Multi pertransibuntet augebitur scientia.)① 正如查尔斯·韦伯斯特令人信服地表明的,从1626年培根去世到1660年君主制复辟,在这动荡的几十年里,清教的千禧年主义与培根式的对知识学问的促进明显结合起来。虽然这一时期的科学著作明显带有折中色彩,借鉴了古代和现代的各种自然哲学,但正是培根计划的千禧年方面为各种科学技术方案提供了灵感。无论培根本人的宗教倾向如何,他的哲学都可以专做调整,以适应清教主义目的。②这一时期的清教主义末世论的典型特征是一种非常具体的千禧年主义愿景。它不是自满地等待审判之日,也不是被动地解读标志着千禧年即将来临的"征兆"。虔敬的个人应当成为历史的积极参与者,努力为末世的到来确立条件。对于清教徒、事实上是对于许多新教徒来说,16世纪的宗教改革是引发末世倒计时的历史事件。自那以后,学术上的革命以及航海、印刷术等领域的进展确证了他们关于末世正在迫近的信念。航海大发现不仅扩展了现有的世界知识,而且第一次提升了福音被传遍全世界的可能性——这一关键事件常常被视为人类历史达到顶点的一个先决条件。就负面效应而言,对于欧洲特别是新教徒来说,17世纪20年代并不是幸福的十年。经济萧条和战争给数百万人带来了无尽的苦难,天

---

① Dan. 12:4. 拉丁通行本《圣经》写作"plurimi pertransibunt et multiplex erit scientia",培根在 *Advancement*,*Works* iii(340)中做了正确的引用。这种措辞的改变是否是故意的还不清楚。参见 Farrington,*Philosophy of Francis Bacon*(p. 132)的评论。

② Webster,*Great Instauration*,pp. 486,514f.

主教势力已经开始在普法尔茨、波希米亚和波兰的新教腹地发展壮大。欧洲大陆的新教一度岌岌可危,英格兰似乎不愿或无法向信奉同一宗教的人提供军事支持。敌基督的精神似乎史无前例地高涨。这些事件在新教欧洲极大地激起了末世情绪,逃离迫害和宗教暴力的流亡者们将它带到了英格兰,在那里与国内的千禧年主义融为一体。约瑟夫·梅德(Joseph Mede)极具影响力的《启示录之钥》(*Clavis Apocalyptica*)于 1627 年在英格兰出版,表明《圣经》预言如何能被直接用来诠释当时的历史事件,许多人将用它的诠释原则来证明末世的迫近。① 在 17 世纪英格兰的革命时期,除了为梅德的《启示录之钥》提供主要主题的《启示录》,但以理的末世论预言对于清教的千禧年信徒渐渐具有了重要意义。培根引用的这句经文特别重要,经常出现在清教主义牧师的布道中,它进一步证实:前所未有的知识增长预示着末世即将来临。② 但以理那则预言之前的一句经文谈到了末世:"智慧人必发光,如同天上的光;那使多人归义的,必发光如星,直到永永远远"(12:3)。诸如此类的经文激励着清教主义活动家努力改造社会,重建学术机构,促进技艺和科学,开创一个和平繁荣的新时代。

---

① MacCulloch, *Reformation*, pp. 469—484; Hugh Trevor-Roper, 'Three Foreigners: The Philosophers of the Puritan Revolution', in *The Crisis of the Seventeenth Century* (Indianapolis, 2001), pp. 219—271. 关于末世论、预言和占星术在这一时期的兴起, 参见 Patrick Curry, *Prophecyand Power: Astrology in Early Modern England* (Cambridge, 1989); Christopher Hill, *Antichrist in Seventeenth Century England* (London, 1971); Kinch Hoekstra, 'Disarming the Prophets: Thomas Hobbes and Predictive Power', *Rivista di storia della filosofia* 1 (2004), 97—153。

② Webster, *Great Instauration*, pp. 9—12.

第一节 "知识就必增长"

塞缪尔·哈特利布(SamuelHartlib,约1600—1662)是在这些动荡时代定居英格兰的众多移民之一。他和同为移民的阿莫斯·夸美纽斯都对一种以末世论为导向的学术改革的发展发挥了至关重要的作用。哈特利布出生于波罗的海的港口埃尔宾,17世纪20年代曾在剑桥伊曼努尔学院学习。1628年,他定居伦敦,很快便成为17世纪一个重要通信网络的中心。他致力于在末世重建世界,这从他1641年发表(但没有署名)的短篇乌托邦作品《玛卡里亚》(Macaria)中可见一斑。该书描述了一个被农业和殖民化所征服的伊甸园世界,整个土地再次"像一个果实丰满的园子",从而将伊甸园般的过去与即将到来的王国联系起来。① 《玛卡里亚》清晰地解释了清教徒积极主动的未来愿景:"一场改革将在审判日之前到来……因此,让我们欣然秉持善意,成为这项改革中的利器。"② 我们在夸美纽斯的著作中也看到了这种直陈式与命令式的结合,他不仅具有同样的大陆加尔文主义背景,而且也认同哈特利

---

① [Gabriel Plattes], *Macaria* (London,1641),p.4. 哈特利布本人通常被认为是《玛卡里亚》的作者,但这可能是他的同事加布里埃尔·普拉特斯(Gabriel Plattes)的作品。参见 Charles Webster,'The Authorship and Significance of Macaria', *Past and Present* 56 (1972),34—48。类似的伊甸园意象也可见于 Walter Blith, *The English Improver Improved* (London, 1652), sig. d3v; Ralph Austen, *A Treatise of Fruit Trees* (London,1657), sig. 1r; Pettus, *History of Adam and Eve*, p. 43. 另见 Scott Mandelbrote,'Représentations bibliques et édéniques du jardin à l'âge classique', *XVIIe siècle* 52 (2000),645—654。

② Plattes, *Macaria*, p. 13.

布的许多理念。夸美纽斯宣称,"到了晚上才有知识的增长和光明。《但以理书》12.4,《撒迦利亚书》14.7"。"因此,"他总结说,"让我们努力促进这件事。"①

就这样,促进学术的清教徒们擅自运用了在培根那里出现的末世论。他们还深爱培根的科学观,认为科学是一种合作的、累积的活动,旨在增长知识,从而加速千禧年的到来。此外,集体努力被认为可以确保知识免于败坏的个体心灵的错误。夸美纽斯指出:"如果没有所有人的共同帮助和集体协作,就不可能指望因所有人的共同错误而失足和堕落的人类能够得到恢复和变得完整。"②与这一原则相一致,哈特利布主动承担重任,希望协调那些努力改善知识和人类福祉的人的不同努力。抵达伦敦后不久,主要通过与大陆新教流亡者的联系,他开始建立一个广泛的通信圈子,其中一个关键联系人是出生在爱丁堡但当时在哈特利布的波兰故乡埃尔宾的加尔文主义牧师约翰·杜里(1596—1680)。杜里也怀有哈特利布那令人兴奋的乌托邦设想,即建立一个共同信奉新教的普遍的学术共和国(republic of learning)。在一位秘书和几位抄写员的协助下,哈特利布在其伦敦寓所收到了各类手稿、实验和发明的报告、信息请求,以及改进农业、医学、商业和化学的各种建议。如果需要,这些资料将被誊抄、汇总并再次寄给他的众多通信者。17 世纪 40 年代,随着议会派的胜利,哈特利布试图使自

---

① Comenius, *A Patterne of Universall Knowledge* (London, 1651), tr. Jeremy Collier, p. 65; Cf. *Reformation of Schooles*, pp. 4, 26.

② Comenius, *Universal Knowledge*, p. 20.

己的角色更加正式,在政府的支持下指定了"地址办事处"。① 虽然他的提议得到了赞同,但从未正式实施。哈特利布在整个17世纪50年代一直顽强地担任着这一角色,并且博得了欧洲重要的科学信息协调员的声誉。他被誉为"知识的枢纽和轴心""欧洲的伟大情报员"和传导欧洲学术的"管道"。②

190　　哈特利布和夸美纽斯还试图改革学术机构,建立新的机构来体现所罗门宫的原则和实践。1641年夸美纽斯来访期间,两人决定将切尔西学院(Chelsea College)——由詹姆斯一世于1610年创立,现已弃置——作为实现其雄才大略的最佳场所。夸美纽斯将成为该学院院长,该学院将反映培根关于重获伊甸园智慧的理想,这一目标在夸美纽斯本人的《光明之路》(Via Lucis,1642年)中得到重申。最终计划是让新教的英格兰成为一座学术灯塔,其光明将照亮整个愚昧无知的欧洲。不幸的是,英格兰正濒临自身的军事危机,1642年爆发的内战意味着议会已将注意力转向更为紧迫的爱尔兰战争问题。不过,教育改革在清教徒中仍然得到了很大支持。约翰·弥尔顿的小册子《论教育》(1644年)为哈特利布的努力做出了姗姗来迟的贡献。虽然两人在与课程内容有关的问题上可能有不同意见,但他们都认为,学术机构早就应当改进了。弥尔顿指出,"现在谈谈教育改革"是"可能设想的最伟大、最

---

① 这项方案的细节参见 Considerations Tending to the Happy Accomplishment of Englands Reformation in Church and State (London,1647)。

② Mark Greengrass,Leslie Taylor and Timothy Raylor (eds.),*Samuel Hartlib and the Universal Reformation:Studies in Intellectual Communication* (Cambridge,1994),Introduction,p. 16;Trevor-Roper,'Three Foreigners'.

高贵的方案之一,因为如果缺乏这种改革,这个国家就会死亡"。正如我们已经指出的,弥尔顿认为教育是一种"修复我们初始父母遗迹"的方式。① 他的简要提议不仅涉及课程内容,还涉及哈特利布和夸美纽斯同样考虑过的实际问题:住宿、最大入学人数、学生的年龄范围,以及饮食和锻炼。弥尔顿的《论教育》是17世纪40年代至60年代讨论教育改革主题的五十部著作之一,其中绝大多数都与哈特利布小组有关。②

虽然建立一个能够体现所罗门宫理想的新实体机构的希望破灭了,但17世纪40年代出现了一些致力于促进知识(更具体地说是促进实验哲学)的重要的非正式团体。其中一个是"无形学院"(Invisible College),除了罗伯特·波义耳是一位参与者以及它在1646年和1647年开过会这些事实之外,人们对它几乎一无所知。大约在同一时间,另一个团体开始围绕数学家约翰·沃利斯(1616—1703)聚集起来。这一团体致力于伽利略和培根的"新哲学",其成员包括约翰·威尔金斯、弗朗西斯·格里森(Francis Glisson)、乔治·恩特(George Ent)、塞斯·沃德(Seth Ward)和托马斯·威利斯(Thomas Willis)。③ 这两个团体都是皇家学会的重要先驱。尽管大学里偏狭顽固的保守主义饱受批评,但新哲学也在这些地方产生了直接影响。虽然内战爆发所导致的破坏可能

---

① Milton,*Of Education*,in *Works*,pp. 225,226.

② Webster,*Samuel Hartlib and the Advancement of Learning* (Cambridge, 1971),pp. 208—211.

③ C. J. Scriba,'The Autobiography of John Wallis',*Notes and Records of the Royal Society* 25 (1970),17—46.

使议会的注意力偏离了建立一个新的机构来从事虔诚学问的正式计划,但议会仍然决定改革现有的大学,特别是试图结束经院哲学对课程的统治。无论议会派有何意图,毋庸置疑的是,在17世纪中叶的几十年里,伽利略、笛卡尔和哈维等人的新学问的一些重要内容陆续进入了古老的大学。在剑桥,亨利·摩尔向学生们介绍了笛卡尔的《哲学原理》,而艾萨克·巴罗和约翰·雷则倡导实验哲学和数学。① 沃利斯的"实验哲学俱乐部"也于1648—1649年前后开始在牛津举行会议,先后由威廉·佩蒂(William Petty)、约翰·威尔金斯以及随威尔金斯移居剑桥的罗伯特·波义耳主持。

第二节　扭转巴别塔

虽然这些团体的千禧年动机暗示着一种面向未来的精神,但亚当的历史仍然是一个核心关切。在这方面,第三章介绍的约翰·韦伯斯特(1611—1682)非常典型。他是一位教师,曾经积极参与讨论共和国时期社会教育机构的重建,具有多种多样的哲学灵感。除了对培根主义理想深信不疑,他还赞同波墨和弗拉德的神智学、迪格比的原子论,并且支持赫尔蒙特医疗化学的主要内容(在医学中使用化学制剂而非草药制剂)。他始终严厉批评亚里士多德主义学问,认为这种学问错误地相信了人类理性的力量。韦伯斯特声称,亚里士多德主义者的"严重放大的自然理性"其实是"禁果……是人在清白状态下所缺乏并且在堕落时被撒旦注入

---

① Webster, *Great Instauration*, pp. 134f., 150—153.

的一种虚假的、偶然的能力"。他坚持认为,只相信人的理性会产生"世俗的、尘世的、致命的和破坏性的"知识。① 简而言之,亚里士多德的哲学是关于堕落造物的败坏的知识。然而,这并不是说所有形式的自然哲学都应当避免,因为如果实施得当,则自然研究有两个关键用途:首先,它能使哲学家在自然物中分辨出具有神圣力量的"字符"或"象形文字";其次,通过了解因果运作,研究者将能"利用它们来服务于人类总体的善好和利益,特别是维护和恢复人的健康,以及利用那些对人有用的造物"。② 亚当科学为这种神圣的自然哲学提供了模型。

韦伯斯特谈到自然世界的"字符"时,不仅是在暗示无处不在的"自然之书"隐喻,因为在他看来,自然的确是用亚当曾经能够阅读的一种语言写成的。亚当曾在伊甸园里说一种"天堂语言",并用这种语言为动物命名。与传统语言的标记不同,这些名称并不是任意强加于事物的。相反,它们独一无二地确认事物,并且完美地表达了事物的真正本性。韦伯斯特告诉我们,在伊甸园中,"强加的名称与事物的本性完全一致,否则就不可能单义和正确地称之为他由以区分事物的名称"。③ 因此,亚当知道"造物的内在本性、力量、效力、运作和性质";事实上,亚当的广博知识只不过是那种自然语言本身的能力罢了。罪进入世界之后,这种关于事物的语言遭到"破坏和遗忘"。④ 然而,韦伯斯特对这种原始语言以及

---

① Webster, *The Saints Guide*, pp. 6, 4.
② Webster, *Academiarum Examen*, p. 19.
③ Ibid., pp. 27, 29.
④ Ibid., pp. 30, 27.

亚当的学问有可能得到恢复感到欢欣鼓舞。事实上,人们普遍相信,如果能够重新了解这种原始语言,将会提供关于事物本性的认识。培根本人就曾断言,"强加名称"是知识的一个概括性的部分,而且"只要他能以真名召唤造物,他就会再次掌控它们"。①

有些人(比如韦伯斯特)将亚当的语言与文艺复兴时期的征象学说联系起来,根据这种学说,自然物(特别是植物)带有某种暗示其用途的标记。举一个简单的例子,腰豆的形状暗示,它可以用于治疗该器官的疾病。② 人们认为,神在物体上留下了这些印记,以显示其内在特性和用途。征象科学与相面术有关,后者也通过外部标记来表明事物的内部运作。韦伯斯特称相面术为"那种值得称道的、卓越的、有利可图的科学……通过某些外部标记、征象和形貌,的确详细解说了自然物的内在本性和性质"。③ 在韦伯斯特看来,关于这些标记的知识曾经为亚当的自然科学提供了基础,然而,这种知识已经失去——要么是因为人性的败坏,要么是因为堕

---

① Bacon, *Advancement* i. vi. 6 (p. 38); *Of the Interpretation of Nature*, *Works* iii, 222. 另见 Walker, *History of the Creation*, pp. 193, 229; Boehme, *The Second Booke*, sig. a3r; John Pettus, *History of Adam and Eve*, p. 60; Francis Bamfield, *Miqra qadosh*, *The Holy Scripture* (London, 1684), title page. 另见 Håkan Håkansson, *Seeing the Word: John Dee and Renaissance Occultism* (Lund, 2001), pp. 100—108; Bono, *Word of God*, ch. 8 中的讨论。

② 有代表性的信徒参见 Boehme, *Signatura Rerum* (London, 1651); Oswald Croll, *Of Signatures* (London, 1669); Paracelsus, *Die 9 Bücher der Natura Rerum*, in *Sämtliche Werke*, ed. Sudhoff, xi, 393. Della Porta, *Natural Magick* (London, 1658), p. 17 and passim; Richard Saunders, *Saunders Physiognomie and Chiromancie*, *Metoposcopie*, 2nd edn (London, 1671); Coles, *Adam in Eden*, To the Reader。

③ Webster, *Academiarum Examen*, p. 76.

落从自然物表面清除了这些曾经显著的密码。① 因此,在目前的状态下,征象科学是零散的和不完善的,除非得到进一步扩展和改进,否则可能一直如此。② 也有很多人猜测,原始的亚当语言躲过了堕落和巴别塔的灾难,仍然存在于地球的某个地方。希伯来语是这一角色的传统候选者,这部分是因为奥古斯丁《上帝之城》中的一些说法暗示,古以色列人的语言未受语言变乱的影响。③ 希伯来语的优先性是卡巴拉主义(Cabbalism)的基本假定,卡巴拉主义是一种神秘的犹太教传统,寻求隐藏在希伯来《圣经》文字背后的含义。基督教化的卡巴拉主义版本在文艺复兴时期蓬勃发展,得到了人文主义学者的强力鼓吹。④ 在《隐秘哲学》中,阿格里帕

---

① Webster, *Academiarum Examen*, pp. 27, 29. Cf. Coles, *Adam in Eden*, To the Reader; Saunders, *Saunders Physiognomie*, Preface.

② 另见 More, *An Antidote*, pp. 56f. 的建议以及 Coles, *Adam in Eden*, Preface。

③ Augustine, *City of God* xvi. 11. 这种观点的支持者包括 Browne, *Pseudodoxia Epidemica* v. xxiii; vi. i (i, 434f. , 442); Gulielmus Postellus, *De originibus seu Hebraicae linguae* (Paris, 1538), sigs. aiiir—aivr; Agrippa von Nettesheim, *Three Books of Occult Philosophy*, pp. 162f. ; J. H. Heidegger, *De historiasacra patriarchum*, 2 vols. (Amsterdam, 1667—1671), i, 462f. ; Richard Simon, *A Critical History of the Old Testament* (London, 1682), i. xiv (pp. 97—101); John Selden, *De Synedriis … veterum Ebraeorum*, Prolegomenon, cap. iii; Lightfoot, *The Works of the Learned & Reverend John Lightfoot D. D.*, 2 vols. (London, 1684), i, 1012; Thomas Brett, *A Chronological Essay on the Sacred History* (London, 1629), pp. 56—93; Simon Patrick, *A Commentary upon the first book of Moses, called Genesis* (London, 1695), pp. 218f. 。另见 H. Pinard de la Boullaye, *L'Etude Compareé des Religions* (Paris, 1922), pp. 158—163 的讨论。17 世纪中叶的大多数语言规划者也相信希伯来语的优先性。例如参见 George Dalgarno, 'On Double and Triple Consonants' in Cram and Maat (eds.), *George Dalgarno*, p. 335; Wilkins, *Essay*, p. 5。

④ Alison Coudert, *The Impact of the Kabbalah in the Seventeenth Century* (Leiden, 1999); Håkansson, *Seeing the Word*, pp. 170—184.

指出，亚当的那些原始的希伯来文名称"包含着所指事物的奇妙力量"。由于神是用言语创造世界的——"神说……"(《创世记》1)——所以字母和语词可以说形成了宇宙的结构本身。正如阿格里帕所说："因此有22个字母，它们是世界的基础，是那些存在的和用其命名的造物的基础，每一个表述、每一个造物都由它们组成，并通过它们的循环往复而获得了自己的名称、存在和性质。"① 菲利普·梅兰希顿的伯父约翰内斯·罗伊希林(Johannes Reuchlin, 1455—1522)是在德国大学讲授希伯来语的先驱，他将所罗门的伟大智慧归功于在希伯来《圣经》的"语法细节和字母中"辨别隐秘科学知识的能力。② 恢复这些语词的力量常常被视为重建亚当知识和统治的手段。罗伊希林相信，卡巴拉主义解释的整个目的就是"在人类最初的堕落之后"实现"普遍恢复"。在重获亚当知识这一主题方面，罗伊希林提出了一个有趣的变种，他认为，亚当被逐出伊甸园之后，卡巴拉被交给了亚当。在一个包含了《天使拉结尔之书》传说要素的事件版本中，罗伊希林指出，仁慈的神曾派遣一位天使教导亚当如何解释神的话语，以修复伊甸园智慧的废墟。③

---

① Agrippa, *Occult Philosophy*, p. 162. 毕达哥拉斯主义和柏拉图主义对这一立场的注解是将神的创造行为视为对事物的编号，而不是命名，因此数可能被视为自然语言的基本单位。参见 S. Heniger, Jr, *Touches of Sweet Harmony: Pythagorean Cosmology and Renaissance Poetics* (San Marino, 1974)。

② Johannes Reuchlin, *On the Art of the Kabbalah*, tr. Martin and Sarah Goodman (Lincoln, NE, 1993), p. 249.

③ Reuchlin, *Art of Kabbalah*, pp. 65, 69, 73; Håkansson, *Seeing the Word*, pp. 179f.; Wilhelm Schmidt-Biggemann, 'Christian Kabbala', in Alison Coudert (ed.), *The Language of Adam / Die Sprache Adams* (Wiesbaden, 1999), pp. 81—121.

虽然希伯来语明显很古老,而且在卡巴拉主义实践中处于中心地位,但作为原始自然语言的候选者,它的缺点是,其书写形式是按字母顺序排列的,因此无法以图像方式表现事物。在某些人看来,这使它退出了竞争的行列。人们还认为,当代希伯来语无论如何都是原始语言的一种极度败坏的形式,原因也许是,现代犹太人似乎并不比其他人更了解自然。正如我们所看到的,培根指出,汉语是用"真实文字写成的,既不是字母也不是语词"。托马斯·布朗同样对"中国人"(Chinoys)讲一种古老的语言并且使用一种"共同的文字"感兴趣。汉语优先性的进一步证据在于,他们的年表据说可以将其祖先追溯到一个被称为"盘古"的创始人,他常常被等同于《圣经》中的诺亚。① 这组事实不禁使人猜想,诺亚及其家人或许仍然保有那种原始语言,诺亚方舟在中国登岸,现有的书写形式是最初书写形式遗留的痕迹。布朗本人对这一系列事件表示怀疑——他对埃及的象形文字更有兴趣——但在 17 世纪后期,约翰·韦布(John Webb)在《论中华帝国的语言可能是原始语言的历史论文》(*An Historical Essay, Endeavoring a Probability that the Language of the Empire of China is the Primitive Language*, 1669)中强烈支持汉语的优先性。② 虽然这一论点吸引了一些热情的拥护者,但人们最终承认,汉字有一个

---

① Thomas Browne, 'Of Languages, and Particularly of the Saxon Tongue', *Works*, ed. Geoffrey Keynes (London, 1928), iii, 71.

② London, 1669. 韦布依据耶稣会关于中国年代学的论述,认为中国人也可能在一定程度上保留了那种原始宗教。参见 Harrison, 'Religion' and the Religions, pp. 151—157。

重大缺陷,那就是难写、更难学——这并不是一种据信自然易懂的表现方式的特征。① 另一个主要的竞争者是埃及的象形文字,它引起了培根、布朗和耶稣会的博学之士阿塔纳修斯·基歇尔(Athanasius Kircher)的注意。它明显很古老,但在其他方面却不如汉字,尤其是因为它始终无法破译。直到1822年,经过多方努力,让-弗朗索瓦·商博良(Jean-François Champollion)才在罗塞塔石碑被发现之后最终破译了它。②

至少在17世纪中叶,恢复亚当语言的这两种选择都赋予了直接的神圣灵感一个首要位置。韦伯斯特随同波墨认为,理解自然的秘密语言的钥匙将通过圣灵的启示来获得。正如理解《圣经》含义的钥匙只有通过圣灵才能获得,认识自然的真正征象也要依赖于神圣灵感。③ 根据罗伯特·弗拉德的说法,摩西和所罗门仅仅在圣灵的帮助下才获得了他们的知识。先祖们"与神交谈,通过神的帮助和圣灵的光照而获得了两种理解力(自然的和超自然的)的关键"。④

---

① John Wilkins, *Mercury, or, the Secret and Swift Messenger*, in *Mathematical and Philosophical Works*, 2 vols. (London, 1802), ii, 106f.; *Essay*, pp. 10, 451; Cave Beck, *The Universal Character* (London, 1657), Preface; Hale, *Primitive Origination*, p. 163; Robert Hooke, 'Some Observations, and Conjectures concerning Chinese Characters', *Philosophical Transactions of the Royal Society*, xvi (1696), 63—78 (65, 73); Wotton, *Reflections upon Ancient and Modern Learning* (London, 1694), p. 154.

② Bacon, *Advancement of Learning*, i. vi. 9 (p. 39); cf. ii. xvi. 2 (p. 131); Browne, 'Of Languages'. 基歇尔认为,汉语源于埃及人。*Of the Various Voyages and Travels undertaken into China*, in Peter de Goyer and Jacob de Keyzer, *An Embassy from the east India Company of the United Provinces to the grand Tartar Cham Emperour of China* (London, 1669), pp. 75f. Cf. Kircher, *Oedipus Aegyptiacus*, pt ii.

③ Webster, *Academiarum Examen*, pp. 7—9.

④ Fludd, *Apologia compendiaria* in *Robert Fludd*, ed. Huffman, pp. 46, 52. Cf. *Mosaicall Philosophy*, pp. 3, 10.

对真正自然语言的新的揭示被认为是对巴别塔诅咒的扭转,这让人想起了使徒彼得在五旬节讲道中重复的先知约珥的话:"在那些日子,我要将我的灵浇灌我的仆人和使女,他们就要说预言。在天上我要显出奇事;在地下我要显出神迹"(《使徒行传》2:18—19,《约珥书》2:29—30)。因此,雅各布·波墨的英格兰门徒埃利斯顿(J. Ellistone)称征象为"自然的语言,它讲述了每一个事物对于什么是善好和有益的"。但这种语言只有通过"圣灵的启示才能理解,在五旬节那天,圣灵的启示给出了所有语言的真正意义和含义"。①

关于亚当语言或前巴别塔语言的恢复,还有第三种不那么让人兴奋的前景,那就是构造一种人工语言,它具有原始自然语言的某种合意性。17世纪下半叶的各种普遍语言方案在不同程度上代表着探索这第三种选择的尝试,其中最著名的是约翰·威尔金斯和乔治·达尔加诺的方案。然而,正如我们将要看到的,约翰·韦伯斯特受末世论启发的抱负与约翰·威尔金斯更加平凡和辛苦的努力之间存在着巨大差异。前一类方案寻求一种可以直接获取自然秘密的启示性的神奇语言,后一类方案则依赖于人的才能和劳作,而且大多是试图为一种未来事业奠定基础的论文。哈特利布提供了这两类方案之间的重要关联,因为他同时参与了两者。②

无王时期所有这些狂热派的努力所伴随的紧迫感不可避免地导致了鉴别力的某种缺乏。几乎任何形式的学问,只要不是经院哲学的,都可以在所提出的改革中找到位置。在此期间主要信奉

---

① J. Ellistone in Boehme, *Signatura Rerum*, sig. a4r.
② 参见 Gerhard Strasser, 'Closed and Open Languages: Samuel Hartlib's Involvement with Cryptology and Universal Languages', in Greengrass et al. (eds.), *Samuel Hartlib*, pp. 151—161。

的是折中主义，因此帕拉塞尔苏斯、赫尔蒙特、波墨、弗拉德以及卡巴拉主义者和玫瑰十字会士的不同观念都有一席之地。① 主要标准是潜在的功用。这意味着，虽然培根关于科学知识组织的观念以及关于国家赞助的科学组织的设想总被放在突出位置，但其自然哲学的内容以及对评价心灵能力和感官能力的重要性的强调却减少了。的确，夸美纽斯本人就曾对培根制度下科学进展的缓慢和笨拙表达过不满。于是，虽然培根因为确立了"人工归纳"方法而受到称赞，夸美纽斯承认这种方法是"参透自然最深秘密的唯一途径"，但培根的特定方法需要花费太长时间和繁重的组织工作，给出的结论也是不确定的："但由于这需要许多人经年累月的持续工作，不仅费力，在结果和成就上似乎也不确定，因此虽然这项发明非常卓越，但大多数人仍然认为它徒劳无益。"于是，夸美纽斯转向其他地方，相信神也许会直接帮助他："因此，我们必须寻求其他某种更为普遍的规则，仁慈的神也许会在我们的勤勉努力中向我们揭示。"②培根方案所要求的经年累月的劳动无法被纳入清教千禧年信徒缩短的时间表。极力使用似乎能够改善人类命运的任何知识的人，比如夸美纽斯、哈特利布和韦伯斯特等，都曾受到培根哲学的功利主义和千禧年主义的强烈影响。但他们虽然试图实现培根所主张的各种实际安排和社会组织工作，却对重新恢复一种伊甸园状态感到不耐，对人性本身的问题以及人性的缺陷如何影

---

① Stephen Clucas, 'In search of "The True Logick": Methodological Eclecticism among the "Baconian Reformers"' in Greengrass et al. (eds.), *Samuel Hartlib*, pp. 51—74; Webster, *Great Instauration*, p. 513.

② Comenius, *Reformation of Schooles*, p. 35. Cf. *Naturall Philosophie Reformed*, Preface.

响了求知兴趣不大。

随着1660年的王政复辟,拟议的培根主义改革的其他特征被突显出来。在17世纪中叶,强调的重点是乌托邦式的和面向未来的,人们对几乎完全恢复亚当知识怀有很高的期望。而在王政复辟之后,亚当知识仍然是关注的焦点,但完全恢复它的前景以及被认为涉及的时间范围则更加保守。这种发展与16世纪欧洲大陆发生的事情有些类似。就在路德在德国初获成功的那几年,人们曾经满怀希望地认为,宗教改革将迎来一个新时代,使政治和教育的结构得到改革。在其更激进的表现形式中,这些希望在农民战争(1524—1525)中达到顶点,最终以悲剧和失望而告终。众所周知,在政治领域,路德与现有政权而不是叛军领袖合伙。在教育领域,于宗教改革之初遭到痛斥的亚里士多德主义方法,在路德宗大学里逐渐被牢固确立为一种为课程赋予秩序的手段,在相互竞争的知识形式和与内乱相联系的各种狂热的重压下,这些课程面临着解体的危险。王政复辟还促使人们对人类志向的徒劳有了新的认识。现在从保皇党的角度加以审视的内战结果似乎确证了清教徒关于人性固有局限性的看法。然而,现在不存在起调节作用的末世论乐观主义。于是,虽然在王政复辟时期,对人类堕落状况的强调似乎自然地有所减少,但事实恰恰相反。斯佩尔曼写道,在王政复辟时期,"一种对人的看法重新出现,它将罪置于所有神学讨论的最前沿"。在这一时期的主要神学发展中,人们尝试"恢复基督教堕落故事的原始简单性"。[①] 同样,共和国时期的科学动力与

[①] Spellman, *The Latitudinarians*, p. 55. 另见 Christopher Hill, 'Sin and Society', in *Essays*, ii, 117—140。

王政复辟时期的科学动力之间存在着很大程度的连续性。出于一些可理解的战术理由，王政复辟时期实验哲学的支持者们倾向于与共和国时期的过度行为保持距离，他们常常声称培根是其思想先驱，并且不去考虑从培根去世到王政复辟时期对培根纲领的各种运用。① 事实上，共和国时期"规划者"的许多目标都将由皇家学会来实现，不过是以不太相同的形式。

第三节　所罗门宫

伦敦皇家学会于1662年7月15日正式成立。从一开始，许多会员就认为该学会体现了培根"所罗门宫"的科学理想。在其辩护性的《皇家学会史》(History of the Royal Society, 1667年)中，托马斯·斯普拉特宣称培根是"对整个事业做出构想的那位伟人"。虽然早期的皇家学会在哲学信念上绝非齐一，但弗朗西斯·培根最常被引作它的意识形态庇护者。② 皇家学会成立那年的11月，罗伯特·胡克(1635—1703)被任命为皇家学会的实验管理员，负责筹备每次皇家学会会议时所要做的几次实验。胡克职位的薪金最终为每年80镑，这实际上使他成为第一位从事职业研究的科学家。③ 虽然胡克在皇家学会内部的地位可能不像罗伯特·波义

---

① Webster, *Great Instauration*, pp. 492f., 499. Cf. Gaukroger, *Francis Bacon*, pp. 1f.

② Sprat, *History*, p. 44. 关于皇家学会的培根主义，参见 Webster, *Great Instauration*, pp. 88—99, 161, 491—496。

③ Lisa Jardine, *The Curious Life of Robert Hooke*: *The Man who Measured London* (San Francisco, 2004), pp. 97, 236f. 大多数皇家学会会员都是业余爱好者，而法兰西皇家科学院是由皇家资助的，其成员是专业研究者。

耳等名人那么高,但他的角色将其置于学会活动的中心。此外,他在实验工作中明显试图将培根著作中阐述的原则付诸实践,而在其著作中则重新阐述了这些原则。他死后发表的文章被帕特里·普格里斯(Patri Pugliese)恰当地称为"令人信服地将培根原则转化成一种可靠的科学研究纲领"。① 该文有一个冗长但却富含信息的标题——《一种总体方案,或自然哲学现状的观念,以及如何通过做实验和收集观察资料的方法程序来弥补其缺陷,由此编制自然志,作为真正哲学上层建筑的坚实基础》(*A General Scheme, or Idea of the Present State of Natural Philosophy, and how its defects may be remedied by amethodical proceeding in the making experiments and collecting observations, whereby to compile a natural history, as the solid basis for the super structure of true philosophy*)。不幸的是,胡克不易相处且倾向于疏远有影响力的人(其中最著名的是艾萨克·牛顿),这意味着直到现在,胡克才名正言顺地被视为实验科学的奠基人之一。②

在皇家学会最早的两本出版物之一《显微图谱》中,我们看到了对培根关于实验自然哲学与人类堕落状况之间关系的也许最为清晰简洁的论述。胡克写道,"每一个人都很容易陷入各种错误,有时来自固有的、与生俱来的败坏,有时则来自他的教育和与人交

---

① Patri Pugliese,'Robert Hooke (1635—1703)',*ODNB*.
② 在赋予胡克以实验科学史上更突出地位的新近尝试中,参见 Jardine, *The Curious Life of Robert Hooke*; Jim Bennett et al., *London's Leonardo: The Life and Works of Robert Hooke* (Oxford, 2003); Stephen Inwood, *The Forgotten Genius* (London, 2004)。

往"。要想避免这些错误,必须确认产生知识的能力并纠正其运作:"如今,我们要想在一定程度上恢复以前的完美性,似乎只有通过纠正感觉、记忆和理性的运作。"当然,这些是培根确认的三种能力。有了这种对心灵运作的正确理解,研究者必须找出其特定缺陷。胡克写道,我们的初步任务是"回忆起它们的若干缺陷,以便更好地知道如何满足它们,以及通过什么样的辅助来增强它们的能力"。这些"辅助"合在一起相当于实验哲学的纲领:"这些都是人的推理过程中的危险,只有从实际的、机械的实验哲学出发,才能补救所有这一切。"① 该论点在《自然哲学的现状》中得到重申,胡克指出,"理智不应在没有辅助的情况下发挥作用,而应持续得到某种方法或工具的辅助"。制定这种方法的第一步同样是"考察灵魂的组成和能力,或者尝试揭示灵魂正在努力发现人性的完美和缺陷"。②

考察了相关的"灵魂能力"之后,胡克表示认同培根的观点,即堕落的自然向人类感官的直接呈现具有欺骗性。自然似乎"在用某种技艺来竭力避免我们的发现"。因此,自然应当在"似乎逼得走投无路、辗转腾挪时"加以研究。③ 简而言之,应当在更严格的实验条件下检验自然。在提出需要改造感官时,胡克远比培根更

---

① Hooke, *Micrographia*, Preface(未标页码)。堕落被认为同时导致了"固有的"败坏和"与人交往"的结果。"与人交往"的败坏影响(与培根的市场偶像和戏剧偶像有关)通常被视为堕落的间接后果。例如参见 Ferguson, *Interest of Reason in Religion*。

② Hooke, *The Present State of Natural Philosophy*, p. 7, in *The Posthumous Works of Robert Hooke*, ed. R. Waller (London, 1705)。

③ Hooke, *Micrographia*, Preface. Cf. Glanvill, *Scepsis Scientifica*, sigs. b2v—b3r.

强调仪器的重要性。胡克认为,通过使用"人造仪器","也许能够弥补人类对自己造成的伤害和缺陷"。胡克特别提到了望远镜和显微镜,望远镜比在培根时代更为成功。至于显微镜,胡克帮助确保了显微镜观察在自然科学领域的地位。受到将这些人造仪器应用于视觉领域的开拓性努力的激励,胡克衷心希望"能够找到许多机械发明来改善我们的其他感官,即听觉、嗅觉、味觉、触觉"。①

胡克还很看重培根纲领的团体要素,他从新皇家学会集体和累积的努力中看到了克服"我们记忆的不可靠性和欺骗性"的希望。他肯定是从这个角度来看待自己的努力的。他认为,《显微图谱》中提供的详细描述可以帮助"其他人建立起更高的上层建筑物"。实验自然哲学的长期成功依赖于对各种主题的诸多观察的协调,这些主题需要事先指定,并且被编在特定的标题下。胡克依照培根的术语谈到了"编制自然志和人工志",这包括"把特殊事实排列和记录……成哲学表,使之有益于提出公理和理论"。② 亨利·奥尔登堡(Henry Oldenburg)于1665年推出的皇家学会非正式期刊《哲学会刊》(*Philosophical Transactions*)也帮助实现了这一功能,它将皇家学会会员和众多著名的外国通信者的实验报告和观察资料汇集在一起。第一期包含了胡克的一篇文章,在接下来几年里,几乎每一个当时重要的科学人物都出现在期

---

① Hooke, *Micrographia*, Preface. Cf. Power, *Experimental Philosophy*, sig. c3v.

② Hooke, *Micrographia*, Preface. Cf. Hooke, *Present State of Natural Philosophy*, p. 7.

刊中。时至今日,《哲学会刊》仍然是欧洲历史最悠久的科学期刊,在把自然科学确立为国际社会的共同产物方面发挥了先驱性作用。① 得到改良的自然哲学需要对特殊事实进行恰当的"排列和记录",这种想法也在达尔加诺、威尔金斯等人的语言方案的分类表中得到了具体实现。②

英格兰皇家学会的另一位早期会员,也是其最直言不讳的拥护者之一,圣公会神学家约瑟夫·格兰维尔(1636—1680),也详细讨论了实验自然哲学的规定与人的堕落之间的关联。他的第一本书《教条化的徒劳无益》(The Vanity of Dogmatizing,1661 年)——这部作品在他的一生中以各种标题得到修订和出版——抨击了 17 世纪 50 年代他在牛津大学读书时遇到的亚里士多德主义经院哲学。格兰维尔坚称,某些自然知识只有在伊甸园才有可能,因此有经院哲学倾向的自然哲学家的教条主义观点完全没有根据。虽然人们通常把格兰维尔与剑桥柏拉图主义者和宽容主义派(这两派一般被认为对人性的看法比清教徒更加正面)联系在一起,但他非常严肃地对待原罪在自然哲学领域的影响。于是,堕落被当作我们"理智无能"的"一般原因"。格兰维尔也认为,人的心灵从根本上出了毛病,这几乎是不言自明的。正如他所说,"我们思想者的疾病严重到无法诊断自己"。③ 与道德哲学家的共同判断相一

---

① 《学人辑刊》(Journal des sçavans)可以说是世界上第一份科学期刊,它于 1665 年 1 月问世,比《哲学会刊》早两个月。

② 与语言规划者的看法相一致,胡克指出,"语词是打在混乱概念上的不当标记;一个人的理性很容易被话语所影响"。Present State of Natural Philosophy,p. 11.

③ Glanvill,Vanity of Dogmatizing,pp. 62f. Cf. Scepsis Scientifica,p. 48.

致,他断言亚当在清白状态下的心灵是恰当等级关系的典范:"激情各居其位,臣服于更高的能力,而不像现在这样妄自尊大。"随着亚当对神的违抗,激情的反叛永远摧毁了使完美的知识成为可能的内在和谐。格兰维尔指出:"人永远不会与自己发生冲突,直到他与其创造者的命令发生冲突。"在那之后,心灵不再协调——"各种能力之间没有任何不和谐,直到罪使之不和谐"。① 正如斐洛所说,激情的统治表现为在伊甸园的第一天夏娃对亚当的说服。格兰维尔解释道,"我们之中的'女人'仍然在欺骗,就像起初在伊甸园中那样"。如果继续按照那位"愚蠢女性"的虚假证言判断事物,我们注定会永远无知。②

格兰维尔的许多注意力都集中在亚当的感觉能力以及它们如何大为减弱上。他写道,在伊甸园,"作为灵魂的窗户,感官没有任何污点或不透明"。因此,亚当可能知道地球的运动以及天体真实的相对大小。格兰维尔猜测,"在没有伽利略望远镜的情况下,他天生敏锐的视觉向他展示了天界的灿烂辉煌"。③ 在地界环境中,亚当的能力也不逊色,他能"透过透明的皮肤看到血液和精气的运动",能够凭借敏感的知觉认识磁吸引和潮汐等令人费解的现象的

---

① *Vanity of Dogmatizing*, p. 4. Cf. pp. 13,87,91,118;'Against Confidence in Philosophy', p. 30, in *Essays on Several Important Subjects in Philosophy and Religion* (London,1676).

② Ibid., p. 118. Cf. pp. 125,135, *Scepsis Scientifica*, pp. 99f.;'Against Confidence in Philosophy', p. 23, in *Essays*. 亨利·摩尔也有类似的看法:"现在那位老欺骗者的学说博得了亚当身上女性部分的欢心,这位好色之徒开始变得如此无度,以至于决心做任何可以促进快乐和对事物的经验的事情。"*Conjectura Cabbalistica*, p. 46; cf. p. 71.

③ Glanvill, *Vanity of Dogmatizing*, pp. 1,5.

成因。① 格兰维尔的结论是,第一个人的感觉器官"必定无限超越于我们"。② 由这种分析即可得到现已熟知的解释,即需要运用"帮助"来最大限度地减少堕落的心灵和身体的局限性:"如今我们的感官贫乏而有限,自然的运作变化多端、难以捉摸;它们必定超出了我们的能力"。我们"欺骗性的和谬误的"感官"必须借助于仪器来加强和纠正其运作"。③ 格兰维尔特别认为,有五种仪器可以部分弥补亚当能力的损失——望远镜、显微镜、温度计、气压计和空气泵。④ 于是,伽利略、胡克、帕斯卡和波义耳的发现被归因于他们意识到需要弥补虚弱感官的不足。

格兰维尔还以典型的培根方式讨论了记忆力的虚弱和知识传播链条中的间断问题。通过建立一些组织来协调一代代研究者的工作,将可以纠正这些弱点。毫不奇怪,格兰维尔相信皇家学会将在这一过程中发挥主导作用。但格兰维尔也认为,其他一些现代发明可以在这方面做出重大贡献。例如,印刷术使记录和传播知识变得更加有效,而罗盘则提升了航海能力,从而扩展了自然知识的地理范围。⑤ 尽管如此,学术的进展仍然是一个缓慢的渐进过程,在格兰维尔看来,只能指望当时的哲学家建立能为未来几个世纪确立样式的基本结构和方法。因此,格兰维尔并没有过高估计皇家学会可能取得的成就:"在涉及千秋万代的如此宏伟的事业

---

① Glanvill, *Vanity of Dogmatizing*, pp. 6—8.
② Ibid., p. 5. Cf. Philo, *Quaestiones in Genesin*, i. 32.
③ Ibid., p. 67; 'Modern Improvements of Useful Knowledge', p. 23, in *Essays*. Cf. *Plus Ultra*, pp. 52f.
④ Glanvill, 'Modern Improvements in Useful Knowledge', p. 23.
⑤ Ibid., p. 31.

中,一个时代所能做的仅仅是为这座大厦移除垃圾,贮存材料,将事物有序排列。"①

格兰维尔的抱负之所以很温和,部分原因在于,他对皇家学会组建之后几十年里的记录遭到越来越多的批评非常敏感。17世纪60年代后期提出的典型抱怨是,这个威严的机构几乎没有产生什么有用的知识。② 但同样重要的是,格兰维尔有意区分了"实验"哲学和"教条"哲学,在他看来,实验哲学基于对人类能力的现实估计,而教条哲学则被等同于据信严重高估了人类心灵能力的亚里士多德主义传统。格兰维尔断言,"自由而真实的哲学使人深切感受到人类理智的弱点以及犯错的多种危险,从而使人保持警惕和谦逊,对其观念的确定性不再充满信心,不愿做出不容分说的大胆断言"。③ 而"众多经院学者和逍遥学派的独断者"则似乎忘记了"我们理智洞见的缺陷、感官的欺骗,以及激情的混乱无序"。这些人以其"浅薄的未经改善的理智","充满信心地妄求确

---

① Glanvill, *Plus Ultra*, p. 91. 洛克后来会用一个类似的比喻来描述他的努力。*Essay*, Epistle to the Reader (i, 14)。

② 重要的批评者有 Meric Casaubon, *A Letter of Meric Casaubon, D. D. &c. to Peter du Moulin D. D., concerning Natural Experimental Philosophie* (Cambridge, 1669)和 Henry Stubbe, *Legends no Histories; or a Specimen of some Animadversions upon the History of the Royal Society ... together with the Plus Ultra reduced to a Non-Plus* (London, 1670)。对这些批评的讨论参见 Harrison, '"The Fashioned Image or Poetry or the Regular Instruction of Philosophy?"; Truth, Utility, and the Natural Sciences in Early Modern England', in D. Burchill and J. Cummins (eds.), *Science, Literature, and Rhetoric in Early Modern England* (Aldershot, 2007); Michael Hunter, *Science and Society in Restoration England* (Cambridge, 1981), ch. 4。

③ Glanvill, *Plus Ultra*, pp. 146f. Cf. 'The Usefulness of Real Philosophy to Religion', p. 26, in *Essays*.

定性"。① 事实上,亚里士多德的哲学"建立在粗俗的基础上",只讨论"未经考察的感觉偏见"——现代哲学家就更没有理由仰慕他,就好像他是"塞斯之柱,所有知识都铭刻在上面"。② 此外,逍遥学派哲学的缺陷既是认识论的,又是道德的。促使亚当堕落的傲慢使哲学家们看不到自己的局限性,并且对自己的命令盲目自信。格兰维尔警告说,"这种傲慢和放肆造成了大胆鲁莽和盲目自信,在它们统治之处,既没有德性也没有理性;没有正规的政府,只有激情和自我意志的悲惨暴政"。③ 这些缺陷需要通过启示来认识,并通过认真的自我考察来确证。有鉴于此,我们需要一种哲学,能够打通怀疑论与独断论之间的窄路。实验哲学具有这种优点,因此被恰当地称为一种"成为亚当之子"(becomes the sons of *Adam*)④的哲学。⑤

约翰·威尔金斯(1614—1672)是皇家学会的创始会员之一。事实上,他主持了学会的第一次正式会议。威尔金斯曾是"无形学院"的一位领导人,无形学院是皇家学会的前身,于17世纪四五十年代在伦敦和牛津聚会,其成员包括罗伯特·波义耳、约翰·沃利斯、约翰·伊夫林(John Evelyn)、克里斯托弗·雷恩(Christopher Wren)和威廉·佩蒂。这些人和威尔金斯一样,都注定要在早期的皇家学会中扮演重要角色。⑥ 威尔金斯的名声在很大程度上基

---

① Glanvill,*Vanity of Dogmatizing*,pp.13,14f.
② Ibid.,pp.73,177,138.
③ Glanvill,'Against Confidence in Philosophy',p.30,in *Essays*.
④ 因为亚当被视为第一个哲学家,也是真正的哲学家,所以这里"亚当之子"的意思大概是"真正的哲学家"。——译者注
⑤ Glanvill,*Vanity of Dogmatizing*,p.223.
⑥ 关于皇家学会的早期历史,参见:Michael Hunter,*The Royal Society and its Fellows 1660—1700* (London,1982),and R. Lomas,*The Invisible College* (London,2002).

于他的《论一种真实文字和哲学语言》(*Essay Towards a Real Character and a Philosophical Language*,1668年),该书致力于提出一种人工语言,但他的贡献远不止于此。他曾是哥白尼体系的一位颇具影响力的早期普及者。1649年担任牛津瓦德姆学院院长时,他成功地将这个学院转变为新哲学的一个重要中心。在这方面,胡克毫不吝惜地指出,"他在哪里生活,哪里就是丰富知识和真正哲学的主要所在"。① 威尔金斯对于编写斯普拉特的《皇家学会史》也发挥了重要作用,这部著作与其说是一部历史,不如说是阐述了该群体的基本哲学,以及针对格兰维尔担心的各种指责所作的辩护。②

如果说胡克和格兰维尔强调了为堕落的感官提供"辅助"的重要性,那么威尔金斯则试图减轻堕落对我们保存和交流知识的能力的影响。他指出,"亚当堕落之后,人类遭受了两次普遍的诅咒:一次是对他们的劳动,另一次是对他们的语言"。③ 威尔金斯的努力集中在"第二次诅咒"上。正如我们所看到的,培根谈到了与堕落相关的两种损失:"清白状态"的丧失和"统治"的丧失。前者要通过宗教来弥补,后者则要通过技艺和科学来弥补。威尔金斯同意培根的看法,认为应对人类统治的丧失要靠"技艺和信仰"。他写道,"凭借着人工实验的诸多尝试,人们自然试图摆脱针对其劳

---

① Hooke,*Micrographia*,Preface.

② Paul Wood,'Methodology and Apologetics:Thomas Sprat's *History of the Royal Society*',*BJHS* 13 (1980),1—26.

③ Wilkins,*Mercury*,p. 53. 对威尔金斯观点的概述,参见他的 *Discourse concerning the Gift of Prayer* (London,1651,pp. 74—80)。威尔金斯指出,堕落导致了理解力、良知、情感、意志和记忆力的败坏(p.77)。

动的第一次诅咒"。① 然而,培根也谈到了"第二次普遍诅咒",其最好的补救措施就是发展语法技艺。② 然而,这是一项零碎的解决方案,语言内在的模糊性是导致培根"市场偶像"的主要原因。威尔金斯致力于找到一个特定的"辅助",以缓解这第二次诅咒的不幸后果。人类话语的破碎状态传统上被归因于巴别塔的语言变乱。这一事件为语言的多样性提供了历史解释,在一定程度上也解释了语言的任意性。巴别塔之所以重要,还因为原始语言的失去必然导致不属于集体记忆的那些亚当知识的失去。(连同"糟糕的知识传统")被培根视为对学术的重大阻碍的"糟糕的劳动合作"也能与巴别塔事件联系起来,因为语言变乱导致人类历史上第一次合作的技术事业过早结束。实际上,对人类语言的诅咒常常被视为堕落之后对亚当和夏娃立即施加的诅咒的后来表现。公元4世纪的基督教诗人普鲁登修斯(Prudentius)早就让语言的堕落与亚当的罪在同一时间发生,而不是将其推迟到巴别塔事件。将语言与真理隔开的鸿沟缘于原罪,此后语言的多样性由蛇分叉的舌头所象征。比如弥尔顿在《失乐园》中指出,堕落已经感染了亚当的思想、外表、行动,以及至关重要的,他的语言。③ 无论如何,如

---

① Wilkins, *Mathematicall Magick, or, The Wonders That may be performed by Mechanical Geometry* (London,1648),p. 2.

② Bacon, *Advancement*, ii. xvi. 4 (p.132).

③ Milton, *Paradise Lost* x. 608. 另见 John Leonard, 'Language and Knowledge in Paradise Lost', in Dennis Danielson (ed.), *The Cambridge Companion to Milton* (Cambridge,1989), pp. 97—111; William Poole, 'The Divine and the Grammarian: Theological Disputes in the 17th-Century Universal Language Movement', *Historiographia Linguistica* 30 (2003), 273—300; Cram and Maat (eds.), *George Dalgarno*, pp. 3f. 。

果亚当赋予的名称和保存这些名称的书写形式在堕落之后仍然存在,这些东西就被认为在巴别塔事件中失去了。① 即使亚当语言的这些遗迹在巴别塔的灾难中幸存下来——保存在希伯来字母、埃及象形文字或汉字中——这些现代语言形式也被广泛认为已经遭到严重破坏。简而言之,如果可以说语言既有表示能力,又有交流能力,那么前者被认为受到了堕落的损害,后者则被认为受到了巴别塔事件的损害。

西方学术界的通用语言拉丁语已经为语言变乱和原始语言交流能力的丧失提供了某种补偿。但拉丁语的声望一度岌岌可危。人文主义学者对原始古典语言的兴趣以及新教徒对《圣经》文本的关注大大提升了希腊语和希伯来语的地位。此外,本国语越来越成为交流思想的重要媒介。新教改革家曾积极推动用《圣经》的新译本取代官方的权威文本——拉丁通行本《圣经》。由于与天主教仪式和行政机构的联系,拉丁语无论如何都受到了污染。② 在科学领域,伽利略、培根和笛卡尔都曾用本国语写作,这同样拓宽了他们革命性思想的吸引力。当然,赢得尽可能多的读者有利于出版社的商业利益以及宗教改革家和科学改革家的辩护工作。这些压力导致拉丁语在出版领域的主导地位受到极大削弱。无论如何,事实证明,拉丁语在许多方面都是表达宗教和科学思想的非常

---

① 比如威尔金斯说:"文字差异是第二次普遍诅咒即语言变乱的一部分,因为以前只有一种说话方式,也只有一种书写方式。"*Mercury*, p. 43.
② Introduction, Vivian Salmon (ed.), *The Works of Francis Lodwick: A Study of His Writings in the Intellectual Context of the Seventeenth Century* (London, 1972), pp. 46—48.

不完美的媒介。16世纪的人文主义语文学家和新教改革家发现，核心神学术语的所设想的含义和与之对应的原始希腊语表述之间存在着重大差异。宗教改革中一些最具争议的教义争论都与希腊文《新约》的语词含义有关，"称义""悔改"和"授任圣职"等基本术语成为语言学的战场。① 诸如此类的考虑解释了威尔金斯的深刻信念，即一种模仿原始亚当语言的新哲学语言将"大大有助于清除我们在'宗教'(*Religion*)方面的一些现代分歧"，②许多思考类似主题的人也持有同样的看法。科学也面临着翻译问题，特别是在自然志学科中。本草书的编纂者们不得不根据拉丁文名称来确认植物种类，这些名称是对古典文献中希腊文术语的翻译，而且常常会有阿拉伯语等第三种语言作为希腊文原文与拉丁文名称的中介。③ 因此，对于神学家和自然志学家来说，拉丁语有可能是问题，而不是解决方案。

正如我们已经看到的，共和国时期的一些激进的培根主义者已经接受了"第二次诅咒"的挑战，通过征象学说和对卡巴拉的研究来恢复原始语言和其中包含的智慧。然而，威尔金斯对这个计划没有什么兴趣：

---

① 参见 Harrison, *Bible and the Rise of Science*, pp. 95—99。

② Wilkins, *Essay*, Epistle Dedicatory. 参见夸美纽斯，对他来说，宗教分歧常常"不在于基本原则，而在于表达它们的方式"。*The Way of Light of Comenius*, tr. E. Campagnac (London, 1938), p. 198. 亦参见达尔加诺在《符号术》中的宗教术语词汇。另见 Benjamin DeMott, 'Comenius and the Real Character', *PMLA* 70 (1955), 1068—1081。

③ Jerry Stannard, 'Medieval Herbals and their Development', *Clio Media* 9 (1974), 23—33。

如果你相信犹太人的话,即圣灵有意参与到《圣经》的文字之中,那么属于某种技艺或科学的任何秘密都隐藏在这样的卡巴拉下面。如果一个人是揭示卡巴拉的专家,他就很容易得到亚当在其清白状态下所具有或人性所能具有的知识。①

总的来说,威尔金斯似乎并不相信这一点。然而,他与其说怀疑亚当广博知识的传统,不如说同意卡巴拉主义者所声称的,能够从希伯来《圣经》的文字中恢复那些知识。他承认,在一些特殊情况下,经文也许的确隐藏了真正的自然真理,但一般地认为所有经文均可作此用途,则是纵容了"人们虚无缥缈的错误幻想",并且引发了"许多怪诞离奇的荒谬"。② 威尔金斯拒绝接受韦伯斯特所建议的各种语言改革,这符合他的一般立场,即尽管课程还需要现代化,但不应按照那些更激进的批评者所提出的思路来进行。

在对大学的捍卫上,天文学家塞斯·沃德(1617—1689)与威尔金斯志同道合。沃德与威尔金斯的确有很多共同之处:他们都对新科学和哥白尼天文学怀有热情;既是皇家学会的创始会员,后来又都是沃德姆学院的成员;两人最终都荣升主教之职。在与威尔金斯密切合作撰写的《捍卫学术》(*Vindiciae Academiarum*,1654年)中,沃德针对韦伯斯特恢复亚当语言的尝试表达了类似的保留意见。韦伯斯特被讥讽为"轻信的狂热改革家",习惯于"讲

---

① John Wilkins, *Mercury*, i, 41.
② Ibid., 41f.

关于自然语言的黑话"。在沃德看来,韦伯斯特"暴躁而不满的体液使他沦为庸俗的平等派①(Levellers)"。② 随着君主制的复辟,对这些更具野心的计划的兴趣逐渐减弱,因为它们渐渐与革命时代激进的千禧年政治联系在一起。然而,具有讽刺意味的是,沃德和威尔金斯都对自然语言方案怀有持久的兴趣,虽然他们并不怀有韦伯斯特、波墨和弗拉德的神秘主义热情,但他们都在自然语言或哲学语言中看到了促进知识的希望。

威尔金斯的另一位同仁是 17 世纪下半叶自然语言运动的一个核心人物——乔治·达尔加诺(约 1616—1687)。③ 达尔加诺是牛津一所私立文法学校的教师,他精通速记法,并尝试用各种方法来改进它。这些努力使他引起了哈特利布的注意,哈特利布建议进一步改进达尔加诺版本的速记法,使之成为一种真实的文字,为一种新的科学符号提供基础。年轻的达尔加诺很快就进入了约翰·威尔金斯的圈子,在塞斯·沃德和数学家约翰·沃利斯的鼓励下,他们开始合作提出一种哲学语言和真实文字。最终,威尔金斯和达尔加诺就拟议方案的细节发生了争执。为了确立优先权,达尔加诺将阐述其哲学语言模型的《符号术》(*Ars signorum*,1661 年)匆匆付印。事实证明,他的忙活是白费力气。无论达尔加诺的作品有什么优点,而且并非不足取,威尔金斯的《论一种真实文字和

---

① "平等派"也译"平均派",是 17 世纪英国资产阶级革命时期的小资产阶级民主派,主张社会改良和建立共和国。——译者注
② Ward,*Vindiciae Academiarum* (Oxford,1654),pp. 5—6.
③ 关于传记细节,参见 Cram and Maat,*George Dalgarno*, pp. 8—31;Rhodri Lewis,*Language*,*Mind*,*and Nature*:*Artificial Languages in England from Bacon to Locke* (Cambridge,2007),pp. 85—117.

哲学语言》都注定会使之黯然失色，这部著作7年后将以一个漂亮的对开版本华丽问世。从那以后，达尔加诺的作品一直被威尔金斯的著作所掩盖。具有讽刺意味的是，对达尔加诺语言唯一有据可查的使用是罗杰·丹尼尔(Roger Daniel)，他不厚道地称其发明者为"最大的笨蛋"(nhk pim sufa)。①

威尔金斯本人的方案表现为对培根计划的某些特定方面的实现，《论一种真实文字和哲学语言》旨在为记忆力和理解力提供"帮助和辅助"："除了通过自然方法来帮助记忆力这种最佳方式之外，理解力也会得到很大改进；通过了解事物的特征和名称，我们也会增进对事物本性的了解，对二者的认识应当结合起来。"②对理解力的帮助表现为对所要记忆的各种事物加以有序排列，因为记忆力的问题并不只是记录信息，还要把它们排列成可理解的形式。威尔金斯雄心勃勃地尝试"恰当地列举和描述所有那些应当根据各自的本性来指定标记或名称的事物和概念"，其最终目标是"将所有事物和概念归结成一个可以表达其自然秩序、依赖性和关系的框架"。③ 为了帮助完成这部分计划的生物学分类，他利用了约翰·雷和弗朗西斯·威洛比(Francis Willoughby)的分类学技能。

重要的是要知道，威尔金斯的语言计划与之前卡巴拉主义者、帕拉塞尔苏斯主义者和波墨主义者的努力有何不同。虽然总的说

---

① Jaap Maat, *Philosophical Languages in the Seventeenth Century: Dalgarno, Wilkins, Leibniz* (Dordrecht, 2004), p. 133. 达尔加诺之所以被忽视，主要是因为有一种错误的观点认为，威尔金斯的《论一种真实文字和哲学语言》是对本质上同一个计划的更完美的实现。参见 Maat, *Philosophical Languages*, pp. 31—37。

② Wilkins, *Essay*, p. 21.

③ Ibid., p. 1.

来，他们都旨在恢复一种原始理想语言的特征，但早期的努力试图通过找到那种原始语言和其中包含的秘密来模仿亚当本人。威尔金斯、达尔加诺、弗朗西斯·洛德威克（Francis Lodwick）以及对语言方案感兴趣的其他皇家学会会员都没有那么大的雄心。随着望远镜和显微镜为堕落的感官提供辅助，他们提出的语言试图为记忆力提供"辅助"，并且为语言的混乱带来秩序，这种混乱阻碍了科学思想的交流，加剧了宗教不和。虽然韦伯斯特等人的早期方案秉持着培根的雄心壮志，但它们最终都依靠超自然的灵感来取得成功。一些评论家认为，要想描述17世纪早期和后期语言计划之间的差异，最好是将关注焦点从堕落转移到巴别塔。共和国时期被认为更加乐观地将注意力集中在重新获得一种昔日辉煌的完美的亚当语言，而后来的计划则致力于完成一项更加温和的任务，即克服语言的多样性所导致的实际困难。① 然而，与堕落有关的考虑在后来的计划中同样以重要的方式突显出来。

例如，达尔加诺认为，正确理解堕落及其对创造一种哲学语言的影响是很重要的。《符号术》并未明确提出该书的意图与神圣史之间的关联，但在一份题为《论诠释》（On Interpretation）的手稿中，达尔加诺提供了这种关联。在这里，他探讨了"神学家和语法

---

① 例如参见 Benjamin DeMott, 'The Sources and Development of John Wilkins' Philosophical Language', *Journal of English and Germanic Philology* 57 (1958), 1—13 (2); David Katz, *Philo-Semitism and the Readmission of the Jews to England 1603—1655* (Oxford, 1982), pp. 43—88. Cf. Poole, 'The Divine and the Grammarian', pp. 276f.; Rhodri Lewis, 'John Wilkins's *Essay* (1668) and the context of seventeenth-century artificial languages in England', D. Phil. dissertation, Oxford, 2003, pp. 263—281。

学家似乎同样关注"的共同基础——亚当的堕落。① 可以预见,达尔加诺感兴趣的是,亚当对语言的精通究竟"是一种超自然的馈赠,还是起初完美的人性所固有的一种能力"。达尔加诺所偏爱的选项同样可以预见:"亚当凭借其强大而卓越的自然能力,亲自发明了他和夏娃在没有任何超自然帮助的情况下所讲的语言。"②达尔加诺立场的有趣之处在于,虽然他赞同关于亚当智慧的传统看法,即亚当是一位"伟大而完美的哲学家"和"语言大师",但亚当使用或者说发明的语言在某种重要的意义上是任意的:"虽然我认为最初的语言是理性的,但在某种意义上,可以说它是任意的,即它有不止一种方式来表达同一个事物。"③于是在这方面,我们与亚当的情况相似,因为我们附加在对象上的标记也是任意的。不过,仍然有一些办法可以将亚当的语言看成完美的,他所使用的名称可以说表达了事物的本质。威尔金斯和达尔加诺(以及后来的莱布尼茨)都为自己的语言提出了一套任意指定的基本词或"根词"(radicals),以表达各种简单属性。而事物将由这些根词的复合来命名,复合词的构成反映了事物的本质。(试想"哲学"一词如何把握了它所描述的活动的本质——"爱智慧",因为它结合了爱

---

① 'On Interpretation', *On Universal Language*, pp. 391—408 (p. 398). 感谢 William Poole 让我注意到了这份手稿。

② Ibid., p. 396.

③ Dalgarno, 'The Autobiographical Treatise', 'Of Interpretation', in Cram and Maat (eds.), *George Dalgarno*, pp. 368,396. 达尔加诺报道说,亚当在其清白状态下拥有"完美的灵魂和身体……他的自然能力清晰分明,不会出错,但他天生就有这种程度的知识,他的后代从来也不可能达到或理解他的知识程度"。'Of Interpretation', *On Universal Language*, pp. 396f.

［*philia*］和智慧［*sophia*］。然而，基本词无法以这种方式作进一步分析。仅仅通过约定，*philia* 意味着"爱"，而 *sophia* 意味着"智慧"。）因此，虽然根词被任意指定给事物，但复合词真正表达了事物的本质。① 在遵守这套程序时，达尔加诺自认为在模仿制定亚当语言的过程，因为在他看来，亚当赋予野兽的名称之所以恰当，乃是因为它们是复合词，表达了恰当的属性组合："作为一个遵循自然及其创造者榜样的完美哲学家，亚当为所有活物命名，这些名称不是原始的独立的词……而是由其他词变化过来的二级词，其首要的固有含义有助于描述事物的本质……除非承认这一点，否则亚当为所有活物赋予了符合其本质的名称这一常见看法就是荒谬的。"②虽然那时构建一种理性语言的过程与现在相同，但据说亚当更善于为他的根词选择恰当的概括性层级，更善于构造这些根词的组合以表达事物的本质。亚当还具有过目不忘的记忆力，因此可以瞬间掌握大量词汇：

> 我们通过约定而把事物的形象印在物体、声音或文字上，把它们带入记忆，并通过技艺和勤勉来学习它们，而他不必通过约定或研究，凭借自然能力就能做到所有这一切；他对所有声音和文字都无动于衷，却能比我们更好地选择在各方面最合适的东西。之所以如此，是因为我们通过劳苦所能获得的

---

① Maat, *Philosophical Languages*, p. 56. 应该说，在达尔加诺的系统中，相关的根词之间仍然存在着逻辑联系。参见 Maat, *Philosophical Languages*, pp. 83—91.
② Dalgarno, 'Of Interpretation', in Cram and Maat (eds.), *George Dalgarno*, p. 388.

所有知识,他无需任何劳苦就天然具有。①

任何读过达尔加诺和威尔金斯作品的人都知道,现在构造这样一种语言所需的"劳苦"是极大的,正是在这些劳苦中,我们感受到了诅咒的效力。尽管如此,亚当与我们在能力上只有程度之别,而没有本质之别,因此重新构建一种亚当式的语言在某种程度上并未超出人的能力。

达尔加诺对亚当命名的论述可能也引出了他的方案与威尔金斯的方案之间的一个重大差别。与威尔金斯不同,达尔加诺试图尽可能地减少根词或"原始词"的数目——这必然会使复合词的数目最大化。这种策略背后的推理是,只有复合词才真正表达了事物的本质,在为事物命名时,神和亚当都使用了复合词。② 现代希伯来语被认为仍然保留了这些特征,具有相对较少的未经复合的简单根词。③ 关于根词数目的决定与确定哪些事物或概念是真正基本的这个问题密切相关,这项任务原则上依赖于如何将整个实在划分成其自然类别。事实证明,这个问题也是有争议的。

这一时期语言方案的一个最基本的假定是,人类就事物的基本概念看法一致,只是为其赋予的语言标签有所不同。④ 由于个

---

① Cram and Maat (eds.), *George Dalgarno*, p. 401.

② Dalgarno, 'The Art of Signs', 'Of Interpretation', in Cram and Maat (eds.), *George Dalgarno*, pp. 56, 388f.; Maat, *Philosophical Languages*, pp. 56f.

③ 威尔金斯最初同意希伯来语是哲学语言的好的典范。*Mercury*, p. 57. 参见威尔金斯的批评者托马斯·贝克(Thomas Baker)的说法:"第一种语言希伯来语是非常朴素和简单的(对于它是原初语言是一个很好的论证),由很少、很简单的字根所组成。"*Reflections on Learning* (London, 1699), pp. 7f.

④ Lewis, 'John Wilkins', ch. 4; Maat, *Philosophical Languages*, pp. 13—15, 21.

体拥有相同的感官和心灵能力,所以在理解一个特定的对象时,人们形成了关于该对象的一个共同概念。这本质上就是亚里士多德两千多年前在《解释篇》开头所提出的立场:"口语是灵魂情感的符号,文字则是口语的符号。正如文字并非对于所有人都一样,口语也是如此。但口语充当其符号的灵魂的情感对所有人是一样的,与这些情感相应的实际事物对所有人也是一样的。"① 根据这种对事物、概念和语言之间关系的理解,语言规划者的目标是用所有人共有的一套符号来校准所有人同样共有的"灵魂的情感"。威尔金斯正是以这种方式阐述了《论一种真实文字和哲学语言》的计划:

> 正如人们普遍同意相同的理性原则,他们也同意相同的内在概念或对事物的理解……在若干种语言中被赋予这些事物的名称乃是人们为了表达自己关于事物的心灵概念而随意或故意商定的任意声音或文字。文字是那种声音的图形或图像。因此,如果人们能就相同的概念同意使用相同的表达方式,我们就能摆脱语言变乱的诅咒及其所有不幸后果。②

这一切都很清楚。正如威尔金斯所解释的,下一个逻辑步骤是"对这些事物或概念进行正确的枚举和描述,以便将标记或名称指定给它们",问题正是从这里开始的。③

---

① Aristotle, *De Interpretatione* 16a4—16a9 (*Complete Works*, p. 25).
② Wilkins, *Essay*, p. 20.
③ Ibid.

能否设计出一些分类表,将所有事物或概念纳入一种理性秩序,这给威尔金斯带来了最终无法克服的困难。这是因为,这样的方案似乎预先假定了现实可以被如此划分,而且更成问题的是,这些划分是事先已知的。《论一种真实文字和哲学语言》的批评者们往往会强调这一明显弱点。在其流行的《学术反思》(*Reflections upon Learning*,1699 年)中,托马斯·贝克(Thomas Baker)声称,整个计划是"一件不切实际的事情"。他指出,要想拥有一种基于事物而非语词的语言,"在能用固定的标记和文字来表示事物之前,我们必须先就事物的本质达成一致,而我对此非常绝望"。他接着说,大自然"是一口取之不尽的矿井,我们可以一直挖下去,但永远挖不到底"。[①] 由于人类知识的不完备性,我们不可能事先确定其基本类别。必须指出,甚至连那些参与这项计划的人也认同这种一般观点。在其私人通信中,约翰·雷声称对自己的植物分类感到"羞愧"。他抱怨说,在设计分类表时,他无法遵循"自然的引导",而是受到作者方法的约束。在他看来,构造"精确哲学表"的整个设想是很成问题的。[②]

令人费解的是,有证据表明,威尔金斯至少也意识到了其中一些问题。他从一开始就承认,他所依赖的分类方案——本质上是

[①] Baker, *Reflections on Learning*, pp. 18, 76; Lewis, 'John Wilkins', p. 291. 笛卡尔同样认为,一种真正的哲学语言预设了一种"真正的哲学",它的存在大概会消除对一种哲学语言的需要。Maat, *Philosophical Languages*, pp. 27f.

[②] Ray, *Philosophical Letters*, p. 62, cited in Lewis, 'John Wilkins', pp. 303f. Cf. Benjamin DeMott, 'Science versus Mnemonics, Notes on John Ray and on John Wilkins' Essay towards a Real Character, and a Philosophical Language', *Isis* 48 (1957), 3—12.

修改的亚里士多德谓词表——是有缺陷的,无法扩展到未知事物。事实上,这种方案的完善性依赖于哲学本身的完善性,至少在威尔金斯看来,哲学的任务是"将所有事物纳入一个可以表达其自然秩序、依赖性和关系的框架"。他还部分同意雷的看法,即生物分类是人为的。① 也许对威尔金斯努力的最佳解释是,他试图说明构造一种普遍语言似乎是合理的,并且充分认识到这样一项计划只有通过完善哲学本身才能实现——他认为这项任务可以留给皇家学会的同事们。毕竟,威尔金斯的计划是一篇"随笔"(essay):是开端而不是结局。亚里士多德的证言有利于这一方案(诚然,在许多人看来,这其实不利于它)。但可以合理地认为,神为自然世界强加了一种理性秩序,自然哲学的任务就是发现这种秩序,揭示这种秩序将被视为神的智慧的证据。② 亚当对野兽的命名也是一个相关的考虑因素,因为如果野兽是通过自然方式按照各自的本质被命名的,那么可以说,世界上的确存在着这些本质。

在18世纪初,威尔金斯构造一种哲学语言的尝试在乔纳森·斯威夫特(Jonathan Swift)的"拉加多学院"(Academy of Lagado)中遭到了辛辣讽刺,在那里,人们随身携带物而不是词来使用,"因为词只是物的名称"。读者被告知,这些物"将充当一种普遍语言"。③ 虽然斯威夫特也许是威尔金斯方案最著名的评论家,但几

---

① Wilkins, *Essay*, sig. 1b, pp. 1, 67. 另见 Lewis, 'John Wilkins', pp. 241f.; Maat, *Philosophical Languages*, pp. 156—159, 255—257。

② Lewis 貌似可信地指出,这是胡克"哲学代数"的一个动机,'John Wilkins', pp. 225f.。

③ Swift, *Gulliver's Travels*, pt iii, ch. 4.

乎从它发表那一刻起,他就表达了保留意见。考虑到原初计划的命运,一些受神学激励的评论家怀疑修补巴别塔的遗迹是否是个好主意。① 很容易认为,威尔金斯试图扭转这个诅咒对语言的影响,不过是在重演巴别塔原有建筑师的傲慢野心罢了。威尔金斯的宽容主义(latitudinarianism)——这种观点通常与一种比盛行的加尔文主义版本略为慷慨的人性观联系在一起——或许与这些批评有关。② 除了这些质疑,威尔金斯的目标与其实现手段之间也存在着深刻的张力。他的基本困境是,虽然他的目标与培根有志于扭转曾经伴随着人的罪的那些"诅咒"直接相关,但他提出的补救措施似乎忽视了那些诅咒的后果,至少是通常认为的那些后果。在某些方面,威尔金斯诉诸亚里士多德学说的内容与培根关于人类缺陷的分析并不一致。可以说,在援引亚里士多德的范畴时,他和阿奎那一样误认为亚里士多德的学说是一个神学上"中立"的框架,可以在各种不同语境下不成问题地使用。事实上,亚里士多德的谓词表基于一些既与神圣史不相容又与新自然哲学不相容的预设。新自然哲学的支持者们不安地意识到,确认事物的本质并为其命名是不切实际的。正如我们已经指出的,雷对自己的贡献缺乏信心,并且怀疑能否按照威尔金斯的计划所要求的各

---

① 比如贝克说:"语言的分裂是神对人类野心的诅咒,出于同样的理由自那以后可能一直持续着,而且尚未找到补救措施,所以很有可能,不要期待或指望将神已经分开的东西统一在一起。"*Reflections on Learning*, p. 19. Cf. Casaubon, *A Letter*, pp. 35f.

② 然而,宽容主义派坚信堕落教义,可以被认为"大体上与清教主义运动同范围"。Webster, *Great Instauration*, p. 497; Spellman, *The Latitudinarians*, pp. 54—71; Marshall, *John Locke: Resistance, Religion and Responsibility* (Cambridge, 1994), p. 135; Marshall, 'Locke and Latitudinarianism'.

种方式来认识事物的本质。罗伯特·波义耳也持这种怀疑态度，认为自然之书只包含"埃及的象形文字"，自然的许多秘密将永远无法为堕落的人类心灵所发现。① 此外，波义耳倡导的微粒哲学与自然物可能有的真正的本质也不一致。最后可以谈谈约翰·洛克，他也和波义耳一样，怀疑是否有可能获得一种关于自然物的真正科学。洛克在其《人类理解论》(*Essay concerning Human Understanding*，1690年)中不指名道姓地宣称，任何尝试完美地改造语言的人"都会让自己显得荒谬可笑"。②

第四节 理性的限度

罗伯特·波义耳(1627—1691)和约翰·洛克(1632—1704)有许多共同之处，而不仅仅是对哲学语言计划都持怀疑态度。两人都在各自的领域成为人类进步的象征，都以拥护人类理性的尊严和可靠性而闻名。在《百科全书》(*Encyclopédie*)的"前言"中，让·达朗贝尔(Jean Le Rond d'Alembert)称洛克为"科学哲学"的创始人，而伏尔泰则称他为"形而上学的赫拉克勒斯"，杀死了经院哲学的巨蛇。③ 罗伯特·波义耳是科学史上的权威人物、"现代化学之

---

① Lewis,'John Wilkins' Essay', pp. 228 n. 62, 247f. , 306f.

② Locke, *Essay* iii. xi. 2 (ii, 148). 关于波义耳和洛克在多大程度上对分类的任意性持有共同看法，存在着一些讨论。参见 Jan-Erik Jones, 'Boyle, Classification, and the Workmanship of the Understanding Thesis', *Journal of the History of Philosophy* 43 (2005), 171—183。

③ W. M. Spellman, *John Locke* (New York, 1997), pp. 3f.

父",每一个学科学的学生都知道,他提出了波义耳定律。① 这些声誉有着重要的事实基础。洛克坚持人生来自由,政府的权力来自于被统治者的同意,捍卫宽容,以及和平开放的基督教观,都支持这种刻画。在波义耳那里,理由不尽相同,但同样有说服力。毫无疑问,他是17世纪实验哲学的主要倡导者,虽然他的宗教信仰是众所周知的,但一般认为并不那么极端。波义耳被视为现代早期在宗教领域使用理性的主要拥护者之一,这主要是因为他经常声称,自然研究为一个智慧而全能的神的存在提供了令人信服的证据。然而,他们对威尔金斯语言方案的拒斥暗示,他们作为独立理性能力的倡导者的身份可能需要做某种修改。事实上,尽管有这些声誉,但波义耳和洛克都应被置于我们在本章追溯的受神学影响的怀疑论传统。

正如扬·沃伊奇克(Jan Wojcik)最近表明的,人们通常认为波义耳倡导理性在宗教和自然哲学领域的力量,这有些误导。② 这里无法详述她的论证,但考虑到波义耳作为实验哲学倡导者的突出地位,我们不妨谈谈他对堕落、人性和知识限度的看法。就这个主题而言,波义耳最直接的说法可见于《对理性与宗教之相容性的一些思考》(*Some Considerations about the Reconcileableness of Reason and Religion*,1675年)。这里,他阐述了一个熟悉的说法,即人类"充满了偏见和错误",而且通常"未被觉察,因此未经革新"。③ 波

---

① "波义耳定律"的命名权存在一些争议,有一位姗姗来迟的法国声索者埃德梅·马略特(Edmé Mariotte)。还有一些人认为,胡克对这一发现的贡献本应得到赞扬。

② Jan Wojcik, *Robert Boyle and the Limits of Reason* (Cambridge, 1997), esp. pp. 212—219.

③ Boyle, *Reason and Religion*, p. 28.

义耳援引了两位现代作者来支持他的观点。也许令人惊讶,第一位是笛卡尔,引用他是为了说明,在哲学领域,我们必须始终记住,我们是有限的,而神是无限的。波义耳还提到了笛卡尔所说的,错误的一个常见来源是在幼年时期获得的偏见。① 正如我们所预料的,另一位现代人是培根,波义耳简要讨论了他的"偶像"学说。然后波义耳又用让人想起培根的语言解释说,人的心灵"并非真心愿意接受真理之光,而愿意接受仿佛来自意志和情感的(掩盖了光的)偶然色彩的灌注"。此外,人的傲慢也促使我们按照自己的意愿来构建真理,而不是如其所是地构建真理。这使波义耳回想起伊甸园里发生的事情:

> 如果我们考虑人天生的傲慢,也就是说,如果我们相信那个神圣的故事,伊甸园中的亚当装作像神一样知道善恶,我们就不会惊讶,他几乎已经拥有每一个人的概念、感官、倾向和兴趣、估计和判断所有其他事物的标准,无论是自然的还是启示的。

"如果我们承认我们初始父母的堕落",波义耳继续说,那么发现"我们的激情和兴趣、我们的恶习常常会败坏我们的理智"就不会感到惊讶了。②

---

① Boyle, *Reason and Religion*, p. 26. 根据昂利·古歇(Henri Gouhier)的说法,笛卡尔关于幼年的论述是一种世俗化的原罪学说。Henri Gouhier, *La Pensée métaphysique de Descartes* (Paris, 1962).

② Boyle, *Reason and Religion*, p. 33.

波义耳的确承认堕落，但他不愿将人类知识的所有局限性都归因于亚当的堕落。例如，他对于认为亚当具有广博知识的传统明显持谨慎态度。他在《神学的卓越》(*The Excellency of Theology*，1674年)中写道："我不会竭力推荐神学家的既定看法，即在堕落之前……亚当的知识使他一眼看去就能为每一只野兽指定一个表达其本质的名称。"波义耳之所以在这一点上持保留意见，是因为他认真检查了《创世记》里提到的动物的希伯来文名称，但并没有更清楚地理解自然。他的结论是，认为亚当在伊甸园中的知识与"天堂中的圣徒"的知识相同，这是可疑的。① 事实上，他曾在之前的著作中暗示，科学和技艺的新近发展已经大大超越了亚当所能取得的成就。他沉思自语道："如果亚当现在还活着，并且考察了人生产出来的各种东西，他会钦佩地看到，他勤勉的后代已经给原始造物增加了怎样的一个新世界或一组东西。"②就这样，波义耳驳斥了关于亚当的原始知识与天堂圣徒的知识之间对等的常见看法。所有地界知识，包括亚当在伊甸园里知道的知识，在他看来都必然受制于有限性。只有到了复活的时候，我们才能拥有真正的科学。那个时候，我们的本性会完全更新，"我们的能力也将提升和扩大，并可能获得我们现在还不熟悉的各种程度和类别的知识"。波义耳认为，我们更应当重视基督教，因为它为我们拥有完美的自然哲学知识提供了唯一途径。③

---

① Boyle, *The Excellency of Theology compar'd with Natural Philosophy* (London, 1674), pp. 154f.

② Boyle, *Usefulness of Natural Philosophy*, Works ii, 14.

③ Boyle, *Excellency of Theology*, pp. 154f. 类似的说法可见于 *Seraphic Love*, Works i, 283—290; *Usefulness of Natural Philosophy*, Works ii, 33。

于是,在波义耳看来,人类知识缺陷的根本原因似乎并不是人性本身的堕落状况,而是身体和心灵甚至在初造时就已经受到的一系列在先的限制。他谈到"人性的一种必然的不完美,即当我们处于这种有死的状态时,灵魂被限制在身体的黑暗牢狱中,只能……获得微不足道的知识"。① 因此,我们的知识并不扩展到事物的本质,甚至也不扩展到每一个对象,而只扩展到"神认为我们的心灵在其目前(恐怕[perchance]堕落的)状态下适合达到"的那些对象。② 虽然这里再次提到了堕落,但"恐怕"暗示并非强烈认可堕落是我们认识局限性的首要原因。这并不是说波义耳对堕落有任何严重的怀疑,而是他不确定堕落如何影响了我们的认识能力。他很可能认为,堕落是我们往往作出糟糕判断的证据,而不是其最终原因。至于这些局限性的必然性,如上所述,似乎来自于我们所是的那种造物——囚禁在身体中的灵魂。我们在存在之链上相对适度的位置限制了我们的认识能力,特别是当我们把自己比作无所不知的神时。这种比较意味着,我们对自然事物和超自然事物的认识会受到极大限制:"我们这些愚钝的凡人并非神的最高等级的造物,可以恰当地认为,我们无法判断神的力量和知识的范围……可以恰当地认为,他的力量超出了我们有限的理智所能理解的范围。"③所有这些都意味着,我们只能对自然哲学之所及怀有适度的期待。因此,波义耳经常强调物理学中没有"清晰性和确定性"。④

---

① Boyle, *Excellency of Theology*, p. 154.
② Boyle, *Things above Reason*, Works iv, 445.
③ Boyle, *Appendix to the First Part of The Christian Virtuoso*, Works vi, 676f.
④ Boyle, *Excellency of Theology*, p. 153.

关于波义耳的神学唯意志论对其自然哲学进路的影响,二手文献中已有大量讨论。根据一个被广为接受的论题,"唯意志论者"(强调神的意志并相信神任意决定宇宙的秩序)往往是经验论者,而"唯理智论者"(强调神的理性和善,因此强调自然秩序固有的合理性)往往是唯理论者。① 波义耳一般被视为前一立场的代表,笛卡尔被视为后一立场的代表。这一论题存在一些缺陷,但这里只需指出,最终驱动实验主义及其关于自然哲学所能取得成就的相对温和的看法的并不是一种关于神以及神如何做决定的特殊构想,而是一种人性观。② 实验进路主要是通过诉诸我们感觉能力和认知能力的弱点而得到辩护的。对于17世纪的许多英格兰思想家来说,这些弱点被视为堕落的后果。波义耳和洛克也强调了必然伴随着我们本性的无能,但对他们来说,更重要的议题是人的能力的本性,而不是神的本性。如果说到了17世纪末,从原本完美的知识中堕落这一观念的重要性开始降低,那么它仍然通过

---

① 参见 M. B. Foster,'The Christian Doctrine of Creation and the Rise of Modern Natural Science', *Mind* 43 (1934), 446—468; J. E. McGuire, 'Boyle's Conception of Nature,' *JHI* 33 (1972), 523—542; Francis Oakley, 'Christian Theology and the Newtonian Science: The Rise of the Concept of Laws of Nature', *Church History* 30 (1961), 433—435; John Henry, 'Henry More versus Robert Boyle', in Sarah Hutton (ed.), *Henry More (1614—1687): Tercentenary Essays* (Dordrecht, 1990), pp. 55—76; James E. Force and Richard H. Popkin, *Essays on the Context, Nature, and Influence of Isaac Newton's Theology* (Dordrecht, 1990); P. M. Heimann, 'Voluntarism and Immanence: Conceptions of Nature in Eighteenth Century Thought', *JHI* 39 (1978), 271—283; Margaret J. Osler, *Divine Will and the Mechanical Philosophy: Gassendi and Descartes on Contingency and Necessity in the Created World* (Cambridge, 1994); Wojcik, *Robert Boyle*, pp. 189—211。

② 关于这一论题的困难,参见 Harrison, 'Voluntarism and Early Modern Science' 和 'Was Newton a Voluntarist?'。

引起人们对现世人性能力问题的关注而扮演着至关重要的角色。

顺便说一句，皇家学会会员当中并非只有波义耳对提出一种完美科学的前景深怀疑虑。医生和植物学家亨利·鲍尔（约1626—1668）的《实验哲学》(Experimental Philosophy, 1664年)第一次让公众熟悉了显微镜的发现，他写道，人的感官被设计成"可以最好地管理这个被我们称为身体的特殊引擎，而且与我们居住的地方（我们能与之神交的大地和自然环境）最为相宜，而不是被设计成这个浩瀚宇宙的苛刻的检查员和胜任的鉴定家"。① 约翰·雷（我们已经注意到他对威尔金斯哲学语言的矛盾心态）在其经典著作《造物中展现的神的智慧》(Wisdom of God Manifested in the Works of Creation, 1691年)中也表达了类似的看法，他宣称："我们的眼睛和感官，无论怎样武装或得到辅助，都太过粗糙，无法辨别自然作品的精巧……我们的理解力太过黯淡虚弱，无法发现和理解无限智慧的造物主设计的所有目的和用途。"② 不过，是约翰·洛克最为系统地阐述了对人类知识局限性的这种看法。

洛克最著名的作品《人类理解论》(1690年)源于1671年初一群朋友在洛克的伦敦寓所就宗教和道德主题所展开的一场随意讨论。从任何日常标准来看，这件事都算不上成功。所讨论的议题肯定没有解决，离开时，与会者完全茫然无措。但这次聚会的确在洛克心中种下了一个观念的种子，他自称意识到，"在着手研究那

---

① Power, *Experimental Philosophy*, Preface, sig. b r.
② Ray, *Wisdom of God*, p. 58. 虽然直到1691年才出版，但这部作品创作于17世纪50年代。

第五章 学术的复兴

种本性之前,有必要考察一下我们自身的能力,看看我们的理解力适合或不适合处理什么对象"。①《人类理解论》正是源于这一观念。几乎不消说,洛克的基本洞见符合17世纪英格兰的总体倾向,即在提出知识主张之前先关注人性问题。读者一翻开此书,便可感到洛克对于健全的自然知识之前景的疑虑。《人类理解论》第四版及后续版本的扉页上载有一段题词:"风从何道来,骨头在怀孕妇人的胎中如何长成,你尚且不得知道,这样,行万事之神的作为,你更不得知道。"这些据说是所罗门说的话出自《传道书》11:5。虽然评注者们常常不太注意这段话,但它为全书定下了基调,并且提供了与"所罗门的"怀疑论传统的重要联系。② 在致读者的信中,洛克告诉读者,他致力于对错误及其原因进行分析。他说,为了"有益于人的理解力",事实证明,必须"闯入虚荣和无知的庇护所"。③ 他又说,由于过高估计了人的心灵能力,我们的理解力产生了错误。因此,《人类理解论》旨在对心灵的能力进行分析,"其能力之所及,与何种事物相称,以及在什么地方失灵……"——所有这些都是为了让"我们学会满足于在这种状态下所能得到的东西"。④ 先前哲学的问题出在未能承认理性的限度,往往"在只能

---

① Locke, *Essay*, Epistle to the Reader, i. i. 7 (i, 10).

② 最初的题词出自 Cicero, *De natura deorum* i. 30,大致翻译是:"维莱乌斯(Velleius),你承认自己对自己无知的事情一无所知,而不是胡扯一气,引人厌恶,这是多么恰当得体啊。"参见 Stephen Buckle, 'British Sceptical Realism: A Fresh Look at the British Tradition', *European Journal of Philosophy* 7 (1999), 1—29.

③ Locke, *Essay*, Epistle to the Reader (i, 14). 洛克在 *Of the Conduct of the Understanding*, 5th edn, ed. Thomas Fowler (Oxford, 1901), p. 4 中承认自己得益于培根。

④ Locke, *Essay*, Introduction, 4 (i, 28f.).

有或然性的地方要求证明和确定性"。① 因此,基于逻辑证明来寻求确定结论的哲学只不过证明了人的傲慢罢了。洛克明显从培根那里得到的益处在他去世后出版的《论理解力的运作》(*Of the Conduct of the Understanding*, 1706 年)中得到了承认。在这本书里,洛克重复了培根关于逻辑无力解决心灵的多重错误的看法。他指出,"理解力的一些弱点和缺陷要么来自心灵的自然性情,要么来自不良习性"。他又说,"如果对心灵进行彻底研究,所能发现的缺陷可能和身体的疾病一样多,每种缺陷都会在一定程度上阻碍理解力,因此值得注意和治疗"。②

洛克常常被视为启蒙运动的倡导者,并且(和培根一道)与经验科学的兴起关系极为密切,他对自然哲学之所及的看法是相当清醒的。洛克认为,凭借着培根的"实验"和"志",勤勉的研究者比经院哲学家更能深入事物的本质。但这种实验知识还远远达不到科学的地位:

> 我并不否认,一个人如果习惯于定期做理性的实验,应当比一个生手更能洞悉物体的本性,并且能够更正确地猜测其未知属性。但正如我所说,这只是判断和意见,而不是知识和

---

① Locke, *Essay*, Introduction, 5 (i, 30).

② Locke, *Conduct of the Understanding*, p. 4; cf. p 35. 关于洛克《论理解力的运作》中的疾病隐喻,参见 Nicholas Wolterstorff, *John Locke and the Ethics of Belief* (Cambridge, 1996), pp. 94f.。关于常常未受注意的培根对洛克的益处,参见 Peter Anstey, 'Locke, Bacon and Natural History', *Early Science and Medicine* 7 (2002), 65—92; Neal Wood, 'The Baconian Character of Locke's "Essay"', *Studies in History and Philosophy of Science* 6 (1975), 43—84。

确定性。这种只通过经验和志来获得和改进我们对物质的认识的方式,就是我们在这个世界上凭借这种处于平庸状态的虚弱能力所能达到的一切;这让我怀疑,自然哲学无法成为一门科学。①

洛克在《论教育》(*Thoughts concerning Education*,1693年)中重申了这一断言,他指出,我们永远无法将自然哲学变成科学,因为"自然的作品是由一个智慧设计出来的,其运作方式远远超出了我们的发现能力或构想能力,我们永远也无法将这些运作方式归结为一门科学"。② 由于神的技艺远远超出了最机敏的人的理解,所以威尔金斯提出的那种哲学分类纯粹是幻想。洛克写道,我们"佯称依照事物的真实本质将它们归类,编排成某些类别,赋予名称",这是徒劳的。他总结说,"一个盲人也可能依照颜色将事物归类"。③

然而,和波义耳一样,在洛克看来,我们目前的"平庸状态"与其说缘于一场灾难性的堕落,不如说缘于我们的固有位置恰好处于完美的天使与低级的野兽之间的"平庸"或中间状态。④ 然而,

---

① Locke,*Essay* iv. xii. 10 (i,349). 参见"不过要说到关于自然物(且不说精神存在)的完美科学,我认为我们完全没有能力达到这种东西,因此我断言,追求它不过是白费力气罢了。"另见 *Essay* iii. vi. 9 (i,64)。在这种语境下,洛克指的是亚里士多德意义上的"科学",即确定的、可证明的知识。关于洛克对自然哲学本性的看法,参见Peter Anstey,'Locke on Method in Natural Philosophy', in Peter Anstey (ed.), *The Philosophy of John Locke:New Perspectives* (London,2003),pp. 26—42。

② Locke,*Some Thoughts Concerning Education* §190,ed. John Yolton and Jean Yolton (Oxford,1989),p. 244.

③ Locke,*Essay* iii. vi. 9 (ii,64).

④ 洛克对存在之链的思考,参见 *Essay* iii. 6.12 (ii,68)。

我们所具有的能力非常符合我们目前的状态。根据洛克的说法，神已经"使我们的感官、能力和器官合乎生活的安排，足以应对所要处理的事情"——这里的事情并非追求完全了解自然的运作，而是通过造物了解神，发现我们道德义务的本性，并且提供实际的生活所需。① 在这方面，我们与亚当并无不同。与格兰维尔不同，并与波义耳的观点相一致，洛克对一个配备了超敏感的知觉器官的亚当没有什么兴趣，因为他认为这与人的本性不相容。虽然洛克承认，我们目前的感官的确"暗钝虚弱"，但他指出，其敏锐性的显著改善会带来许多不便。倘若我们的听觉更加敏感，就会总有噪音来扰乱我们，"即使在离群索居时，也会像在海战中一样无法睡觉或沉思"。显微镜或望远镜的视觉也将被证明是一种负担而不是恩惠。洛克认为，一个"目光异常温柔敏捷"的人"无法忍受明亮的日光甚至是大白天；也无法忍受同时所见的只是某物的一小部分"。② 至于亚当据信能够依照事物的本质为事物命名，也遭到了怀疑。亚当只是第一个为事物命名的人罢了，如果我们和他处于相同的情形，则他的命名将与我们的命名别无二致。事实上，我们仍然拥有与亚当相同的命名能力："任何人仍然拥有亚当把任何新名称附加于任何观念上的那种自由。"③

于是，能够代表获得知识的理想条件的不是伊甸园中的亚当，而是天使般的存在者的状况——"能够按照当前的目的和所要考虑的情况，变化各种感觉器官或知觉器官"的"神灵"。④ 洛克对经

---

① Locke, *Essay* ii. xxiii. 12 (i, 402).
② Ibid. Cf. Power, *Experimental Philosophy*, Preface.
③ Locke, *Essay* iii. vi. 51 (ii, 470).
④ Locke, *Essay*, ii. xxiii. 13 (i, 404).

验论的信奉程度可见于，在他对事物的安排中，甚至连精神存在也依赖于感知觉来获得对物体的认识。他曾确认，"比那些因禁于肉体中的东西更高级"的神灵拥有"比我们完美得多"的知识和观念，"对实体的根本构成可能有清晰的观念，就像我们对三角形的根本构成有清晰的观念一样，因此他们察觉到实体的所有属性和运作是如何由此流出的，但我们不知道他们究竟如何获得了那种知识"。① 洛克坚信，神把人置于存在的阶梯的一个特定位置上，由此可知，倘若亚当果真拥有常常被归于他的那些卓越的理智能力，那么他实际上根本就不是人，而是一个在"自然的阶梯"（scala naturae）中占据更高位置的造物。

然而，洛克对人性的评价似乎在很大程度上受到了奥古斯丁主义传统的影响。这种影响在清教实验失败后洛克于1660年至1662年间所写的《政府论两篇》（Two Tracts upon Government）中表现得尤为明显。在洛克看来，刚刚过去的事件虽然显示了清教政治抱负的愚蠢，但却悖谬地确证了那场运动最根本的信念之一，即人性已经深深地败坏了。无论其最初的构想多么值得称赞，清教徒的计划都有助于表明，最好的动机如何不可避免会转向邪恶。他们并未建立一个虔敬的集体，而只是使英格兰陷入了"混乱"和"狂热激情"。他们傲慢的野心既非缘于理性，亦非缘于对神的意志的认识，而是显示了"以基督教的自由和宗教为掩饰的奴役他人的欲望"。② 洛克因此支持复辟君主制。他强调，如果没有合

---

① Locke, *Essay*, iii. xi. 23 (ii, 160).
② Locke, *Two Tracts*, in *Political Essays*, ed. Mark Goldie (Cambridge, 1997), p. 56.

法建立的政治权力,"就不会有和平、安全和乐事,就会与所有人为敌,不能安全地保有任何东西,无政府状态和叛乱将伴随着巨大的苦难"。① 正如一些评注者所指出的,这种说法明显带有霍布斯的腔调。② 关于堕落人性的流行看法想必影响了洛克和霍布斯的观点。洛克本人为这种解读提供了支持。他写道:"自从人被罪所污染,他就把手中的一切都玷污了,既然他起初可以使最好、最完美的本性堕落,现在也必定能让其他东西堕落。"政治上的无政府状态乃是我们"虚弱的本性"和"败坏"的结果。③

直到内战结束之后很久,这种早期信念还一直持续着。1675年至1679年,即洛克逗留法国的三年期间,它又得到了进一步巩固。在那里,他读到了冉森派神学家皮埃尔·尼古拉的著作。洛克对尼古拉的《道德随笔》(*Essais de Morale*,1671年—1678年)特别感兴趣,并着手将其中三篇文章译成英文。在1676年8月15日的日志中(可能打算作为其译本的序言),洛克指出:

---

① Locke, *Two Tracts*, in *Political Essays*, ed. Mark Goldie (Cambridge, 1997), p. 37.

② 例如参见 J. Gough, *John Locke's Political Philosophy* (Oxford, 1950), p. 180; M. Cranston, *Locke: A Biography* (London, 1957), p. 62. 另见 Locke, *Political Essays*, ed. Goldie, p. 37 n. 19.

③ Locke, *Two Tracts*, in *Political Essays*, p. 36. 因此,约翰·邓恩这样谈论《政府论两篇》:"堕落的人在认知上的漠不关心和不服从的性情使一种精心设计的人类权威结构成为必需。"*Political Thought of John Locke*, p. 15. 约翰·斯佩尔曼也认为,洛克的《政府论两篇》以"所有人不可逆转的败坏和固有的罪"为前提。*Locke and the Problem of Depravity*, pp. 49—62. Cf. Marshall, *John Locke*, pp. 27, 32, 63; John Colman, *John Locke's Moral Philosophy* (Edinburgh, 1983), p. 12; Ian Harris, 'The Politics of Christianity', in Rogers (ed.), *John Locke*, pp. 197—216 (p. 207).

只需略为思索一下我们的作者所说的内容,体验一下他关于生命的短暂和理解力的弱点所作的陈述,最聪明的人在真正的知识上取得了多么小的进步,以及经过长时间的求索和无限的劳动,所发现的有用真理是多么少,我们就会发现,有充分的理由要求将所有不必要的困难排除在外。①

约翰·马歇尔(John Marshall)写道,洛克可能"大体上同意尼古拉关于人的堕落本性、堕落的利己主义在激情中的核心地位,以及神的恩典对于人的激励和拯救起着至关重要作用的看法"。② 事实上,曾把洛克称为"英格兰的帕斯卡"的伏尔泰就指出过洛克的哲学与冉森主义的相似之处。③

也许洛克邂逅尼古拉的主要意义在于,它为英格兰的主导观点提供了独立证据。正如洛克所重申的那样,尼古拉的立场与当时英格兰的神学共识完全一致,在英格兰,包括相对乐观的宽容主义派在内的所有群体都强调人的堕落状况。④ 在洛克后来的政治著作中,几乎没有什么内容表明洛克曾经放弃过这些信念。虽然他未发表的《论宽容》(*Essay on Toleration*,1667年)代表着在宽容问题上的态度转变(可能缘于他对天主教徒、路德宗信徒和加尔

---

① Locke,*Essay*,pp. 254—257,引自 Marshall,*John Locke*,p. 134。
② Marshall,*John Locke*, p. 134. Cf. Kim Parker, *The Biblical Politics of John Locke* (Waterloo,Ontario,2004),pp. 53f.
③ Voltaire, *Eloge et Pensées de Pascal*, in Louis Moland (ed.), *Œuvres complètes de Voltaire*,52 vols. (Paris,1877—1885),xxxi,42.
④ Spellman,*The Latitudinarians*,p. 55;Marshall,*John Locke*,p. 135。

文宗信徒在欧洲相对和平共处的感受），但他仍然认为，"堕落的有野心的人性"是一些人渴望统治其他人的原因。① 在《政府论两篇》(1690 年)中，洛克写道，"亚当生而完美，他的身体和心灵拥有完全的力量和理性"。在清白状态下，他能够"按照神植入他的理性法则的规定来支配自己的行为"。因此，直到堕落之后，他的状况与起初受造"相去甚远"时，他才被授予了最初的治理权。从理论上讲，若不是因为"堕落之人的败坏和邪恶"，自然法则的规定本来足以确保一个"伟大而普遍的社会"。② 言外之意是，公民政府乃是在堕落之后的世界实现和平的先决条件。③ 洛克漫谈性的、说话翻来覆去的《论宽容的第三封信》(*Third Letter concerning Toleration*，1692 年)曾多次提及"堕落"和"败坏的人性"。④ 根据约翰·邓恩(John Dunn)的说法，甚至在《人类理解论》中，洛克也只是声称，鉴于人的所有判断"都被堕落释放的败坏激情所笼罩"，人潜在地或间歇性地是理性的。⑤

洛克还在两个地方反思了《圣经》的堕落叙事及其当代意义。他对罗伯特·菲尔默《先祖》的著名反驳引发了对亚当受造和堕落叙事的认真诠释。正如我们已经看到的，菲尔默对专制主义的论

---

① Marshall, *John Locke*, p. 64.
② Locke, *Two Treatises of Government*, 12th edn, ii. vi. 56 (Laslett edn p. 305); i. iii. 16 (p. 152); ii. ix. 128 (p. 352).
③ Cf. Marshall, *John Locke*, p. 145 n. 38.
④ 例如参见 Locke, *A Third Letter for Toleration*, in Works vi, 351f., 362, 400, 446, 467, 543。
⑤ Dunn, *Political Thought of John Locke*, p. 194.

证基于这样一种观念:亚当是第一位君主;他的权威来自神授,而不是他所统治的人的同意;这种权力被传给了先祖们,再由他们传给了所有君主;所有历史中从未存在过一种个体自由的"自然状态"。所有这些结论都得到了他所引证的《圣经》经文的支持。①洛克在《政府论两篇》中对这一论点的批驳涉及对《创世记》的另一种解读,可以说,它比菲尔默的解读更加忠实于字面。洛克谴责菲尔默将他个人的政治观点强加给了《圣经》文本,宣称"我们自己不可靠的观点,无论如何称之为'可能成立',都不能使我们有权对《圣经》做出与语词浅白易懂的含义相反的理解"。② 通过思考相关文本的"浅白易懂的含义",洛克得出结论说,"亚当并不像有人所声称的那样,基于父亲身份的自然权利或神的实际赐予,而拥有对其子孙的任何那种权威或者对世界的统治"。③ 洛克批驳的菲尔默论述的另一个令人费解的特征与继承问题有关。洛克指出,即使神赋予亚当以绝对的政治权力,我们也不清楚这种权力如何传给他的后代。④ 在这个问题上,菲尔默径直援引了亚当是有代表性的人这一寻常原则——"亚当被给予什么,他的后代就以他的名义被给予什么"。⑤ 正如我们所看到的,这种观点已被广为接受,因为对亚当的罪如何降临到后代身上的一个标准解释预先假

---

① Filmer, *Patriarcha*, p. 13 and *passim*.
② Locke, *Two Treatises* i. iv. 36 (p. 165).
③ Locke, *Two Treatises* ii. i. 1 (p. 267). Cf. pp. 161, 291.
④ Locke, *Two Treatises* i. ix. 95—98 (pp. 211—213).
⑤ Robert Filmer, *The Anarchy of a Limited or Mixed Monarchy*, in J. P. Sommerville (ed.), *Filmer: Patriarcha and other Writings* (Cambridge, 1991), p. 138.

定了它。于是，正是根据这一原则，亚当的君主权威和他的罪都可以传给他的后代（尽管前者被成问题地以父系的方式传给了特定的人）。① 洛克将会否认亚当具有这样一种代表能力，并且在论述基督教的完全不同的语境下再次这样做。

洛克在《圣经中传递的基督教合理性》(*The Reasonableness of Christianity as Delivered in the Scriptures*, 1695 年) 的开篇便宣称："任何研读《新约》的人都可以清楚地看到，救赎的教义，因此还有福音书的教义，都建立在亚当堕落的假定之上。"对于洛克来说，正确理解亚当堕落的本质对于正确理解基督教和对于政治哲学具有同样基本的意义。然而，这部著作很快就表明，虽然洛克仍然坚持堕落观念，但他已经放弃了奥古斯丁主义/加尔文主义对堕落的理解。这缘于他将标题中引述的两个标准——合理性和《圣经》的证言——应用于一个问题，即亚当被逐出伊甸园之后失去了什么。洛克指出，根据一种对《创世记》和圣保罗的严格字面的解读，亚当很可能因为罪只失去了"不死和福佑"。于是，基督的救赎工作所恢复的正是这些东西。② 死亡和丧失福佑也许会间接使获取知识变得更加困难，但洛克似乎并不认为，堕落对心灵或感官直

---

① Harris, 'The Politics of Christianity'; Parker, *Biblical Politics of John Locke*, p. 149; Spellman, *John Locke*, pp. 74f.

② Locke, *Reasonableness of Christianity*, *Works* vii, 10. 另见 MS '*Homo ante et post lapsum*', reproduced in Victor Nuovo (ed.), *John Locke: Writings on Religion* (Oxford, 2002), p. 231. 这非常接近霍布斯的解读，*Leviathan* iii. 38. 2/25 (p. 479)。洛克在其 *Paraphrase and Notes on the Epistles of St Paul* (1705—1707) 中回到了这个问题，参见 Parker, *Biblical Politics of John Locke*, pp. 63—65。

接造成了严重破坏。洛克也没有发现任何确凿的《圣经》证据来支持奥古斯丁的观点,即道德上的罪被亚当的所有后代所继承,"千百万人从未听说过他,没有人批准为他做交易,或者成为他的代表"。洛克总结说,根据《新约》,"每个人的罪只归于他自己"。① 好在这种观点也符合关于正义和神本身的善的常识观念。② 它也非常类似于洛克早先在他的一本寻常著作中简要概述的一个立场,即堕落招致了私有财产和劳动、生活条件的差异,以及"通过时尚和范例使人类普遍败坏的贪婪、傲慢和野心"。③ 这源于把劳动的必要性归因于堕落的《创世记》文本(《创世记》3:17—19)。在洛克众所周知的学说中,财产只有结合人的劳动才成为私有的。于是,有了因堕落而成为必需的私有财产,就出现了社会的不平等和一系列随之而来的弊端。亚当的失足的确将败坏引入了世界,但这种败坏主要是由社会因素而非继承因素所引起的。这与洛克的阿

---

① Locke,*Reasonableness of Christianity*,Works vii,pp.7,10. 洛克的评注者吉尔伯特·伯内特(Gilbert Burnet)主教曾对奥古斯丁的观点提出了类似的看法,他把奥古斯丁的观点等同于联盟神学:"既然这一点的基础是与作为代表性的人类首领的亚当立下一个想象中的盟约,那么奇怪的是,一个如此重要的事情竟然在《创世记》里没有更清楚的记载。"Burnet,*An Exposition*,p.115.

② 关于洛克对这个议题的敏感性,参见'Peccatum originale'(1661),in Nuovo (ed.),*Writings on Religion*,pp.229f.;Locke,Journal,1 August 1680,in *Political Essays*,ed.Goldie,p.277。亚当作为公众人物的观念也与洛克的人格同一性观念不一致。参见 Ian Harris,*The Mind of John Locke:A Study of Political Theory in its Intellectual Setting* (Cambridge,1994),pp.301f.。

③ Locke,'Homoante et post lapsum'(1662),in Nuovo (ed.),*Writings on Religion*,p.231. 另见 Dunn,*Political Thought of John Locke*,p.115;Jacob Viner,'"Possessive Individualism" as Original Sin',*Canadian Journal of Economics and Political Science* 29 (1963),548—559.

明尼乌派(Arminian)朋友兼荷兰抗议宗(Remonstrants)领袖菲利普·范林堡(Philip van Limborch,1633—1712)的观点也大体上一致。17世纪80年代中期,洛克自愿流亡荷兰期间曾与之会面。① 范林堡在《基督教神学》(*Theologia Christiana*,1686年)中指出,"原罪"一词并不见于《圣经》。虽然他承认,"我们天生不如亚当受造时那样纯洁",但那种纯洁的失去"仅仅是一种使肉体感到快意的自然倾向,此肉体完全拥有我们从最近的直系父母那里获得的身体构成"。② 这种承袭的败坏只是弱义上的,它完全符合洛克在《人类理解论》中表达的观点,即我们在认知上的局限性缘于我们有身体以及我们儿时教育的败坏影响。

这里应当就洛克的《论教育》(1693年)做一个简要的评论。在他那个时代,《论教育》的流行程度堪比《人类理解论》。该书与我们目前的讨论直接相关,因为它阐述了《人类理解论》中最著名的论点——人出生时心灵是一张白板(*tabula rasa*)——的一些实际意义。③ 事实上,如果心灵中没有天赋的原则或观念,那么教育或培养对于决定人的本性就起着最重要的作用。洛克关于教育效力的信念以及关于新生儿本质上清白无辜的明显断言,有时会被解释成对悲观主义的奥古斯丁传统毫不妥协的摒弃,以及将人类

---

① 关于洛克与范林堡的关联,参见 Spellman,*Locke and the Problem of Depravity*,pp. 130—137;Israel,*Radical Enlightenment*,pp. 464—471。

② 出自 *Theologia Christiana* 的英译本,Philip van Limborch,*A Complete System*,*or Body of Divinity ... founded on Scripture and Reason*,tr. William Jones,2 vols. (London,1713),i,190,引自 Spellman,*Locke and the Problem of Depravity*,p. 132。

③ "于是,让我们假定心灵如同白纸,没有一切标记,没有一切观念。"Locke,*Essay* ii. i. 2 (i,121)。

从现代早期新教徒所倡导的阴郁的人性观中解放出来的重要催化剂。然而,声称人出生时心灵是一张白板,并不必然意味着它是清白无辜的或者没有善恶偏向。无论其继承者如何看待这一学说,洛克本人仍然相信,人天生自私和任性。① 我们还应想到,洛克绝非第一个提出心灵是白板的人,这种观念早就被认为与天生败坏的观点非常相容。因此,原罪的重要倡导者们乐于断言,人出生时心灵是一张"白板"。托马斯·阿奎那便是其中一位,他曾引用亚里士多德的观点,大意是,心灵起初"就像一块干净的板子,上面没有写任何东西"。洛克的一些同时代人也不认为这条原则违反了甚至比阿奎那更强的原罪版本。② 还可以认为,《论教育》所阐述的教育方案是发展了清教一贯强调的观点,即教育旨在减轻堕落的一些最坏的影响。胡格诺派流亡者让·盖亚尔举例说明了这两点。虽然他在一些问题上坚决反对洛克,但他也认为,儿童是"一张平滑的板,可以在上面写任何东西"。但这只是确立教育重要性的前提之一。另一个前提是原罪:"学习还能为我们提供帮助、规则,如何掌控我们的激情……现在这些激情位于本应由理智主宰的心中,……但人的这个部位对亚当之罪的悲惨结果非常敏感。"③ 与

---

① Locke, *Thoughts concerning Education* §§35,132,167 (pp. 104,193,223).

② Aquinas, ST 1a.79,2. 关于这个观念的历史,参见 Neal Wood, 'Tabula Rasa, Social Environmentalism, and the "English Paradigm"', *JHI* 53 (1992),647—668; Spellman, *John Locke*, pp. 84f. 。

③ Gailhard, *Compleat Gentleman*, 28. Cf. Milton, 'Of Education', in *Prose Works of John Milton*, ed. J. A. St John and Charles Sumner (London,1848—1864), iii,462f. 另见 Webster, *Great Instauration*, pp. 100f. 。关于早先清教徒对待教育的态度,参见 John Morgan, *Godly Learning: Puritan Attitudes towards Reason, Learning, and Education*, *1560—1640* (Cambridge,1988).

国家的强制力量和培根实验制度的规训类似,教育可以被视为一种治疗方法,旨在纠正任性激情的无政府主义倾向。有明确的证据表明,洛克的总体立场在18世纪就是这样被解释的。如果洛克的认识论可以被启蒙运动的势力所利用,那么它同样可以用来强化最初启发它的对人类能力更清醒的评价。艾萨克·瓦茨(Isaac Watts)的《逻辑学》(*Logick*,1725年)是一本建立在洛克原理基础上的权威的逻辑学教科书,在18世纪出了二十多版,在这本书中,作者宣称,逻辑学旨在"把我们的推理能力从黑暗的奴役状态中解救出来"。这种新式逻辑受到洛克的启发,区别于经院学者喋喋不休的激辩,旨在防范"堕落的人愚蠢邪恶的性情","使我们在一定程度上超越于我们堕落的废墟"。①

所有这一切似乎都确证了斯佩尔曼那深思熟虑的断言,即洛克哲学事业的一个核心目标就是"充分阐明堕落的本质"。② 诚然,在某种程度上,洛克对堕落叙事的终生关注与王政复辟时期英格兰的思想环境有关,那时许多议题都是在一种得到广泛认同的神学人性观的范围内提出的。如果不学会处理这个有持续重大影响的神话,就很难对当时的争论——比如涉及特定统治形式的哲学根据的那些争论——作出重要贡献。但洛克信奉堕落的观念也是为自己。他对《圣经》的解读,对基督教的看法(尽管显得有些极

---

① Isaac Watts, *Logick: Or, the Right Use of Reason in the Enquiry after Truth, with a Variety of Rules to guard against Error* (London, 1725), pp. iii, vi, 4f.
② Spellman, *Locke and the Problem of Depravity*, p. 103. 对洛克的另一种解读参见 Peter Schouls, *Reasoned Freedom: John Locke and Enlightenment* (Ithaca, 1992), pp. 193—203。

简主义），以及他本人的经历，都导向了对这一学说的接受。还有一种有趣的可能性，即他起初在流行的原罪观影响下提出了对天赋主义（innatism）的反对，根据这种原罪观，堕落已经抹去了神最初印在人的灵魂上的一切道德标记。① 不可否认，洛克在堕落问题上的最终立场代表着某个转折点。在洛克那里，加尔文宗和路德宗版本的基督教的两个基本特征——"唯独圣经"的原则和对原罪教义的重视——分离了。洛克发现，《圣经》的字面意义似乎并不支持奥古斯丁关于承袭的罪的阴郁教义。顺便说一句，它似乎也不支持亚当作为一个无可匹敌的自然哲学家的想法。洛克所理解的亚当是这样一个人物，他在堕落之前的能力与我们差别不大，因此在许多方面，我们的自然状况类似于清白状态下的亚当——比如对事物的命名，政治制度的形成，因自己的过犯而承担着罪的重负，以及获取知识的手段。然而，我们与亚当的不同之处在于我们出生于其中的社会母体。人类环境的腐化影响使我们处于相当不利的地位，这些影响本身就是罪的结果。培根和胡克在谈到人性的缺陷时，将责任归咎于天生的弱点和社会状况。② 洛克偏向社会因素。我们仍然是天生的有限存在，但这是因为我们在宇宙结构中的等级，而不是因为原罪。我们生来所处的社会状况进一步损害了我们本已虚弱的能力，可以认为，这缘于我们出生时周围

---

① 比如马歇尔（Marshall）说："洛克起初似乎相信……一种温和的堕落观，它消除了许多但并非所有天赋原则"。*John Locke*，p. 32. 另见 Locke, *Essays on the Law of Nature*, ed. W. von Leyden (Oxford, 1954), p 137.

② Bacon, *Novum Organum* §§38—68 (*Works* iv, 53—69); Hooke, *Micrographia*, Preface.

人的败坏本性。话虽如此,洛克对人类心灵能力的估计与那些将人类的弱点归咎于一种承袭倾向的人并没有多大差异。从这个角度看,《人类理解论》并不是进步主义和胜利主义的现代科学的一篇认识论宣言,也不是(至少对它的作者而言)一场无条件信任理性力量的启蒙运动的哲学先兆。毋宁说,它试图确立我们对世界认识的狭窄界限,并且指引着通向一种更加确定的科学——道德科学——的道路。洛克坚持认为,人类永远无法拥有"对任何东西的一种普遍或完美的理解",但"有足够的光明来引导他们认识自己的创造者,看清自己的职责"。① 与"我们的行为"和"我们的永恒状况"有关的知识构成了"严格意义上的科学"和人类的"最大利益"。② 洛克后来对宽容和政府的看法确实符合启蒙运动的总体精神,而且毫无疑问在那些运动中发挥了重要作用,但这些看法和他的认识论一样,都建立在对人性冷静评价的基础上,这与新教改革家的人论完全一致。正如维克多·诺沃(Victor Nuovo)最近所说,也许我们现在应当认为,洛克"不仅是启蒙运动的先驱,而且也是最后的宗教改革家之一"。③

---

① Locke,*Essay*,Introduction,5 (i,29);Cf. Locke,*Essay* ii. xxiii. 13 (i,404).
② Locke,*Essay*,Introduction,6 (i,31);iv. xii. 11 (ii,350). 对洛克的类似解读参见 Spellman,*Locke and the Problem of Depravity*,pp. 5—7,104—106,and passim。参见 Richard Ashcroft 的说法:"洛克写《人类理解论》……是为了确保宗教和道德的目的",John Yolton (ed.),*John Locke: Problems and Perspectives* (Cambridge,1969),p. 198。
③ Nuovo (ed.),*Writings on Religion*,p. lvii. Cf. Spellman,*John Locke*,pp. 4—7.

第五节　抛弃人论

1689年春,洛克见到了艾萨克·牛顿。在法国流亡期间,洛克曾经读过《自然哲学的数学原理》。和大多数读者一样,他觉得书中的数学很难懂,但这并不妨碍他给这部著作写了一篇赞许的书评。虽然牛顿的难于相处是出了名的,但两人成了亲密的朋友,曾就一些共同关心的话题交换看法。他们的通信大都涉及《圣经》诠释以及三位一体教义在《圣经》中的薄弱基础,但对于紧接着的后人来说,他们被认为共同创建了一种新的知识形式。① 根据18世纪的法国人对历史的一种占主导地位且仍然颇具影响力的解读,在培根和笛卡尔的帮助下,牛顿和洛克开创了现代的启蒙时代。例如达朗贝尔指出,如果说洛克创建了一种适合现代的科学哲学,那么牛顿则创建了一种科学的物理学,据说两人都坚定不移地致力于经验的知识进路。② 达朗贝尔(以及他之前的伏尔泰)承认,笛卡尔既是破坏者又是创新者。但较之以培根、洛克和牛顿为主要代表的更加严格的英格兰实验主义,法国人的思辨方法被认

---

① Peter Walmsley, *Locke's Essay and the Rhetoric of Science* (Lewisburg, PA, 2003), p. 20; J. R. Milton, 'Locke's Life and Times', in Vere Chappell (ed.), *The Cambridge Companion to Locke* (Cambridge, 1994), pp. 5—25.

② Jean Le Rond d'Alembert, 'Discours préliminaire', *Encyclopédie, ou Dictionnaire Raisonné des Sciences, des Arts et des Métiers*, vol. i, (Paris, 1751), pp. xxliv—xxlv. Cf. 'Expérimental', vol. vi (Paris, 1756), pp. 298—301; Voltaire, *Letters Concerning the English Nation*, ed. Nicholas Cronk (Oxford, 1999), letters 13—16. 另见 P. M. Rattansi, 'Voltaire and the Enlightenment Image of Newton', in H. Lloyd-Jones (ed.), *History and Imagination* (London, 1981), 218—231。

为有严重缺陷。正如我们所看到的,洛克去世后能否被列入启蒙运动事业的队伍并非没有争议,而且启蒙哲学家们所宣扬的历史版本还有其他问题。① 在本章的最后一节里,我将关注这段历史的一个方面——有一种看法认为,牛顿可被视为从培根开始的英格兰实验哲学传统的顶点,这种看法不仅出现在法国启蒙运动的宣传中,而且也出现在更为晚近的科学史中。如果真是这样,我们将期待能在牛顿的作品中找到关于堕落之影响的讨论,或至少能找到关于知识的限度以及实验哲学如何对此进行弥补的某种系统论述。但事实证明,这些人论关切几乎完全不见于牛顿的著作。虽然牛顿在神学领域有广泛的有据可查的兴趣,但他对亚当的堕落或原罪教义几乎没有显示出任何兴趣。他也没有在任何地方详细讨论过人类知识的局限性问题。从表面上看,这似乎不利于本书的中心论点,根据这一论点,对某种实验主义的倡导与这些考虑密切相关。需要进一步思考的问题是,牛顿的方法论规定与培根的"自然志和实验志"模式是否有显著差异,如果是,那么这些差异是否可能与他对前人如此关注的神学人论问题保持缄默有关。

牛顿在业余时间关注的对象,如年代学、炼金术、教会史、《圣经》预言和神学,在过去几十年引发了学术热议。大家早就知道,牛顿强烈反对基督教正统的核心信条——三位一体教义。由牛顿

---

① Israel, *Radical Enlightenment*, pp. 522—526; Brian Young, 'Newtonianism and the Enthusiasm of Enlightenment', *Studies in History and Philosophy of Science* 35 (2004), 645—663.

的大量手稿——牛顿曾就宗教话题写过数百万字——现已得知，他还持有其他异端观点，比如拒绝接受婴儿洗礼、灵魂不朽和魔鬼存在。① 抛弃这些信念并非唯理论或宗教怀疑论所导致的结果，就像某些有自然神论倾向的同时代人那样。牛顿始终坚信他所认为的真正的基督教，即早期教会所践行的单纯的《圣经》信仰。按照牛顿精心重建的教会史，由于引入了反映希腊哲学而非《圣经》真理的教义，早期基督徒的极简主义信条被败坏了。其中最主要的是三位一体的神的观念，根据牛顿的有些怪异的教会史版本，这一观念是在教父阿塔纳修（约 296—373）的教唆下被植入基督教信条的。②

关于原罪主题，牛顿甚至在其私人文稿中也未置一词。与同时代人的著作相比，这是牛顿神学著作的一个显著特征。列出了牛顿所认为的基督教基本信条的那些手稿，都没有赋予堕落或原罪以重要地位。③ 他的"神学笔记簿"里简要提到了《罗马书》第 5 章谈及罪经由一个人的过犯而进入世界的经典经文。在那里牛顿只是指出，我们需要从中得到拯救的诅咒是律法的诅咒，而不是原

---

① Frank Manuel, *The Religion of Isaac Newton* (Oxford, 1974); James Force and Richard Popkin (eds.), *Essays on the Context, Nature, and Influence of Isaac Newton's Theology* (Dordrecht, 1990); Stephen Snobelen, 'Isaac Newton, Heretic: The Strategies of a Nicodemite', *BJHS* 32 (1999), 381—419; 'Lust, Pride, and Amibition: Isaac Newton and the Devil', in James E. Force and Sarah Hutton (eds.), *Newton and Newtonianism: New Studies* (Dordrecht, 2004), pp. 155—182.

② Yahuda MS 15, Bodmer MS 'On the Church'.

③ 'Seven Statements on Religion', Keynes MS 6; 'A Short Scheme of the True Religion', Keynes MS 7; 'Twelve Articles on Religion', Keynes MS 8; 'Three Paragraphs on Religion', Keynes MS 9.

罪的诅咒。① 考虑到神学人论在当时各种著作中的突出地位,牛顿在这个议题上的沉默似乎令人惊讶,但这与牛顿的个人宗教,即信条的极简主义和坚持对《圣经》作严格的字面诠释非常一致。牛顿有可能认为,原罪教义是后来被植入基督教神学的,就像三位一体的神的观念一样,其《圣经》基础完全不足信。否认原罪也符合牛顿对婴儿洗礼(在天主教传统中被理解为洗去原罪)的拒斥、对撒旦(堕落叙事中的一个核心人物)的怀疑,以及偶尔表达的佩拉纠主义观点。② 但是,牛顿对基督神性的拒斥和对原罪的沉默之间存在着一种更为明显的联系。正如洛克在《圣经中传递的基督教合理性》中正确宣称的,堕落观念是使整个基督救赎教义得以建立的基础。阿塔纳修本人也早已指出,基督的本性与他不得不履行的赎罪工作之间存在着一种至关重要的联系。我们的堕落是如此深重,只有神本身才能使之恢复。救赎者必定要分有神性。③ 于是,在正统神学中,原罪教义与基督的神性教义是密不可分的。因此,牛顿对三位一体的强烈拒斥与他在原罪议题上的明显沉默是完全一致的。

根据本书所提出的论点,可以预料,牛顿在神学人论上的不可知论(这在当时是不同寻常的)会影响他对科学方法思想的表述。具体说来,他应当不大会通过诉诸特定的人性理论来证明其方法

---

① Keynes MS 2, pt 1, xxii *Christi Satisfactio*, & *Redemptio vivi*. 有一个标题是"二十九、自然的地位与恩典"(xxix *Status Naturææ et Gratiææ*),但那里没有写任何东西。如果说他有某种与原罪相当的观念,它就类似于人类普遍的偶像崇拜倾向。Richard S. Westfall, *Never at Rest: A Biography of Isaac Newton* (Cambridge, 1983), p. 355; Rob Iliffe, '"The Idols of the Temple": Isaac Newton and the Private Life of Anti-Idolatry', Ph. D. dissertation, University of Cambridge, 1989.

② "神学笔记簿"的第二部分开篇就说,一个人犯罪不是因着必然,而是因着选择。Keynes MS 2, pt 2.

③ Athanasius, *De Incarnatione* §6, §10.

的正当性,而会认为更有可能获得一种确定而完备的自然知识。事实证明,牛顿的自然哲学进路非常独特。根据彼得·迪尔(Peter Dear)的说法,从17世纪的背景来看,牛顿的方法论使他成为"一个古怪而新奇的例外"。罗布·艾利夫(Rob Iliffe)也认为,牛顿的杰作《自然哲学的数学原理》的基本方法论原则"与当时的大多数自然哲学进路都完全格格不入"。① 牛顿在17世纪70年代初发表的最初的方法论声明所引起的混乱和争议证实了这些判断。②

牛顿的方法与同时代皇家学会会员的方法的一个主要区别在于,牛顿相信他的程序会给出几乎确定的结果。在前人和同行愿意勉强认可或然性结论的地方,牛顿大胆地寻求数学证明的可能性,用他自己的话说,"模仿数学家们习惯于证明其学说的方法"。③ 在他看来,这种方法将产生一种新的自然科学,它拒绝

---

① Peter Dear, 'Method and the Study of Nature', in Daniel Garber and Michael Ayers (eds.), *The Cambridge History of Seventeenth-Century Philosophy*, 2 vols. (Cambridge, 1998), i, 147—177 (166); RobIliffe, 'Abstract Considerations: Disciplines and the Incoherence of Newton's Natural Philosophy', *Studies in History and Philosophy of Science* 35a (2004), 427—454 (446). 艾利夫补充说,牛顿对光的研究"代表着一种审慎的、雄心勃勃的尝试,试图改变当时的自然哲学,或者说得更直白一些,试图改变皇家学会研究的性质"(437)。

② 例如参见胡克的抱怨,*Isaac Newton's Papers and Letters on Natural Philosophy*, ed. I. Bernard Cohen and Robert E. Schefield (Cambridge, MA, 1978), p. 111。另见 Zev Bechler, 'Newton's 1672 Optical Controversies: A Study in the Grammar of Scientific Dissent', in E. Yahuda (ed.), *The Interaction between Science and Philosophy* (Atlantic Highlands, NJ, 1974), pp. 115—142; Alan Gross, 'On the Shoulders of Giants: Seventeenth-Century Optics as an Argumentative Field', in R. A. Harris (ed.), *Landmark Essays on Rhetoric of Science* (Marwah, NJ, 1997), pp. 19—38。

③ Newton to Oldenburg, 21 September 1672, *Correspondence of Sir Isaac Newton*, ed. H. W. Turnbull, 7 vols. (Cambridge, 1961), i, 237.

接受"或然结果",并能"得到最大证据的支持"。① 与此同时,牛顿希望表现为一个实验主义者,这种身份与他希望避免的或然论有关。对这种张力的最佳表述莫过于《光学》的开篇,牛顿宣称他打算"通过理性和实验"来"提出和证明"光的属性。② 这种立场与他的大多数同胞更为温和的实验主义形成了鲜明对比。例如,斯普拉特稍早前曾经写道,不能把实验结果报告成"不可改变的证明,而应报告成当下的显现"。③ 拟议的理性与实验的结合暗示,对我们理性能力的信心要高于大多数17世纪实验主义者愿意接受的程度。事实上,牛顿在18世纪的遗产恰恰倾向于沿着理性和实验的线索发生分裂。I. 伯纳德·科恩(I. Bernard Cohen)和乔治·史密斯(George Smith)正确地指出,牛顿造就了"两种相互关联但却完全不同的做科学的传统"。④ 那就是实验主义传统和数学理

---

① Newton, *The Optical Papers of Isaac Newton*, Vol. 1: *The Optical Lectures 1670—1672*, ed. Alan Shapiro (Cambridge, 1984), i, 89.

② Newton, *Opticks: or, A Treatise of the Reflections, Refractions, Inflections & Colours of Light*, based on the 4th edn, ed. I. Bernard Cohen et al. (New York, 1979), p. 1.

③ Sprat, *History*, p. 108.

④ I. Bernard Cohen and George E. Smith (eds.), *The Cambridge Companion to Newton* (Cambridge, 2002), Introduction, p. 31. 关于《光学》与《自然哲学的数学原理》的方法之间的张力,参见 George Smith, 'The Methodology of the *Principia*', in *Cambridge Companion to Newton*, pp. 138—173; P. Anstey, 'The Methodological Origins of Newton's Queries', *Studies in History and Philosophy of Science* 35a (2004), 247—269; P. Achinstein, 'Newton's Corpuscular Query and Experimental Philosophy', in P. Bricker and R. I. G. Hughes (eds.), *Philosophical Perspectives on Newtonian Science* (Cambridge, MA, 1990), pp. 135—173; I. Bernard Cohen, *The Newtonian Revolution* (Cambridge, 1980); J. E. McGuire, 'Newton's "Principles of Philosophy": An Intended Preface for the 1704 *Opticks* and a Related Draft Fragment', *BJHS* 5 (1970), 178—186.

第五章　学术的复兴

论家传统。

牛顿研究方法的许多明显的奇特之处源于他声称可以同时从物理和数学的角度来处理光的现象和重力现象。牛顿认为，这种特殊的方法组合能使他"更安全地"或者"确定地"提出主张。① 如今，科学史家们常常认为，牛顿的新奇之处源于将混合数学（mixed mathematics）的方法（当时）非法地引入自然哲学。② 与这种学科越界相关的是，牛顿显然认为自己既可以从事一种证明性的（demonstrative）科学，又可以免除这种程序通常依赖的本质主义（essentialism）。③ 我们现在可以看到这种明显不一致的另一个来源：牛顿结合了在堕落的世界中产生知识的可以说彼此矛盾的两种迥然不同的进路——"唯理论的/数学的"和"实验的"。这两种进路之所以被分开，不仅是因为亚里士多德关于数学和自然哲学的主题应当分开的偏见仍然存在，而且也因为它们建立在对我们堕落之后心灵能力的不同评价的基础上。难怪牛顿的自然哲学

---

① Newton, *The Principia: Mathematical Principles of Natural Philosophy*, tr. I. Bernard Cohen and Anne Whitman (Berkeley, 1999), bk i, sec. 11, Scholium (p. 589); Definition 8 (p. 408). Newton to Oldenburg, 6 Feb. 1676, *Correspondence* i, 96. 关于牛顿方法的这些特征，参见 Ernan McMullin, 'Conceptions of Science in the Scientific Revolution', in David Lindberg and Robert Westman (eds.), *Reappraisals of the Scientific Revolution* (Cambridge, 1990), pp. 27—92, esp. pp. 67—70。

② 例如参见 Andrew Cunningham, 'How the *Principia* got its Name: Or, Taking Natural Philosophy Seriously', *History of Science* 28 (1991), 377—392; 'Getting the Game Right: Some Plain Words on the Identity and Invention of Science', *Studies in History and Philosophy of Science* 19 (1998), 365—89; Peter Dear, 'The Mathematical Principles of Natural Philosophy: Toward a Heuristic Narrative for the Scientific Revolution', *Configurations* 6 (1998), 173—193。

③ Dear, 'Method and the Study of Nature', pp. 166—170。

会被称为"无法理解"和"缺乏条理"。①

牛顿处理方法问题的一般进路与之前有很大不同。他不像培根和笛卡儿那样寻求知识的基础，而是通过似乎管用的某种进路组合来使世界变得可以理解。这意味着（除了寻求古代文本中的科学知识和神秘的炼金术活动）同时利用实验方法和数学方法，即使这些方法起初受到了针对堕落的人类心灵能力和堕落世界的可理解性所作的完全不同的估计的启发。牛顿之所以能够采用对其他人来说显得矛盾的方法组合，恰恰是因为他并未受到关于认识论无能的任何特定神学教义的束缚。换句话说，牛顿无意表明他的方法如何符合某种特定的神学人论。其神学关切在别的地方。正如他在《光学》中所说，凭借他的方法，有可能"通过自然哲学知道什么是第一因"。② 鉴于揭示神的设计是他的主要目标之一，可以说他对待自然世界的态度是诠释学的而不是认识论的。因此，他详细阐述了相互关联的规则来

---

① Rob Iliffe,'Butter for Parsnips: Authorship, Audience and the Incomprehensibility of the *Principia*', in M. Biagioli and P. Galison (eds.), *Scientific Authorship: Credit and Intellectual Property in Science* (London, 2003), pp. 33—65.

② Newton,*Opticks*, p. 405. Cf. 'General Scholium', *Principia*, p. 943; Keynes MS 7, fol. 1r. 关于牛顿的自然神学信念，参见 I. Bernard Cohen, 'Isaac Newton's *Principia*, the Scriptures and the Divine Providence', in Sidney Morgensbesser et al. (eds.), *Philosophy, Science and Method* (New York, 1969), pp. 523—548; Michael Ben-Chaim,'The Discovery of Natural Goods: Newton's Vocation as an "Experimental Philosopher"', *BJHS* 34 (2001), 395—416; Stephen Snobelen, 'To Discourse of God: Isaac Newton's Heterodox Theology and his Natural Philosophy', in Paul Wood (ed.), *Science and Dissent in England*, 1688—1945 (Aldershot, 2004), pp. 39—65. 然而，牛顿比许多牛顿主义者是更加谨慎的自然神学家。

诠释《圣经》和自然。① 这些诠释策略表明牛顿更感兴趣的并非重建业已失去的对自然的统治，而是揭示某种背后的统一性和可理解性，而这些又转而指向了神的力量和智慧。

在过去几十年里，人们多次尝试将牛顿的异端宗教观点与他的自然哲学联系起来。② 当然可以一般地说，牛顿的自然哲学追求至少部分受到了其宗教信念的激励。但其大多数同时代人也是如此，而且这样说并没有在特定的宗教信念与自然哲学的内容之间建立起联系。一些评论家提出了牛顿极端的异端一神论与他表面上的神学唯意志论之间的关联。牛顿的神是一个统治的神，他直接控制着万物，而无需三位一体的第二个位格即圣子在神及其造物之间进行调解。③ 但正如我在其他地方所指出的那样，牛顿的唯意志论是可疑的，而且无论如何，唯意志论与三位一体神学是

---

① 关于牛顿的圣经诠释学（他的"诠释规则"）与他的自然哲学方法（《自然哲学的数学原理》中"做哲学的规则"）之间的相似性，参见 Stephen Snobelen, '"God of gods, and lord of lords": The Theology of Isaac Newton's General Scholium to the *Principia*', *Osiris* 16 (2001), 169—208; M. Mamiani, 'The Rhetoric of Certainty: Newton's Method in Science and in the Interpretation of the Apocalypse', in M. Pera and W. R. Shea (eds.), *Persuading Science* (Canton, OH, 1991), pp. 157—172. Peter Redpath, *Masquerade of the Dream Walkers: Prophetic Theology from the Cartesians to Hegel* (Amsterdam: 1998), pp. 18f. ; Scott Mandelbrote, '"A Duty of the Greatest Moment": Isaac Newton and the Writing of Biblical Criticism', *BJHS* 26 (1993), 281—302。

② Ayval Lesham, *Newton on Mathematics and Spiritual Purity* (Dordrecht, 2003); James E. Force, 'The Nature of Newton's "Holy Alliance" between Science and Religion: From the Scientific Revolution to Newton (and Back Again)', in Osler (ed.), *Rethinking the Scientific Revolution*, pp. 247—270; Snobelen, 'To Discourse of God'.

③ 特别参见 James Force, 'Newton's God of Dominion: The Unity of Newton's Theological, Scientific and Political Thought', in Force and Popkin (eds.), *Essays on Newton's Theology*, pp. 75—102。

完全一致的。① 上述考虑暗示了将牛顿的异端学说与他的哲学联系起来的另一种可能方式。正是牛顿对基督神性的拒斥间接导致了他关于人性堕落状态的不可知论，而这又使他能够把从相互冲突的神学人论中产生的两种方法论原则结合起来。只有对任何流行的神学人论模型缺乏坚定信仰，才可能将数学自然哲学的本质上"乐观主义"的前提与实验哲学的"悲观主义"方案结合在一起。这种对人论的缺乏兴趣——在他那个时代是异乎寻常的——使他能够构建一种同样异乎寻常的自然哲学方法。因此，牛顿在神学上的异端学说使他能够采用与其同时代人更为传统的神学立场最终不相容的方法论，在这个意义上的确影响了他的自然哲学。

堕落所导致的人性状态对波义耳和洛克来说很重要，即使他们倾向于弱化堕落作为学术的重要抑制剂的作用。洛克与那种关于承袭的无能的坚定看法存在分歧最终并不重要。重要的是，这种观点在当时社会环境中的流行迫使他对心灵及其局限性做了认真反思。如果说他最终反对那种关于心灵虚弱的初始原因的常见看法，那么他仍然肯定了心灵的固有弱点及其有限的能力所及。也就是说，他的人论与在整个17世纪表达的人论相一致。正如他本人所说，我们在"目前的状况"下以"暗钝虚弱"的能力所做出的发现是相当有限的："我们能够凭借感官认识和区分事物；对事物进行研究，使之为我们所用，还有一些方法来应对今生的紧急情况……但神似乎并不打算让我们拥有完美、清晰和充分的知识。"② 洛克贬低堕落

---

① Harrison,'Was Newton a Voluntarist?'
② Locke, Essay ii. xxiii. 12 (i, 402).

对于解释我们如何落入这种状态的意义,本质上是将我们败坏和虚弱的状况"自然化"。迈克尔·洛桑斯基(Michael Losonsky)正确地指出,洛克的策略是,"承认诅咒是人类的一个不可避免的特征"。[①] 但无论它后来如何被理论化,这种对知识局限性的承认都将成为现代实验科学的一个至关重要的特征,它的成功在很大程度上依赖于其朴素的志向和提出"小问题"的能力。同样,如果没有 17 世纪新教徒末世论取向的残余影响、加尔文主义的天职观、世俗事功的用处,以及朝着人类对自然和社会领域的改造逐渐迈进的必要性,这种对人性的论述也许会退化成一种沉寂的怀疑论。

牛顿的进路更显著地背离了实验自然哲学的初始理由。但这并非因为神学考虑在自然哲学领域中的重要性有任何减少。牛顿和波义耳的立场暗示从神学人论逐渐转向了对物理神学更加专一的关注。[②] 实验的和数学的自然哲学在多大程度上能够提供神的意图和设计的证据,变得比它们各自的认识论基础是否符合神学的人性观更重要。这种发展可以部分通过这样一个事实来解释:那些为自己的方法提出人论理由的人的最初关切之一就是批判亚里士多德学说的据说幼稚而不加批判的方法,其背景是宗教改革之后关于堕落造成的破坏程度的争论。既然现在实验方法和数学方法更加可靠,而亚里士多德的学说不那么可靠,那么就可以将注意力从神学基础转向神学结果。新知识的宗教合法性越来越取决

[①] Michael Losonsky, 'Locke on Meaning and Signification', in G. A. J. Rogers (ed.), *Locke's Philosophy: Content and Context* (Oxford, 1996), pp. 123—142.

[②] Israel, *Radical Enlightenment*, pp. 456—463.

于它们能否给出一种具有浓厚有神论色彩的世界观,而不是其方法是否符合一种非常具体的人性观。关于后一个问题,英格兰新教徒在原罪的本质和程度上曾经存在的共识也在逐渐消失。这显见于 17 世纪下半叶发生的激烈争论、索齐尼主义(Socinianism)的兴起、牛顿对整个问题的有意忽视,以及波义耳和洛克试图将理智无能的问题从堕落讨论的语境转移到一个更加宽泛的形而上学框架之中。同样重要的是,认为在自然世界中可以辨识出神的设计,与声称世界是堕落的、我们已经失去了解释它的能力,这两者之间存在着很大张力。对人和世界的堕落的强烈感受是加尔文主义的典型特征,它往往伴随着对自然神学的矛盾态度,甚至是对它的彻底敌意。① 声称世界中明显存在设计,这既假定了自然的可理解性,又假定了我们的心灵能够发现那种可理解性。两者与关于堕落及其对理智产生影响的坚定看法令人不安地同时并存。我们在波义耳那里已经看到,重心开始从强调原罪转向物理神学。这在牛顿那里仍然如此,尽管和波义耳一样,牛顿满足于利用的实验方法起源于一种他不再赞同的神学立场。

部分程度上由于牛顿在自然哲学领域所取得的无与伦比的成就,历史学家们往往通过牛顿主义和随后 18 世纪的发展来看待 17 世纪英格兰科学与宗教之间的神学互动。② 这意味着,讨论这

---

① 这种张力的经典出处是《罗马书》1:20。
② 这也同样适用于有时假定存在着一种意义明确的牛顿主义传统这个方法问题。参见 Paul Wood, 'Science, Philosophy and the Mind', in Roy Porter (ed.), *The Cambridge History of Science*, vol. vi: *Eighteenth Century Science* (Cambridge, 2003), pp. 800—824, esp. p. 824。

种关系时的主要主题是物理神学的兴起和在自然中寻求设计的证据。查尔斯·韦伯斯特等人的工作已经在一定程度上拓宽了这种看法，他们给这幅图像增加了新教末世论的维度。而我的论点是，这些讨论一直忽视了至关重要的第三个神学组分。现在是时候让神学人论在现代早期实验哲学的阐述和辩护中占据一个显著位置了。

这并不是说，被牛顿置于令人不安的关系中的两种传统之间的差异立即被遗忘了。英格兰的实验主义与笛卡尔、斯宾诺莎和莱布尼茨等欧洲大陆人物的更具思辨性的进路之间的分歧是根深蒂固的，它们始终是各自阵营修辞的一个核心特征。后一派思想家的"唯理论"通常与英国"经验论"形成了鲜明对照，他们对培根方法所要求的大量观察和实验表现出相当的不耐烦，并且对由此得出的温和结论感到失望。[①] 自称为所有这些人代言的莱布尼茨抱怨说，由波义耳的做法所例证的培根方法单调乏味、劳动密集，且最终并不足以提供真正的科学所要求的那种确定性。他在冗长但发人深省的一段话中表述了他所理解的各自进路之间的本质区别：

> 发现现象的原因或真的假说的技艺，就像辨认潦草字迹的技艺一样：机智的猜测往往可以提供捷径。培根勋爵先把

---

① Spinoza, Letter to Oldenburg, April 1662, *The Collected Works of Spinoza*, ed. and tr. Edwin Curley (Princeton, 1985), i, 178. 另见 Israel, *Radical Enlightenment*, pp. 253—256; M. B. Hall, *Robert Boyleon Natural Philosophy: An Essay with Selections from his Writings* (Bloomington, 1966), p. 43。

实验的技艺变成了一些规则,波义耳阁下则对其作了天才的实践。但如果不把运用实验和从中引出结论的技艺同这些规则结合起来,那么即使用重金也得不到一个敏锐的思想家瞬间就能发现的结果。笛卡尔先生肯定符合这种描述,他在一封信中谈到这位英格兰大法官的方法时就曾说过同样的意思;而斯宾诺莎(当他说得不错时我是很愿意引用他的话的)在给已故的英格兰皇家学会秘书奥尔登堡先生的一封信中也提出了类似的思考,这封信收录在这位敏锐的犹太人的遗著中,当时他是在评论波义耳先生的一部作品。不得不说,波义耳花了太多时间,却没有从无数精细的实验中引出别的结论,而只得出了他可以当作原则的一个结论,即自然中的一切事情都是机械地发生的——这条原则仅凭理性就能确定,而永远不能用实验来使之确定,不论做多少实验。①

与"无数精细的实验"相对照,一种基于"机智的猜测""敏锐的思想家瞬间就能发现"的自然哲学以及"仅凭理性就能确定"的原则,在心灵的能力或至少是其易于犯错的原因上表达了重要的不同意见。而这又可以归因于对亚当堕落之后的无能做了一种不同的解读——坚称堕落的人类心灵仍然保持着理解神的观念的某种能力。正如我们所看到的,到了 17 世纪末,关于科学方法的论述

---

① Leibniz, *New Essays on Human Understanding* iv. 12, ed. and tr. Peter Remnant and Jonathan Bennett (Cambridge, 1981), p. 454. 关于斯宾诺莎的信,参见 *Collected Works* i, 182。

已经不再对实验做明确的神学辩护。但机智的猜测方法与实验方法之间的分歧仍然存在。在18世纪中叶,对堕落和原罪教义几乎没有兴趣的大卫·休谟仍然会捍卫英格兰实验主义,而反对"其他科学方法",因为英格兰实验主义更加符合人性的不完美。在《道德原则研究》(*Enquiry into the Principles of Morals*,1751年)中,休谟很好地阐述了关键议题:

> 只有遵循实验方法,推导出一般原则来比较特定实例,我们才可望取得成功。而另一种科学方法则首先确立一般的抽象原则,然后扩展到各种推论和结论,虽然它本身可能更加完美,但不大符合人性的不完美,并且是一个常见的幻觉来源……①

值得注意的是,休谟这里并没有提到关于人的不完美性的神学论述。随着时间的推移,甚至连更一般的认知局限性主题也将从这些方法论反思中消失,这种进路的神学起源的最后痕迹也被抹去了。从此以后,实验将成为现代科学的一个相对而言不成问题的核心特征。

---

① David Hume, *An Enquiry into the Principles of Morals*, ed. L. A. Selby-Bigge, 3rd edn revised by P. H. Nidditch (Oxford, 1975), p. 174.

结　　语

　　位于南肯辛顿的伦敦自然博物馆是维多利亚时代哥特式复兴的至高荣耀之一。1881年博物馆开馆时，一尊亚当的赤陶雕像从高耸的山墙尖顶俯瞰着这一切。没有人知道，这究竟是设计师阿尔弗雷德·沃特豪斯（Alfred Waterhouse）的最初构想，还是博物馆的主要科学赞助者理查德·欧文（Richard Owen）的创意。但无论这个想法的起源如何，它都是一个恰当的象征性姿态。正如应当对万物进行了考察、命名和分类，并使之服务于自己的目的，如今在该博物馆工作的那些人也试图给纷繁复杂的自然带来秩序，将整个生命世界组织成某种物质百科全书。最近参观这座博物馆的人也许知道，原有的那尊亚当雕像已经不再能看到，因为二战结束后，它从那个发号施令的位置坠落下来——究竟是意外事故，愚蠢的故意破坏，还是一种意识形态的声明，我们不得而知。[①]亚当的这次坠落也可以被赋予象征意义，因为20世纪见证了科学知识世俗化的最后阶段，而且对宗教在科学的现代早期起源中所

[①] Colin Cunningham, *The Terracotta Designs of Alfred Waterhouse* (London, 2000), p.15; Carla Yanni, *Nature's Museums: Victorian Architecture and the Culture of Display* (Baltimore, 1999), pp.142f. 牛津大学博物馆的大门雕像也描绘了亚当。参见 Yanni, *Nature's Museums*, p.86。

起的作用有了某种程度的历史遗忘。当然,早在维多利亚时代,关于亚当及其作为科学家地位的神话就已经得到重新评价,尽管它象征性地承认了我们的第一位父亲。在《不列颠百科全书》第八版(1853年)的一篇冗长的"专题论文"(dissertation)中,理查德·怀特利(Richard Whately)这样谈论原始知识:

> 到目前为止,我们所拥有的最早的人类历史就是《创世记》所记载的历史。它极为简短,尤其是最早的部分。但它清楚地表明,第一个人在伊甸园获得了来自神的直接讯息。然而,我们并没有关于他们收到的指示的详细说明,甚至连记录下来的那部分历史也只有模糊的暗示。①

怀特利并没有公开质疑《圣经》的创世记述以及亚当获得了神的消息。但他的确指出,我们不知道神赋予了亚当什么讯息,这暗示亚当科学的议题与当前追求学问的人无关。先祖们的知识在天文学条目中得到了重新审视。在这个条目中,关于塞特之柱的论述篇幅很短。它指出,约瑟夫斯认为天文学起源于"大洪水之前的先祖"。但至于保有这种古代智慧的柱子,"关于砖柱和石柱的传说不值得重复,据说这些圣贤将它们竖立起来,在上面刻上天文学的内容,以防遭到火与水的普遍破坏,据说他们从亚当那里得知,

---

① Richard Whately, 'Rise, Progress, and Corruptions of Christianity', *The Encyclopaedia Britannica, or Dictionary of Arts, Sciences, and General Literature*, 8th edn (Edinburgh, 1852—1860), i, 449. "专题论文"旨在涵盖广泛的主题,从而提供某种主题上的连续性,而不是讨论特定主题的个别条目。

地球注定会遭到这种破坏"。① 虽然被认为不值得重复,但这些"传说"仍然被重复着,大概是因为它们仍然保有某种文化权威性。关于亚当科学及其后来命运的传统就这样得到了认真对待,哪怕只是为了将它降至智识生活的边缘。考虑到亚当科学的观念在现代早期非常流行,我们对于它在 19 世纪的徘徊不去不应感到惊讶。事实上,即使在 20 世纪,关于原罪削弱理性的这些现代早期观念的微弱回响仍然存留在那些受改教时期神学影响的人的思想中。②

在讨论科学知识的基础时,神圣史被边缘化并不特别令人惊讶。理性的设计原则与"堕落"这个更不稳固的历史概念之间的紧张关系以有利于前者的方式而得到解决。随着历史考证在 19 世纪的兴起,《圣经》叙事的含义渐渐在最初流传它们的想象的社会环境的背景下得到理解。认为这些故事为普遍历史提供了一种独特的优先视角,这种观点变得越来越难维持下去。无论如何,正如在 17 世纪末表现得很明显的,人类心灵的认知局限性一旦

---

① *Encyclopaedia Britannica* (1853),iii,781.
② 荷兰加尔文主义神学家亚伯拉罕·凯柏尔(Abraham Kuyper,1837—1920)指出,如果不是因为罪,科学上将不会有争论。因为罪,人类产生了不和谐,人的理解力变得"暗钝"。Abraham Kuyper, *Principles of Sacred Theology* (Grand Rapids,1980),pp.78,83,175;Del Ratzsch,'Abraham Kuyper's Philosophy of Science',*Calvin Theological Journal* 27 (1992),277—303. 库珀的同胞布劳威尔(L. E. J. Brouwer,1881—1966)的数学哲学似乎也受到了堕落概念的影响。布劳威尔将数学科学的不完善归咎于人类状况的一般缺陷。参见'Consciousness,Philosophy and Mathematics',in *Proceedings of the Tenth International Congress of Philosophy* (Amsterdam,1949),ii,1235—1249。感谢埃里克·詹姆斯(Eric James)使我注意到了布劳威尔的观点。另见 D. H. Th. Vollenhoven,*De Noodzakelijkheid eener Christelijke Logica* [The Necessity of a Christian Logic] (Amsterdam,1932).

得到承认，就可以做别的形而上学解释。因此，人类心灵的易于出错可以归咎于我们在存在之链中的特殊位置，或者被看成自由意志的必然结果，由此可以取代那些诉诸从原始的完美性中堕落的解释。尽管如此，堕落叙事以及关于我们的无能在多大程度上是缘于罪的神学争论的意义在于，它们将注意力集中在心灵的限度这个基本问题上，从而促进了谨严的认识论和对知识可靠基础的寻求。

具有讽刺意味的是，随着进化论的出现，可以用另一种神话来解释我们在知识制造过程中的缺陷。根据进化认识论，我们心灵的演化主要是为了促进物种的继续生存。因此，和其他心灵一样，它们的调整不是为了适应真理本身，而是为了适应生物的保存。于是，直觉到宇宙最终真理的任何能力都是大脑演化的一个偶然的副产品。有趣的是，进化认识论讲述了流行于17世纪的两个主题：首先，人类的早期历史为我们心灵目前的运作提供了重要洞见；其次，正如笛卡尔所强调的那样，在任何有关我们的心灵运作如何被"设计"——无论被神还是被自然选择过程——的讨论中，身体的存在都是一个重要的考虑。① 同样有趣的是，一种基本的人性缺陷的概念在人类学、社会生物学和进化心理学的通俗作品中得到保留——这些学科并非因为与神学的一致性而闻名。自康拉德·洛伦茨（Konrad Lorenz）的《论攻击性》（*On Aggression*，1963年）问世以来，一些作者已经指出了人类先天的攻击性，并将

---

① Descartes, *Meditations*, CSM ii, 57.

它归因于我们的野兽起源。① 一位人类学家抱怨说,这种先天攻击性理论不过是"被重新审视的原罪"罢了。② 最近,史蒂文·平克(Steven Pinker)在《白板:对人性的现代否定》(*The Blank Slate:The Modern Denial of Human Nature*,2002 年)中参与了讨论,他在书中重复了洛伦茨等早期普及者的一些观点,并提出社会生物学的发现与传统的基督教人性观有某种共同之处。一些神学家也姗姗来迟地指出,社会生物学的一些学说与原罪观念之间有一些相似之处。③

然而,至于本书讨论的更早时期,现在应当很清楚,亚当神话和堕落观念是 17 世纪关于知识及其基础的讨论的普遍特征,特别是在英格兰的背景下。这是本书最一般的论点,我认为它是完全站得住脚的。对这种情况的一种可能的解释是,那些为知识提出新基础的人试图赋予他们的知识方案以神学上的合法性,从而诉诸基督教教义的这一基本信条。这种解释无疑有一定的道理,但它没能解释为什么首先要寻求新的知识基础,以及为什么知识基

---

① Konrad Lorenz, *Das sogenannte Böse:zur Naturgeschichte der Aggression* (1963); Eng. trans., *On Aggression* (London,1966). Cf. Robert Ardrey, *African Genesis* (London,1961); Desmond Morris, *The Naked Ape* (London,1967). 另见 Bernhard Kleeberg,'Die vitale Kraft der Aggression:Evolutionistische Theorien des bösen Affen "Mensch"',in Ulrich Bröckling et al. (eds.), *Disziplinen des Lebens. Zwischen Anthropologie, Literatur und Politik* (Tübingen,2004),pp. 203—222。

② M. F. Ashley Montagu,'The New Litany of "Innate Depravity",or Original Sin Revisited',in A. Montagu (ed.), *Man and Aggression*,2nd edn (New York:Harper and Rowe,1973),pp. 3—18.

③ Steven Pinker, *The Blank Slate:The Modern Denial of Human Nature* (London, 2002). 关于一位神学家对这些议题的讨论,参见 Patricia Williams, *Doing without Adam and Eve:Sociobiology and Original Sin* (Minneapolis,2001)。

础采取了那些特定的形式。自然研究的实验进路在许多方面都是违反直觉的,将数学运用于物理世界在一些重要方面也是前所未有的。因此,本书更具雄心的主张是,新教改革的发生,它所酿成的权威性危机,以及它所倡导的新的神学人论,共同挑战了亚里士多德主义-经院哲学对人类学问的统治,并使建立新的知识基础成为必需。特别重要的是宗教改革家对人性的看法,它相当于对奥古斯丁神学人论要素的复兴。除此之外,新教对《圣经》叙事历史意义的强调使亚当成为与科学、技术、政治和宗教有关的广泛讨论的一个核心人物。

在17世纪所有新的知识体系中,最得益于加尔文主义人性观的是实验哲学。这里我们看到了对人的能力的认真检审,以及对其固有局限性的坦率评价。但这种看似悲观的评价却结合了一种显著的乐观,即如果有限的人类能力得到承认、解释,并且通过一种精心指定的方法论规则来指导,就可以实现很高的成就。于是,这种知识将仅仅是部分的和或然的,只有经过艰辛的劳动才能获得,并且需要许多人的合作努力,这种认识使得对知识和技术的致力追求有所缓和。这些观念在现代科学的谱系中占有一个至关重要的位置,至今仍然是科学事业的特征。因此,认识到人类知识有着根本的局限性,才使现代科学的推进成为可能。渐渐地,支持经验知识优点的人都认为,做科学的关键就是历史学家乔恩·罗伯茨(Jon Roberts)所说的"思考小问题"。[1] 我提出,这个"关键"源

---

[1] Jon H. Roberts and James Turner, *The Sacred and the Secular University* (Princeton, 2000), p. 36.

于对人性做出了新的批判性评价,它与宗教改革和奥古斯丁主义在现代早期的复兴有关。这种对实验科学起源的解释与最早由法国启蒙哲学家提出的一种由来已久的观点相左,后者将科学的起源与一种对理性力量的新的绝对信仰联系起来。最近,在解释科学为什么出现在西方基督教世界(而不是伊斯兰文化或中国文化中)时,托比·哈夫(Toby Huff)重复了这一常见观点:"就科学而言,必须认为个人具有理性,必须认为世界是一个理性而一致的整体,必须有各种层次的普遍描述、参与和谈论。"社会学家罗德尼·斯塔克(Rodney Stark)也类似地谈到了"理性的胜利",据说它解释了西方的科学优越性。① 我的看法是,这些解释至少在两个方面具有误导性,因为实验主义的正当性是通过诉诸理性的易于出错和自然的难于理解来证明的。

诚然,实验哲学并非对现代早期知识问题的唯一回应。也有人试图找出不会受到堕落的败坏影响的人性的某个方面。开普勒和笛卡尔等人借助于理性(被理解为神的形象)发现了他们认为不可错的知识来源。这种所谓的唯理论传统和实验哲学一样,都是对知识危机的回应。虽然在某些方面,这种立场更接近于亚里士多德和托马斯·阿奎那的不加批判的认识论,但其支持者们仍然提出了关于人类知识的批判性问题,并且寻求不容置疑的真理的来源。最终,他们每个人都要规避易于出错的人类能力,将其知识

---

① Rodney Stark, *The Victory of Reason*: *How Christianity Led to Freedom*, *Capitalism and Western Success* (New York, 2005); *For the Glory of God*: *How Monotheism Led to Reformations*, *Science*, *Witch-Hunts and the End of Slavery* (Princeton, 2004).

体系的确定性归于神。这在马勒伯朗士那里表现得最为明显,在他看来,最可靠的知识之所以最可靠,仅仅是因为它需要分有神的心灵。① 伽利略稍早前曾对我们的数学真理知识表达过类似的观点,而开普勒也认为,我们可以对宇宙本质的先验证明充满信心,因为通过即使在堕落的人那里也存留着的自然之光,可以直接理解神的几何学方案。笛卡尔也将他的认识论计划建立在一个通过自然之光来认识的神的基础上。对确定性的寻求导向了数学。开普勒和笛卡尔都断言数学关系的实在性——开普勒是基于他的柏拉图主义信念,笛卡尔则是因为相信神已经创造了数学关系。在这方面,他们拒绝接受亚里士多德的观点(这种观点反映在阿奎那对科学的组织中),即数学是一种人类抽象,因此在纯粹自然哲学中不能发挥作用。于是,这是对宗教改革所引发的怀疑危机的另一种解决方案,但在现代科学的谱系中同样重要,因为它为一种真正的数学物理学奠定了基础,其最著名的例子就是牛顿的《自然哲学的数学原理》(1687年)。

正如我们所看到的,对于强调堕落在实验哲学的发展和接受过程中的重要性而言,牛顿在某些方面是一个糟糕的范例。尽管他说过"不杜撰假说"的名言,并且在假定现象的原因方面显示出明显的谦逊,但其自然哲学的一些内容似乎带有笛卡尔主义者独

---

① Malebranche, *Search for Truth*, Preface (p. xxxvii); iii. ii. 6 (p. 231); Nicholas Jolley, 'Intellect and Illumination in Malebranche', *Journal of the History of Philosophy* 32 (1994), 209—224; Tad Schmaltz, 'Malebranche on Ideas and the Vision in God', in Steven Nadler (ed.), *The Cambridge Companion to Malebranche* (Cambridge, 2000), pp. 58—86.

断的思辨态度的某种味道。他似乎仍然有志于建立一种证明性的确定科学。不过,这些明显的不一致可以部分通过他对人论因素的漠不关心来解释,这些人论因素曾经导致牛顿的同时代人要么选择数学证明,要么选择实验的或然性,但不能同时选择两者。牛顿的确与波义耳等实验主义者都相信,自然领域并非完全可知——因此他至少拒绝公开地猜测引力的原因。另一方面,他在其数学物理学中寻求某种程度的确定性,这更符合笛卡尔的乐观主义。我们或许可以认为,牛顿也象征着史蒂文·夏平所说的"17世纪散乱的知识制造遗产",以及畏缩与雄心之间的基本分水岭。[①] 科学究竟是处理理想化的数学量,还是处理累积的观察事实或实验事实,这个问题至今仍然存在。我已经指出,在17世纪,每一个选项都被提出来解决因重新意识到人类易于犯错而产生的困难。

本书的后半部分几乎完全聚焦于实验科学在英格兰背景下的发展,因此,关于这一时期欧洲其他地方的实验及其理由的一些重要问题未能得到解决。虽然英格兰实验哲学无疑非常独特,而且"思辨的"、数学的自然哲学在欧洲大陆更占优势,但很难说实验活动仅限于英格兰海岸。需要通过进一步研究来确定其他实验中心在多大程度上以类似的神学方式制定自己的活动。例如,意大利这个具有重要实验传统的纯粹天主教国家似乎构成了试图更广泛地运用我的一般论点的一个主要障碍。虽然因篇幅所限,本书无法对这两个国家的实验修辞进行比较,但值得指出的是,至少在某

---

① Steven Shapin, *The Scientific Revolution* (Chicago, 1996), p.117.

些情况下,实验在意大利自然哲学中扮演着一个完全不同的角色。伽利略作为实验主义者的资格毋庸置疑,但他对英格兰人威廉·吉尔伯特的《论磁》(De Magnete,1600)的"实验志"进路提出了批评。伽利略希望吉尔伯特"更像数学家",抱怨他的结果"不够严格,缺乏必定存在于被认为必然而永恒的科学结论中的那种力量"。① 这种批评与对人性及其能力的"乐观主义"解释相一致,也暗示了实验所扮演的一个不同角色。大多数英格兰实验哲学家都以认知上的缺陷为由,认为不可能有一种自然哲学既是实验的,又能达到必然而确定的真理。不得不说,伽利略本人实际上从未解决他那崇高的科学观(仍然带有传统亚里士多德主义理想的印记)如何能与人为设计的实验的偶然结果相一致的问题。② 在英格兰,对这个问题的一种解决方案是,不再要求自然哲学是一种证明性的科学。1657年到1667年间,短命的西芒托学院在佛罗伦萨盛极一时,那里看起来充满活力的实验主义似乎也违反了将悲观主义的神学人论与实验自然哲学联系起来的论点。然而,西芒托学院院士所报告的实验虽然表面上类似于皇家学会会员所作的实验,却没有与后者类似的认知地位。大致说来,这些实验报告旨在说服他人相信建立在其他理由基础上的自然哲学立场。③ 这些简要的评论并非想取代在其他国家背景下对神学与实验自然哲学之

---

① Galileo, *Dialogue concerning the Two Chief World Systems*, p. 471.
② Dear, *Discipline and Experience*, p. 127.
③ 特别参见 Luciano Boschiero, 'Natural Philosophical Contention in the Accademia del Cimento: The Properties and Effects of Heat and Cold', *Annals of Science* 60 (2003), 329—349.

间的关系做进一步深入研究,但它们的确暗示,认真关注"实验"的不同含义和用法也许会消除针对将本书论点应用于英格兰的背景之外所提出的那些表面上的反驳。

如果说各种实验活动并非局限于英格兰境内,那么对加尔文主义人论的信奉也是如此。虽然被我与实验自然哲学在英格兰的兴起联系起来的那套神学信念也许是该国所独有的,但在欧洲其他地方也可以找到大致相似的观点。此外,我们可以合理地追问,这些神学观点是否与在英格兰被热情宣扬的那种实验主义有关。例如,荷兰的加尔文主义是否产生了类似的实验文化,并通过一种对人性的类似的神学理解来为之辩护?荷兰自然哲学史的某些方面支持对这个问题做出肯定的回答。比如,海斯贝特·富蒂乌斯(Gisbert Voetius)明确批评笛卡尔主张清晰分明的观念是确定的,其理由是,人在堕落之后的状态下不可能免于错误。[1] 但不能把富蒂乌斯看成实验方法的倡导者。毋宁说,他是相当保守的亚里士多德主义科学捍卫者。无论如何,荷兰共和国还有另一个实际支持笛卡尔科学的加尔文主义派系。这表明,有其他文化势力影响了神学教义在自然哲学背景中的运用。实验哲学与荷兰加尔文主义之间的联系同样不像在英格兰那样简单,但也因此值得进一步研究。同样重要的是,由荷兰改革宗传统在今天的某些表现

---

[1] Voetius, *Disputationes Theologicae Selectae*, 5 vols. (Utrecht, 1659), iii, 701. 关于富蒂乌斯的加尔文主义怀疑论,参见 Theo Verbeek, 'From "Learned Ignorance" to Scepticism: Descartes and Calvinist Orthodoxy', and Ernestine van der Wall, 'Orthodoxy and Scepticism in the Early Dutch Enlightenment', both in Richard H. Popkin and Arjo Vanderjagt (eds.), *Scepticism and Irreligion in the Seventeenth and Eighteenth Centuries* (Leiden, 1993), pp. 31—45, 121—141。

可以看出现代早期的认知缺陷学说仅存的遗迹。①

如果说堕落神话在科学的兴起中发挥了重要作用,那么它对于西方现代性的其他典型特征的发展是否同样重要,也是值得反思的。和自然哲学的情况一样,这种影响也许难以辨别。部分原因在于,有一个标准叙事将现代性的许多显著特征归因于启蒙运动,它的精神无论怎样定义,似乎都与堕落和人类无能的观念相反。此外,从17世纪后期开始,有一种倾向要将堕落人类的恶习——无论是理智的还是道德的——"自然化",并把它们纳入一种新的人性观。这已经存在于波义耳和洛克(实际上还有莱布尼茨)的思想中,在他们看来,我们的理智缺陷既可以通过《圣经》中报道的原始的人类历史来解释,也可以通过我们在存在之链中的位置来解释。在18世纪,我们在认知上的无能开始失去它们曾经因为与堕落的联系而引发的道德非难。事实上,在某些情况下甚至可以说,罪的后果的道德价值被颠倒了。这显见于道德哲学领域及其陷入困境的学科后代——经济学。不知餍足的人类欲望曾经是堕落心灵的独特标志,现在却成了人类生存的显著特征,人类社会的起源和资本主义经济都可归因于此。皮埃尔·尼古拉在其《道德随笔》的第三篇中就已经指出了算计性的利己之心对于社会的形成所起的作用。作为奥古斯丁主义人论的一个强大要素,堕落人类的爱自己导向了合作、社会的发展以及许多便利设施的发明。但正如约翰·马歇尔所说,这些社会"经济繁荣但道德败坏"。② 因此,社会

---

① 参见前面的注释。另见 Alvin Plantinga, *Warranted Christian Belief* (Oxford, 2000), pp. 199—240。

② Marshall, *John Locke*, p. 178.

可以建立在一种审慎的利己主义的基础上，不过尼古拉的观点是，这些社会的稳定最终依赖于把爱自己重新导向爱神和爱他人。

在伯纳德·曼德维尔（Bernard Mandeville，约 1670—1733）的有些令人不快的方案中，人的恶习也为公共福利提供了必不可少的重要基础。曼德维尔令人难忘地宣称，私人恶习带来了公共利益。① 虽然这一论点激怒了当时的道德哲学家，但它却是对现代经济学基础的简洁而有先见之明的陈述。曼德维尔坚称："不是善良和友好，而是人的坏的和可恶的品质，他的不完美以及缺乏其他生物被赋予的长处，才是人类失去天堂那一刻比其他动物更合群的初始原因。"曼德维尔指出，人如果没有堕落，就永远不会成为"今天那种合群的动物"。因此，进步的可能性本身源于我们的堕落状况所特有的"欲望的多样性"，以及妨碍满足这些欲望的自然力量。这些身体障碍同样被归因于堕落，因为我们所居住的地球阻碍了我们的欲望，"因为它曾被诅咒"。② 曼德维尔的结论是，所有"贸易、艺术、科学、尊严或职业"并非源于我们的"友好美德"，而是源于我们的不完美和种种欲望。③ 于是，曼德维尔论述了可能直接引自奥古斯丁本人的人类状况。根据奥古斯丁的说法，堕落的人"追求一个又一个事物，没有任何事物与之常驻。因此，有了五谷、新酒和油又怎样呢？他的需求成倍增加，根本找不到那个必需的东西，即单一、不变的本性，找到它就不会犯错，得到它就不会

---

① Bernard Mandeville, *The Fable of the Bees; or Private Vices, Publick Benefits*, ed. F. B. Kayne, 2 vols. (Oxford, 1924), title page.
② Ibid., i, 344.
③ Ibid., i, 346.

再有悲伤痛苦"。① 在奥古斯丁那里还是悔恨和自责的理由,在曼德维尔那里则成了人类文明的事实基础。

事实证明,亚当·斯密(Adam Smith)对同一主题所作的更著名的思考更能为公众所接受,尤其是因为斯密让人的美德在社会商品的生产过程中扮演了更加突出的角色。斯密对"看不见的手"的援引也给了神以应有的尊重。然而,对于斯密和曼德维尔而言,人的弱点提供了合群的基础。因此,人的自欺倾向——"人类的致命弱点"——乃是经济发展的动力:②

> 自然很可能是以这种方式来欺骗我们。正是这种欺骗激起了人类的勤勉,并使之得以持续。正是这一点首先促使他们耕种土地,建造房屋,建立城市和社会,发明和改进所有科学与技艺……③

在斯密这里,人根本上的无能同样被自然化。我们并没有因为自己的罪责而突然被抛入一个欺骗性的世界,因为欺骗我们的正是自然。不仅如此,这种欺骗乃是人类进步的条件。④ 就像对

---

① Augustine, *De Vera Religione* xxi. 41 (PL 34,139).

② Adam Smith, *The Theory of Moral Sentiments* iii. 4, ed. D. D. Raphael and A. L. Macfie (Oxford,1976), pp. 156—161.

③ Ibid. iv. 1. 10, ed. D. D. Raphael and A. L. Macfie (Oxford,1976), p. 183.

④ 一些评注者认为,对斯密而言,人的弱点不是堕落的结果,而是神为确保人的幸福而有意策划的。参见 Lisa Hill, 'The Hidden Theology of Adam Smith', *European Journal of Economic Thought* 8 (2001),1—29。另一些人则认为,在强调人类弱点的社会价值时,斯密是在阐述一种奥古斯丁主义神正论。Anthony Waterman, 'Economics as Theology: Adam Smith's *Wealth of Nations*', *Southern Economic Journal* 68 (2002),907—921.

于许多教父那样,堕落成了一种"幸运的缺陷"(*felix culpa*),斯密的经济理论和笛卡尔的认识论一样可以被视为一种神正论。事实上,正如人类学家马歇尔·萨林斯(Marshall Sahlins)所指出的那样,"经济学的起源乃是《创世记》的经济学"(the genesis of economics was the economics of Genesis)。奥古斯丁和路德将意志的束缚归咎于人的广泛欲望,在现代自由主义-资产阶级意识形态中,这些欲望成了人类自由的条件本身。① 经济史家们也注意到了作为经济学前提的堕落之后的人类状况。莱昂内尔·罗宾斯(Lionel Robbins)在对经济学主题的著名表述中指出:

> 我们已经被逐出伊甸园。我们既没有永生,也没有无限的满足手段。无论走到哪里,如果选择一个事物,就必须放弃在不同情况下我们并不希望放弃的其他事物。满足重要性各不相同的目的的手段不足,是人类行为的近乎普遍存在的状况。于是,这就是经济学主题的统一性,即人类行为在支配稀缺手段时所采取的形式。②

在经济学的母学科——道德哲学的历史中,我们也看到堕落

---

① Marshall Sahlins, 'The Sadness of Sweetness: The Native Anthropology of Western Cosmology', *Current Anthropology* 37 (1996), 395—428 (397f.). 感谢玛丽娜·布林格(Marina Bollinger)让我注意到了萨林斯的这句话。Cf. Albert O. Hirschman, *The Passions and the Interests* (Princeton, 1997), pp. 15f., and passim.

② Lionel Robbins, *An Essay on the Nature and Significance of Economic Science*, 2nd edn (London, 1952), p. 15, cited in Sahlins, 'Sadness of Sweetness', 397. Cf. Hill, 'Sin and Society', p. 118.

及其后果扮演了重要角色。在古典道德中,可以通过确认那些促进实现人的真正目的的行动来回答人应当做什么的问题。因此,认识人的真正目的或目的因是道德推理的核心。在把亚里士多德的观点与基督教的道德学说结合在一起的中世纪基督教表述中,虽然道德律令会符合神借着启示传达的命令,但通过诉诸人的最终目的,依然可以凭借理性独立地认识道德律令。然而,在宗教改革家们看来,堕落的理性无法辨别人类存在的目的因,因此无法作为行动的指南。阿拉斯戴尔·麦金太尔(Alasdair MacIntyre)指出,由新教徒和冉森派宣扬的这种关于理性败坏的新观念解释了18世纪道德哲学的惨败。这是因为,一方面,启蒙运动继承了一套必须为之提供理性辩护的道德准则,另一方面,它又继承了一种新近变得贫乏的理性,这种理性完全不足以构建一种连贯的道德哲学。① 当然,这假设了18世纪道德哲学的失败——这种假设也许非常合理,但不得不说,直觉主义学派代表着一种尝试,要通过将道德哲学建立在对人性考察的基础上来解决这个问题——因此,针对唯理论者关于正确理性的完善性及其有能力指明道德义务的乐观假设,通往道德的"实验"进路被认为提供了一种替代方案。

让我们更一般地转向哲学史。斯蒂芬·马尔霍尔(Stephen Mulhall)最近表明,堕落神话对晚期现代哲学也产生了重大影响。

---

① Alasdair MacIntyre, *After Virtue*, 2nd edn (Notre Dame, 1984), p. 53. 关于这个一般主题,特别参见 Mark Painter, *The Depravity of Wisdom: The Protestant Reformation and the Disengagement of Knowledge from Virtue in Modern Philosophy* (Aldershot, 1999).

马尔霍尔指出,尼采、海德格尔和维特根斯坦的思想都带有这种基督教教义的明显印记,他们"都认为人类永远需要救赎",并且相信"我们在结构和组成方面存在着缺陷"。这里无法对马尔霍尔的有趣论点进行详细分析,但他的以下结论肯定有可取之处:"构建一种真正超越基督教神学视域(西方文化就是在这种视域中发展起来的)的人的状况观念,将远比许多人认为的更具挑战性。"① 原罪假借先天攻击性的"科学"论点重新出现,为这一主张提供了某种支持。

本书注意到了重新聚焦于人的堕落状况对政治哲学领域的一些意义。关于最恰当的统治形式的争论常常取决于人类的原初状况,以及把人类限制于目前的堕落状态所需的条件。也许可以为堕落观念在现代政治制度发展中的重要性提出一般的论据——这些制度往往被认为来源于一种"启蒙的"人性观、将个人从宗教观念和宗教制度的压迫中解放出来,以及对理性力量日益增长的信仰。在这方面,已经有了一些关于霍布斯契约论的简要评论。有趣的是,冉森主义最近被认为在欧洲大陆确立现代政治制度方面发挥了重要作用。冉森派现在被认为有利于从法国驱逐耶稣会士,并且为反抗君主制提供了思想资源。威廉·多伊尔(William Doyle)指出,该群体最终导致了君主制的"去神圣化",正是这种"去神圣化"导致了法国大革命之前和之后的弑君罪。② 于是,法

---

① Stephen Mulhall, *Philosophical Myths of the Fall* (Princeton, 2005), pp. 118, 120f.

② Doyle, *Jansenism*, p. 4. Cf. D. K. van Kley, *The Religious Origins of the French Revolution: From Calvin to the Civil Constitution, 1560—1791* (New Haven, 1996); J. W. Merrick, *The Desacralization of the French Monarchy in the Eighteenth Century* (Baton Rouge, 1992).

国启蒙运动的起源故事正在被重写,其肇始者从启蒙哲学家转移到了那些最激烈地反对他们的受奥古斯丁思想启发的人。

所有这些都表明,如果本书中阐述的因素基本正确,那么就需要修改关于科学、启蒙运动与现代性之间联系的常见看法。现代实验科学的诞生并未伴随着对人类理性力量的新的认识,而是恰恰相反——意识到了理智的多重缺陷、人类的悲惨状况以及科学成就的有限范围。同样,只有重温古代的"世代"(saeculum)概念,那种认为科学与世俗化紧密相关的对现代性之起源的常见理解才能持续下去。对奥古斯丁来说,当前的时代——正在变老的世代(saeculum senescens)——应当被理解成道成肉身与基督再临之间的间隔。在这个精神觉醒的时代存在着某种张力,因为虽然神的拯救计划已经得到揭示,但历史尚未达到预定的顶点。① 这个时代所特有的人类建制有着明显的缺陷,但在所有人看来,这些建制有着已经被神认可的有限目的。因此,神学家约翰·米尔班克(John Milbank)将这个"世代"恰当地称为"堕落与末世之间的间隔,这时强制的正义、私有财产和受到损害的自然理性必须尽力应

---

① Augustine, *Two Books on Genesis against the Manichees* 1. 23. 40, *Augustine on Genesis*, tr. Ronald Teske, FaCh 84 (Washington DC, 1991), 86f. 对奥古斯丁观点的讨论,参见 R. A. Marcus, *Saeculum: History and Society in the Theology of Augustine* (London, 1970); Mark Vessey, Karla Pollmann, and Allan D. Fitzgerald (eds.), *History, Apocalypse, and the Secular Imagination: New Essays on Augustine's City of God* (Bowling Green, OH, 1999); Eric Voegelin, *History of Political Ideas I: Hellenism, Rome, and Early Christianity*, in *Collected Works of Eric Voegelin*, xix (Columbia, 1997), pp. 211f. 。《新约》中就已经有鲁道夫·布尔特曼(Rudolf Bultmann)所说的"不再"与"尚未"之间的张力。

对有罪人类的未得救赎的(unredeemed)结果"。① 对于科学在17世纪的许多拥护者来说,科学就是这样一种有缺陷的建制,激励它的是一种对亚当智慧的看法,认为这种智慧曾经存在,未来也将存在。然而现在,科学致力于产生一种权宜的知识,能够减轻人类状况的一些负担,以期在现世和来世拥有更美好的未来。

---

① John Milbank, *Theology and Social Theory: Beyond Secular Reason* (Oxford, 1990), p. 9.

参考书目

原始文献

Adams, Thomas, *Diseases of the Sovle: A Discovrse Divine, Moral, and Physical* (London, 1616).

The Divells banket described in sixe sermons (London, 1613).

Agrippa von Nettesheim, Cornelius, *Opera*, 2 vols. (Lyons, n. d.).

Of the Vanitie and Vncertainty of Artes and Sciences, tr. James Sanford (London, 1569).

Three Books of Occult Philosophy (London, 1651).

Ainsworth, Henry, *Annotations on the First Five Bookes of Moses* (London, 1639).

Althusius, Johannes, *Politica* (1614) abridged edn, ed. and tr. F. Carney (Indianapolis, 1995).

Andrewes, Lancelot, *Apospasmatia Sacra* (London, 1657).

Anon., *Anthropologie Abstracted: or the Idea of Humane Nature* (London, 1655).

Luthers Predecessors: or, an Answer to the question of the Papists: Where was your Church Before Luther (London, 1624).

Philiatros (London, 1615).

The Apocrypha and Pseudepigrapha of the Old Testament, ed. R. H. Charles, 2 vols. (Oxford, 1977).

Aristotle, *The Complete Works of Aristotle*, ed. J. Barnes, 2 vols. (Princeton, 1984).

Augustine, *Augustine on Genesis*, tr. Ronald Teske, FaCh 84 (Washington DC, 1991).
　City of God, tr. Marcus Dodd (New York, 1950).
　On the Trinity, tr. Stephen Mackenna, FaCh 45 (Washington DC, 1992).
　The Confessions, tr. H. Chadwick (Oxford, 1991).
　The Works of Augustine, ed. John E. Rottelle, 20 vols. (New York, 1997—2000).
Austen, Ralph, *A Treatise of Fruit Trees* (London, 1657).
Ayloffe, William, *The Government of the Passions According to the Rules of Reason and Religion* (London, 1700).
B., R. [R. Bostocke?], *The Difference between the Auncient Phisicke ... and the Latter Phisicke* (London, 1585).
Bacon, Francis, *De vijs mortis*, *Philosophical Studies*, c. 1611—c. 1619, ed. GrahamRees (Oxford, 1996).
　The Major Works, ed. Brian Vickers (Oxford, 2002).
　The Works of Francis Bacon, ed. James Spedding, Robert Ellis, and Douglas Heath, 14 vols. (London, 1857—74).
Bacon, Roger, *Fratris Rogeri Bacon De retardatione accidentium senectutis*, ed. A. Little and E. Withington (Oxford, 1928).
　Opus minus, in *Opera Fr. Baconis hactenus inedita*, ed. J. S. Brewer (London, 1859).
　The Opus Majus of Roger Bacon, tr. Robert Burke, 2 vols. (Whitefish, MT, 2002).
Baker, Thomas, *Reflections on Learning* (London, 1699).
Bamfield, Francis, *Miqra qadosh*, *The Holy Scripture* (London, 1684).
Barrough, Philip, *The Method of Phisicke* (London, 1583).
Barrow, Isaac, *The Usefulness of Mathematical Learning Explained and Demonstrated : being Mathematical Lectures read in the Publick Schools at the University of Cambridge*, tr. John Kirby (London, 1734).
Baxter, Richard, *The Judgment of Non-Conformists, of the Interest of Reason, in Matters of Religion* (London, 1676).
　Two Disputations on Original Sin (London, 1675).

Beck, Cave, *The Universal Character* (London, 1657).

Bellarmine, Robert, *De Gratia Primi Hominis* (Heidelberg, 1612).

Biggs, Noah, *Matæotechnia Medicinae Praxeos. The Vanity of the Craft of Physick* (London, 1651).

Blith, Walter, *The English Improver Improved* (London, 1652).

Boehme, Jakob, *The Second Booke. concerning The Three Principles of The Divine Essence* (London, 1648).

The Way to Christ [1622], ed. P. Erb, Classics of Western Spirituality (New York, 1978).

Bonaventure, St, *Collations on the Six Days*, in *The Works of Bonaventure*, tr. J. deVinck (Patterson, NJ, 1960—70), v, 291.

The Life of St Francis, in *Bonaventure: The Soul's Journey into God, The Tree of Life and The Life of St Francis*, tr. Ewert Cousins (London, 1978).

Bonde, William, *Pilgrymage of perfeccyon* (London, 1531).

Boyle, Robert, *The Excellency of Theology compar'd with Natural Philosophy* (London, 1674).

The Works of the Honourable Robert Boyle, ed. Thomas Birch, 6 vols. [1772] (Hildesheim, 1966).

Brett, Thomas, *A Chronological Essay on the Sacred History* (London, 1629).

Bright, Timothie, *A Discourse of Melancholie* (London, 1585).

Bromley, Thomas, *The Way to the sabbath of rest. Or, The souls progresse in the work of regeneration* (London, 1655).

Browne, Thomas, *Pseudodoxia Epidemica*, ed. Robin Robbins, 2 vols. (Oxford, 1981).

Works, ed. Geoffrey Keynes (London, 1928).

Brucker, Johann Jakob, *Historia critica philosophiae* (Leipzig, 1743).

Bucer, Martin, *Common Places of Martin Bucer*, tr. and ed. D. F. Wright (Appleford, 1972).

Buffon, Georges Louis Leclerc, Comte de, *Natural History, General and Particular*, tr. W. Smellie, 20 vols. (London, 1812).

Burches, George, *Mans Inbred Malady* (London, 1655).

Burgesse, Anthony, *The Doctrine of Original Sin* (London, 1658).

Burnet, Gilbert, *An Exposition of the XXXIX Articles of the Church of England* (London, 1699).

Burthogge, Richard, *Organum Vetus & Novum; Or, A Discourse of Reason and Truth* (London, 1678).

Burton, Robert, *The Anatomy of Melancholy*, ed. Thomas Faulker, Nicolas Kiesslingand Rhonda Blair, 3 vols. (Oxford, 1989).

Calvin, John, *Calvin's Commentaries*, 22 vols. (Grand Rapids, 1984).

    Institutes of the Christian Religion, tr. Henry Beveridge, 2 vols. (London, 1953).

    Institutes of the Christian Religion, ed. John McNeill, tr. F. Battles, 2 vols. (Philadelphia, 1960).

    Sermons on Psalm 119, tr. Thomas Stocker (London, 1580).

Cardano, Girolamo, *De rerum varietate* (Avignon, 1558).

Casaubon, Meric, *A Letter of Meric Casaubon, D. D. &c. to Peter du Moulin D. D., concerning Natural Experimental Philosophie* (Cambridge, 1669).

Cavendish, Margaret, *Further Observations upon Experimental Philosophy* (London, 1666).

Charleton, Walter, *The Darknes of Atheism Dispelled by the Light of Nature. A Physico-theological Treatise* (London, 1652).

Charron, Pierre, *De la Sagesse* (Paris, 1791).

    Of Wisdom (London, 1609).

    Of Wisdome (London, 1606).

Clarke, Samuel, *A Discourse concerning the Unchangeable Obligations of NaturalReligion* (London, 1706).

    Discourse upon Natural Reason, in L. A. Selby-Bigge (ed.), *British Moralists*, 2 vols. (Dover, 1965).

Coles, William, *Adam in Eden; or, Natures Paradise* (London, 1657).

Comenius, Jan Amos, *A Patterne of Universall Knowledge*, tr. Jeremy Collier (London, 1651).

    A Reformation of Schooles (London, 1642).

Naturall Philosophie Reformed by Divine Light;*or*,*A synopsis of Physics* (London,1651).

The Way of Light of Comenius,tr. E. Campagnac (London,1938).

Comes [Conti],Natalis,*Mythologiae sive explicationis fabularum libri decem*(Venice,1551).

Copernicus, Nicholas, *On the Revolutions*, ed. Jerzy Dobrzycki, tr. Edward Rosen(Baltimore,1978).

Cordemoy,Géraud de,*A Discourse written to a Learned Frier* (London, 1670).

Croll,Oswald,*Of Signatures* (London,1669).

Crooke, Helkiah, *MIKROKOSMOGRAFIA*;*A Description of the Body of Man*(London,1615).

Cudworth,Ralph,*A Treatise concerning Eternal and Immutable Morality* (London,1731).

The True Intellectual System of the Universe and A Treatise Concerning Eternaland Immutable Morality ed. John Harrison,3 vols. (London,1845).

Culpeper,Nicholas,*Complete Herbal* (Ware,1995).

Culpeper,Thomas,*Morall Discourses and Essayes* (London,1655).

Culverwell,Nathaniel,*An Elegant and Learned Discourse of the Light of Nature*(1652),ed. R. Greene and H. MacCallum (Indianapolis,2001).

d'Alembert,Jean Le Rond, and Denis Diderot (eds.),*Encyclopédie,ou Dictionnaire Raisonnédes Sciences,des Arts et des Métiers*, 35 vols. (Paris, 1751—72).

Dalgarno, George, *George Dalgarno on Universal Language*;*The Art of Signs* (1661),

the Deaf and Dumb Mans Tutor (1680),*and the Unpublished Papers*,ed. David Cram and Jaap Maat (Oxford,2001).

Daneau,Lambert,*A Dialogue of witches* (London,1575).

Ethices Christianae libri tres (Geneva,1577).

Isagoges Christianae pars quinta,*quae est de homine* (Geneva,1588).

The Wonderfull Woorkmanship of the World (London,1578).

Davenant, John, *Determinationes Quaestionum Quarundam Theologicarum*

(Cambridge, 1634).

Dell, William, *The Tryal of Spirits Both in Teachers & Hearers* (London, 1653).

della Porta, Giambattista, *Natural Magick* (London, 1658).

Descartes, René, *Œuvres de Descartes*, ed. Charles Adam and Paul Tannery, 13 vols. (Paris, 1897—1913).

The Passions of the Soul, ed. and tr. S. Voss (Indianapolis, 1989).

The Philosophical Writings of Descartes, tr. John Cottingham, Robert Stoothoff, Dugald Murdoch, and Anthony Kenny, 3 vols. (Cambridge, 1984—91).

Dimsdale, William, *The Quaker converted; or the experimental knowledg of Jesus Christ crucified, in opposition to the principles of the Quakers* (London, 1690).

Diodati, John, *Pious and Learned Annotations upon the Holy Bible*, 2nd edn (London, 1648).

Du Bartas, Guillaume de Salluste, *Du Bartas his Divine Weekes and Workes* (London, 1641).

Duns Scotus, John, *Opera omnia*, 12 vols. (Lyons, 1638).

Durent, Claude, *Thrésor de l'histoire des langues de cest univers* (Yverdon, 1619).

Edwards, John, *A Demonstration of the Existence and Providence of God* (London 1696).

Edwards, Jonathan, *The Works of Jonathan Edwards* (New Haven, 1957—).

Farley, Robert, 'June, or Mans Young Age', from *The Kalendar of Mans Life* (London, 1638).

Ferguson, Robert, *The Interest of Reason in Religion* (London, 1675).

Filmer, Robert, *Observations Concerning the Original of Government* (London, 1652).

Patriarcha; or the Natural Power of Kings (London, 1680), 2nd edn (London, 1685).

The Anarchy of a Limited or Mixed Monarchy, in *Filmer: Patriarcha*

and Other Writings, ed. J. P. Sommerville (Cambridge, 1991).
Fischer, Kuno, *Geschichte der neueren Philosophie*, 6 vols. (Mannheim, 1860).
Metaphysik oder Wissenschaftslehre (Stuttgart, 1852).
Fludd, Robert, *Mosaicall Philosophy Grounded upon the Essential Truth or Eternal Sapience* (London, 1659).
Robert Fludd: Essential Readings, ed. William Huffman (London, 1992).
Ford, John, *An Essay of Original Righteousness and Conveyed Sin* (n. p., 1657).
Fox, George, *The Journal of George Fox*, ed. John L. Nickalls, intro. Geoffrey F. Nuttall (Cambridge, 1957).
Gailhard, Jean, *The Compleat Gentleman: or Directions for the Education of Youth* (London, 1678).
Galilei, Galileo, *Dialogue concerning the Two Chief World Systems*, tr. Stillman Drake (New York, 2001).
Discoveries and Opinions of Galileo, tr. Stillman Drake (New York, 1957).
Gassendi, Pierre, *Opera Omnia*, 6 vols. (Lyons, 1658).
Three Discourses of Happiness, Virtue, and Liberty (London, 1699).
Gaule, John, *Sapientia Justificata* (London, 1657).
Gerard, John, *The Herbal or Generall Historie of Plantes* (London, 1636).
Gill, Alexander, *The Sacred Philosophy* (London, 1635).
Glanvill, Joseph, *Essays on Several Important Subjects in Philosophy and Religion* (London, 1676).
Plus Ultra: or the Progress and Advancement of Knowledge (London, 1668).
Scepsis Scientifica, or, Confest ignorance, the way to science (London, 1665).
The Author's Defence of the Vanity of Dogmatizing, in *Scepsis Scientifica* (London, 1665).
The Vanity of Dogmatizing. or, Confidence in opinions manifested in a discourse of the shortness and uncertainty of our knowledge, and its causes: with some reflexions on peripateticism, and an apology for philosophy (London, 1661).

Goodwin, Thomas, *The Vanity of Thoughts Discovered ; Together with Their Danger and Cure* (London, 1637).
The Works of Thomas Goodwin, D. D. , 12 vols. (Edinburgh, 1862).
Grew, Nehemiah, *Cosmologia Sacra ; or a Discourse of the Universe as it is the Creature and Kingdom of God* (London, 1701).
Hakewill, George, *An Apologie or Declaration of the Power and Providence of God in the Government of the World*, 3rd edn (Oxford, 1635).
Hale, Matthew, *The Primitive Origination of Mankind* (London, 1677).
Hall, Joseph, *Epistles*, 3 vols. (London, 1608—11).
The Works of Joseph Hall (London, 1634).
Hartcliffe, John, *A Treatise of the Moral and Intellectual Virtues, wherein Their Nature is Fully Explained, and their Usefulness Proved* (London, 1691).
Harvey, Gideon, *Archelogia Philosophica Nova, or New Principles of Philosophy* (London, 1663).
Heidegger, J. H. , *De historia sacra patriarchum*, 2 vols. (Amsterdam, 1667—71).
Hester, John, *The Pearle of Practice* (London, 1594).
Hobbes, Thomas, *The English Works of Thomas Hobbes of Malmesbury*, ed. William
Molesworth, 7 vols. (London, 1839—45).
Leviathan, ed. C. B. Macpherson (Harmondsworth, 1982).
Holland, Henry, *The Historie of Adam, or the foure-fold state of Man* (London, 1606).
Hooke, Robert, 'Some Observations, and Conjectures concerning Chinese Characters', *Philosophical Transactions of the Royal Society* xvi (1696), 63—78.
Micrographia (London, 1665).
The Present State of Natural Philosophy, in *The Posthumous Works of Robert Hooke*, ed. R. Waller (London, 1705).
Hume, David, *An Enquiry into the Principles of Morals*, ed. L. A. Selby-Bigge, 3rd edn revised by P. H. Nidditch (Oxford, 1975).

Hutchinson, John, *Moses's Principia* (London, 1724—7).

Jackson, Thomas, *A Treatise of the Originall of Unbeliefe* (London, 1625).

An Exact Collection of the Works of Doctor Jackson (London, 1654).

Jansen, Cornelius, *De la reformation de l'homme interieur* (Paris, 1642).

Jeanes, Henry, *The Second Part of the Mixture of Scholasticall Divinity* (Oxford, 1660).

Josephus, Flavius, *The Works of Josephus*, tr. William Whiston (Peabody, 1993).

Kepler, Johannes, *Harmony of the World*, tr. and introduced by E. J. Aiton, A. M. Duncan, and J. V. Field (Philadelphia, 1997).

Mysterium Cosmographicum [1621], tr. A. M. Duncan (Norwalk, CT, 1999).

Kircher, Athanasius, *Of the Various Voyages and Travels undertaken into China*, in Peter de Goyer and Jacob de Keyzer, *An Embassy from the east India Company of the United Provinces to the grand Tartar Cham Emperour of China* (London, 1669).

Oedipus aegyptiacus, 4 vols. (Rome, 1652—4).

L., J., *A small mite* (London, 1654).

Le Clerc, Jean, *Twelve Dissertations out of Monsieur Le Clerk's Genesis* (London, 1696).

Le Fevre de la Boderie, Gui, *La Galliade*, ed. F. Roudaut (Paris, 1993).

Le Grand, Antoine, *An Entire Body of Philosophy According to the Principles of the Famous Renate Des Cartes* (London, 1694).

Leibniz, G. W., *New Essays on Human Understanding*, ed. and tr. Peter Remnant and Jonathan Bennett (Cambridge, 1981).

Theodicy, tr. E. M. Huggard (La Salle, 1985).

Lemnius, Levinus, *An Herbal for the Bible*, tr. Thomas Newton (London, 1587).

Lightfoot, John, *The Works of the Learned & Reverend John Lightfoot D. D.*, 2 vols. (London, 1684).

Locke, John, *Essay concerning Human Understanding*, ed. A. C. Fraser, 2 vols. (NewYork, 1959).

Essays on the Law of Nature, ed. W. von Leyden (Oxford, 1954).

Of the Conduct of the Understanding, 5th edn, ed. Thomas Fowler (Oxford, 1901).

Some Thoughts Concerning Education, ed. John Yolton and Jean Yolton (Oxford, 1989).

Two Tracts, in *Political Essays*, ed. Mark Goldie (Cambridge, 1997).

Two Treatises of Government, 12th edn, ed. Peter Laslett (Cambridge, 1960).

Works, 10th edn, 10 vols. (London, 1801).

Lowde, James, *A Discourse concerning the Nature of Man* (London, 1694).

Luther, Martin, *A Commentarie vpon the Fiftene Psalmes* (London, 1577).

Luther's Works, ed. J. Pelikan and H. Lehman, 55 vols. (St Louis, 1955—75).

Sermons of Martin Luther, ed. and tr. John N. Lenker et al., 7 vols. (GrandRapids, 2000).

Table Talk, tr. William Hazlitt (Philadelphia, 1848).

The Letters of Martin Luther, tr. Margaret A. Currie (London, 1908).

Three Treatises (Philadelphia, 1970).

Works of Martin Luther, ed. H. E. Jacobs, 6 vols. (Philadelphia, 1915).

Mader, Joachim. J., *De bibliothecis atque archiviis* (Helmstedt, 1666).

Malebranche, Nicolas, *Œuvres de Malebranche*, ed. A. Robinet, 20 vols. (Paris, 1958—68).

The Search after Truth, ed. and tr. Thomas Lennon and Paul Olscamp (Cambridge, 1997).

Malvenda, Thomas, *De Paradiso* (Rome, 1605).

Mandeville, Bernard, *The Fable of the Bees; or Private Vices, Publick Benefits*, ed. F. B. Kayne, 2 vols. (Oxford, 1924).

Melanchthon, Philipp, *Chronicon Carionis* (Wittenberg, 1580).

Corpus Reformatorum Philippi Melanchthonis, ed. C. B. Bretschneider and H. E. Bindseil, 28 vols. (Halle, 1864).

Loci Communes [1543], tr. J. Preuss (St Louis, 1992).

Orations on Philosophy and Education, ed. Sachiko Kusukawa, tr. Christine F. Salazar (Cambridge, 1999).

Milton, John, *John Milton: The Major Works*, ed. S. Orgel and J. Goldberg (Oxford, 1991).

The Prose Works of John Milton, ed. J. A. St John and Charles Sumner (London, 1848—64).

Montaigne, Michel de, *Essays*, tr. Donald Frame (Stanford, 1965).

More, Henry, *A Collection of Several philosophical Writings of D. Henry More*, 2nd edn (London, 1662).

An Antidote against Atheisme (London, 1653).

Conjectura Cabbalistica. Or, a Conjectural Essay of Interpreting the Mind of Moses (London, 1653).

Observations upon Anthroposophia Theomagica and Anima Magica Abscondita (London, 1650).

Morton, Thomas, *A Treatise of the Threefold State of Man* (London, 1596).

Newton, Isaac, *Correspondence of Sir Isaac Newton*, ed. H. W. Turnbull, 7 vols. (Cambridge, 1961).

Isaac Newton's Papers and Letters on Natural Philosophy, ed. I. Bernard Cohenand Robert E. Schefield (Cambridge, MA, 1978).

Opticks: or, A Treatise of the Reflections, Refractions, Inflections & Colours of Light, based on the 4th edn, ed. I. Bernard Cohen et al. (New York, 1979).

The Optical Papers of Isaac Newton, vol. I: *The Optical Lectures 1670—1672*, ed. Alan Shapiro (Cambridge, 1984).

The Principia: Mathematical Principles of Natural Philosophy, tr. I. Bernard Cohenand Anne Whitman (Berkeley, 1999).

Nicole, Pierre, *Moral Essayes*, 3rd edn (London, 1696).

Paracelsus, *Die 9 Bücher der Natura Rerum*, in *Sämtliche Werke*, ed. K. Sudhoff and W. Matthiessen, 15 vols. (Munich, 1922—33).

Four Treatises of Theophrastus von Hohenheim called Paracelsus, tr. C. Lilian Tempkin et al. (Baltimore, 1941).

Paré, Ambroise, *The Workes of that Famous Chirurgion Ambrose Parey*, tr. ThomasJohnson (London, 1634).

Pareus, David, *A Commentary upon the Divine Revelation of the Apostle and*

EvangelistJohn (Amsterdam,1644).

Parker,Samuel,*A Free and Impartial Censure of the Platonick Philosophie* (Oxford,1666).

Pascal,Blaise,*L'Esprit Geometrique*, in *Œuvres complètes*, ed. J Chevalier (Paris,1954).

Œuvres Complètes,ed. Jean Mesnard,4 vols. (Paris,1964—92).

Pensées,tr. A. J. Krailsheimer (London,1966).

Patrick,Simon,*The Devout Christian* (London,1673).

Perkins,Wilkins,*A Golden Chaine*,or,*A Description of Theologie* (London,1592).

Perrone,Giovanni,*Praelectiones theologicae*,9 vols. (Rome,1835).

Pettus,John,*Volatiles for the History of Adam and Eve* (London,1674).

Philo of Alexandria,*The Works of Philo*,tr. C. D. Younge (Peabody,1992).

Plato,*Collected Dialogues*,ed. Edith Hamilton and Huntington Cairns (New York,1961).

Plattes,Gabriel,*Macaria* (London,1641).

Postellus,Gulielmus,*De originibus seu Hebraicae linguae* (Paris,1538).

Power,Henry,*Experimental Philosophy in Three Books* (London,1664).

Pufendorf, Samuel von, *The Divine Feudal Law* [1695], tr. Theophilus Dorrington(Indianapolis,2002).

The Political Writings of Samuel Pufendorf, ed. C. Carr, tr. M. Seidler (Oxford,1994).

Reimann,Jacob Friedrich,*Versuch einer Einleitung in die Historiam literariam antediluvianam*(Halle,1709).

Reynolds,Edward,*A Treatise of the Passions and Faculties of the Soul of Man*(London,1647).

Three Treatises (London,1631).

Rheticus,Georg,*G. J. Rheticus' Treatise on the Holy Scripture and the Motion of the Earth*,ed. and tr. Reijer Hooykaas (Amsterdam,1984).

Richard,Bernard,*Look beyond Luther* (London,1623).

Rogers, Thomas, *A Philosophicall Discourse*, *Entituled*, *The Anatomie of the Minde*(London,1576).

Salkeld, John, *A Treatise of Paradise* (London, 1617).

Salmon, William, *Clavis Alchymiae* (London, 1691).

Sanderson, Robert, *A Discourse concerning the Church* (London, 1688).

Saunders, Richard, *Saunders Physiognomie and Chiromancie, Metoposcopie*, 2nd edn(London, 1671).

Selden, John, *De Synedriis et praefectiurus juridicus veterum Ebraeorum* (Amsterdam, 1679).

Senault, Jean-François, *Man Becom Guilty, Or the Corruption of Nature by Sinne, according to St. Augustin's Sense* (London, 1650).

The Use of Passions (London, 1671).

Sepher Rezial Hemelach: The Book of the Angel Rezial, tr. Steve Savedow (Weiser, 2000).

Sergeant, John, *Non Ultra; or, A letter to a Learned Cartesian* (London, 1698).

Solid Philosophy Asserted, Against the fancies of the Ideists.... with Reflexions on Mr. Locke's Essay Concerning Human Understanding (London, 1697).

The Method to Science (London, 1696).

Simon, Richard, *A Critical History of the Old Testament* (London, 1682).

Smith, Adam, *The Theory of Moral Sentiments*, ed. D. D. Raphael and A. L. Macfie(Oxford, 1976).

Smith, John, *Select Discourses* (London, 1660).

South, Robert, *Sermons Preached upon Several Occasions* (Oxford, 1679).

Spinoza, Benedict, *The Collected Works of Spinoza*, ed. and tr. Edwin Curley (Princeton, 1985).

Sprat, Thomas, *History of the Royal Society of London* (London, 1667).

Stephens, Nathaniel, *Vindiciae Fundamenti* (London, 1658).

Stillingfleet, Edward, *Origines Sacrae* (London, 1702).

Stubbe, Henry, *Legends no Histories; or a Specimen of some Animadversions upon the History of the Royal Society ... together with the Plus Ultra reduced to a Non-Plus* (London, 1670).

Taylor, Jeremy, *Deus Justificatus. Two Discourses of Original Sin* (London,

1656).

The Whole Works of the Right Reverend Jeremy Taylor, ed. R. Heber, 15 vols. (London, 1822).

Thomas Aquinas, *Aristotle's De Anima and the Commentary of St. Thomas Aquinas*, tr. Kenelm Foster and Silvester Humphries (New Haven, 1965).

Summa contra gentiles, tr. English Dominican Fathers (New York, 1924).

Topsell, Edward, *The History of Four-Footed Beasts and Serpents* (London, 1658).

Traherne, Thomas, *Christian Ethics: Or Divine Morality* (London, 1675).

van Limborch, Philip, *A Complete System, or Body of Divinity ... founded on Scripture and Reason*, tr. William Jones, 2 vols. (London, 1713).

Vane, Henry, *Retired Mans Observations* (London, 1655).

Venning, Ralph, *Orthodox paradoxes, theological and experimental* (London, 1654).

Véron, François, *Keepe your text. Or a short discourse, wherein is sett downe a methodto instruct, how a Catholike (though but competently learned) may defend his fayth against the most learned protestant, that is, if so the protestant will tye himselfe to his owne principle and doctrine, in keeping himselfe to the text of the scripture* (Lancashire, 1616).

La méthode nouvelle, facile et solide de convaincre de nullité la religion prétendue reformée (Paris, 1615).

The Rule of the Catholic Faith (Paris, 1660).

Vockerodt, Gottfried, *Exercitationes academicae* (Gotha, 1704).

Voltaire [François-Marie Arouet], *Letters Concerning the English Nation*, ed. Nicholas Cronk (Oxford, 1999).

Œuvres complètes de Voltaire, ed. Louis Moland, 52 vols. (Paris, 1877—85).

Walker, Obadiah, *Of Education: Especially of Young Gentlemen* (Oxford, 1673).

Walkington, Thomas, *The Optick Glasse of Humors* (London, 1664).

Wallis, John, *Three Sermons concerning the sacred Trinity* (London, 1691).

Ward, Seth, *Vindiciae Academiarum* (Oxford, 1654).

Watts, Isaac, *Logick: Or, the Right Use of Reason in the Enquiry after*

Truth , with a Variety of Rules to guard against Error (London,1725).

Webb, John, *An Historical Essay , Endeavoring a Probability that the Language of the Empire of China is the Primitive Language* (London, 1669).

Webster, John, *Academiarum Examen , or the Examination of Academies* (London,1654).

    The Judgement Set , and the Books Opened . . . in Several Sermons (London, 1654).

    The Saints Guide , or , Christ the Rule , and Rule of Saints (London,1654).

Whichcote, Benjamin, *Moral and Religious Aphorisms* (London,1930).

    The Works of the Learned Benjamin Whichcote , D. D. , 4 vols. (Aberdeen,1751).

Whiston, William, *Astronomical Principles of Religion , natural and reveal'd* (London,1717).

Wilkins, John, *A Discourse concerning the Gift of Prayer* (London,1651).

    An Essay toward a Real Character and a Philosophical Language (London, 1684).

    Mathematicall Magick. or , The Wonders That may be performed by Mechanical Geometry (London,1648).

    Mercury , or , the Secret and Swift Messenger , in *Mathematical and Philosophical Works* , 2 vols. (London,1802).

Willis, Timothy, *The Search of Causes. Containing a Theosophicall Investigation of the Possibilitie of Transmutatorie Alchemie* (London,1616).

Witty, John, *An Essay towards a Vindication of the Vulgar History of the World* , 2vols. (London,1705).

Womock, Laurence, *The examination of Tilenus before the triers* (London, 1657).

Woodhouse, John, *A catalogue of sins highly useful to self-acquaintance , experimental prayer ; and above all to a suitable preparation , for a worthy partaking of the supper of the Lord* (London,1699).

Wotton, William, *Reflections upon Ancient and Modern Learning* (London, 1694).

Wright, Thomas, *The Passions of the Minde* (London, 1601).
Wylie, J. A., *History of the Scottish Nation*, 3 vols. (Edinburgh, 1886).
Younge, Richard, *An Experimental Index of the Heart* (London, 1658).
   No Wicked Man a Wise Man, True Wisdom described. The Excellency of Spiritual, Experimental and Saving Knowledge, above all Humane Wisdom and Learning (London, 1666).

研究文献

Achinstein, P., 'Newton's Corpuscular Query and Experimental Philosophy', in P. Bricker and R. I. G. Hughes (eds.), *Philosophical Perspectives on Newtonian Science* (Cambridge, MA, 1990), pp. 135—173.

Aertsen, Jan, 'Aquinas's Philosophy in its Historical Setting', in Norman Kretzmann and Eleonore Stump (eds.), *The Cambridge Companion to Aquinas* (Cambridge, 1993), pp. 12—37.

Allen, D. C., 'The Degeneration of Man and Renaissance Pessimism', *Studies in Philology* 35 (1938), 202—227.

Almond, Philip, *Adam and Eve in Seventeenth-Century Thought* (Cambridge, 1999).

Althaus, Paul, *The Ethics of Martin Luther*, tr. Robert Schultz (Philadelphia, 1972).
   Theology of Martin Luther, tr. R. Schultz (Philadelphia, 1966).

Anderson, L., 'The *Imago Dei* Theme in John Calvin and Bernard of Clairvaux', in W. H. Neusner (ed.), *Calvinus Sacrae Scripturae Professor* (Grand Rapids, 1994), pp. 180—197.

Anstey, Peter, 'Experimental versus Speculative Natural Philosophy', in Peter Anstey and John Schuster (eds.), *The Science of Nature in the Seventeenth Century* (Dordrecht, 2005), pp. 215—242.
   'Locke on Method in Natural Philosophy', in Peter Anstey (ed.), *The Philosophy of John Locke: New Perspectives* (London: Routledge, 2003), pp. 26—42.
   'Locke, Bacon and Natural History', *Early Science and Medicine* 7

(2002), 65—92.

'The Methodological Origins of Newton's Queries', *Studies in History and Philosophy of Science* 35a (2004), 247—269.

The Philosophy of Robert Boyle (London, 2000).

Ardrey, Robert, *African Genesis* (London, 1961).

Bammel, C. P., 'Adam in Origen', in Rowan Williams (ed.), *The Making of Orthodoxy: Essays in Honour of Henry Chadwick* (Cambridge, 1989), pp. 62—93.

Banner, W. A., 'Origen and the Tradition of Natural Law Concepts', *Dumbarton Oaks Papers* 8 (1954), 51—92.

Barker, Peter, 'Kepler's Epistemology', in Eckhard Kessler, Daniel Di Liscia and Charlotte Methuen (eds.), *Method and Order in the Renaissance Philosophy of Nature* (Aldershot, 1997), pp. 354—368.

'The Role of Religion in the Lutheran Response to Copernicus', in M. Osler(ed.), *Rethinking the Scientific Revolution* (Cambridge, 2000), pp. 59—88.

'Theological Foundations of Keplar's Astronomy', *Osiris* 16 (2001), 88—113.

Barker, Peter and Bernard R. Goldstein, 'Theological Foundations of Kepler's Astronomy', in John Hedley Brooke, Margaret J. Osler, and Jitse van der Meer (eds.), *Science in Theistic Contexts*, *Osiris*, 2nd series 17 (2001), 88—113.

'Realism and Instrumentalism in Sixteenth Century Astronomy: A Reappraisal', *Perspectives on Science* 6 (1998), 232—258.

Barnett, Stephen, 'Where Was Your Church Before Luther? English Claims for the Antiquity of Protestantism Examined', *Church History* 68 (1999), 14—42.

Battenhouse, Roy, 'The Doctrine of Man in Calvin and Renaissance Platonism', *JHI* 9 (1948), 447—471.

Bechler, Zev, 'Newton's 1672 Optical Controversies: A Study in the Grammar of Scientific Dissent', in E. Yahuda (ed.), *The Interaction between Science and Philosophy* (Atlantic Highlands, NJ, 1974), pp. 115—142.

Beck, L. J., *The Metaphysics of Descartes: A Study of the 'Meditations'* (Oxford, 1965).

Bell, David, *Wholly Animals: A Book of Beastly Tales* (Kalamazoo, 1992).

Ben-Chaim, Michael, 'The Discovery of Natural Goods: Newton's Vocation as an "Experimental Philosopher"', *BJHS* 34 (2001), 395—416.

Ben-David, J., *The Scientist's Role in Society: A Comparative Study* (Englewood Cliffs, NJ, 1971).

Bennett, Jim et al., *London's Leonardo: The Life and Works of Robert Hooke* (Oxford, 2003).

Bertrand, D. A., 'Adam prophète', in P. Maraval (ed.), *Figures de l'Ancien Testament chez les Pères*, Cahiers de Biblia patristica 2 (Strasbourg, 1989), pp. 61—81.

Bierma, L. D., 'Federal Theology in the Sixteenth Century: Two Traditions?', *Westminster Theological Journal* 45 (1983), 304—321.

Bierwaltes, W., 'Augustins Interpretation von Sapientia 11, 21,' *Revue des Études Augustiniennes* 15 (1969), 51—61.

Blackwell, C., 'Thales Philosophicus: The Beginning of Philosophy as a Discipline', in Donald R. Kelley (ed.), *History and the Disciplines: The Reclassification of Knowledge in Early Modern Europe* (Rochester, 1997), pp. 61—82.

Blackwell, Richard J., *Galileo, Bellarmine, and the Bible* (Notre Dame, 1991).

Blair, Ann, 'Humanist Methods in Natural Philosophy: The Commonplace Book', *JHI* 53 (1992), 541—551.

'Mosaic Physics and the Search for a Pious Natural Philosophy in the Late Renaissance', *Isis* 91 (2000), 32—58.

'Note Taking as an Art of Transmission', *Critical Inquiry* 31 (2003), 85—107.

Blumenberg, Hans, 'Augustins Anteil an der Geschichte des Begriffs der theoretischen Neugierde', *Revue des Etudes Augustiniennes* 7 (1961), 35—70.

'*Curiositas* und *veritas*: Zur Ideengeschichte von Augustin, Confessiones x

35',

Studia Patristica 6,Texte und Untersuchungen 81 (1962),294—302.

Boas,George,*Essays on Primitivism ,and Related Ideas* (Baltimore,1966).

Bobbio,Norberto, *Thomas Hobbes and the Natural Law Tradition*, tr. D. Gobetti(Chicago,1993).

Bonner,G. ,'Augustine and Pelagianism',*Augustinian Studies* 23 (1992), 33—52;24(1993),27—47.

Bono,James, *The Word of God and the Languages of Man* (Madison, 1995).

Boullaye, H. Pinard de la,*L'Etude Comparée des Religions* (Paris,1922).

Boyancé,P. ,'Etymologie et théologie chez Varron',*Revue des Etudes Latines* 53 (1975),99—115.

Boyle, M. O'Rourke, 'Gracious Laughter: Marsilio Ficino's Anthropology', *Renaissance Quarterly* 52 (1999),712—741.

Bray,Gerald,'Original Sin in Patristic Thought',*Churchman* 108 (1994), 1—37.

Brooke,John Hedley, *Science and Religion: Some Historical Perspectives* (Cambridge,1991).

Brookes,David,'The Idea of the Decay of the World in the Old Testament, the Apocrypha, and the Pseudepigrapha', in J. D. North and John Roche (eds.), *The Light of Nature* (Dordrecht,1985),pp. 383—404.

Brouwer,L. E. J. ,'Consciousness,Philosophy and Mathematics',in *Proceedings of the Tenth International Congress of Philosophy* (Amsterdam, 1949),ii,1235—1249.

Brown,Theodore,'The Rise of Baconianism in Seventeenth-Century England',in E. Hilfstein et al. (eds.), *Science and History: Studies in Honor of Edward Rosen* (Wrocl_aw,1978),pp. 510—522.

Brundell,Barry,*Pierre Gassendi: From Aristotelianism to a New Philosophy* (Dordrecht,1987).

Brunetière, Ferdinand, ' Jansenistes et Cartésiens ', *Etudes critiques sur l'histoire de le littérature française*,4 vols. (Paris,1904).

Buckle,Stephen,'British Sceptical Realism:A Fresh Look at the British Tradition', *European Journal of Philosophy* 7 (1999),1—29.

Burdach, Konrad, *Reformation, Renaissance, Humanismus* (Berlin,1918).

Burgess, Glenn, 'Filmer, Sir Robert (1588? —1653)', in Brian Harrison and Colin Matthew (eds.), *Oxford Dictionary of National Biography* (Oxford, 2004).

Burnett, Charles, 'Scientific Speculations', in Peter Dronke (ed.), *A History of Twelfth-Century Philosophy* (Cambridge,1992), pp. 151—176.

Burtt, E. A., *The Metaphysical Foundations of Modern Science* (Atlantic Highlands, NJ, 1952).

Butterfield, Herbert, *Christianity and History* (London,1949).

Carr, C. and M. Seidler, 'Pufendorf, Sociality and the Modern State', *History of Political Thought* 17 (1996),354—378.

Carraud, Vincent, 'Remarks on the Second Pascalian Anthropology: Thought as Alienation', *Journal of Religion* 85 (2004),539—555.

Carruthers, Mary, *The Book of Memory* (Cambridge,1992).

Casini, Paolo, 'Newton: The Classical Scholia', *History of Science* 23 (1984),1—58.

Cassirer, Ernst, *Das Erkenntnisproblem in der Philosophie und Wissenschaft der neueren Zeit*, 2 vols. (Berlin,1906—7).

Celenza, C. S., 'Pythagoras in the Renaissance: The Case of Marsilio Ficino', *Renaissance Quarterly* 52 (1999),667—711.

Chadwick, Henry, *Early Christian Thought and the Classical Tradition: Studies in Justin, Clement, and Origen* (New York,1966).

The Early Church (Harmondsworth,1993).

Chenu, Marie-Dominique, *Nature, Man and Society in the Twelfth Century* (Chicago,1968).

Clarke, Desmond, 'Descartes' Philosophy of Science', in John Cottingham (ed.), *The Cambridge Companion to Descartes* (Cambridge, 1992), pp. 258—285.

Descartes' Philosophy of Science (University Park,1982).

Clouse, R. G., 'Johann Heinrich Alsted and English Millenarianism', *Harvard Theological Review* 62 (1969),189—207.

Clucas, Stephen, 'In search of "The True Logick": Methodological Eclecticism among the "Baconian Reformers"', in Mark Greengrass, Leslie Taylor and Timothy Raylor (eds.), *Samuel Hartlib and the Universal Reformation* (Cambridge, 1994), pp. 51—74.

Cohen, I. Bernard, 'Isaac Newton's *Principia*, the Scriptures and the Divine Providence', in Sidney Morgenbesser et al. (eds.), *Philosophy, Science and Method* (New York, 1969), pp. 523—548.

The Newtonian Revolution (Cambridge, 1980).

Cohen, I. Bernard and George E. Smith (eds.), *The Cambridge Companion to Newton* (Cambridge, 2002).

Colman, John, *John Locke's Moral Philosophy* (Edinburgh, 1983).

Colpe, C., 'Von der Logoslehre des Philon zu der des Clemens von Alexandrien', in A. M. Ritter (ed.), *Kerygma und Logos* (Göttingen, 1979), pp. 68—88.

Costello, William T., *The Scholastic Curriculum at Early Seventeenth-Century Cambridge* (Cambridge, MA, 1958).

Cottingham, John, 'Doubtful Uses of Doubt: Cartesian Philosophy and the Historiography of Scepticism', in L. Catana (ed.), *Historiographies in Early Modern Philosophy and Science* (Dordrecht, forthcoming).

Coudert, Alison, *The Impact of the Kabbalah in the Seventeenth Century* (Leiden, 1999).

Cranston, M., *Locke: A Biography* (London, 1957).

Crombie, Alastair, *Robert Grosseteste and the Origins of Experimental Science 1100—1700* (Oxford, 1971).

Crowther-Heyck, Kathleen, 'Wonderful Secrets of Nature: Natural Knowledge and Religious Piety in Reformation Germany', *Isis* 94 (2003), 253—273.

Cunningham, Andrew, 'Getting the Game Right: Some Plain Words on the Identity and Invention of Science', *Studies in History and Philosophy of Science* 19 (1998), 365—389.

'How the *Principia* got its Name: Or, Taking Natural Philosophy Seriously', *History of Science* 28 (1991), 377—392.

Cunningham, Colin, *The Terracotta Designs of Alfred Waterhouse* (London, 2000).

Curry, Patrick, *Prophecy and Power: Astrology in Early Modern England* (Cambridge, 1989).

Dagens, Jean, *Bérulle et les origines de la restauration catholique* (Paris, 1952).

Dales, Richard, 'A Twelfth-Century Concept of Natural Order', *Viator* 9 (1978), 179—192.

Daston, Loraine, 'Curiosity in Early Modern Science', *Word & Image* 11 (1995), 391—404.

Dear, Peter, 'Method and the Study of Nature', in Daniel Garber and Michael Ayers (eds.), *The Cambridge History of Seventeenth-Century Philosophy* 2 vols. (Cambridge, 1998), i, 147—177.

'The Mathematical Principles of Natural Philosophy: Toward a Heuristic Narrativefor the Scientific Revolution', *Configurations* 6 (1998), 173—193.

Discipline and Experience: The Mathematical Way in the Scientific Revolution (Chicago, 1995).

Debus, A. G., *The English Paracelsians* (New York, 1965).

Delius, H.-U., *Augustin als Quelle Luthers. Eine Materialsammlung* (Berlin, 1984).

Delumeau, Jean, *Le Péché et la peur: La culpabilisation en Occident XIIIe—XVIIIe siècles* (Paris, 1983).

De Mott, Benjamin, 'Science versus Mnemonics: Notes on John Ray and on John Wilkins' *Essay towards a Real Character, and a Philosophical Language*', *Isis* 48(1957), 3—12.

'Comenius and the Real Character', *PMLA* 70 (1955), 1068—1081.

'The Sources and Development of John Wilkins' Philosophical Language', *Journal of English and Germanic Philology* 57 (1958), 1—13.

Denifle, H. and A. Chatelain, *Chartularium Universitatis Parisiensis*, 4 vols. (Paris, 1889—1897).

Dieter, Theodor, *Der junge Luther und Aristoteles. Eine historisch-systematische Untersuchung zum Verhältnis von Theologie und Philosophie* (Berlin, 2001).

Diggins, John Patrick, 'Arthur O. Lovejoy and the Challenge of Intellectual

History', *JHI* 67 (2006), 181—209.

Dillon, J., 'Philo Judaeus and the Cratylus', *Liverpool Classic Monthly* 3 (1978), 37—42.

Dilthey, Wilhelm, 'Die Funktion der Anthropologie in der Kultur des 16. und 17. Jahrhunderts', in *Weltanschauung und Analyse des Menschen seit Renaissance und Reformation. Wilhelm Diltheys Gesammelte Schriften* ii (Leipzig, 1914).

Dobbs, Betty Jo Teeter, *The Janus Faces of Genius: The Role of Alchemy in Newton's Thought* (Cambridge, 1991).

Dod, Bernard, 'Aristoteles Latinus', in Norman Kretzmann et al. (eds.), *The Cambridge History of Later Medieval Philosophy* (Cambridge, 1988), pp. 45—79.

Dooley, Brendan, *The Social History of Skepticism: Experience and Doubt in Early Modern Culture* (Baltimore, 1999).

Doyle, William, *Jansenism* (New York, 2000).

Dronke, Peter, *Women Writers of the Middle Ages* (Cambridge, 1984).

Du Vaucel, Louis-Paul, 'Observations sur la philosophie de Descartes', in E. J. Dijksterhuis (ed.), *Descartes et le Cartésianisme Hollandais* (Paris, 1950), pp. 113—130.

Duhem, Pierre, *To Save the Phenomena: An Essay on the Idea of Physical Theory from Plato to Galileo* [1908] (Chicago, 1969).

Dunn, John, *Political Thought of John Locke* (Cambridge, 1969).

Eastwood, B., 'Medieval Empiricism: the Case of Robert Grosseteste's *Optics*', *Speculum* 43 (1968), 306—321.

Ebeling, G., *Luther: An Introduction to his Thought* (London, 1970).

Edwards, Karen, *Milton and the Natural World: Science and Poetry in Paradise Lost* (Cambridge, 2000).

Egerton, Frank N., 'The Longevity of the Patriarchs', *JHI* 27 (1966), 575—584.

Elford, Dorothy, 'William of Conches', in Peter Dronke (ed.), *A History of Twelfth-Century Philosophy* (Cambridge, 1993), pp. 308—327.

Encyclopaedia Britannica, 3 vols. (Edinburgh, 1771).

Farington, B. , *Philosophy of Francis Bacon* (Liverpool, 1964).

Fatio, Oliver, *Méthode et théologie: Lambert Daneau et les débuts de la scolastique réformée* (Geneva, 1976).

Feinberg, John S. , 'Luther's Doctrine of Vocation: Some Problems of Interpretation and Application', *Fides et Historia* 12 (1979), 50—67.

Feingold, M. , 'Mathematicians and Naturalists: Sir Isaac Newton and the Royal Society', in J. Z. Buchwald and I. B. Cohen (eds.), *Isaac Newton's Natural Philosophy* (Cambridge, MA, 2001), pp. 77—102.

Floridi, L. , 'The Diffusion of Sextus Empiricus's Works in the Renaissance', *JHI* 56 (1995), 63—85.

'The Rediscovery of Ancient Scepticism in Modern Times', in M. Burnyeat (ed.), *The Skeptical Tradition* (Berkeley, 1983), pp. 225—251.

Sextus Empiricus: The Transmission and Recovery of Pyrrhonism (New York, 2002).

Floyd, Shawn, 'Achieving a Science of Sacred Doctrine', *Heythrop Journal* 47(2006), 1—15.

Force, James E. , 'Newton's God of Dominion: The Unity of Newton's Theological, Scientific and Political Thought', in Force and Popkin (eds.), *Essays on Newton's Theology*, pp. 75—102.

'The Nature of Newton's "Holy Alliance" between Science and Religion: From the Scientific Revolution to Newton (and Back Again)', in M. Osler (ed.), *Rethinking the Scientific Revolution* (Cambridge, 2000), pp. 247—270.

Force, James E. and Richard H. Popkin, *Essays on the Context, Nature, and Influence of Isaac Newton's Theology* (Dordrecht, 1990).

Foster, M. B. , 'The Christian Doctrine of Creation and the Rise of Modern Natural Science', *Mind* 43 (1934), 446—468.

Fouke, Daniel C. , 'Argument in Pascal's *Pensées*', *History of Philosophy Quarterly* 6(1989), 57—68.

Frank, Günter, 'Melanchthon and the Tradition of Neoplatonism', in Jürgen Helmand Annette Winkelmann (eds.), *Religious Confessions and the Sciences in the Sixteenth Century* (Leiden, 2001), pp. 3—18.

Die theologische Philosophie Philipp Melanchthons (1497—1560) (Leipzig, 1995).

Froelich, Karlfried, 'Luther on Vocation', *Lutheran Quarterly* 13 (1999), 195—207.

Funkenstein, Amos, *Theology and the Scientific Imagination* (Princeton, 1986).

Gabbey, Alan, 'Philosophia Cartesiana Triumphata: Henry More (1646—1671)' in T. Lennon, John Nicholas, and John Davis (eds.), *Problems of Cartesianism* (Kingston and Montreal, 1982).

Garin, Eugenio, *Giovanni Pico della Mirandola: Vita e dottrina* (Florence, 1937).

Garner, Barbara, 'Francis Bacon, Natalis Comes and the Mythological Tradition', *Journal of the Warburg and Courtauld Institutes* 33 (1970), 264—291.

Gaukroger, Stephen, *Descartes: An Intellectual Biography* (Oxford, 1995).
Descartes' System of Natural Philosophy (Cambridge, 2002).
Francis Bacon and the Transformation of Early Modern Natural Philosophy (Cambridge, 2001).

Gaukroger, Stephen (ed.), *The Soft Underbelly of Reason: The Passions in the Seventeenth Century* (London, 1998).

Gaukroger, Stephen, John Schuster, and John Sutton (eds.), *Descartes' Natural Philosophy* (London, 2000).

Geoffrey, David L. (ed.), *A Dictionary of Biblical Tradition in English Literature* (Grand Rapids, 1992).

Gilson, Etienne, 'The Future of Augustinian Metaphysics', in *A Monument to St. Augustine* (London, 1934).
History of Christian Philosophy in the Middle Ages (New York, 1955).
La Libertéchez Descartes et la théologie (Paris, 1913).

Gingerich, Owen, 'Truth in Science: Proof, Persuasion, and the Galileo Affair', *Science and Christian Belief* 16 (2004), 13—26.

Ginzberg, Louis, *The Legends of the Jews*, tr. Henrietta Szold, 7 vols. (Philadelphia, 1937—1966).

Glacken, Clarence, *Traces on the Rhodian Shore: Nature and Culture in Western Thought from Ancient Times to the End of the Eighteenth Century* (Berkeley, 1973).

Gough, J., *John Locke's Political Philosophy* (Oxford, 1950).

Gouhier, Henri, *La pensée métaphysique de Descartes* (Paris, 1962).

—— *La philosophie de Malebranche et son expérience religieuse* (Paris, 1978).

Grafton, Anthony, *Forgers and Critics* (Princeton, 1990).

Grant, Edward, 'The Condemnation of 1277, God's Absolute Power, and Physical Thought in the Late Middle Ages', *Viator* 10 (1979), 211—244.

—— 'The Effect of the Condemnation of 1277', in Norman Kretzmann et al. (eds.), *The Cambridge History of Later Medieval Philosophy* (Cambridge, 1988), pp. 537—539.

—— *Planets, Stars, and Orbs: The Medieval Cosmos, 1200—1687* (Cambridge, 1994).

Greengrass, Mark, Leslie Taylor, and Timothy Raylor (eds.), *Samuel Hartlib and the Universal Reformation: Studies in Intellectual Communication* (Cambridge, 1994).

Grendler, Paul (ed.), 'Education in the Renaissance and Reformation', *Renaissance Quarterly* 43 (1990), 774—824.

Grene, Donald, 'Augustinianism and Empiricism: A Note on Eighteenth-Century Intellectual History', *Eighteenth Century Studies* 1 (1967), 33—68.

Gross, Alan, 'On the Shoulders of Giants: Seventeenth-Century Optics as an Argumentative Field', in R. A. Harris (ed.), *Landmark Essays on Rhetoric of Science* (Marwah, NJ, 1997), pp. 19—38.

Gross, Daniel M., 'Melanchthon's Rhetoric and the Practical Origins of Reformation Human Science', *History of the Human Sciences* 13 (2000), 5—22.

Gross, Julius, *Entstehungsgeschichte des Erbsündendogmas: Von der Bibel bis Augustinus* (Munich, 1960).

Gruman, Gerald, *A History of Ideas about the Prolongation of Life* (Philadelphia, 1966).

Gschwandtner, Christina, 'Threads of Fallenness according to the Fathers of the First Four Centuries', *European Explorations in Christian Holiness*

2001,19—40.

Guerlac, Henry, 'Theological Voluntarism and Biological Analogies in Newton's Physical Thought', *JHI* 44 (1983),219—229.

Guillet, J., 'La "lumiere intellectuelle" d'après S. Thomas', *Archives d'histoire doctrinale et littéraire du moyen âge* 2 (1927),79—88.

Hadot, Pierre, *What is Ancient Philosophy?* (Cambridge, MA, 2002).

Hagen, Kenneth, 'A Critique of Wingren on Luther on Vocation', *Lutheran Quarterly* NS 3 (2002),249—273.

Håkansson, Håkan, *Seeing the Word: John Dee and Renaissance Occultism* (Lund, 2001).

Hall, Marie Boas, *Promoting Experimental Learning: Experiment and the Royal Society, 1660—1727* (Cambridge, 1991).

Robert Boyle on Natural Philosophy: An Essay with Selections from His Writings (Bloomington, 1966).

Hanby, Michael, *Augustine and Modernity* (London, 2003).

Hankins, James, 'Galileo, Ficino, and Renaissance Platonism', in Jill Kraye and M. W. F. Stone (eds.), *Humanism and Early Modern Philosophy* (London, 2000), pp. 209—237.

Plato in the Italian Renaissance, 2 vols. (Leiden, 1990),

'Plato's Psychogony in the Later Renaissance: Changing Attitudes to the Christianization of Pagan Philosophy', in Thomas Leinkauf and Carlos Steel (eds.), *Ancient and Medieval Philosophy*, vol. xxxii (Leuven, 2005), pp. 393—412.

The Study of the 'Timaeus' in Early Renaissance Italy, in A. Grafton and N. Siraisi (eds.), *Natural Particulars: Nature and the Disciplines in Renaissance Europe* (Cambridge, MA, 1999), pp. 77—119.

Hannaway, O., *The Chemists and the Word: The Didactic Origins of Chemistry* (Baltimore, 1975).

Harbison, E. Harris, 'The Idea of Utility in John Calvin', in E. Harris Harbison (ed.), *Christianity and History* (Princeton, 1964).

Harding, Susan, *Whose Science? Whose Knowledge? Thinking from Women's Lives* (Ithaca, 1991).

Harkness, Deborah, *John Dee's Conversations with Angels: Cabala, Alchemy, and the End of Nature* (Cambridge, 1999).

Harris, Ian, 'The Politics of Christianity', in G. A. J. Rogers (ed.), *Locke's Philosophy: Content and Context* (Oxford, 1996), pp. 197—216.

——— *The Mind of John Locke: A Study of Political Theory in its Intellectual Setting* (Cambridge, 1994).

Harris, Victor, *All Coherence Gone* (London, 1966).

Harrison, Peter, '"Priests of the Most High God, with respect to the Book of Nature": The Vocational Identity of the Early Modern Naturalist', in Angus Menuge (ed.), *Reading God's World* (St Louis, 2004), pp. 55—80.

——— '"The Book of Nature" and Early Modern Science', in K. van Berkel and Arjo Vanderjagt (eds.), *The Book of Nature in Early Modern and Modern History* (Leuven, 2006), pp. 1—26.

——— '"The Fashioned Image or Poetry or the Regular Instruction of Philosophy?": Truth, Utility, and the Natural Sciences in Early Modern England', in D. Burchill and J. Cummins (eds.), *Science, Literature, and Rhetoric in Early Modern England* (Aldershot, 2007), pp. 15—36.

——— 'Newtonian Science, Miracles, and the Laws of Nature', *JHI* 56 (1995), 531—553.

——— 'Physico-theology and the Mixed Sciences: Theology and Early Modern Natural Philosophy', in Peter Anstey and John Schuster (eds.), *The Science of Nature in the Seventeenth Century* (Dordrecht, 2005), pp. 165—183.

——— 'Reading the Passions: The Fall, the Passions, and Dominion over Nature', in S. Gaukroger (ed.), *The Soft Underbelly of Reason: The Passions in the Seventeenth Century* (London, 1998), pp. 49—78.

——— *'Religion' and the Religions in the English Enlightenment* (Cambridge, 1990).

——— 'Subduing the Earth: Genesis 1, Early Modern Science, and the Exploitation of Nature', *The Journal of Religion* 79 (1999), 86—109.

——— 'The Influence of Cartesian Cosmology in England', in Stephen Gaukroger, John Schuster, and John Sutton (eds.), *Descartes' Natural Philosophy* (London, 2000), pp. 168—92.

'The Natural Philosopher and the Virtues', in C. Condren, I. Hunter, and S. Gaukroger (eds.), *The Philosopher in Early Modern Europe: The Nature of a Contested Identity* (Cambridge, 2006), pp. 202—28.

'Voluntarism and Early Modern Science', *History of Science* 40 (2002), 63—89.

'Was Newton a Voluntarist?', in James E. Force and Sarah Hutton (eds.), *Newton and Newtonianism: New Studies* (Dordrecht, 2004), pp. 39—64.

The Bible, Protestantism and the Rise of Natural Science (Cambridge, 1998).

Hart, Ian, 'The Teaching of Luther and Calvin About Ordinary Work', *Evangelical Quarterly* 67 (1995), 35—52, 121—35.

Hatfield, Gary, 'The Senses and the Fleshless Eye: The Meditations as Cognitive Exercises', in Amélie Rorty (ed.), *Essays on Descartes' Meditations* (Berkeley, 1986), pp. 45—79.

Havens, Earle, *Commonplace Books* (New Haven, 2001).

Haycock, David, '"The long-lost truth": Sir Isaac Newton and the Newtonian Pursuit of Ancient Knowledge', *Studies in History and Philosophy of Science* 35(2004), 605—623.

'Living Forever in Early Modern England', *The Center and Clark Newsletter* 43(2004), 6—7.

'Projectors of Immortality: Living Forever in Early Modern Europe', forthcoming.

Heimann, Peter, 'Voluntarism and Immanence: Conceptions of Nature in Eighteenth-century Thought', *JHI* 39 (1978), 271—283.

Helm, Jürgen, 'Religion and Medicine: Anatomical Education at Wittenberg and Ingolstadt', in Jürgen Helm and Annette Winkelmann (eds.), *Religious Confessions and the Sciences in the Sixteenth Century* (Leiden, 2001), pp. 51—68.

Helm, Paul, 'John Calvin, the *Sensus Divinitatis* and the Noetic Effects of Sin', *International Journal for Philosophy of Religion* 43 (1998), 87—107.

Heniger, Jr., S., *Touches of Sweet Harmony: Pythagorean Cosmology and*

Renaissance Poetics (San Marino,1974).

Henry,John,'Henry More versus Robert Boyle',in Sarah Hutton (ed.), *Henry More (1614—1687):Tercentenary Essays* (Dordrecht,1990),pp. 55—76.

Knowledge is Power (London,2002).

Herve,J. M. ,*Manuale Theologiae Dogmaticae*,4 vols.(Westminster,MD, 1943).

Heyd, Michael, 'The New Experimental Philosophy: A Manifestation of Enthusiasm or an Antidote to it?',*Minerva* 25 (1987),423—440.

Hick,John,*Evil and the God of Love* (London,1985).

Hill,Chrisopher,*The Collected Essays of Christopher Hill*,3 vols. (Amherst, 1986).

Antichrist in Seventeenth Century England (London,1971).

The English Bible and the Seventeenth-Century Revolution (Ringwood, 1994).

The World Turned Upside Down (Ringwood,1975).

Hill,Lisa,'The Hidden Theology of Adam Smith',*European Journal of Economic Thought* 8 (2001),1—29.

Hirschman,Albert O. ,*The Passions and the Interests* (Princeton,1997).

Hodgen,Margaret,*Early Anthropology in the Sixteenth and Seventeenth Centuries*(Philadelphia,1964).

Hoekstra,Kinch,'Disarming the Prophets:Thomas Hobbes and Predictive Power',*Rivista di storia della filosofia* 1 (2004),97—153.

Hooykaas,Reijer,'Science and Reformation',*Journal of World History* 3 (1956),109—139.

Hotson, Howard, *Johann Heinrich Alsted 1588—1638: Between Renaissance,Reformation,and Universal Reform* (Oxford,2000).

Howell,Kenneth J. ,*God's Two Books:Copernical Cosmology and Biblical Interpretation in Early Modern Science* (Notre Dame,2002).

Huff,Toby,*The Rise of Early Modern Science:Islam,China and the West*, 2nd edn (Cambridge,2003).

Hunter,Ian,*Rival Enlightenments:Civil and Metaphysical Philosophy in*

Early Modern Germany (Cambridge,2001).
Hunter,Michael,Science and Society in Restoration England (Cambridge, 1981).
The Royal Society and Its Fellows 1660—1700 (London,1982).
Hunter,Michael and R. Lomas,The Invisible College (London,2002).
Hunter,Michael and P. Wood,'Towards Solomon's House:Rival Strategies for Reforming the Early Royal Society',in M. Hunter (ed.),Establishing the New Science: The Experience of the Early Royal Society (Woodbridge,1989),pp. 185—244.
Hutton,Sarah,'The Cambridge Platonists',in S. Nadler (ed.),A Companion to Early Modern Philosophy (Oxford,2002),pp. 308—319.
Iliffe,Rob,'"The Idols of the Temple":Isaac Newton and the Private Life of Anti-Idolatry',Ph. D. dissertation,University of Cambridge,1989.
'Abstract Considerations:Disciplines and the Incoherence of Newton's Natural Philosophy', Studies in History and Philosophy of Science 35a (2004),427—454.
'Butter for Parsnips:Authorship,Audience and the Incomprehensibility of the Principia',in M. Biagioli and P. Galison (eds.),Scientific Authorship:Creditand Intellectual Property in Science (London, 2003), pp. 33—65.
Inwood,Stephen, The Forgotten Genius: The Biography of Robert Hooke, 1635—1703(London,2004).
Israel,Jonathan,Radical Enlightenment (Oxford,2001).
The Dutch Republic: Its Rise,Greatness,and Fall 1477—1806 (Oxford, 1995).
Jacob, Margaret C. , The Newtonians and the English Revolution, 1689—1720 (Ithaca,1976).
James,Susan,Passion and Action:The Emotions in Seventeenth Century Philosophy(Oxford,1997).
Janowski, Zbigniew, Augustinian-Cartesian Index: Texts and Commentary (SouthBend,2004).
Cartesian Theodicy (Dordrecht,2000).

Jardine, Lisa, *The Curious Life of Robert Hooke: The Man who Measured London* (San Francisco, 2004).

Jardine, Lisa and Alan Stewart, *Hostage to Fortune: The Troubled Life of Francis Bacon* (New York, 1999).

Jardine, Nicholas, 'Keeping Order in the School of Padua', in Eckhard Kessler, Daniel Di Liscia and Charlotte Methuen (eds.), *Method and Order in the Renaissance Philosophy of Nature* (Aldershot, 1997), pp. 183—209.

The Birth of History and Philosophy of Science: Kepler's Defence of Tycho against Ursus *with Essays on its Provenance and Significance* (Cambridge, 1984).

Jedin, Hubert, *A History of the Council of Trent*, tr. Ernest Graf, 2 vols. (London, 1957—1961).

Jenkins, J., 'Aquinas on the Veracity of the Intellect', *The Journal of Philosophy* 88 (1991), 623—632.

Johns, Adrian, 'The Physiology of Reading', in Marina Frasca-Spada and Nick Jardine (eds.), *Books and the Sciences in History* (Cambridge, 2000), pp. 291—314.

Jolley, Nicholas, 'Intellect and Illumination in Malebranche', *Journal of the History of Philosophy* 32 (1994), 209—224.

Jones, Jan-Erik, 'Boyle, Classification, and the Workmanship of the Understanding Thesis', *Journal of the History of Philosophy* 43 (2005), 171—183.

Jones, Matthew, 'Descartes's Geometry as Spiritual Exercise', *Critical Inquiry* 28 (2001), 40—72.

Jordan, M., 'Augustinianism', in *The Routledge Encyclopedia of Philosophy*, ed. E. Craig, 10 vols. (London, 1998), i, 559—565.

Joy, Lynn, *Gassendi the Atomist* (Cambridge, 1987).

Kahn, Charles H., *The Art and Thought of Heraclitus* (Cambridge, 1979).

Kahn, Victoria, *Wayward Contracts: The Crisis of Political Obligation in England, 1640—1674* (Princeton, 2004).

Kassell, Lauren, 'Reading for the Philosopher's Stone', in Marina Frasca-Spada and Nick Jardine (eds.), *Books and the Sciences in History* (Cambridge, 2000), pp. 132—150.

Katz, David, *Philo-Semitism and the Readmission of the Jews to England 1603—1655* (Oxford, 1982).

Katz, J. and R. H. Weingartner (eds.), *Philosophy in the West*, tr. J. Wellmuth (New York, 1965).

Kearney, Hugh, *Scholars and Gentlemen: Universities and Society in Pre-Industrial Britain* (London, 1970).

Kelber, W., *Die Logoslehre von Heraklit bis Origines*, 2nd edn (Stuttgart, 1958).

Keller, Evelyn Fox, *Reflections on Gender and Science* (New Haven, 1985).

Klaaren, Eugene, *Religious Origins of Modern Science* (Grand Rapids, 1977).

Kleckley, Russell, 'Stealing Golden Vessels: Johannes Kepler on Worldly Knowledge and Christian Truth', Conference Paper, American Academy of Religion Annual Meeting, Denver, 17 November 2001.

Klein, J., *Francis Bacon oder die Modernisierung Englands* (Hildesheim, 1987).

Klinck, Dennis R., '*Vestigia Trinitatis* in Man and his Works in the English Renaissance', *JHI* 42 (1981), 13—27.

Kocher, P. H., 'Paracelsian Medicine in England: The First Thirty Years (ca. 1570—1600)', *Journal of the History of Medicine* 2 (1947), 451—480.

Kors, Alan, 'Skepticism and the Problem of Atheism in Early Modern France', in R. Popkin and A. Vanderjagt (eds.), *Scepticism and Irreligion in the Seventeenth and Eighteenth Centuries* (Leiden, 1993), pp. 185—215.

Koyré, Alexander, *Galileo Studies* (Hassocks, 1978).

Kraye, Jill (ed.), *Cambridge Translations of Renaissance Philosophical Texts*, 2 vols. (Cambridge, 1997).

Kretzmann, Norman, 'Infallibility, Error, Ignorance', *Canadian Journal of Philosophy*, supplementary vol. 17 (1992).

Kuhn, Albert, 'Glory or Gravity: Hutchinson vs. Newton', *JHI* 22 (1961), 303—322.

Kuiper, H. , *Calvin on Common Grace* (Grand Rapids, 1930).
Kusukawa, Sachiko, *The Transformation of Natural Philosophy: The Case of Philip Melanchthon* (Cambridge, 1995).
  '*Vinculum concordiae*: Lutheran Method by Philip Melanchthon', in Eckhard Kessler, Daniel Di Liscia and Charlotte Methuen (eds.), *Method and Order in the Renaissance Philosophy of Nature* (Aldershot, 1997), pp. 337—354.
Kuyper, Abraham, *Principles of Sacred Theology* (Grand Rapids, 1980).
La Bonnardière, A.-M. , *Biblia augustiniana. Le livre de la sagesse* (Paris, 1970).
Ladner, G. B. , 'Erneuerung', in *Reallexikon für Antike und Christentum*, ed. Ernst Dassmann, 18 vols. (Stuttgart, 1950—), 6, 246—247.
Laird, W. R. , *The Scientiae Mediae in Medieval Commentaries on Aristotle's Posterior Analytics* (Toronto, 1983).
Lamberigts, M. (ed.), *L'augustinisme à l'ancienne faculté de théologie de Louvain* (Leuven, 1994).
Landau, Iddo, 'Feminist Criticisms of Metaphors in Bacon's Philosophy of Science', *Philosophy* 73 (1998), 47—61.
Lange van Ravenswaay, J. M. , *Augustinus totus noster: das Augustinverständnis bei Johannes Calvin* (Göttingen, 1990).
Laporte, Jean, *Le coeur et la raison selon Pascal* (Paris, 1950).
  Le Rationalisme de Descartes (Paris, 1950).
Larmore, Charles, 'Scepticism', in Daniel Garber and Michael Ayers (eds.), *The Cambridge History of Seventeenth-Century Philosophy*, 2 vols. (Cambridge, 1998), ii, 1145—1192.
Leith, John (ed.), *Creeds of the Churches* (Louisville, 1982).
Lemmi, Charles W. , *The Classical Deities in Bacon: A Study of Mythological Symbolism* (Baltimore, 1930).
Lennon, Thomas M. , 'Jansenism and the *Crise Pyrrhonienne*', *JHI* 38 (1977), 297—306.
  'Malebranche and Method', in Steven Nadler (ed.), *Cambridge Companion to Malebranche*, pp. 8—30.

'The Cartesian Dialectic of Creation', in Daniel Garber and Michael Ayers (eds.), *The Cambridge History of Seventeenth-Century Philosophy*, 2 vols. (Cambridge, 1998), i, 331—362.

Leonard, John, 'Language and Knowledge in Paradise Lost', in Dennis Danielson (ed.), *The Cambridge Companion to Milton* (Cambridge, 1989), pp. 97—111.

Lesham, Ayval, *Newton on Mathematics and Spiritual Purity* (Dordrecht, 2003).

Lessay, Franck, 'Hobbes: une christologie politique?', *Rivista di storia della filosofia* 1 (2004), 51—72.

    'Hobbes's Protestantism', in Tom Sorell (ed.), *Leviathan after 350 Years* (Oxford, 2004), pp. 265—294.

Levi, A., *French Moralists: The Theory of the Passions, 1585—1649* (Oxford, 1964).

Levison, John, *Portraits of Adam in Early Judaism: From Sirach to 2 Baruch* (Sheffield, 1988).

Lewis, Rhodri, 'John Wilkins's *Essay* (1668) and the Context of Seventeenth-century Artificial Languages in England', D. Phil. dissertation, Oxford, 2003.

    Language, Mind, and Nature: Artificial Languages in England from Bacon to Locke (Cambridge, 2007).

Liébaert, Jacques, 'La Tradition Patristique jusqu'au Ve siècle', in *La Culpabilité fondamentale: Péché originel et anthroplogie moderne* (Lille, 1975), pp. 35—43.

Lindberg, David C., 'The Medieval Church Encounters the Classical Tradition', in David C. Lindberg and Ronald L. Numbers (eds.), *When Science and Christianity Meet* (Chicago, 2003), pp. 7—32.

    The Beginnings of Western Science (Chicago, 1992).

    Theories of Vision from Al-Kindi to Kepler (Chicago, 1976).

Little, David, *Religion, Order, and Law: A Study in Pre-Revolutionary England* (Oxford, 1970).

Loemker, L. E., 'Leibniz and the Herborn Encyclopaedists', *JHI* 22 (1961),

323—338.

Lohr, C. H., 'The Medieval Interpretation of Aristotle', in Norman Kretzmann et al. (eds.), *The Cambridge History of Later Medieval Philosophy* (Cambridge, 1988), pp. 80—98.

Lom, Petr, *The Limits of Doubt: The Moral and Political Implications of Skepticism* (Albany, NY, 2001).

Loofs, Friedrick, 'Pelagius und der pelagianische Streit', in *Realencyklopädie für protestantische Theologie und Kirche*, ed. Albert Hauck, 3rd edn, 22 vols. (Leipzig, 1896—1908), xv, 747—774.

Lorenz, Konrad, *On Aggression* (London, 1966).

Losonsky, Michael, 'Locke on Meaning and Signification', in G. A. J. Rogers (ed.), *Locke's Philosophy: Content and Context* (Oxford, 1996), pp. 123—142.

Maat, Jaap, *Philosophical Languages in the Seventeenth Century: Dalgarno, Wilkins, Leibniz* (Dordrecht, 2004).

McCasland, S. V., '"The Image of God" according to Paul', *Journal of Biblical Literature* 69 (1950), 363—365.

MacCulloch, Diarmaid, *The Reformation* (New York, 2003).

McEvoy, James, *The Philosophy of Robert Grosseteste* (Oxford, 1982).

McGuire, J. E., 'Boyle's Conception of Nature', *JHI* 33 (1972), 523—542.

'Newton's "Principles of Philosophy": An Intended Preface for the 1704 Opticks and a Related Draft Fragment', *BJHS* 5 (1970), 178—186.

McGuire J. E. and P. M. Rattansi, 'Newton and the "Pipes of Pan"', *Notes and Records of the Royal Society* 21 (1966), 108—143.

McInerny, Ralph, 'Ethics', in Norman Kretzmann and Eleonore Stump (eds.), *The Cambridge Companion to Aquinas* (Cambridge, 1993), pp. 196—216.

MacIntyre, Alasdair, *After Virtue*, 2nd edn (Notre Dame, 1984).

McMullin, Ernan, 'Conceptions of Science in the Scientific Revolution', in David Lindberg and Robert Westman (eds.), *Reappraisals of the Scientific Revolution* (Cambridge, 1990), pp. 27—92.

Maia Neto, José R., 'Academic Skepticism in Early Modern Philosophy',

JHI 58(1997),199—220.

The Christianization of Pyrrhonism: Scepticism and Faith in Pascal, Kierkegaard,and Shestov (Dordrecht,1995).

Malamud,Martha,'Writing Original Sin',*Journal of Early Christian Studies* 10 (2002),329—360.

Malcolm,Noel,*Aspects of Hobbes* (Oxford,2004).

Malet,Antoni,'Isaac Barrow on the Mathematization of Nature:Theological Voluntarism and the Rise of Geometrical Optics',*JHI* 58 (1997),265—287.

Mamiani,M. ,'The Rhetoric of Certainty:Newton's Method in Science and in the Interpretation of the Apocalypse',in M. Pera and W. R. Shea (eds.), *Persuading Science* (Canton,OH,1991),pp. 157—172.

Mandelbrote,Scott,'"A Duty of the Greatest Moment":Isaac Newton and the Writing of Biblical Criticism',*BJHS* 26 (1993),281—302.

'Représentations bibliques et édéniques du jardin à l'âge classique',*XVIIe siècle* 52 (2000),645—654.

Manuel,Frank,*The Religion of Isaac Newton* (Oxford,1974).

Manzo,Silvia,'Holy Writ,Mythology,and the Foundations of Bacon's Principle of the Constancy of Matter',*Early Science and Medicine* 4 (1999),115—125.

Marcus,R. A. ,*Saeculum:History and Society in the Theology of Augustine* (London,1970).

'Augustine,Reason,and Illumination',in A. H. Armstrong (ed.),*The Cambridge History of Later Greek and Early Medieval Philosophy* (Cambridge,1967),pp. 362—373.

Marrone,Steven P. ,*William of Auvergne and Robert Grosseteste* (Princeton,1983).

The Light of Thy Countenance:Science and Knowledge of God in the Thirteenth Century (Leiden,2001).

Marshall,John,'John Locke and Latitudinarianism',in R. Kroll,R. Ashcraft, and P. Zagorin (eds.),*Philosophy, Science and Religion in England 1640—1700*(Cambridge,1992),pp. 253—282.

John Locke:Resistance,Religion and Responsibility (Cambridge,1994).

Martinich,A. P. ,*The Two Gods of Leviathan:Thomas Hobbes on Religion and Politics*(Cambridge,1992).

Matthews,G. B. ,'Post-medieval Augustinianism', in Eleonore Stump and Norman Kretzmann (eds.), *The Cambridge Companion to Augustine* (Cambridge,2001),pp. 267—279.

Thought's Ego in Augustine and Descartes (Ithaca,1992).

Matthews, Steven, 'Apocalypse and Experiment:The Theological Assumptions and Motivations of Francis Bacon's Instauration',Ph. D. dissertation, University of Florida,2004.

Maurer,Armand,*Faith,Reason,and Theology* (Toronto,1987).

Menn,Stephen,*Descartes and Augustine* (Cambridge,1998).

Merchant,Caroline,*The Death of Nature* (San Francisco,1980).

Merrick,J. W. , *The Desacralisation of the French Monarchy in the Eighteenth Century*(Baton Rouge,1992).

Merton,Robert K. ,*Science,Technology,and Society in Seventeenth-Century England*(New York,1970).

Mesnard,Pierre,'L'Arbre de la sagesse',*Descartes,Cahiers de Royaumont*, Philosophie ii (Paris,1957),346—359.

Methuen,Charlotte,'*Lex Naturae* and *Ordo Naturae* in the Thought of Philip Melanchthon',*Reformation and Renaissance Review* 3 (2000),110—125.

Kepler's Tübingen (Aldershot,1998).

Micklem, Nathaniel, *Reason and Revelation:A Question from Duns Scotus* (Edinburgh,1953).

Mikkeli,Heiki,*An Aristotelian Response to Renaissance Humanism:Jacopo Zabarella on the Nature of the Arts and Sciences* (Helsinki,1992).

Milbank,John,*Theology and Social Theory:Beyond Secular Reason* (Oxford,1990).

Milner,Benjamin,'Francis Bacon:The Theological Foundations of *Valerius Terminus*',*JHI* 58 (1997),245—264.

Milton,J. R. ,'Locke's Life and Times',in Vere Chappell (ed.) *The Cam-*

bridge Companion to Locke (Cambridge,1994),pp. 5—25.

Montagu,M. F. Ashley,'The New Litany of "Innate Depravity",or Original Sin Revisited',in A Montagu (ed.),*Man and Aggression*,2nd edn (New York,1973),pp. 3—18.

Montgomery,John W. ,'Cross,Constellation and Crucible:Lutheran Astrology and Alchemy in the Age of the Reformation',*Ambix* 11 (1963),65—86.

Morgan,John,*Godly Learning : Puritan Attitudes towards Reason, Learning,and Education,1560—1640* (Cambridge,1988).

Moriarty,Michael,*Early Modern French Thought* (Oxford,2003).

Morphos,Panos,*The Dialogues of Guy de Bruès* (Baltimore,1953).

Mulhall,Stephen,*Philosophical Myths of the Fall* (Princeton,2005).

Mulsow,Martin,'Ambiguities of the *Prisca Sapientia* in Late Renaissance Humanism',*JHI* 65 (2004),1—13.

Murdoch,Brian,'*Drohtin uuerthe so*! Zur Funktionsweise der althochdeutschen Zaubersprüche',*Jahrbuch der Görres-Gesellschaft* ns 32 (1991),11—37.

Nadler,Steven,*Arnauld and the Cartesian Philosophy of Ideas* (Princeton,1989).

Nadler,Steven (ed.),*The Cambridge Companion to Malebranche* (Cambridge,2000).

Nauert Jr. , G. , 'Magic and Scepticism in Agrippa's Thought',*JHI* 18 (1957),161—182.

Agrippa and the Crisis of Renaissance Thought (Urbana,1965).

Nederman,Cary J. , 'Nature,Sin,and the Origins of Society:The Ciceronian Tradition in Medieval Political Thought',*JHI* 49 (1988),3—26.

Nicolson,Marjorie,'The Early Stage of Cartesianism in England',*Studies in Philology* 26 (1929),356—374.

Nuovo,Victor (ed.),*John Locke:Writings on Religion* (Oxford,2002).

Nutton,Vivian, 'Wittenberg Anatomy',in Ole Grell and Andrew Cunningham (eds.),*Medicine and the Reformation* (Cambridge,1995).

O'Connell,R. J. ,'The Plotinian Fall of the Soul in St. Augustine',*Traditio*

19(1963),1—35.

Augustine's Early Theory of Man (Cambridge,MA,1968).

O'Malley,John, *Trent and All That: Renaming Catholicism in the Early Modern Era* (Cambridge,MA,2000).

Oakley,Francis,'Christian Theology and the Newtonian Science: The Rise of the Concept of Laws of Nature',*Church History* 30 (1961),433—457.

Oliver,Simon,*Philosophy,God and Motion* (London,2005).

Orcibal,Jean,*Les origines du Jansénisme II: Jean Duvergier de Haruanne, Abbéde Saint-Cyran,et son temps (1581—1638)* (Paris,1947).

La Spiritualité de Saint-Cyran avec ses écrits de piété inédits (Paris,1962).

Osler,Margaret,'Divine Will and Mathematical Truths: Gassendi and Descarteson the Status of Eternal Truths',in R. Ariew and M. Grene (eds.),*Descartes and his Contemporaries* (Chicago,1995),pp. 145—158.

'Fortune, Fate, and Divination: Gassendi's Voluntarist Theology and the Baptism of Epicureanism',in Margaret Osler (ed.),*Atoms, Pneuma, and Tranquillity: Epicurean and Stoic Themes in European Thought* (Cambridge,1991).

'The Intellectual Sources of Robert Boyle's Philosophy of Nature',in Richard Ashcroft,Richard Kroll,and Perez Zagorin (eds.),*Philosophy, Science, and Religion, 1640—1700* (Cambridge,1991).

Divine Will and the Mechanical Philosophy: Gassendi and Descartes on Contingency and Necessity in the Created World (Cambridge,1994).

Otten,T.,*After Innocence: Visions of the Fall in Modern Literature* (Pittsburgh,1982).

Owens,Joseph,'Faith,Ideas,Illumination and Experience',in Norman Kretzmann et al. (eds.),*The Cambridge History of Later Medieval Philosophy* (Cambridge,1988),pp. 440—459.

Paganini,Gianni (ed.),*The Return of Scepticism from Hobbes and Descartes to Bayle* (Dordrecht,2003).

Painter,Mark,*The Depravity of Wisdom: The Protestant Reformation and the Disengagement of Knowledge from Virtue in Modern Philosophy* (Aldershot,1999).

Papageorgiou, P., 'Chrysostom and Augustine on the Sin of Adam and its Consequences', *St Vladimir's Theological Quarterly* 39 (1995), 361—378.

Park, Katherine and Eckhard Gessler, 'The Concept of Psychology', in Charles Schmitt et al. (eds.), *The Cambridge History of Renaissance Philosophy* (Cambridge, 1988), pp. 455—463.

Parker, Kim, *The Biblical Politics of John Locke* (Waterloo, Ontario, 2004).

Pasnau, Robert, 'Henry of Ghent and the Twilight of Divine Illumination', *Review of Metaphysics* 49 (1995), 49—75.

Pelikan, Jaroslav, *The Emergence of the Catholic Tradition (100—600)* (Chicago, 1971).

Penaskovic, R., 'The Fall of the Soul in Saint Augustine: A *Quaestio Disputata*', *Augustinian Studies* 17 (1986), 135—145.

Pérez-Ramos, Antonio, 'Bacon's Legacy', in Markku Peltonen (ed.), *The Cambridge Companion to Bacon* (Cambridge, 1996), pp. 311—334.

Pesic, Peter, 'Wrestling with Proteus: Francis Bacon and the "Torture" of Nature', *Isis* 90 (1999), 81—94.

Petersen, Sarah, 'The Fall and Misogyny in Justin and Clement of Alexandria', in D. Foster and P. Mozjes (eds.), *Society and Original Sin* (New York, 1985), pp. 37—51.

Pinker, Steven, *The Blank Slate: The Modern Denial of Human Nature* (London, 2002).

Pitkin, Barbara, 'The Protestant Zeno: Calvin and the Development of Melanchthon's Anthropology', *Journal of Religion* 84 (2004), 345—378.

Pollmann, K. and M. Vessey (eds.), *Augustine and the Disciplines: From Cassiciacum to Confessions* (Oxford, 2005)

Poole, William, *Milton and the Idea of the Fall* (Cambridge, 2005).

'The Divine and the Grammarian: Theological Disputes in the 17th-Century Universal Language Movement', *Historiographia Linguistica* 30 (2003), 273—300.

Popkin, Richard H., 'Magic and Radical Reformation in Agrippa of Nettesheim', *Journal of the Warburg and Courtauld Institutes* 39 (1976),

69—103.

'Scepticism and Modernity' in T. Sorell (ed.), *The Rise of Modern Philosophy: The Tension between the New and Traditional Philosophies from Machiavelli to Leibniz* (Oxford, 1993), pp. 15—32.

'Theories of Knowledge', in Charles Schmitt et al. (eds.), *The Cambridge History of Renaissance Philosophy* (Cambridge, 1988), pp. 668—684.

The History of Scepticism from Erasmus to Descartes (Assen, 1960).

The History of Scepticism from Erasmus to Spinoza (Berkeley, 1979).

The History of Scepticism from Savonarola to Bayle (Oxford, 2003).

Popkin, Richard H. and José Maia Neto (eds.), *Skepticism in Renaissance and Post-Renaissance Thought: New Interpretations* (Amherst, NY, 2003).

Popkin, Richard H. and Arjo Vanderjagt (eds.), *Scepticism and Irreligion in the Seventeenth and Eighteenth Centuries* (Leiden, 1993).

Post, G., 'The Naturalness of Society and State', in G. Post (ed.), *Studies in Medieval Legal Thought* (Princeton, 1964), pp. 494—561.

Preston, Claire, *Thomas Browne and the Writing of Early Modern Science* (Cambridge, 2005).

Pugliese, Patri, 'Robert Hooke (1635—1703)', in Brian Harrison and Colin Matthew (eds.), *Oxford Dictionary of National Biography* (Oxford, 2004).

Quinn, J. F., *The Historical Constitution of St. Bonaventure's Philosophy* (Toronto, 1973).

Rattansi, P. M., 'Voltaire and the Enlightenment Image of Newton', in H. Lloyd-Jones (ed.), *History and Imagination* (London, 1981), pp. 218—231.

Ratzsch, Del, 'Abraham Kuyper's Philosophy of Science', *Calvin Theological Journal* 27 (1992), 277—303.

Redondi, Pietro, 'From Galileo to Augustine', in Peter Machamer (ed.), *The Cambridge Companion to Galileo* (Cambridge, 1998), pp. 175—210.

Redpath, Peter, *Masquerade of the Dream Walkers: Prophetic Theology from the Cartesians to Hegel* (Amsterdam, 1998).

Reuchlin, Johannes, *On the Art of the Kabbalah*, tr. Martin and Sarah Goodman (Lincoln, NE, 1993).

Ricoeur, Paul, *The Symbolism of Evil* (Boston, 1967).

Ritschl, Albrecht, *Die christliche Lehre von der Rechtfertigung und Versöhnung*, 3 vols. (Bonn, 1882—1883).

Ritter, Gerhard, 'Ein historisches Urbild zu Goethes Faust (Agrippa von Nettesheym)', *Preussische Jahrbücher* 161 (1910), 300—305.

Robbins, Lionel, *An Essay on the Nature and Significance of Economic Science*, 2nd edn (London, 1952).

Roberts, Jon H. and James Turner, *The Sacred and the Secular University* (Princeton, 2000).

Roberts, Michael, *Poetry and the Cult of the Martyrs : The Liber Peristephanon of Prudentius* (Ann Arbor, 1993).

Rodis Lewis, Geneviève, 'Augustinisme et Cartésianisme à Port-Royale', in E. J. Dijksterhuis (ed.), *Descartes et le Cartésianisme Hollandais* (Paris, 1950), pp. 131—182.

Rogers, G. A. J., 'Descartes and the English', in J. D. North and J. J. Roche (eds.), *The Light of Nature* (Dordrecht, 1985), pp. 281—301.

Rogers, G. A. J. (ed.), *Locke's Philosophy : Content and Context* (Oxford, 1996).

Rondet, Henri, 'Le péché originel dans la tradition : Tertullien, Clément, Origène', *Bulletin de Littérature Ecclésiastique* 67 (1966), 115—148.

Original Sin : The Patristic and Theological Background, tr. C. Finegan (New York, 1972).

Rorty, Amélie, 'The Structure of Descartes' *Meditations*', in Amélie Rorty, *Essays on Descartes' Meditations* (Berkeley, 1986).

Rorty, Richard, *Philosophy and the Mirror of Nature* (Princeton, 1980).

Rossi, Paolo, *Francis Bacon : From Magic to Science* (Chicago, 1968).

Logic and the Art of Memory, tr. Stephen Clucas (London, 2000).

Philosophy, Technology and the Arts in the Early Modern Era (New York, 1970).

Rubidge, Bradley, 'Descartes's *Meditations* and Devotional Meditations', *JHI*

51(1990),27—49.

Russier, Jeanne, *La Foi selon Pascal*, 2 vols. (Paris, 1949).

Sahlins, Marshall, 'The Sadness of Sweetness: The Native Anthropology of Western Cosmology', *Current Anthropology* 37 (1996), 395—428.

Salisbury, Joyce, *The Beast Within: Animals in the Middle Ages* (London, 1994).

Salmon, Vivian (ed.), *The Works of Francis Lodwick: A Study of His Writings in the Intellectual Context of the Seventeenth Century* (London, 1972).

Saveson, J., 'Differing Reactions to Descartes among the Cambridge Platonists', *JHI* 21 (1960), 560—567.

Scattola, Merio, 'Before and After Natural Law: Models of Natural Law in Ancient and Modern Times', in Tim Hochstrasser (ed.), *Early Modern Natural Law Theories: Context and Strategies in the Early Enlightenment* (Dordrecht, 2003), pp. 1—30.

Schaff, Philip (ed.), *Creeds of Christendom*, 4th edn, 3 vols. (New York, 1919).

Schmaltz, Tad, 'Malebranche on Ideas and the Vision in God', in Steven Nadler (ed.), *The Cambridge Companion to Malebranche* (Cambridge, 2000), pp. 58—86.

Schmidt-Biggemann, Wilhelm, 'Christian Kabbala', in Alison Coudert (ed.), *The Language of Adam / Die Sprache Adams* (Wiesbaden, 1999), pp. 81—121.

Schmitt, Charles, *Cicero Scepticus: A Study of the Influence of the 'Academica' in the Renaissance* (The Hague, 1972).

  'Perennial Philosophy: From Agostino Steuco to Leibniz', *JHI* 27 (1966), 505—532.

  'The Rediscovery of Ancient Skepticism in Modern Times', in M. Burnyeat (ed.), *The Skeptical Tradition* (Berkeley, 1983), pp. 225—251.

Schochet, G., *Patriarchalism in Political Thought: The Authoritarian Family and Political Speculation and Attitudes Especially in Seventeenth-Century England* (Oxford, 1975).

Schouls, Peter, *Reasoned Freedom: John Locke and Enlightenment* (Ithaca, 1992).

Schrecker, P. and A. M. (eds.), *Leibniz: Monadology and Other Philosophical Essays* (Indianapolis, 1965).

Schürer, E., *The History of the Jewish People in the Age of Jesus Christ*, tr. G. Vermes et al. (Edinburgh, 1986).

Scriba, C. J., 'The Autobiography of John Wallis', *Notes and Records of the Royal Society* 25 (1970), 17—46.

Sedgwick, Alexander, *Jansenism in Seventeenth-Century France: Voices from the Wilderness* (Charlottesville, 1977).

Sepper, Dennis, 'The Texture of Thought: Why Descartes' *Meditationes* is Meditational, and Why it Matters', in Stephen Gaukroger, John Schuster, and John Sutton (eds.), *Descartes' Natural Philosophy* (London, 2000), pp. 736—750.

Serjeantson, Richard (ed.), *Generall Learning: A Seventeenth-Century Treatise on the Formation of the General Scholar*, by Meric Casaubon (Cambridge, 1999).

Seznec, Jean, *The Survival of the Pagan Gods* (New York, 1953).

Shapin, Steven, 'Descartes the Doctor: Rationalism and its Therapies', *BJHS* 33(2000), 131—154.

The Scientific Revolution (Chicago, 1996).

Shapin, Steven and Simon Schaffer, *Leviathan and the Air Pump: Hobbes, Boyle, and the Experimental Life* (Princeton, 1985).

Shapiro, Barbara, *Probability and Certainty in the Seventeenth-Century England* (Princeton, 1983).

Smith, George, 'The Methodology of the *Principia*', in I. Bernard Cohen and George E. Smith (eds.), *The Cambridge Companion to Newton* (Cambridge, 2002), pp. 138—173.

Smith, N., *Perfection Proclaimed: Language and Literature in English Radical Religion, 1640—1660* (Oxford, 1989).

Smith, P., *The Business of Alchemy: Science and Culture in the Holy Roman Empire* (Princeton, 1994).

Snobelen, Stephen, '"God of gods, and lord of lords": The Theology of Isaac

Newton's General Scholium to the *Principia*', *Osiris* 16 (2001), 169—208.

'Isaac Newton, Heretic: The Strategies of a Nicodemite', *BJHS* 32 (1999), 381—419.

'Lust, Pride, and Amibition: Isaac Newton and the Devil', in James E. Force and Sarah Hutton (eds.), *Newton and Newtonianism: New Studies* (Dordrecht, 2004), pp. 155—182.

'To Discourse of God: Isaac Newton's Heterodox Theology and his Natural Philosophy', in Paul Wood (ed.), *Science and Dissent in England, 1688—1945* (Aldershot, 2004), pp. 39—65.

'William Whiston, Isaac Newton and the Crisis of Publicity', *Studies in History and Philosophy of Science* 35 (2004), 573—603.

Southern, R., *Robert Grosseteste: The Growth of an English Mind in Medieval Europe* (Oxford, 1986).

Spellman, W. M., *The Latitudinarians and the Church of England, 1660—1700* (Athens, GA, 1993).

John Locke and the Problem of Depravity (Oxford, 1988).

The Latitudinarians and the Church of England, 1660—1700 (London, 1993).

Springborg, Patricia, 'Hobbes on Religion', in Tom Sorell (ed.), *The Cambridge Companion to Hobbes* (Cambridge, 1996), pp. 346—380.

Spurr, John, 'Latitudinarianism and the Restoration Church', *The Historical Journal* 31 (1988), 61—82.

Stannard, Jerry, 'Medieval Herbals and their Development', *Clio Media* 9 (1974), 23—33.

Stark, Rodney, *For the Glory of God: How Monotheism Led to Reformations, Science, Witch-Hunts and the End of Slavery* (Princeton, 2004).

The Victory of Reason: How Christianity Led to Freedom, Capitalism and Western Success (New York, 2005).

Steinmetz, David, *Calvin in Context* (Oxford, 1995).

Stephens, Walter, '*Livres de Haulte gresse*: Bibliographic Myth from Rabelais to Du Bartas', *MLN* 120, Supplement (2005), 60—83.

Stohrer, Walter, 'Descartes and Ignatius Loyola: La Flèche and Manresa Revisited',*Journal of the History of Philosophy* 17 (1979),11—27.

Stone, M. W. F. , 'Augustine and Medieval Philosophy', in Eleonore Stump and Norman Kretzmann (eds.), *The Cambridge Companion to Augustine* (Cambridge,2001),pp. 253—266.

'Michael Baius (1513—1589) and the Debate on "Pure Nature": Grace and Moral Agency in Sixteenth-Century Scholasticism', in Jill Kraye and Risto Saarinen(eds.),*Moral Philosophy on the Threshold of Modernity* (Dordrecht,2004), pp. 51—90.

Stone, Michael, *Selected Studies in Pseudepigrapha and Apocrypha with Special Referenceto the Armenian Tradition* (Leiden,1991).

The Literature of Adam and Eve (Atlanta,1992).

Strasser,Gerhard, 'Closed and Open Languages: Samuel Hartlib's Involvement with Cryptology and Universal Languages', in Mark Greengrass, Leslie Taylor and Timothy Raylor (eds.), *Samuel Hartlib and the Universal Reformation*(Cambridge,1994),pp. 151—161.

Strauss,Gerald,*Luther's House of Learning : Indoctrination of the Young in Reformation Germany* (Baltimore,1978).

Strohm, Christoph, 'Zugänger zum Naturrecht bei Melanchthon', in Günter Frank(ed.),*Der Theologe Melanchthon* (Stuttgart,2000),pp. 339—356.

Stump,Eleonore and Norman Kretzmann (eds.), *The Cambridge Companion to Augustine* (Cambridge,2001).

Sutton,John,'The Body and the Brain', in Stephen Gaukroger,John Schuster, and John Sutton (eds.),*Descartes' Natural Philosophy* (London,2000), pp. 697—722.

Philosophy and Memory Traces (Cambridge,1988).

Tennant,F. R. , *The Sources of the Doctrine of the Fall and Original Sin* (New York,1903).

Teske ,R. , 'St. Augustine's view of the Original Human Condition in *De Genesi contra Manichaeos*',*Augustinian Studies* 22 (1991),141—155.

Thomson,Arthur,'Ignace de Loyola et Descartes: L'influence des exercises spirituels sur les Œuvres philosophiques de Descartes',*Archives de philos-*

ophie 35(1972),61—85.

Thonnard,F.-J., 'La notion de lumie`re en philosophie augustinienne', *Recherches Augustiniennes*,1962,124—175.

Trapp,Damasius,'Adnotationes',*Augustinianum* 5 (1965),147—151.

Trevor-Roper,Hugh,'Three Foreigners', in *The Crisis of the Seventeenth Century*(Indianapolis,2001),pp. 219—271.

Tromp,Johannes,'Cain and Abel in the Greek and Armenian/Georgian Recensions of the *Life of Adam and Eve*',in Gary Anderson,Michael Stone and Johannes. Tromp (eds.),*Literature on Adam and Eve* (Leiden,2000).

van Asselt, Willem, *The Federal Theology of Johannes Coccius (1603—1669)* (Leiden,2001).

van der Horst,Pieter,*Japheth in the Tents of Shem:Studies on Jewish Hellenism in Antiquity* (Leuven,2002)

van Kley,D. K., *The Religious Origins of the French Revolution:From Calvin to the Civil Constitution*,1560—1791 (New Haven,1996).

van Til,C.,*Common Grace* (Philadelphia,1947).

Vendler, Z., 'Descartes' Exercises', *Canadian Journal of Philosophy* 19 (1989),193—224.

Vermij,Rienk,*The Calvinist Copernicans:The Reception of the New Astronomy in the Dutch Republic* (Amsterdam,2004).

Vessey, Mark, Karla Pollmann, and Allan D. Fitzgerald (eds.), *History, Apocalypse,and the Secular Imagination:New Essays on Augustine's City of God* (Bowling Green,OH,1999).

Villey,Pierre, *Les Sources et l'évolution des Essais de Montaigne*,2 vols. (Paris,1933).

Viner,Jacob, '"Possessive Individualism" as Original Sin',*Canadian Journal of Economics and Political Science* 29 (1963),548—559.

Voegelin,Eric, *History of Political Ideas I:Hellenism, Rome, and Early Christianity*,in *Collected Works of Eric Voegelin*,xix (Columbia,1997).

Vollenhoven, D. H. Th., *De Noodzakelijkheid eener Christelijke Logica* (Amsterdam,1932).

Waddell,Helen,*Beasts and Saints* (London,1949).

Walker, D. P., *The Ancient Theology* (London, 1972).

Wallis, R. T., *Neoplatonism* (New York, 1972).

Walmsley, Peter, *Locke's Essay and the Rhetoric of Science* (Lewisburg, PA, 2003).

Warfield, Benjamin B., *Calvin and Augustine* (Philadelphia, 1956).

Waterman, Anthony, 'Economics as Theology: Adam Smith's *Wealth of Nations*', *Southern Economic Journal* 68 (2002), 907—921.

Watson, Richard A. and James E. Force, *The High Road to Pyrrhonism* (San Diego, 1980).

Weaver, David., 'From Paul to Augustine: Romans 5:12 in Early Christian Exegesis', *St. Vladimir's Theological Quarterly* 27 (1983), 187—206.

Weber, F., *System der Altsynagogalen Palästinischen Theologie* (Leipzig, 1880).

Weber, Max, *The Protestant Ethic and the Spirit of Capitalism*, tr. Talcott Parsons (New York, 1958).

Webster, Charles, 'Henry More and Descartes: Some New Sources', *BJHS* 4 (1969), 359—377.

'The Authorship and Significance of Macaria', *Past and Present* 56 (1972), 34—48.

From Paracelsus to Newton: Magic and the Making of Modern Science (Cambridge, 1982)

Samuel Hartlib and the Advancement of Learning (Cambridge, 1971).

The Great Instauration: Science, Medicine, and Reform, 1626—1660 (London, 1975); 2nd edn (Bern, 2002).

Weir, David, *The Origins of Federal Theology in Sixteenth-Century Reformation Thought* (Oxford, 1990).

Westfall, Richard S., *Never at Rest: A Biography of Isaac Newton* (Cambridge, 1983).

Westman, Robert, 'The Melanchthon Circle, Rheticus, and the Wittenberg Interpretation of the Copernican Theory', *Isis* 66 (1975), 164—193.

Whately, Richard, 'Rise, Progress, and Corruptions of Christianity', *The Encyclopaedia Britannica, or Dictionary of Arts, Sciences, and General*

Literature, 8th edn (Edinburgh, 1852—1860).

White, A. D., *History of the Warfare of Science with Theology in Christendom*, 2 vols. (London, 1897).

Williams, N. P., *The Ideas of the Fall and of Original Sin* (London, 1927).

Williams, Patricia, *Doing without Adam and Eve: Sociobiology and Original Sin* (Minneapolis, 2001).

Williams, Steven J., *The 'Secret of Secrets': The Scholarly Career of a pseudo-Aristotelian Text in the Latin Middle Ages* (Ann Arbor, 2003).

   'Roger Bacon and his Edition of the Pseudo-Aristotelian *Secretum secretorum*', *Speculum* 69 (1994), 57—73.

Williamson, George, 'Mutability, Decay, and Seventeenth-Century Melancholy', *Journal of English Literary History* 2 (1935), 121—151.

Wingren, Gustaf, *Luther on Vocation*, tr. Carl C. Rasmussen (Philadelphia, 1957).

Wojcik, Jan, *Robert Boyle and the Limits of Reason* (Cambridge, 1997).

Wolter, Allan, 'Duns Scotus on the Necessity of Revealed Knowledge', *Franciscan Studies* 11 (1951), 231—272.

Wood, Neal, 'Tabula Rasa, Social Environmentalism, and the "English Paradigm"', *JHI* 53 (1992), 647—668.

   'The Baconian Character of Locke's "Essay"', *Studies in History and Philosophy of Science* 6 (1975), 43—84.

Wood, Paul, 'Methodology and Apologetics: Thomas Sprat's *History of the Royal Society*', *BJHS* 13 (1980), 1—26.

   'Science, Philosophy and the Mind', in Roy Porter (ed.), *The Cambridge History of Science*, vol. iv: *Eighteenth Century Science* (Cambridge, 2003), pp. 800—824.

Wright, A. D., *The Counter-Reformation, Catholic Europe and the Non-Christian World* (London, 1982).

Yanni, Carla, *Nature's Museums: Victorian Architecture and the Culture of Display* (Baltimore, 1999).

Yates, Frances, *Giordano Bruno and the Hermetic Tradition* (Chicago, 1991).

The Art of Memory (Chicago,1966).

Yeo,Richard,'Ephraim Chambers's Cyclopaedia (1728) and the Tradition of Commonplaces',*JHI* 57 (1996),157—175.

Yolton,Jean S. (ed.),*John Locke as Translator : Three of the 'Essais' of Pierre Nicole in French and English* (Oxford,2000).

Yolton,John,*John Locke : Problems and Perspectives* (Cambridge,1969).

Young,Brian,'Newtonianism and the Enthusiasm of Enlightenment',*Studies in History and Philosophy of Science* 35 (2004),645—663.

Ziolkowski,Theodore,*The Sin of Knowledge : Ancient Themes and Modern Variations* (Princeton,2000).

索　引

（所标页码为原书页码,即本书边码）

Abel,亚伯,20
Abraham,亚伯拉罕,98,116,117,120
Académie Royale des Sciences,法兰西皇家科学院,183
Accademia del Cimento,西芒托学院,183,252
Accademia della Tracia,特拉西亚学院,183
accommodation,调适,137
active life,行动的生活,11,58,61
Adam,亚当,3,4,11,13,17,19,22,25,26,27,29,31,33,39,52,57,58,60,61,67,70,72,82,83,88,93,99,113,114,116,118,119,122,124,127,140,141,142,145-6,150,218,245-6,248
　　a microcosm,～作为小宇宙,156,159
　　a physician,～作为医生,164-5,166
　　as a public person,～作为公共人,147-8,227
　　as first monarch,～作为第一位君主,145,146,227-8
　　as the first philosopher,～作为第一位哲学家,1,57,107,117,211
　　encyclopaedic knowledge of,～的广博知识,1,2,6,11,13,17,18,23,25,57,74,82,86,92,94,96,98,107,114,120,122,127,128,129,138,141,149,155-6,184,192,202,208
　　fall of,～的堕落,1,3,4,5,15,26,28,29,30,32,47,50,57,58,60,70,74,80,82,87,91,99,103,115,127,128,129,137,141,142,144,149,150,151,152,155-9,161,162,163-4,180,185,202,204,206,234,243
　　immortality of,～的不朽,163-6,170
　　language of,～的语言,176,192,194,206-7,209,210,211,213
　　longevity of,～的长寿,163-5,167
　　names beasts,～为野兽命名,17,19,23,26,60,128,132,157,192,212,215,224
　　natural and supernatural gifts,～的自然禀赋和超自然禀赋,43,81,158,170,171,211
　　original dominion of,～的原初统治,14,26,27,57,70,86,129,139,145,156,178
　　sensory abilities,～的感觉能力,6,24,57,96,174-5,202-3
　　'type' of Christ,～作为基督的"预型",25,114
Agrippa von Nettesheim, Henricus Cornelius,阿格里帕,73-5,79,116,194
air pump,空气泵,203

索 引

Alcalà, University of, 阿尔卡拉大学, 68
alchemy, 炼金术, 18, 116, 126, 127, 129, 168-9, 185, 234
Alexander of Hales, 黑尔斯的亚历山大, 42
Alexander the Great, 亚历山大大帝, 115
Alfonsi, Peter, 彼得·阿方西, 163
Alsted, Johann, 约翰·阿尔施泰德, 91-2, 134
Amerpoel, Johannes, 约翰·阿莫波尔, 123
Ammonius Saccas, 阿莫尼乌斯·萨卡斯, 23
Anabaptists, 再洗礼派, 126
anatomy, 解剖学, 86, 151-2
'ancient philosophy', "古代哲学", 75, 98, 115-16, 117, 119, 157
angels, 天使, 33, 224
animal spirits, 动物精气, 162
Antichrist, 敌基督, 187
Apocalypse of Moses, 《摩西启示录》, 20
Apollo, 阿波罗, 115
Aquinas, 阿奎那, 参见 Thomas Aquinas, St, 圣托马斯·阿奎那
Archimedes, 阿基米德, 137
Aristobulus of Paneus, 帕尼亚斯的阿里斯托布鲁斯, 34
Aristotelianism, 亚里士多德主义, 4, 15, 41, 42, 46, 64, 76, 81, 84, 85, 90-2, 106, 116, 154, 183, 191-2, 198, 201, 216
  and human nature, ～与人性, 7, 153, 204
  and scientific method, ～与科学方法, 14, 95, 101, 109, 184, 241
  anthropocentrism of, ～的人类中心主义, 182
  logic, ～的逻辑, 41, 91, 92, 172, 173
  natural and violent motion, 自然运动与受迫运动, 182

Aristotle, 亚里士多德, 41-9, 50, 55, 56, 59, 63, 88, 90, 91, 92, 93, 95, 108, 109, 115, 128, 137, 165, 172, 215, 230
  conception of science, ～的科学观, 88, 95, 101, 109, 138, 204, 252
  condemnation of, 对～的谴责, 42
  De Interpretatione, 《解释篇》, 213
  Metaphysics, 《形而上学》, 44
  moral philosophy, ～的道德哲学, 55-6, 256
  Nicomachean Ethics, 《尼各马可伦理学》, 55, 56
  political theory, ～的政治理论, 50, 51
  Politics, 《政治学》, 50, 51, 139
  Posterior Analytics, 《后分析篇》, 46, 109
  theory of knowledge, ～的知识理论, 44, 46, 47, 48, 49-50, 54, 136, 153, 154, 250
Arnauld, Angélique, 安热莉克·阿尔诺, 69, 70, 72
Arnauld, Antoine, 安托万·阿尔诺, 7, 53, 69, 70-1
Asclepius, 阿斯克勒庇俄斯, 115
astrology, 占星术, 18, 101, 127
astronomy, 天文学, 36, 96, 98, 113, 246
  and hypothesis, ～与假说, 89
  and mathematics, ～与数学, 94, 97, 100, 104-6
  distinct from natural philosophy, ～与自然哲学的区别, 104
Athanasius, 阿塔纳修, 30, 105-6, 235
Atlas, 阿特拉斯, 115
atomic philosophy, 原子哲学, 123, 191, 216
Augsburg Confession, 《奥格斯堡信纲》, 98
Augustine of Hippo, 希波的奥古斯丁, 3, 28, 34, 35-6, 37, 41, 42, 43, 44, 45, 47,

48,49,51,52,55,59,60,67,68,69,77,97,102,104,140,181,193,248,254 – 5,258

epistemology of,～的认识论,8,32,39 – 40;另见 illumination,divine,神的光照

on curiosity,～论好奇心,34,35 – 6,70

on original sin,～论原罪,8,15,26,31 – 4,46,53,65,147,232,255

on the heavens,～论天,95

political theory,～的政治理论,50 – 1,102,160,179

Augustinianism,奥古斯丁主义,7,11,16,29,42,43,44,46,49,52 – 4,64,66,67,68,69,142,230,249,254

Augustinus Triumphus,奥古斯提努斯·特里翁福,51

Ayloffe,William,威廉·艾洛菲,161

Babel,Tower of,巴别塔,168,176,193,196,206 – 7,210,215

Bacon,Anne,安妮·培根,172

Bacon,Anthony,安东尼·培根,172

Bacon,Francis,弗朗西斯·培根,7,14,27,48,65,72,86,87,119,121,122,131,133,143,149,153,167,172 – 85,190,194,195,200,206,207,216,222,232,234

and Calvinism,～与加尔文主义,7,172

division of the sciences,～对科学的划分,154

idols of the mind,心灵的偶像,174,206,218

influence of,～的影响,183 – 5,186 – 7,197,198,199,210,233

on ancient mythology,～论古代神话,119 – 20,121

on dominion over nature,～论统治自然,27,119,158,173,192

on error,～论错误,4,173,174,178

on longevity,～论长寿,168,169,170,171

on natural philosophical method,～论自然哲学方法,72,81,138,171,178 – 9,197,234,238,242

on reform of natural philosophy,～论自然哲学的革新,1,16,90,172,197

on the Fall,～论堕落,1,4,27,139,158,181,205

'Solomon's House',所罗门宫,122,168,175,179,190,199

utilitarianism of,～的功利主义,63,197

Bacon,Roger,罗吉尔·培根,115,116,165

Baker,George,乔治·贝克,134

Baker,Thomas,托马斯·贝克,214

Barclay,Robert,罗伯特·巴克利,125 – 6

Barker,Peter,彼得·巴克,104

Baronius,Cardinal Caesar,红衣主教巴罗尼乌斯,112

Barrough,Philip,菲利普·巴罗,169

Barrow,Isaac,艾萨克·巴罗,135,191

Battenhouse,Roy,罗伊·巴滕豪斯,83

Baxter,Richard,理查德·巴克斯特,142,162

beatific vision,真福神视,49,171

Behmenists,波墨主义者,126,128,210

Beinecke Library,拜内克图书馆,17

Bellarmine,Robert,罗伯特·贝拉闵,67,133,146,171

on 'pure nature',～论"纯粹本性",67

Ben-David,Joseph,约瑟夫·本-戴维,184

Benedict,St,Rule of,圣本笃修道院会规,72

Berkeley,George,乔治·贝克莱,40

Bible,《圣经》,16,36,45,55,57,74,93,98,99,128,129,130,147,160,227,249

as source of scientific knowledge,～作为科学知识的来源,16,75,88,89,92,107-25,137,208
authority of,～的权威,3,74,79,95,108,112,114,125,129
literal and allegorical senses of,～的字面意义和寓意意义,15,23,89,130,137,163
typological interpretation of,对～的预表论诠释,25-6
Bobbio,Norberto,诺尔贝托·博比奥,160
Boehme,Jakob,雅各布·波墨,126,127-8,131,191,195,196,209
Boethius,波埃修,41
Bonaventure,波纳文图拉,27,42,45,47-8
Bonde,William,威廉·邦德,132
book of nature,自然之书,15,92,127,176,192
Bostocke,Richard,理查德·博斯托克,91
Boyle,Robert,罗伯特·波义耳,7,14,16,134,135,190,191,199,203,205,216-20,241,242,243,251,253
and voluntarism,～与唯意志论,220
on Adamic knowledge,～论亚当的知识,218-19
on limits of reason,～论理性的限度,217-20,240,241
on sources of error,～论错误的来源,217-18,219-20
on the Fall,～论堕落,141
British Library,大英图书馆,18
Browne,Sir Thomas,托马斯·布朗爵士,152-3,161,194,195
Brucker,Johann,约翰·布鲁克,89,130
Bruno,Giordano,乔尔达诺·布鲁诺,116
Buffon,Louis,路易·布丰,137
Burches,George,乔治·伯奇斯,162

Burdach,Konrad,康拉德·布尔达赫,83
Burnet,Thomas,托马斯·伯内特,89,123
Burthogge,Richard,理查德·伯托格,126
Burton,Robert,罗伯特·伯顿,151,180
Butterfield,Herbert,赫伯特·巴特菲尔德,186

Cabbalism,卡巴拉主义,18,117,126,193-4,196,208,210
Cain,该隐,20
Calvin,John,让·加尔文,28,29,52,59-64,74,83,87,90,97,108,109,133,141
on depravity,～论败坏,59-60
on predestination,～论得救预定论,59
on the Fall,～论堕落,59,83,140,158
on vocation,～论天职,62-3,158
Calvinism,加尔文主义,52,54,64,65,69,72-3,79,81,125,141,172,188,215,231,241,249,252-3
and original sin,～与原罪,3,147,240
English,英格兰的～,53,99
Cambridge,University of,剑桥大学,91,172,188,191
Cambridge Platonists,剑桥柏拉图主义者,142,144,145,202
Cardano,Girolamo,吉罗拉莫·卡尔达诺,126
Cartesianism,笛卡尔主义,4,8,125,251
Casaubon,Isaac,艾萨克·卡索邦,116
Casaubon,Meric,梅里克·卡索邦,136
Cassirer,Ernst,恩斯特·卡西尔,83
Catholicism,天主教,7,8
Cavendish,Margaret,玛格丽特·卡文迪许,182
Charleton,Walter,沃尔特·查尔顿,135,165
Charron,Pierre,皮埃尔·沙朗,79-80
chemistry,化学,134,152

Chinese,汉语,
　as original language,～作为原始语言,
　194–5,207
Chrysostom,John,金口约翰,26,80
Cicero,Marcus Tullius,西塞罗,77
Clement of Alexandria,亚历山大的克雷芒,29,34,35
Cohen,I. Bernard,I. 伯纳德·科恩,237
Comenius,Jan Amos,扬·阿摩斯·夸美纽斯,92–3,130,188,189,190,197
common notions,公理,99
commonplace books,摘记簿,176
conflagration of the world,末日大火,123
confusion of tongues,语言变乱,23;另见 Babel, Tower of,巴别塔
contemplative life,沉思的生活,58,61
Copernicanism,哥白尼主义,87,106,121, 124,205,208
Copernicus,Nicholas,尼古拉·哥白尼, 89,90,104,105,134
Cordemoy,Gérauld de,热罗·德·科尔德穆瓦,123
corpuscular hypothesis,微粒假说,123, 131
cosmology,宇宙论,89,112
Council of Orange,奥朗日会议,40,66
Council of Trent,特伦托会议,66–7,78
　on original sin,～论原罪,66,69,141
Counter-Reformation,反宗教改革,10,64– 5,66,78–9,84,85
covenantal theology,盟约神学,参见 federal theology,联盟神学
creation,doctrine of,创世教义,12,28
Creationism,创世论,137
Crooke,Helkiah,海尔克亚·克鲁克,151–2
Cudworth,Ralph,拉尔夫·卡德沃斯,142
Culverwell,Nathaniel,纳撒尼尔·卡尔弗韦尔,142,143

curiosity,好奇心,34,35–6,40,63,70, 71,79,111,151
Cyprian,St,圣西普里安,180

Dagens,Jean,让·达冉,53
d'Alembert,Jean le Rond,让·达朗贝尔, 217,233
Dalgarno,George,乔治·达尔加诺,157, 196,209,210,211–13
　on Adamic language,～论亚当的语言, 211
Daneau,Lambert,朗贝尔·达诺,16,107, 108–9,130
Daniel,但以理,120
Daniel, book of,《但以理书》,186,187, 188,189
Daniel,Roger,罗杰·丹尼尔,209
de Bay [Baius],Michel,米歇尔·巴依乌斯,67–8
Dear,Peter,彼得·迪尔,236
Dee,John,约翰·迪伊,181
Delphic Oracle,德尔菲神谕,139,140,152
Democritus,德谟克利特,115,123
depravity,doctrine of,"败坏"教义,7,49, 59,88,144
Descartes,René,勒内·笛卡尔,5,10,70– 1,73,118,122–3,135–6,137,152, 160,168,191,207,217,233,243,247, 253
　and Augustine,～与奥古斯丁,8,34, 38,41,53,54,70,71
　and rationalism,～与唯理论,9,242
　and Thomas Aquinas,～与托马斯·阿奎那,7
　Discourse on the Method,《方法谈》,167
　epistemology of,～的认识论,86,97, 125,238,255
　Meditations,《第一哲学沉思集》,9,10,

索　引

48,70,135,152
　on bodily health,～论身体健康,167
　on error,～论错误,4-5
　on longevity,～论长寿,169-70
　on natural light,～论自然之光,6,65,250
　on revelation,～论启示,9
　on the passions,～论激情,161
　reviver of ancient philosophy,～论古代哲学的复兴者,122-3
　voluntarism of,～的唯意志论,12,220
　vortex theory of,～的涡旋理论,123
design,argument from,设计论证,参见 physico-theology,物理神学
Digby,Sir Kenelm,凯内尔姆·迪格比爵士,131,170,191
Dominicans,多明我会修士,67
dominion over nature,统治自然,19,26-7,57,58,158,159,161,183,184,188,194
Donne,John,约翰·多恩,183
Dort,Synod of,多特会议,69
Doyle,William,威廉·多伊尔,257
Druids,德鲁伊特,117,119
Du Bartas,Guillaume,纪尧姆·迪巴尔塔斯,113
Dunn,John,约翰·邓恩,227
Duns Scotus,John,约翰·邓斯·司各脱,48-9,61
Dury,John,约翰·杜里,133,189

Eden,garden of,伊甸园,13,18,19,34,61,164,166,183,192,194,202,218,246
education,教育
　as palliative for the Fall,～作为堕落的缓解剂,102,148-50,190,229-31
　reform of,～改革,190,191,198,208

Edwards,John,约翰·爱德华兹,166
Ellistone,J.,埃利斯顿,196
empiricism,经验论,6,9,12,136,224;另见 experimental natural philosophy,实验自然哲学
　and rationalism,～和唯理论,9,242-3
　British,英国～,9
Encyclopaedia Britannica,《不列颠百科全书》,18
Enlightenment, the,启蒙运动,9,231,232,233-4,253,257,258
Enoch,以诺,113,117
Ent,George,乔治·恩特,191
enthusiasm,狂热主义,89,126
　in natural philosophy,自然哲学中的～,126,127,130,136
Epicureanism,伊壁鸠鲁主义,22,82,85
Epicurus,伊壁鸠鲁,123,124
Erasmus,Desiderius,伊拉斯谟,77,78,159
Ernaldus of Bonneval,波内瓦尔的厄纳杜斯,164
error,错误,11,22,24,28-34,162
　and early modern epistemology,～与现代早期认识论,3-5,173
　attributed to sin,～被归咎于罪,3,34,71,153,161,162,171,189
Euclid,欧几里得,137
Eve,夏娃,19,22,25,27,28,29,31,99,161,163
　as representing the senses,～代表感官,23,24-5,33,161,202
　prelapsarian abilities of,～堕落之后的能力,57,94,103
Evelyn,John,约翰·伊夫林,205
Everard,John,约翰·埃弗拉德,133
evil,problem of,恶的问题,33-4
evolution,theory of,进化论,247
evolutionary epistemology,进化认识论,

247
experiment,实验,
  as synonym for experience,～作为经验的同义词,131
  different justifications for,对～的不同辩护,251-2
experimental knowledge,实验知识,131-3,147
experimental natural philosophy,实验自然哲学,3,4,5,7,12,13-14,16,48,51,58,65,66,133,136,190,191,198,200,201,217,234,240,249-50,253
  and Augustinianism,～和奥古斯丁主义,8
  and mathematics,～和数学,237-8
  as probabilistic,～作为或然论的,138,204,219,252
  as redressing the Fall,～作为对堕落的补救,205
  as a science,～作为一门科学,14,222-3,242,252
  contrasted with speculative knowledge,～与思辨知识的对照,147,204,233,242-3,251
  linked to theological anthropology,～与神学人论的联系,220,248,249
  methods of,～的方法,15,16,51,88,175,223,236-8
experimental philosophy club, the,实验哲学俱乐部,191
experimental religion,实验宗教,132-3

Fall,堕落,参见 Adam, fall of,亚当的堕落;original sin,原罪
Farley,Robert,罗伯特·法利,157
Faust,浮士德,74
federal theology,联盟神学,147-8
Ferguson,Robert,罗伯特·弗格森,141

Ficino,Marsilio,马尔西利奥·菲奇诺,106,116
Filmer,Robert,罗伯特·菲尔默,146-7,227-8
Fischer,Kuno,库诺·菲舍尔,9
Flood, the,大洪水,23,123,164,167,246
  rendered earth less fertile,～使大地不那么肥沃,166
Fludd,Robert,罗伯特·弗拉德,90,117,126,130,131,191,196,209
Fox,George,乔治·福克斯,128
Francis of Assisi,阿西西的方济各,27
Franciscans,方济各会修士,40,41,42,43,46,49,54,61

Gailhard,Jean,让·盖亚尔,149,230
Galen,盖伦,128
Galileo Galilei,伽利略·伽利莱,67,76,96,106,110,112,121,134,135,190,191,203,207,251-2
Garasse,François,弗朗索瓦·加拉斯,79
Gassendi,Pierre,皮埃尔·伽桑狄,84,123,131,152
Gaukroger,Stephen,斯蒂芬·高克罗杰,179
Genesis,《创世记》,19,21,23,24,25,27,35,57,94,113,116,123,143,163,164,227,255
Geneva,University of,日内瓦大学,108
geometry,几何学,103,106,113
Gerard,John,约翰·杰拉德,134
Gilbert,William,威廉·吉尔伯特,252
Gill,Alexander,亚历山大·吉尔,155,163
Glanvill,Joseph,约瑟夫·格兰维尔,120,201-5
  on the Fall,～论堕落,4,201-2
  on use of instruments,～论使用仪器,203

Glisson, Francis, 弗朗西斯·格里森, 191
gnosticism, 诺斯替主义, 29
God, 神, 17, 32, 33, 37, 39, 40, 45, 49, 50,
59, 60, 74, 76, 85, 92, 93, 94, 95, 98,
103, 110, 117, 122, 125, 127, 129, 133,
134 - 5, 144, 145, 159, 167, 197, 213,
217, 240, 247, 255; 另见 image of God,
神的形象
 and creation, ～与万物, 12, 17, 76, 95,
106, 194, 215, 223
 as divine lawgiver, ～作为神圣的立法
者, 101, 103
 as epistemic guarantor, ～作为知识的保
证者, 9, 88, 135 - 6, 138, 250
 as mathematician, ～作为数学家, 38,
102 - 3, 104, 106, 250
 goodness of, ～的善, 33, 228
 knowledge of, 对～的认识, 122, 125,
141, 157, 232
 voluntarist conceptions of, 关于～的唯
意志论观念, 12 - 13, 220, 239
Goldstein, Bernard, 伯纳德·戈德斯坦,
104
Goodwin, Thomas, 托马斯·古德温, 133
Gregory, David, 大卫·格雷戈里, 124
Gregory Nazianzus, 纳西昂的格里高利, 29
Gregory of Nyssa, 尼萨的格里高利, 26
Grene, Donald, 唐纳德·格雷恩, 53
Grew, Nehemiah, 尼希米·格鲁, 155, 166
Grosseteste, Robert, 罗伯特·格罗斯泰斯
特, 46 - 7
Grotius, Hugo, 胡果·格劳秀斯, 146

Hakewill, George, 乔治·哈克维尔, 166,
168, 180
Hall, Joseph, 约瑟夫·霍尔, 175
Hartcliffe, John, 约翰·哈特克利夫, 124,
125, 155, 157

Hartlib, Samuel, 塞缪尔·哈特利布, 133,
188 - 90, 196, 197, 209
Harvey, Gideon, 吉迪恩·哈维, 117, 119,
163, 165, 181
Harvey, William, 威廉·哈维, 191
heavens, 天界
 incorruptibility of, ～的不朽, 95, 96,
100, 181
Heber, 希伯, 113
Hebrew, 希伯来语, 194, 207, 213
 as original language, ～作为原始语言,
193 - 4
Heerbrand, Jacob, 雅各布·黑尔布兰德,
103
Hegel, G. W. F., 黑格尔, 9
Heidegger, Martin, 马丁·海德格尔, 257
Helmontians, 赫尔蒙特主义者, 131, 134,
135, 191
Heraclitus, 赫拉克利特, 178
Herborn, University of, 赫尔博恩大学, 91
Hermes, 赫尔墨斯, 115
Hermes Trismegistus, 三重伟大的赫尔墨
斯, 116, 117, 121, 122, 130
hermetic literature, 《赫尔墨斯秘文集》,
116
hermeticism, 赫尔墨斯主义, 119, 121,
126, 136, 185
Hervet, Gentian, 让蒂昂·埃尔韦, 78
Hesiod, 赫西俄德, 117
hieroglyphics, 象形文字, 195, 207, 216
Hildegard of Bingen, 宾根的希尔德加德,
163, 174
Hobbes, Thomas, 托马斯·霍布斯, 146,
148, 160 - 1, 225, 257
Holland, Henry, 亨利·霍兰德, 165
Homer, 荷马, 117
Hooke, Robert, 罗伯特·胡克, 5, 199 -
201, 203, 205, 232

Micrographia,～的《显微图谱》,5,186,201
  on experimental philosophy,～论实验哲学,5,199-201
  on use of instruments,～论使用仪器,200-1
Huff,Toby,托比·哈夫,249
humanism,Renaissance,文艺复兴时期的人文主义,83,97
Hume,David,大卫·休谟,243-4

Ignatius of Antioch,安提阿的伊格纳丢,171
Iliffe,Rob,罗布·艾利夫,236
illumination,divine,神的光照,39-40,42,46,47
image of God,神的形象,29-30,37,38,43,46,60,65,79,82,96,97,99,100,102,103,104,106,128,155,250
  effaced by the Fall,～被堕落消除,6,30,98,149,151,157,159
implicit faith,绝对信仰,133
innate ideas,天赋观念,6,142-3,230
Inquisition,宗教裁判所,112
inspiration,divine,神圣灵感,6,74,93,195-6
  as source of scientific knowledge,～作为科学知识的来源,16,88,93,125-37,185
instrumentalism,工具主义,76
Invisible College,the,无形学院,205
Irenaeus of Lyon,里昂的伊里奈乌,29,30
Isaac,以撒,120

Jackson,Thomas,托马斯·杰克逊,141,142,144,145-6,147
Jacob,雅各,120
James I of England,英格兰的詹姆斯一世,190
Janowski,Zbigniew,兹比格涅夫·雅诺夫斯基,53
Jansen,Cornelius,科内利乌斯·冉森,68-9,82
Jansenism,冉森主义,7,40,53,54,65,68-71,72-3,79,80,81,225-6,256,257-8
Jerome,哲罗姆,27
Jesuits,耶稣会士,参见 Society of Jesus,耶稣会
Job,约伯,112,114
Joseph,约瑟,98
Josephus,Flavius,约瑟夫斯,17,20,35,112,164,246
justification,doctrine of,称义学说,7,56,59,69
Justin Martyr,殉道者尤斯丁,30,34,35

Kant,Immanuel,伊曼努尔·康德,9,101
Kassell,Lauren,劳伦·卡塞尔,169
Keckermann,Bartholomäus,巴托洛梅乌斯·凯克曼,134
Kepler,Johannes,约翰内斯·开普勒,16,90,102,103-6,107,110,250
Kircher,Athanasius,阿塔纳修斯·基歇尔,195

La Flèche,拉弗莱什,79
language,语言
  limitations of,～的局限性,176
  original,原始～,176,192-6,206,207
language schemes,语言方案,157,176-8,196,209-16
Latitudinarians,宽容主义派,143-4,202,215,226
Le Fevre de la Boderie,Gui,博德里的居伊·勒弗夫尔,113

Le Grand, Antoine, 安托万·勒格朗, 123
Leibniz, Gottfried Wilhelm, 莱布尼茨, 53, 211, 242 – 3, 253
Leiden, University of, 莱顿大学, 108
Lemaire de Belges, Jean, 比利时的让·勒迈尔, 113
Leucippus, 留基伯, 123
Levellers, 平等派, 209
light of nature, 自然之光, 参见 'natural light', "自然之光"
Locke, John, 约翰·洛克, 7, 16, 72, 82, 136, 145, 148, 216 – 17, 221 – 33, 253
  on Adamic knowledge, ～论亚当的知识, 223 – 4, 232
  on corruption of human nature, ～论人性的堕落, 227, 230
  on education, ～论教育, 229 – 31
  on human incapacity, ～论人的无能, 220, 223, 232 – 3, 240, 241
  on original sin, ～论原罪, 228, 229, 231
  on political power, ～论政治权力, 225, 227, 232
  on sources of error, ～论错误的来源, 222
  on the Fall, ～论堕落, 226, 227 – 9, 231 – 2, 235
Lodwick, Francis, 弗朗西斯·洛德威克, 210
Louvain, University of, 鲁汶大学, 67, 68
Lowde, James, 詹姆斯·洛德, 145
logic, 逻辑, 41, 88, 91, 92, 100, 231
longevity, 长寿, 168 – 171
  of Adam, 亚当的～, 164
  of the Patriarchs, 先祖的～, 164 – 5, 169 – 70
Lorenz, Konrad, 康拉德·洛伦茨, 247, 248
Losonsky, Michael, 迈克尔·洛桑斯基, 240

Lucretius, 卢克莱修, 124
Lull, Raymond, 雷德蒙·鲁尔, 92, 176
Luther, Martin, 马丁·路德, 52, 54, 59, 64, 66, 67, 68, 74, 77, 78, 87, 90, 94, 97, 100, 109, 114, 118, 155, 167, 198, 255
  on Adam's perfections, ～论亚当的完美性, 96, 174
  on astronomy, ～论天文学, 94
  on justification, ～论称义, 55 – 6, 59, 66
  on knowledge of nature, ～论认识自然, 93 – 7
  on the Fall, ～论堕落, 56, 57 – 8, 59, 140, 158
  on vocation, ～论天职, 58, 62 – 3, 101, 158
  political philosophy, ～的政治哲学, 102, 160
  theological anthropology, ～的神学人论, 7
Lutheranism, 路德宗, 64, 73, 79, 81, 93, 231

McGuire, J. E., 麦奎尔, 124
MacIntyre, Alasdair, 阿拉斯戴尔·麦金太尔, 256
magic, 魔法, 116, 126, 184
Malebranche, Nicolas, 尼古拉·马勒伯朗士, 135, 136, 145, 250
  and Augustine, ～与奥古斯丁, 8, 34, 40, 53
  on Adamic knowledge, ～论亚当的知识, 5
  on error, ～论错误, 5
Mandeville, Bernard, 伯纳德·曼德维尔, 254 – 5
Manichaeism, 摩尼教, 33, 36, 37, 40
Marshall, John, 约翰·马歇尔, 226, 254
mathematics, 数学, 36, 63, 64, 88, 94, 97,

100,103,113,137,138,191
certainty of,～的确定性,104,105,106,138,236,252
distinct from natural philosophy,～与自然哲学的区别,104-5,106,237-8,250
Mede,Joseph,约瑟夫·梅德,187
medicine,医学,91,101,169,171,191
    Galenic,盖伦～,91
    Paracelsian,帕拉塞尔苏斯～,129
Melanchthon,Philipp,菲利普·梅兰希顿,16,52,82,91,97-103,105,113,181,194
    on mathematical astronomy,～论数理天文学,100-1,102,107
    on natural light,～论自然之光,64,99-100,102,107
    on the Fall,～论堕落,97,98-9,151
memory,记忆力,38,157,174,176,178,200,201,203,210,212
Menn,Stephen,斯蒂芬·梅恩,112
Methuen,Charlotte,夏洛特·梅休因,102
microscope,显微镜,96,175,200,203,210
Milbank,John,约翰·米尔班克,258
millenarianism,千禧年主义,13,92
Milton,John,约翰·弥尔顿,149-50,190,206
Minucius Felix,米努西乌斯·费利克斯,35
miracles,神迹,135
Molinism,莫利纳主义,82
Montaigne,Michel de,米歇尔·德·蒙田,75-6,79,84,85,139
    Apology for Raymond Sebonde,《为雷蒙·塞邦辩护》,10,75,77
moral law,道德法,31,101
moral philosophy,道德哲学,35,56,101,108,133,140,152
moral psychology,道德心理学,3,86,145,178
More,Henry,亨利·摩尔,122,142,143,191
Morton,Thomas,托马斯·莫顿,156,157,175
Mosaic philosophy,摩西哲学,89,108,112,114,115,116-17,130,137
Moses,摩西,91,107,108,111,114-15,116,117,120,122,123,130,196;另见 Mosaic philosophy,摩西哲学
Mulhall,Stephen,斯蒂芬·马尔霍尔,257
Museum of Natural History,London,伦敦自然博物馆,245
music,音乐,113

natural and supernatural gifts,自然禀赋与超自然禀赋,43,44,58,60,61,67,88,98,99,149,155,158
natural history,自然志,36,65,72,113,201
'natural light',"自然之光",6,16,45,54,57,64,65,84,88,102,104,106,107,108,109,125,127,250
    and the Fall,～与堕落,6,43,56,61,65,104,126
natural philosophy,自然哲学,42,49,64,76,85,91,98,99,105,107,111,112,113,114,116,117-18,123,126,127,137,140,145,179,185,215,220,222
    corruption of,～的败坏,121
    Greek,希腊～,34,36,121
    methods of,～的方法,7,152,201,251
    reform of,～的改革,1,51,88,89-90,91,92,109,118,188
    relation to mathematical sciences,～与数学科学的关系,104,106,250
    relation to moral philosophy,～与道德哲学的关系,102,204

utilitarian justifications of, 对～的功利主义辩护, 192
natural theology, 自然神学, 46
Nature, 自然, 95, 200, 214
    and grace, ～与恩典, 43
    fallen condition of, ～的堕落状况, 12, 26, 60-1, 95, 100, 111, 159, 180-1, 183, 241
    resistant to investigation, ～对研究的抗拒, 180, 203
Neoplatonism, 新柏拉图主义, 33, 36-7, 116
Neto, José, 何塞·内托, 53
Newton, Isaac, 艾萨克·牛顿, 16, 118, 123-4, 135, 137, 173, 199, 233-40, 242
    and ancient philosophy, ～与古代哲学, 124
    and voluntarism, ～与唯意志论, 239
    on natural philosophical method, ～论自然哲学方法, 234, 236-8, 239-41, 242, 250-1
    on original sin, ～论原罪, 235-6, 241
    theological views of, ～的神学观点, 234, 238-9
Nicole, Pierre, 皮埃尔·尼古拉, 69, 72, 225-6, 254
Nietzsche, Friedrich, 弗里德里希·尼采, 257
Noah, 诺亚, 17, 18, 98, 113, 117, 120, 164, 195
Nourse, Timothy, 蒂莫西·诺斯, 183
Nuovo, Victor, 维克多·诺沃, 233

Oldenburg, Henry, 亨利·奥尔登堡, 201, 243
Origen, 奥利金, 27, 28, 30, 31, 34
    on the Fall, ～论堕落, 27
original sin, 原罪, 3, 6, 9, 15, 16, 28, 53, 54, 66, 69, 73, 97, 98, 141, 142, 144, 150, 151, 229, 230-1, 234, 235
    and sociobiology, ～与社会生物学, 248, 257
    noetic affects of, ～对理智的影响, 6, 32, 52, 57, 59, 60, 61, 74, 95, 136-7, 144, 156-8, 186, 202, 216, 241
    physical consequences of, ～对身体的影响, 162
Osiander, Andreas, 安德烈亚斯·奥西安德尔, 89, 105, 134
Owen, Richard, 理查德·欧文, 245
Oxford, University of, 牛津大学, 48, 91, 191, 201, 205

Paracelsianism, 帕拉塞尔苏斯主义, 127, 128-9, 131, 134, 135, 168, 210
Paracelsus, 帕拉塞尔苏斯, 90, 92-3, 126, 196
Paré, Ambroise, 昂布鲁瓦兹·帕雷, 128
Paris, University of, 巴黎大学, 42, 74
Parker, Samuel, 塞缪尔·帕克, 145
Parkinson, John, 约翰·帕金森, 17
Pascal, Blaise, 布莱斯·帕斯卡, 7, 65, 71, 72, 80, 81, 82, 84, 87, 203, 226
    and Jansenism, ～与冉森主义, 53, 69
    criticisms of Descartes, ～对笛卡尔的批评, 5, 71
    on the Fall, ～论堕落, 5, 82
    on the limits of reason, ～论理性的限度, 71
passions, 激情, 24, 71, 79, 151, 159-62, 178, 204, 218, 226, 230
    affected by the Fall, 堕落对～的影响, 6, 25, 26, 27, 32, 144, 150, 155, 159, 178, 202
Patrick, Simon, 西蒙·帕特里克, 144
Paul, St, 圣保罗, 25, 26, 29, 35, 55, 59, 68,

73,111
Peasants' War,农民战争,98,198
Pecham,John,约翰·佩卡姆,41,42,54
Pelagianism,佩拉纠主义,66,80,81
Pelagius,佩拉纠,32,40
Pentecost,五旬节,196
Petty,William,威廉·佩蒂,191,205
Philo of Alexandria,亚历山大的斐洛,23–5,26,30,32,35,161,202
philosophers' stone,哲人石,168
philosophes,启蒙哲学家,233,249,258
Philosophical Transactions,《哲学会刊》,201
philosophy,哲学,9,72,82,83,91,115
  as epistemology,～作为认识论,86
  goal of,～的目标,85–6,160,170,179,214
  modern,现代～,88
  pagan,异教～,31,35,36,37,45,46,57,63,82,83,90,91,97,108,109,111,130,137,140,154
physico-theology,物理神学,112,241,242
physiognomy,相面术,193
physiology,生理学,86
Pinker,Steven,史蒂文·平克,248
plagiarism thesis,剽窃论题,34–5,115,117,120
Plato,柏拉图,21,24,27,28,34,76,107,115,116,117,121,124,130,141
  Cratylus,《克拉底鲁篇》,23
  Phaedrus,《斐德罗篇》,35
  Statesman,《政治家篇》,22
  The Republic,《理想国》,159
  Timaeus,《蒂迈欧篇》,35
Platonism,柏拉图主义,21,28,33,40,44,85,250
  and the Fall,～与堕落,21–5,27
  Renaissance,文艺复兴时期的～,90,106
Plotinus,普罗提诺,22–3,27,32,39
Popkin,Richard,理查德·波普金,10,11,64,84–7
Port-Royal,波尔-罗亚尔,69,71,72
Power,Henry,亨利·鲍尔,154,220–1
predestination,得救预定论,59,67,69
printing press,印刷术,203
prisca sapientia,古代智慧,参见 'ancient philosophy',古代哲学
private property,私有财产,3
problem of evil,恶的问题,参见 theodicy,神正论
Prometheus,普罗米修斯,83,115,119
Protestant scholasticism,新教经院哲学,7,64
Protestant work ethic,新教工作伦理,59
Protestantism,新教,8,10
Prudentius,普鲁登修斯,206
Ptolemy,Claudius,克劳狄乌斯·托勒密,105
Pufendorf,Samuel,塞缪尔·普芬道夫,148
Pugliese,Patri,帕特里·普格里斯,199
Puritanism,清教,73,133,143,172,202,224–5
  and educational reform,～与教育改革,150,230
  and science,～与科学,13,240
  millenarian aspects of,～的千禧年观点,2,13,184,186–8,197,198,240,242
Pyrrho of Elis,埃利亚的皮浪,10,77
Pyrrhonism,皮浪主义,10
Pythagoras,毕达哥拉斯,116,123,124

quadrivium,四艺,113
Quakers,教友会教徒,125,128

Ramus, Peter, 彼得·拉穆斯, 92, 107, 176
rationalism, 唯理论, 6, 9, 104, 250, 257
and empiricism, ～与经验论, 9, 242-3
Rattansi, P. M., 拉坦西, 124
Rawley, William, 威廉·罗利, 172
Ray, John, 191, 210, 214, 215, 216, 221
reason, 理性, 6, 12, 23, 24, 25, 26, 30, 37, 47, 60, 61, 70, 88, 92, 93, 127, 130, 141, 147, 154, 174, 200; 另见'natural light', "自然之光"
 and faith, ～与信仰, 9
 and revelation, ～与启示, 130
 and the passions, ～与激情, 6, 26, 27, 160, 161
 as 'candle of the Lord', ～作为"耶和华的灯", 143
 as masculine, ～作为男性的, 24, 33
 as natural gift, ～作为自然禀赋, 43
 contrasted with experiment, ～与实验的对照, 237
 fall of, ～的堕落, 2, 4, 27, 33, 44, 56, 57, 61, 71, 141, 143, 159, 161, 231, 256
 as foundation of modern science, ～作为现代科学的基础, 249-50
 as image of God, ～作为神的形象, 46, 104, 250
 limits of, ～的限度, 222
 reliability of, ～的可靠性, 7, 44, 56, 71, 109, 142-4
 weakness of, ～的弱点, 2, 4, 5, 37, 59, 60, 65, 71, 74, 78, 88, 111, 127, 130, 191, 256, 258
Reformation, Catholic, 天主教改革, 参见 Counter-Reformation, 反宗教改革
Reformation, Protestant, 新教改革, 7, 10, 11, 12, 15, 49, 52, 54, 64-5, 66, 83, 85, 87, 89-90, 118, 198, 207, 248-9, 250
Renaissance, the, 文艺复兴, 65, 83, 110, 114
Reuchlin, Johannes, 约翰内斯·罗伊希林, 194
revelation, 启示, 6, 9, 48, 74, 75, 79, 88, 91, 107, 110, 138, 185, 197, 256
 and reason, ～与理性, 130
 private, 私人～, 125, 127, 129, 134
Revelation, book of,《启示录》, 187
Reynolds, Edward, 爱德华·雷诺兹, 147, 157, 160
Rheticus, Georg Joachim, 格奥尔格·约阿希姆·雷蒂库斯, 110
right reason, 正确的理性, 125, 257
Robbins, Lionel, 莱昂内尔·罗宾斯, 256
Roberts, Jon, 乔恩·罗伯茨, 249
Rogers, Thomas, 托马斯·罗杰斯, 150
Rosicrucianism, 玫瑰十字会, 196
Ross, Alexander, 亚历山大·罗斯, 167
Royal College of Physicians, 皇家医师学院, 13, 152
Royal Society of London, the, 伦敦皇家学会, 2, 4, 5, 13, 16, 134, 141, 155, 175, 182, 184, 191, 198-9, 201, 203, 204, 205, 208, 210, 215, 220, 236, 243, 252

sacraments, 圣礼, 171
sacred physics, 神圣物理学, 参见 Mosaic philosophy, 摩西哲学
Sahlins, Marshall, 马歇尔·萨林斯, 255
Saint-Cyran, Abbé de, 圣西朗修道院院长, 68-9, 80
Salamanca, University of, 萨拉曼卡大学, 68
sapientia, "智慧", 47
Satan, 撒旦, 30, 111, 127, 149, 151, 191, 234, 235
saving the phenomena, 拯救现象, 105, 106
scepticism, 怀疑论, 7, 9, 15, 41, 64, 65, 73,

79–87
Academic, 学园派～, 37, 76–7, 82
ancient, 古代～, 10–11, 75, 76
as a way of life, ～作为生活方式, 77
mitigated, 温和的～, 7, 73, 184
Pyrrhonic, 皮浪主义～, 77
Schaffer, Simon, 西蒙·谢弗, 14, 50
scholasticism, 经院哲学, 9, 15, 49, 54, 56, 57, 58, 61, 97, 109, 128, 131, 153, 158, 201, 204, 223
science, 科学, 131
  and certainty, ～与确定性, 6, 7, 14, 40, 82, 88, 109–11, 138
  and demonstration, ～与证明, 14, 94, 97, 109–10, 138
  perfectability of, ～的可完善性, 7, 101, 138
  另见 experimental natural philosophy, 实验自然哲学; natural philosophy, 自然哲学
scientia, 知识, 40, 45, 47
scripture, 《圣经》, 参见 Bible, 《圣经》
secularisation, 世俗化, 258–9
self-knowledge, 自我认识, 72, 99, 139, 141–54, 156
Senault, Jean-François, 让-弗朗索瓦·塞诺, 161
senses, 感官, 6, 22, 33, 36, 37, 42, 44, 46, 47, 48–9, 60, 81, 92, 130, 138, 155, 174, 179, 224, 228
  as sources of error, ～作为错误的来源, 24, 40, 71, 140, 153, 159, 174, 178, 200, 204, 221, 240
  augmented by instruments, 175, 200–1, 203, 210
  compared to reason, 24, 28, 145
  represented by Eve, 23, 24
  weakened by the Fall, 6, 51, 57, 96, 168, 175, 202–3
Sepher Raziel,《天使拉结尔之书》, 18, 112, 194
Sergeant, John, 约翰·萨金特, 4, 136–7, 186
Seth, 塞特, 20–1, 113, 117, 164
Seth's pillars, 塞特之柱, 17, 20–1, 112, 113, 204, 246
Sextus Empiricus, 塞克斯都·恩披里柯, 77, 78
Shapin, Steven, 史蒂文·夏平, 14, 50, 251
Sheldonian Theatre, 谢尔登剧院, 2
Shem, 闪, 98
signatures, doctrine of, 征象学说, 165, 192–3, 195
Smith, Adam, 亚当·斯密, 255
Smith, George, 乔治·史密斯, 237
Smith, John, 约翰·史密斯, 142
Society of Jesus, 耶稣会, 67, 69, 73, 82, 257
Socinianism, 索齐尼主义, 241
sociobiology, 社会生物学, 247–8
Socrates, 苏格拉底, 34, 76, 139
Solomon, 所罗门, 18, 112, 114, 115, 116, 117, 120, 122, 194, 196, 221; 另见 Bacon, Francis, 弗朗西斯·培根, 'Solomon's House', "所罗门宫"
  lost works of, ～的轶失著作, 112–13
'Solomonic scepticism', "所罗门的怀疑论", 184, 222
South, Robert, 罗伯特·索思, 1, 2, 72, 80, 155, 156, 157, 163, 166
Southern, Robert, 罗伯特·萨瑟尔曼, 47
Spellman, W. M., 斯佩尔曼, 53, 198, 231
Spinoza, Benedict, 本尼迪克特·斯宾诺莎, 242, 243
Sprat, Thomas, 托马斯·斯普拉特, 2, 118, 121, 184, 199, 205, 237

Stark, Rodney, 罗德尼·斯塔克, 249
Sterry, Peter, 彼得·斯特里, 142
Stillingfleet, Edward, 爱德华·斯蒂林弗利特, 144, 156
Stoicism, 斯多亚主义, 22, 31, 82, 85
  logos doctrine, ～的逻各斯学说, 30
Stukeley, William, 威廉·斯蒂克利, 124
Suárez, Francisco, 弗朗西斯科·苏亚雷斯, 146
Swift, Jonathan, 乔纳森·斯威夫特, 215

Taylor, Jeremy, 杰里米·泰勒, 142, 162
telescope, 望远镜, 96, 175, 200, 203, 210
Tempier, Stephen, 斯蒂芬·唐皮耶, 42
Ten Commandments, 十诫, 108
Tertullian, 德尔图良, 30
Thales of Miletus, 米利都的泰勒斯, 124
theodicy, 神正论, 33, 54, 143
theological anthropology, 神学人论, 6, 7, 11, 13, 14, 15, 16, 50, 56, 65, 66, 73, 80, 86, 99, 149
  Augustinian, 奥古斯丁的～, 3, 51, 53, 54, 66, 81, 85
  Luther's, 路德的～, 57
  Thomas Aquinas, St, 圣托马斯·阿奎那, 40, 41, 42, 46, 47, 49, 50, 55, 61, 67, 105, 110, 131, 143, 163, 170, 171, 216, 230
    on 'natural light', ～论"自然之光", 43
    political theory, ～的政治理论, 51
    theory of knowledge, 知识理论, 42 – 6, 57, 250
Thomism, 托马斯主义, 49, 170
  and human nature, ～与人性, 7
Tillotson, John, 约翰·蒂洛森, 144
Topsell, Edward, 爱德华·托普塞尔, 122
Traherne, Thomas, 托马斯·特拉赫恩, 183

Tübingen, University of, 图宾根大学, 103
Twyne, Thomas, 托马斯·特韦恩, 107
typology, 预表论, 25

Urban VIII, Pope, 教皇乌尔班八世, 76

van Helmont, Jan Baptista, 扬·巴普蒂斯塔·范·赫尔蒙特, 126, 131, 134, 196
van Limborch, Philip, 菲利普·范林堡, 229
Véron, François, 弗朗索瓦·韦龙, 79
vestigia trinitatis, 三位一体的遗迹, 38, 97, 104
Vita Adae et Evae,《亚当夏娃的生活》, 20
Voetius, Gisbert, 海斯贝特·富蒂乌斯, 253
Voltaire, François Marie Arouet de, 伏尔泰, 217, 226, 233
voluntarism, 唯意志论, 76
  and science, ～与科学, 11 – 13

Walker, George, 乔治·沃克, 155, 156
Walker, Obadiah, 奥巴迪亚·沃克, 149
Wallis, John, 约翰·沃利斯, 120, 190, 191, 205, 209
Ward, Seth, 塞斯·沃德, 191, 208 – 9
Warfield, Benjamin Breckinridge, 本杰明·沃菲尔德, 52, 54
Waterhouse, Alfred, 阿尔弗雷德·沃特豪斯, 245
Watts, Gilbert, 吉尔伯特·瓦茨, 153 – 4
Watts, Isaac, 艾萨克·瓦茨, 231
Webb, John, 约翰·韦布, 195
Webster, Charles, 查尔斯·韦伯斯特, 13, 186, 242
Webster, John, 约翰·韦伯斯特, 131, 191 – 3, 195, 196, 197, 208, 209, 210
Westminster Confession,《威斯敏斯特信

纲》,107,125,148
Whately,Richard,理查德·怀特利,245-6
Whichcote,Benjamin,本杰明·惠奇科特,83,142
Whiston,William,威廉·惠斯顿,118,121
White,Andrew Dickson,安德鲁·迪克森·怀特,87
Wilkins,John,约翰·威尔金斯,144,148,162,191,196,205-8,209-10,212,221,223
   on the Fall,～论堕落,205
   philosophical language,～的哲学语言,196,205,209,210,211,213-16,217
William of Conches,孔什的威廉,163
Willis,Thomas,托马斯·威利斯,191
Willis,Timothy,蒂莫西·威利斯,129
Willoughby,Francis,弗朗西斯·威洛比,210

wisdom,智慧,76
wisdom literature,智慧文学,35,38
witchcraft,巫术,108,111
Wittenburg,University of,维滕堡大学,97,110,151
Wittgenstein,Ludwig,路德维希·维特根斯坦,257
Wittich,Christopher,克里斯托弗·维蒂奇,123
Wojcik,Jan,扬·沃伊奇克,217
Wren,Christopher,克里斯托弗·雷恩,2,205
Wright,Thomas,托马斯·赖特,150
Wyclif,John,约翰·威克里夫,51

Younge,Richard,理查德·扬格,133

Zoroaster,琐罗亚斯德,115

译后记

彼得·哈里森(Peter Harrison,1955—)曾任牛津大学神学与宗教学院安德烈亚斯·伊德里奥斯(Andreas Idreos)科学与宗教教授(2006—2011),牛津大学伊恩·拉姆齐中心(Ian Ramsey Centre)主任和高级研究员,目前是昆士兰大学高等人文研究院(Institute for Advanced Studies in the Humanities)院长。他是国际科学与宗教协会的创始人之一,也是奥地利人文科学院院士。他的研究集中于现代早期的哲学、科学与宗教思想史,著有《科学与宗教的领地》(*The Territories of Science and Religion*,2015)、《人的堕落与科学的基础》(*The Fall of Man and the Foundations of Science*,2007)、《圣经、新教与自然科学的兴起》(*The Bible, Protestantism, and the Rise of Natural Science*,1998)、《英格兰启蒙运动时期的"宗教"与诸宗教》(*"Religion" and the religions in the English Enlightenment*,1990),编有《世俗化的叙事》(*Narratives of Secularization*,2017)、《与自然角力:从预兆到科学》(*Wrestling with Nature: From Omens to Science*,2011)、《剑桥科学与宗教指南》(*The Cambridge Companion to Science and Religion*,2010)等。

《人的堕落与科学的基础》是我翻译的哈里森教授的第三本著

作,此前我曾翻译过他的《科学与宗教的领地》和《圣经、新教与自然科学的兴起》。《科学与宗教的领地》由吉福德讲座改编而成,内容比较简略,其中的一部分主要内容,即新教的《圣经》诠释方式和原罪观对现代科学兴起的影响,分别在《圣经、新教与自然科学的兴起》和《人的堕落与科学的基础》中得到了详细阐述。这两本书在深度和广度上都远远超出了一般著作,其相关内容不仅在国内闻所未闻,甚至在国际上也极富原创性和独树一帜。它们已经成为任何关注基督教如何影响近代科学方法和认识论的人的必读书。

读者们看到"人的堕落与科学的基础"这个标题时,很可能弄不清楚它是什么意思。所谓"堕落",指的是基督教所说的人的原罪,即人类始祖亚当和夏娃在伊甸园中受到蛇的诱惑,违背上帝的命令吃了禁果,这一罪过传给了亚当夏娃的后代,成为人类一切罪恶和灾难的根源。本书即从基督教的原罪角度讨论了近代科学兴起的宗教基础,特别是,堕落神话以何种方式影响了关于知识基础的讨论以及近代科学方法论的发展。它用极为丰富的原始材料令人信服地表明,在16、17世纪出现的近代科学研究方法受到了关于人的堕落以及这个原始事件对心灵和感官所造成损害的神学讨论的直接影响。科学方法的设计最初乃是为了缓解人的原罪对认知造成的损害。现代科学从一开始就被理解成重新获得亚当曾经拥有的自然知识的一种手段。因此,神学考虑对于近代科学方法的构建至关重要。

16世纪的宗教动荡加剧了对传统知识来源的信任危机,与之相伴随的是一种奥古斯丁主义人论(Augustinian anthropology)

的复兴,这种人论特别强调人性的败坏和理智的局限性,从而引发了现代早期所特有的对堕落和原罪的重新关注。只有在这种背景下,我们才能理解为什么大多数近代哲学家都会特别关注人类的知识及其限度,确定哪些东西可以被认识以及通过什么方法来认识,并且详细讨论人类犯错误的起源和原因。在此背景下,用哈里森的话说:"现代早期知识问题的各种解决方案都与评价亚当的原始过犯究竟导致人类在身体和认知上遭到哪些破坏密切相关。例如,如果认为堕落导致激情胜过了理性,那么对亚当知识的恢复将通过重新建立对激情的控制,从而使理性再次发挥其固有功能来实现;如果堕落导致亚当的感官变得迟钝,那么这种缺陷或许可以用人工仪器来克服,这些人工仪器能使人的感官在一定程度上恢复其原始的敏锐性;如果堕落改变了自然本身,使其运作变得不那么明显和容易理解,那就需要采用干预性的研究技巧来使曾经清晰易懂的内容变得明显。此外,对堕落严重程度的不同估计还引发了对完全恢复亚当知识的前景的不同评价。关于能否建立一种完备而确定的科学,认为堕落是一个相对次要的事件的人,通常要比认为堕落是一场十足的灾难的人乐观得多。我们将会看到,现代早期知识问题的解决方案,无论是实验的、思辨的还是启示的,都贯穿着对于堕落的本质和严重性的不同理解。如果用我们更熟悉(但从历史上看更成问题)的术语来表达,那么'唯理论'和'经验论'的拥护者所走的路线在很大程度上都与一种背后的神学人论相关联。笛卡尔曾经信誓旦旦地宣称,理性的'自然之光'可以为一种完备而确定的科学提供基础,这预设了即使在堕落的人那里,自然之光和神的形象也是持久存在的。而那些认为堕落已经抹去了神的形象并且几乎熄灭了自然之光的人则强烈反对这一点。根据后者的看法，如果知识是可能的，那么通过试验和对自然的检验可以将知识费力地积累起来，但这种朴素的知识并未参透事物的本质，至多是或然的而不是确定的。这种温和的怀疑论正是常常与弗朗西斯·培根和罗伯特·波义耳等人相联系的实验进路的典型特征。"

因此，本书的主张对于近代哲学和科学的起源以及现代性的开端的一些常见看法构成了重大挑战。一种流传甚广的观点认为，17世纪专注于知识的基础，并且用从形而上学到认识论的转变来刻画从中世纪到现代的转变。笛卡尔提出了一个怀疑论难题，然后用他激进的基础主义方案解决了这个难题，从而开创了近代哲学。英国经验论者对笛卡尔的唯理论提出反驳，然后留待康德或黑格尔提供对知识问题的最终解决方案。蒙田著作中体现的"怀疑论危机"在近代哲学的产生过程中起了关键作用，成为孕育现代思想的子宫。而本书则认为，近代哲学首要的关注焦点其实是人性（最宽泛意义上的"人论"），而不像一般哲学史所认为的那样是方法问题和认识论。认识论关切要从属于人论。虽然"怀疑论危机"的想法有一定道理，但这场危机不仅源于宗教改革家对传统权威的挑战和古代怀疑论的复兴，而且源于对一种强调堕落及其认识论后果的奥古斯丁主义人论的重新强调。此外，关于科学、启蒙运动与现代性之间联系的那种常见看法，即认为17世纪科学标志着世俗理性战胜了宗教，也需要修改。"现代实验科学的诞生并未伴随着对人类理性力量的新的认识，而是恰恰相反——意识到了理智的多重缺陷、人类的悲惨状况以及科学成就的有限范围。"

译后记

有一种由来已久的观点认为，神学的唯意志论与经验自然研究方法的兴起之间存在着关联。根据唯意志论的看法，神在创世时不受任何在先的理性考虑的约束，因此人的心灵无法单凭理性先验地认识到神将在世界中实现何种特定的秩序，而是必须诉诸经验研究。哈里森认为，这种立场是成问题的。首先，大多数强调经验和实验的近代哲学家都不是唯意志论者，而最强调理性和数学的笛卡尔却是一位激进的唯意志论者；其次，"对于发展出一种实验方法具有重要意义的与其说是神能以他选择的任何方式为自然赋予秩序，不如说是堕落使人神分离，并且败坏了人的心灵。自然本身已经堕落，偏离了神的原初计划，变得不大可理解了。经验进路和实验进路之所以成为必需，并非因为神的意志原则上不可预测。毋宁说，实验自然哲学的不便和局限性乃是意识到人类堕落状况的不可避免的后果。如果说人的心灵无法理解神是如何指导自然运作的，那么这并非因为神的非理性，而是因为人的心灵的局限性"。我相信，如果认真对待哈里森教授的以上种种观点，那么通常看到的近代科学史和哲学史都需要改写。

除了上述令人振聋发聩的思路，本书还包含着许多让人耳目一新的观点。比如，关于牛顿何以能将"数学的"和"实验的"这两种可以说彼此矛盾的自然认识进路结合起来，以至于他的自然哲学会被称为"无法理解"和"缺乏条理"，乃是因为牛顿的异端观点拒绝承认基督的神性，并且在原罪议题上明显保持沉默。只有对任何流行的神学人论模型缺乏坚定信仰，才可能将数学自然哲学的本质上"乐观主义"的前提与实验哲学的"悲观主义"方案结合在一起。这种对人论的缺乏兴趣使他能够构建一种异乎寻常的自然哲学方法。在这个意义上，牛顿的神学确实影响了他的自然哲学。在阅读此书之前，我从未见到有人从如此独特和深刻的角度讨论这个问题。诸如此类的精妙讨论书中还有很多（比如"堕落"及其后果在亚当·斯密、曼德维尔等人所代表的道德哲学和经济学那里的"自然化"体现，等等），这里无法一一列举，相信大家读后将和我一样大开眼界、受益匪浅。

不用说，阅读本书并不容易，翻译起来就更是困难了。这也是我所接手的最难译的书之一。书中不仅包含着大量我们不太熟悉的术语、人名、文献和典故，而且夹杂着许多一手文献的引文。不过，我这次遇到困难时基本上没有麻烦哈里森教授，而是咬紧牙关厘清了一处又一处细节，坚持完成了整本书的翻译。由于我并没有系统地研究过神学，书中的不少专业内容我都缺乏深入了解，所以非常期待专业人士能够提出宝贵意见，帮助我们更好地领会这本书的意义。当然，其他错误和不当之处也欢迎读者指正！

张卜天
2020 年 8 月 8 日
清华大学科学史系

图书在版编目(CIP)数据

人的堕落与科学的基础/(澳)彼得·哈里森著;张卜天译.—北京:商务印书馆,2021(2024.11重印)
(科学史译丛)
ISBN 978-7-100-19526-3

Ⅰ.①人… Ⅱ.①彼… ②张… Ⅲ.①科学—关系—宗教—研究 Ⅳ.①B913

中国版本图书馆 CIP 数据核字(2021)第 032655 号

权利保留,侵权必究。

科学史译丛

人的堕落与科学的基础

〔澳〕彼得·哈里森 著
张卜天 译

商 务 印 书 馆 出 版
(北京王府井大街36号 邮政编码100710)
商 务 印 书 馆 发 行
北京中科印刷有限公司印刷
ISBN 978-7-100-19526-3

2021年3月第1版   开本 880×1230 1/32
2024年11月北京第4次印刷   印张 13¾
定价:88.00元

《科学史译丛》书目

第一辑(已出)

文明的滴定:东西方的科学与社会	〔英〕李约瑟
科学与宗教的领地	〔澳〕彼得·哈里森
新物理学的诞生	〔美〕I.伯纳德·科恩
从封闭世界到无限宇宙	〔法〕亚历山大·柯瓦雷
牛顿研究	〔法〕亚历山大·柯瓦雷
自然科学与社会科学的互动	〔美〕I.伯纳德·科恩

第二辑(已出)

西方神秘学指津	〔荷〕乌特·哈内赫拉夫
炼金术的秘密	〔美〕劳伦斯·普林西比
近代物理科学的形而上学基础	〔美〕埃德温·阿瑟·伯特
世界图景的机械化	〔荷〕爱德华·扬·戴克斯特豪斯
西方科学的起源(第二版)	〔美〕戴维·林德伯格
圣经、新教与自然科学的兴起	〔澳〕彼得·哈里森

第三辑(已出)

重构世界	〔美〕玛格丽特·J.奥斯勒
世界的重新创造:现代科学是如何产生的	〔荷〕H.弗洛里斯·科恩
无限与视角	〔美〕卡斯滕·哈里斯
人的堕落与科学的基础	〔澳〕彼得·哈里森
近代科学在中世纪的基础	〔美〕爱德华·格兰特
近代科学的建构	〔美〕理查德·韦斯特福尔

第四辑

希腊科学(已出)	〔英〕杰弗里·劳埃德
科学革命的编史学研究(已出)	〔荷〕H.弗洛里斯·科恩
现代科学的诞生(已出)	〔意〕保罗·罗西
西方神秘学传统	〔英〕尼古拉斯·古德里克-克拉克
时间的发现	〔英〕斯蒂芬·图尔敏 〔英〕琼·古德菲尔德